utb 3192

Eine Arbeitsgemeinschaft der Verlage

Böhlau Verlag · Wien · Köln · Weimar
Verlag Barbara Budrich · Opladen · Toronto
facultas · Wien
Wilhelm Fink · Paderborn
A. Francke Verlag · Tübingen
Haupt Verlag · Bern
Verlag Julius Klinkhardt · Bad Heilbrunn
Mohr Siebeck · Tübingen
Nomos Verlagsgesellschaft · Baden-Baden
Ernst Reinhardt Verlag · München · Basel
Ferdinand Schöningh · Paderborn
Eugen Ulmer Verlag · Stuttgart
UVK Verlagsgesellschaft · Konstanz, mit UVK / Lucius · München
Vandenhoeck & Ruprecht · Göttingen · Bristol
Waxmann · Münster · New York

Prof. Dr. Ulrich Heimlich, geb. 1955, ist seit 1994 Professor für Sonderpädagogik mit dem Schwerpunkt Lernbehindertenpädagogik an den Universitäten Halle / S., Leipzig und ab 2001 an der LMU München.

Ulrich Heimlich

Pädagogik bei Lernschwierigkeiten

Sonderpädagogische Förderung im Förderschwerpunkt Lernen

2., aktualisierte Auflage

Verlag Julius Klinkhardt
Bad Heilbrunn • 2016

Online-Angebote oder elektronische Ausgaben zu diesem Buch
sind erhältlich unter www.utb-shop.de

Die Deutsche Bibliothek – CIP-Einheitsaufnahme
Die Deutsche Nationalbibliothek verzeichnet diese Publikation in der Deutschen Nationalbibliografie; detaillierte bibliografische Daten sind im Internet über http://dnb.d-nb.de abrufbar.

Karikatur auf Umschlagseite 1: © Erik Liebermann.
Einbandgestaltung: Atelier Reichert, Stuttgart.

Druck und Bindung: Friedrich Pustet, Regensburg.
Printed in Germany 2016.
Gedruckt auf chlorfrei gebleichtem alterungsbeständigem Papier.

utb-Band-Nr.: 3192
ISBN 978-3-8252-4718-8

Vorwort

Der vorliegende Band „Lernschwierigkeiten“ enthält die Bilanz einer fast 25jährigen Beschäftigung mit der „Lernbehindertenpädagogik“ und deren Weiterentwicklung zur einer „Pädagogik bei Lernschwierigkeiten“. Ich habe nach dem Lehramtsstudium zunächst insgesamt 10 Jahre als „Sonderschullehrer“ in „Schulen für Lernbehinderte“ in Nordrhein-Westfalen gearbeitet. In der ersten Phase der sonderpädagogischen Lehrerbildung für die Lernbehindertenpädagogik bin ich jetzt ebenfalls mehr als 15 Jahre tätig. Insofern gehen in das vorliegende Buch viele Anregungen, Hilfen und Unterstützungen von meinen Lehrern/-innen, Kollegen/-innen, Schülern/-innen und Studierenden ein. Ich bitte um Verständnis, dass ich hier nicht alle aufführen kann, obwohl sicher so manche „Quellenangabe“ nachzutragen wäre.
Dieser Einführungsband beinhaltet den Versuch, genau diese enge Verbindung zwischen Praxis und Theorie aus meiner eigenen Berufsbiographie einzuarbeiten. Sonderpädagogen/-innen für den Förderschwerpunkt Lernen benötigen in ihrer beruflichen Tätigkeit eine gründliche Vorbereitung, die sowohl ein erziehungswissenschaftliches Studium zur Grundlegung erfordert als auch eine praxisorientierte Erweiterung zur Erreichung der professionellen Handlungsfähigkeit über die Universität als 1. Phase und die 2. Phase der sonderpädagogischen Lehrerbildung hinaus. Praktische Erfahrung und theoretische Weiterentwicklung sollten sich dabei stets gegenseitig befruchten. Es ist angesichts der vorhandenen Studien- und Ausbildungsstrukturen in der BRD nicht immer einfach, diese Brücke zu schlagen. Aber die Bemühungen um einen intensiven Dialog von Praxis und Theorie sind im Bereich der Heil- und Sonderpädagogik unverzichtbar, betreiben wir doch eine erziehungswissenschaftliche Teildisziplin nicht im luftleeren Raum, sondern mitten in einer Gesellschaft, die nach wie vor durch Diskriminierung und Ausgrenzung von Menschen mit Behinderung geprägt wird. Meine regelmäßigen Kontakte zu Eltern, Lehrkräften und Betroffenen zeigen mir jedenfalls nahezu täglich, dass die Auseinandersetzung mit Behinderung und Ausgrenzung in dieser Gesellschaft nach wie vor sehr viel Mut und eine ungeheure alltägliche Energie erfordert. Menschen mit Behinderungen konnte ich deshalb nie als schwach erleben. Sie sind ganz im Gegenteil vielen anderen Menschen in ihrer Persönlichkeitsentwicklung und Menschwerdung um vieles voraus. Sie müssen täglich Stärken im Umgang mit Barrieren und sozialer Isolation entwickeln, die andere rasch resignieren ließen, wenn sie mit solchen Widerständen konfrontiert würden. Professionelle Arbeit bei Menschen mit Behinderungen heißt deshalb für angehende Heil- und Sonderpädagogen/-in-

nen nicht nur zu fragen, was sie für sie tun können, sondern auch und vielleicht in noch höherem Maße, was sie von ihnen lernen können. Aus diesem Grunde ist mir in meiner Forschungstätigkeit an der Ludwig-Maximilians-Universität in München die Integration und Inklusion zum zentralen Schwerpunkt geworden. Ich bin der festen Überzeugung, dass jegliches heil- und sonderpädagogisches Handeln auf die umfassende soziale Teilhabe in möglichst weitgehender Selbstbestimmung von Menschen mit Behinderung ausgerichtet ist. Wir haben meiner Auffassung nach in einer demokratischen Gesellschaft keine andere Chance als dafür zu sorgen, dass die Teilhabe- und Selbstbestimmungsrechte von Menschen mit Behinderung aktiv durchgesetzt und geschützt werden. Dabei darf auch die Heil- und Sonderpädagogik sich nicht ausklammern. In diesem Sinne hoffe ich, dass der vorliegende Band angehende Sonderpädagogen/-innen über die vielen Ausbildungshürden hinweg bis in ihre berufliche Praxis hinein begleiten kann.
Ich bin mir bewusst, dass ich die Lernbehindertenpädagogik mit dem folgenden Entwurf eine Pädagogik bei Lernschwierigkeiten wieder näher an die Allgemeine Pädagogik und Schulpädagogik heranzurücken versuche. Ich halte diesen Schritt für unumgänglich, zumal in den meisten europäischen Nachbarstaaten der BRD Schüler/-innen mit „Lernbehinderung“ an allgemeinen Schulen gefördert werden.
Das vorliegende Buch wäre ohne mein Team am Lehrstuhl Lernbehindertenpädagogik in München, das mir für viele Arbeitswochen den Rücken frei gehalten hat, nicht möglich gewesen. Dafür meinen herzlichen Dank. Ich danke ebenfalls meiner Frau Brigitta, die wie immer mit freundlicher Ermutigung und schonungsloser Kritik nicht gespart hat und mir besonders geholfen hat, die Pädagogik bei Lernschwierigkeiten in eine lesbare Sprache zu übersetzen. Meinem Verleger, Andreas Klinkhardt, danke ich für die Geduld, die er mit diesem Projekt bewiesen hat, zu dem die erste Idee von uns bereits vor längerer Zeit auf die Welt gebracht worden ist. Es war eine interessante Aufgabe, mein Fach im Gesamtüberblick einmal aus der eigenen Sicht darstellen zu können. Dabei musste auf manches Detail verzichten werden, denn eines ist mir beim Schreiben noch einmal nachdrücklich bewusst geworden: die Pädagogik bei Lernschwierigkeiten ist ein „weites Feld“!

München, im August 2009 *Ulrich Heimlich*

Vorwort zur 2. aktualisierten Auflage

Auch die „Pädagogik bei Lernschwierigkeiten" ist durch die Ratifizierung der UN-Konvention über die Rechte von Menschen mit Behinderung durch die BRD im Jahre 2009 noch einmal in ein neues Entwicklungsstadium eingetreten. Auf Lernschwierigkeiten treffen wir in allen Schulformen. Die Inklusion als neues Leitbild der Bildungspolitik wird die Strukturen der sonderpädagogischen Förderung bei Lernschwierigkeiten noch einmal nachhaltig verändern. Die professionelle Tätigkeit von sonderpädagogischen Lehrkräften im Förderschwerpunkt Lernen wird sich weiter in die allgemeinen Schulen hinein verlagern. Dazu sollen mit dieser zweiten aktualisierten und korrigierten Auflage einige Anregungen gegeben werden. In diesem Prozess der Entwicklung eines inklusiven Bildungssystems ist die sonderpädagogische Fachkompetenz auch im Förderschwerpunkt Lernen weiterhin unverzichtbar.

München, im August 2016 *Ulrich Heimlich*

Inhaltsverzeichnis

Einleitung

Die Lernbehindertenpädagogik befindet sich im Umbruch. Der bundesdeutsche Sonderweg der Überweisung von Schülerinnen und Schülern mit Lernbehinderung in eine eigenständige Sonderschule wird durch die Inklusion in der allgemeinen Schule sowohl im Inland als auch im Ausland zunehmend in Frage gestellt. In vielen europäischen Nachbarländern ist selbst der Begriff „Lernbehinderung" nicht gebräuchlich. Sondereinrichtungen für Kinder und Jugendliche mit Lernbehinderung wird man bereits in vielen unmittelbaren Nachbarstaaten der BRD vergebens suchen. Vor diesem internationalen Hintergrund gilt es die Lernbehindertenpädagogik neu zu positionieren. Die Sonderschule für Lernbehinderte (auch Förderschule zur Lernförderung bzw. für Lernhilfe oder Allgemeine Förderschulen und vieles mehr) kann offenbar nicht mehr der einzige Bezugspunkt für die Konstituierung einer erziehungswissenschaftlichen Teildisziplin „Lernbehindertenpädagogik" sein. Gleichwohl müssen wir davon ausgehen, dass es weiterhin eine Schülergruppe gibt, die erhebliche Schwierigkeiten im Erlernen des Lesens, Schreibens und Rechnens hat und die aus schwierigen Lebenssituationen in eine Schule eintritt, die noch nicht umfassend und differenziert genug auf die damit verbundenen individuellen Lernbedürfnisse eingeht. Von daher gilt es in konsequenter Weiterentwicklung der Lernbehindertenpädagogik eine erziehungswissenschaftliche Teildisziplin zu konstituieren, die auf das Problem der Lernschwierigkeiten ausgerichtet ist. Diese „Pädagogik der Lernschwierigkeiten" wird hier auf dem Hintergrund der historischen Entwicklung in der Lernbehindertenpädagogik konzipiert. Sie bezieht sich zukünftig nicht mehr nur auf die Aufgaben der schulischen Förderung. Lernschwierigkeiten können im Lebenslauf vielmehr über die eigentliche Schulzeit hinaus in unterschiedlichen Lebensabschnitten auftreten. Das gilt sowohl für die ersten Lebensjahre vor der Schule als auch für das Erwachsenenalter und die damit in Verbindung stehenden Lernschwierigkeiten im Bereich der beruflichen Rehabilitation, der alltäglichen Lebensführung und auch bei älteren Menschen. Nun ist bekannt, dass im Grunde jeder Mensch immer wieder mit Lernschwierigkeiten konfrontiert wird. Meist kann er diese jedoch selbstständig lösen und überwinden. Gravierende Lernschwierigkeiten unterscheiden sich von allgemeinen Lernschwierigkeiten dadurch, dass ein Bedarf an Unterstützung, Förderung und Begleitung zur Überwindung der Lernschwierigkeiten besteht. Der Unterschied zwischen Menschen mit und ohne Lernschwierigkeiten ist also kein prinzipieller mehr sondern eher ein gradueller. Insofern korrespondiert der Begriff der Lernschwierigkeiten mit dem Konzept des sonderpädagogischen Förderbedarfs bzw. dem Terminus *„special* *educational needs*" aus dem angelsächsischen Raum. Gravierende Lernschwierigkeiten sind nicht durch persönliche Defizite von anderen Lernschwierigkeiten zu unterscheiden, sondern im genuin pädagogischen Sinne nur durch den besonderen Bedarf an Förderung. Insofern enthält das Konzept einer „Pädagogik bei Lernschwierigkeiten" auch die Intention, einen intensiveren Anschluss an internationale Entwicklungen in der Heil- und Sonderpädagogik zu erreichen. Gerade in Zusammenhang mit einer „Pädagogik für besondere Bedürfnisse (*special needs education)*" hat sich der Begriff der *„learning difficulties*" ebenfalls international durchgesetzt. Der Begriff Lernschwierigkeiten hätte von daher den Vorteil der Nähe zu aktuellen Entwicklungen in der Heil- und Sonderpädagogik in einem globalen Rahmen.

Der Begriff der Lernbehinderung wird für eine solche lebenslaufbegleitende pädagogische Aufgabenstellung unbrauchbar. Er erfährt sowohl von den Schülerinnen und Schülern als auch von den Eltern Ablehnung. Aus diesem Grunde soll auch dem Begriff der Lernschwierigkeiten hier der Vorzug gegeben werden. Lernschwierigkeiten werden dabei jeweils als erschwerte Lernsituationen gesehen und in ihren vielfältigen Umfeldbedingungen betrachtet. Eine „Pädagogik bei Lernschwierigkeiten" wird deshalb hier aus einer ökologischen Perspektive entwickelt, wie sie für eine moderne Heil- und Sonderpädagogik immer bedeutsamer geworden ist. Die Lernschwierigkeiten können in diesem Theoriemodell nicht mehr auf ein Problem des Kindes reduziert werden. Sie stehen stets mit einer erschwerten Lebenssituation in Verbindung. Insofern sind die Lernschwierigkeiten in einen Kontext mit den Lebensschwierigkeiten von Kindern, Jugendlichen und Erwachsenen hineinzustellen. Im Rahmen einer anthropologischen Neuorientierung in der Heil- und Sonderpädagogik ist die medizinisch bestimmte Defizitsichtweise von Behinderung und Lernproblemen mittlerweile überwunden worden. Zu sehr wurden in der traditionellen Heil- und Sonderpädagogik die Schwäche, das Leid und der Fehler des Menschen mit Behinderung betont. Dem wird eine kompetenzorientierte Sichtweise im Sinne von *„empowerment*" gegenübergestellt, die die Fähigkeiten, Leistungen und Bedürfnisse des Menschen mit Behinderung zum Ausgangspunkt von pädagogischen Handlungsmöglichkeiten macht. Für die Lernbehindertenpädagogik bedeutet diese veränderte Sichtweise, dass zunächst einmal der *Prozess des Lernens* und seine Einflussvariablen selbst zum Gegenstand der analytischen Betrachtung werden. Erst darauf aufbauend wird es möglich, nach den Schwierigkeiten und erschwerenden Bedingungen des Lernens zu fragen (Kap. 1).

Die damit beschriebene Zielgruppe sonderpädagogischer Förderung ist historisch betrachtet in unterschiedlichen institutionellen Zusammenhängen gefördert worden. Das beginnt mit den Armenschulen des Mittelalters, in die bereits sozial benachteiligte Kinder und Jugendliche aufgenommen wurden. *Geschichte* der „Lernbehindertenpädagogik" ist allerdings keineswegs auf die Geschichte der „Hilfsschule" als eigenständiger Schulform, wie sie sich in der zweiten Hälfte des 19. Jahrhunderts herausgebildet hat, zu reduzieren. Auch im historischen Rückblick gilt es, den Blick auszuweiten auf den gesamten Lebenslauf und eine Vielfalt von institutionellen Zusammenhängen (Kap. 2).

Vor diesem historischen Hintergrund ist unmittelbar einsichtig, dass sich der aktuelle heil- und sonderpädagogische Handlungszusammenhang einer Pädagogik bei Lernschwierigkeiten deutlich abhebt. Die Qualität der vorhandenen *Förderkonzepte* (Kap. 3) hat sich klar verbessert; es liegen zahlreiche Befunde zur Wirksamkeit von Förderkonzepten vor. Zugleich wird deutlich, dass der Unterricht – sei es in der Schule zur Lernförderung oder in der allgemeinen Schule – nur eines unter vielen Förderkonzepten darstellt, das angehende Heil- und Sonderpädagogen/-innen beherrschen müssen. Eine ähnlich hohe Bedeutung hat die Förderdiagnostik ebenso wie die individuelle Lernförderung und die Beratung. Begleitend zur Schule gewinnen therapeutische Angebote der Unterstützung bei Lernproblemen (sog. „Lerntherapie") an Bedeutung. Immer mehr Eltern nehmen bei gravierenden Lernschwierigkeiten professionelle Hilfen durch speziell ausgebildete Therapeutinnen und Therapeuten in eigenständigen Praxen in Anspruch.

Für eine „Pädagogik der Lernschwierigkeiten" können gegenwärtig zahlreiche innovative *Arbeitsfelder* (Kap. 4) unterschieden werden. Als zentrale Aufgabe erweist sich in zunehmendem Maße die Frühförderung und Prävention. Auch für Kinder, Jugendliche und Erwachsene mit Lernschwierigkeiten gilt, dass Probleme im Lernen rechtzeitig erkannt und behandelt werden sollten. Aufgrund von neueren Erkenntnissen der Entwicklungs- und Lernpsychologie hat sich die Ausgangsbasis für präventive Förderung durchaus verbessert. Gleichwohl ist die Prävention von Lernschwierigkeiten nach wie vor ein in der Förderpraxis noch weitgehend ungelöstes Problem.

Zunehmende Bedeutung hat ebenfalls die Integration/Inklusion vor allem in Verbindung mit der schulischen Förderung erfahren. Sonderpädagogische Förderangebote sollen in die allgemeine Schulen integriert werden. Im inklusiven Unterricht lernen die Schülerinnen und Schüler in heterogenen Gruppen voneinander. Auch Schüler mit Lernschwierigkeiten nehmen hier teil und werden erfolgreich gefördert. Dieses Förderangebot ist qualitativ der Förderung in Förderschulen vollkommen gleichwertig.

Auch beim Verlassen der Schule kann bezogen auf gravierende Lernschwierigkeiten nicht davon ausgegangen werden, dass kein weiterer Bedarf an Unterstützung und Förderung mehr besteht. Gerade bei der beruflichen Eingliederung benötigen Jugendliche und junge Erwachsene eine intensive Begleitung in Verbindung mit vorbereitenden Maßnahmen, um eine berufliche Qualifikation zu erreichen und einen Zugang zum Arbeitsmarkt als Basis der eigenen Existenzsicherung zu erhalten. Gleichwohl dürfen die Augen nicht vor der wachsenden Gruppe von jungen Erwachsenen verschlossen werden, denen dieser Weg auf Dauer verschlossen bleiben wird und die ihre Existenzgrundlagen mit staatlicher Unterstützung (Sozialgeld, Hartz IV bzw. Arbeitslosengeld II) absichern müssen. Gerade in der Bewältigung

der vielfältigen Herausforderung der persönlichen Lebensführung benötigen viele junge Erwachsene fortlaufende Hilfestellung im Alltag (Alltagsbegleitung).
Lernschwierigkeiten können darüber hinaus ebenso im Erwachsenenalter weiter auftreten und einen Unterstützungsbedarf nach sich ziehen. Zu denken ist dabei beispielsweise an Alphabetisierungsangebote in der Erwachsenenbildung, wenn der Erwerb der Schriftsprache in der Schulzeit nicht gelungen ist. Schätzungen gehen von einer Zahl von ca. 4 Millionen Personen aus, die davon in der BRD betroffen sind, wobei stets auf die hohe Dunkelziffer hingewiesen wird.
Von daher wird deutlich, dass eine Pädagogik bei Lernschwierigkeiten als erziehungswissenschaftliche Teildisziplin neben der Allgemeinen Pädagogik und Schulpädagogik auf vielfältige Weise ebenso mit sozialpädagogischen, andragogischen und geragogischen Aufgabenstellungen zu verknüpfen ist. Auch alte Menschen benötigen Unterstützung bei der Überwindung von Lernschwierigkeiten. Erst allmählich wird die Problematik der Förderung von alten Menschen mit Behinderungen in der Öffentlichkeit bewusst. Letztlich muss eine Pädagogik bei Lernschwierigkeiten aber auch diese Lebensphase im Blick haben.
Handlungskonzepte und Arbeitsfelder einer „Pädagogik bei Lernschwierigkeiten" beziehen sich unmittelbar auf die heil- und sonderpädagogische Förderpraxis. Angehende Sonderpädagogen/-innen für den Förderschwerpunkt Lernen wollen in ihrer Ausbildung vor allem professionelle Handlungsfähigkeit in den zukünftigen beruflichen Arbeitsfeldern erreichen. Zugleich ist es im Rahmen eines erziehungswissenschaftlichen Kompetenzprofils erforderlich, Reflexionskompetenzen in Bezug auf die Erziehungswirklichkeit der sonderpädagogischen Förderung zu erreichen. Heil- und sonderpädagogisches Handeln muss auch begründet, gegenüber Eltern und Öffentlichkeit legitimiert und in Diskussionen erläutert werden. Letztlich geht es also darum, nicht nur zu wissen, wie sonderpädagogische Förderung im Förderschwerpunkt Lernen gelingt, sondern auch warum sie auf eine spezifische Weise gelingen sollte. Aus diesem Grunde sollten Heil- und Sonderpädagogen/-innen in der Lage sein, die sonderpädagogische Förderpraxis zu analysieren, kritisch zu reflektieren und aus unterschiedlichen Blickwinkeln zu betrachten. Auch die *theoretischen Grundlagen einer „Pädagogik bei Lernschwierigkeiten"* sollten deshalb innerhalb der heil- und sonderpädagogischen Studien- und Ausbildungsgänge erarbeitet werden (Kap. 5). Im vorliegenden Band werden dazu v.a. die aktuellen Theorieströmungen nebeneinandergestellt. Dabei soll nicht verschwiegen werden, dass der Autor dem ökologischen Paradigma einer Pädagogik bei Lernschwierigkeiten zuneigt.
Zur Sicherstellung der Praxisanbindung sind in allen Kapiteln Fallbeispiele, Lebensbilder von bekannten Pädagogen/-innen und erschwerte Lernsituationen eingefügt. Außerdem werden zentrale Aussagen und Definitionen in einer Rubrik „Auf den Punkt gebracht" hervorgehoben. Die Zusammenfassungen zu Beginn der einzelnen Kapitel sollen einen ersten Überblick über die zu erwartende inhaltliche

Ausrichtung geben. Literaturempfehlungen am Ende des Kapitels bieten Hinweise auf weiterführende Beiträge zum jeweiligen Aspekt. Mit den Studienaufgaben in jedem Kapitel kann der vermittelte Stoff in den zentralen Schwerpunkten nochmals überprüft werden. Die Benutzung von Fremdwörtern wird zugunsten der Verständlichkeit und intersubjektiven Überprüfbarkeit des Textes auf ein notwendiges Mindestmaß reduziert. Die benutzten Fremdwörter werden allesamt in ihrer Wortbedeutung und aktuellen Verwendung erläutert. Wenn nun im Gefolge der UN-Konvention über die Rechte von Menschen mit Behinderung der Begriff „Inklusion" verstärkt genutzt wird, so geschieht das mit Blick auf die gegenwärtigen und zukünftigen Bemühungen um ein inklusives Bildungssystem. Im historischen Rückblick wird allerdings auch immer wieder der Begriff „Integration" Verwendung finden, da damit Prozesse der Wieder-Eingliederung bezeichnet werden, denen also eine Separation im Bildungssystem vorausging. Inklusion steht demgegenüber für solche Bildungsangebote, die von vornherein auf Separation verzichten.

1 Person-Umwelt-Interaktion bei Lernschwierigkeiten

„Wir müssen es mit den Lebensproblemen von Schülern aufnehmen, bevor wir ihre Lernprobleme lösen können, ...“
(von Hentig 1993, S. 184)

Zusammenfassung

Eine Pädagogik bei Lernschwierigkeiten lässt sich nur auf dem Weg über eine genauere Bestimmung ihrer Zielgruppe entwickeln. Diese zeichnet sich sowohl durch ein Höchstmaß an Heterogenität insgesamt aus als auch durch eine vielschichtige Komplexität der Lernprobleme im einzelnen. Mit dem Begriff „Lernbehinderung“ sind schulische Lernschwierigkeiten nicht mehr ausreichend bestimmt. Vielmehr stehen wir vor der Aufgabe, den sonderpädagogischen Förderbedarf im Förderschwerpunkt „Lernen“ festzustellen, auch wenn die Überschneidungsbereiche zu anderen Förderschwerpunkten (v.a. Sprach- und Verhaltensprobleme) dabei stets mit hineinspielen. Dazu ist es zunächst einmal erforderlich ein modernes Verständnis des Lernens selbst zu entwickeln. In einem zweiten Schritt sind wir auf eine Vielfalt an psychologischen und soziologischen Erklärungsmodellen angewiesen, die uns helfen, Lernschwierigkeiten zu verstehen, um wieder sonderpädagogisch handlungsfähig zu werden. Diese Aufgabe ist letztlich nur lösbar, wenn die enge Beziehung zwischen erschwerten Lebens- und Lernsituationen bewusst bleibt. Insofern wird die Zielgruppe einer Pädagogik bei Lernschwierigkeiten hier aus ökologischer Sicht als Person-Umwelt-Interaktion betrachtet.

Was passiert, wenn Lernen schwierig wird? Welche Folgen hat es für Kinder und Jugendliche, wenn sie bereits an den grundlegenden Anforderungen der Schule im Bereich Lesen, Schreiben und Rechnen scheitern? Warum kommt es überhaupt zu solch gravierenden Lernproblemen, dass Schüler/-innen und Eltern schier verzweifeln? Und wie könnte eine angemessene pädagogische Unterstützung für Kinder und Jugendliche mit Lernschwierigkeiten aussehen? Sowohl praktisch tätige Lehrkräfte in verschiedenen Schulformen als auch angehende Pädagogen/-innen beschäftigen sich täglich mit solchen Fragen. Offenbar ist unser Bildungssystem in der BRD nicht in der Lage, allen Kindern und Jugendlichen eine basale Bildung zu vermitteln. Die PISA-Studien (vgl. Deutsches PISA-Konsortium 2001, 2003) haben gezeigt, dass mehr als 20% der 15jährigen Schüler/-innen immer noch Probleme mit den grundlegenden Anforderungen im Bereich Lesen, Schreiben und Rechnen haben. Viele Schüler/-innen verlassen gegenwärtig die Schule als funktionale Analphabeten/-innen, die ohne Kenntnisse in der Schriftsprache keine Aussicht auf eine existenzsichernde Arbeitstätigkeit haben, geschweige denn die Chance auf einen Ausbildungsplatz. Hinzu kommen noch einmal gut 6% Schüler/-innen mit sonderpädagogischem Förderbedarf, die in den PISA-Studien gar nicht einbezogen waren.

Es stimmt etwas Grundlegendes nicht, wenn ein Bildungssystem bei fast einem Viertel seiner Schüler/-innen so vollständig versagt. Es führt auch nicht weiter, wenn dieser bildungspolitische Skandal personifiziert wird. Im Zweifelsfall sind die Kinder und Jugendliche selbst schuld – oder gar die Lehrkräfte – und wenn das nicht reicht, die Eltern. Selbstverständlich müssen auch die Strukturen des Bildungssystems verändert und die Rahmenbedingungen für die Arbeit im Bildungssystem weiter optimiert werden. Aber zuallererst benötigen wir sowohl von Seiten der Lehrkräfte und der Eltern als auch von Seiten der Kinder und Jugendlichen selbst ein besseres Verständnis von Lernschwierigkeiten. Vieles könnten uns die Kinder und Jugendlichen bereits selbst mitteilen, wenn wir ihnen aufmerksam zuhören würden. Darüber hinaus sind jedoch professionelle Anstrengungen im Bereich der Begleitung und Unterstützung von Kindern und Jugendlichen mit Lernschwierigkeiten erforderlich.

• Auf den Punkt gebracht

Wir benötigen im gesamten Bildungssystem Experten/-innen für die Diagnose und Förderung von Kindern und Jugendlichen mit Lernschwierigkeiten.

Dazu ist es in einem ersten Schritt notwendig, dass wir ein Verständnis von Lernschwierigkeiten entwickeln. Kinder und Jugendliche mit Lernschwierigkeiten stellen Eltern und Lehrkräfte immer wieder vor Rätsel. Es ist auch für erfahrene Experten/-innen in diesem Bereich keineswegs leicht, auf Anhieb die vorhandenen Lernschwierigkeiten genau zu beschreiben und darauf aufbauend Erklärungen für ein beobachtbares Lernverhalten zu entwickeln, geschweige denn angemessene Fördermöglichkeiten zu erarbeiten. Für diesen *Prozess des Verstehens von Lernschwierigkeiten* stehen mittlerweile allerdings eine ganze Reihe von etablierten erziehungswissenschaftlichen Erkenntnissen zur Verfügung, die dabei helfen, das Phänomen „Lernschwierigkeit“ beim einzelnen Kind oder Jugendlichen genauer zu analysieren, mit möglichen Bedingungsfaktoren und Ursachen in Verbindung zu bringen und differenzierte Perspektiven für die Förderung abzuleiten.
Im folgenden Kapitel steht die Frage nach der Zielgruppe der sonderpädagogischen Förderung im Förderschwerpunkt Lernen im Mittelpunkt (*Wer soll gefördert wer-*

den?). Dazu erfolgt zunächst ein Überblick zum vielfältigen *Begriffsfeld einer Pädagogik bei Lernschwierigkeiten.* Ziel ist es dabei, zumindest einen Faden für das verwirrende Labyrinth der Begriffe mitzugeben, zwischen denen bislang noch keine Entscheidung gefallen ist und die demzufolge auch weiterhin nebeneinander Bestand haben (Kap. 1.1). *Anthropologische, psychologische und soziologische Aspekte von Lernschwierigkeiten* (Kap. 1.2) sollen sodann zeigen, dass Lernschwierigkeiten nur in einer umfassenden Herangehensweise verstanden werden können, die stets den Perspektivenwechsel zwischen verschiedenen Erklärungsmodellen erfordert. Das ist vor allem bei der Einarbeitung in das Fachgebiet zugegebenermaßen eine große Herausforderung. Aber die geistige Bewegung, gleichsam um das Problem der Lernschwierigkeiten herumzugehen und es aus verschiedenen Blickwinkeln zu betrachten lernen, ist für die erziehungswissenschaftliche Auseinandersetzung mit der Thematik unverzichtbar. Und sie ist höchst praxiswirksam, hilft sie doch, aus den unterschiedlichen Perspektiven auch eine Vielzahl von Erklärungshypothesen und Förderstrategien abzuleiten. Die Überlegungen münden schließlich in die Darstellung eines Mensch-Umfeld-Modells, wie es für die moderne Heil- und Sonderpädagogik (vgl. Speck 2008a) zentral geworden ist. Wir können Behinderungen und Lernprobleme gegenwärtig nicht mehr ausschließlich als Probleme eines Einzelnen oder als Beziehungsprobleme betrachten.

• Auf den Punkt gebracht

Lernschwierigkeiten sind Ausdruck erschwerter Lebens- und Lernsituationen.

Erst in diesem komplexen Umfeldbezug wird die pädagogische Herausforderung, die gravierende Lernschwierigkeiten bei Kindern und Jugendlichen beinhalten, sichtbar. Um dies möglichst praxisnah darzustellen, werden im folgenden Kapitel immer wieder Fallbeispiele einbezogen.

1.1 Begriffliche Grundlagen einer Pädagogik bei Lernschwierigkeiten

1.1.1 Lernbeeinträchtigungen, Lernstörungen, Lernbehinderungen

In der traditionellen Lernbehindertenpädagogik war das begriffliche Feld überschaubar bestellt. Kinder und Jugendliche, denen eine *Lernbehinderung* bescheinigt wurde, konnten nicht weiter in der allgemeinen Schule unterrichtet werden und mussten die „Schule für Lernbehinderte“ besuchen (vgl. Kanter 1977). Davon zu unterscheiden waren die *Lernstörungen*, die auch in der allgemeinen Schule behoben werden sollten. „Lernbehinderungen“ und Lernstörungen galten als unterschiedliche Ausprägungsgrade von *Lernbeeinträchtigungen*, die wiederum als Oberbegriff fungierten. Auf einen Entwurf von HEINZ BACH aus den 1960er Jahren (vgl. 1999) zurückgehend und von GUSTAV O. KANTER (1977) für die Lernbehindertenpädagogik adaptiert wird diese kategoriale Systematik seither über die Kriterien *Umfang*, *Schweregrad* und *Dauer* weiter ausdifferenziert. Lernstörungen als weniger umfängliche, kurzfristige und weniger schwerwiegende Formen von Lernbeeinträchtigungen bezogen sich auf Probleme in nur einem Schulfach, einen Lernrückstand von weniger als einem Schuljahr und konnten auch bei Kindern und Jugendlichen vorkommen, die als normal intelligent diagnostiziert wurden (Intelligenzquotient, IQ=100). Lernbehinderungen hingegen wurden dann festgestellt, wenn sich die Lernprobleme in mehr als einem Schulfach zeigten, die Lernrückstände sich über mehr als ein Schuljahr erstreckten und der IQ mehr als eine Standardabweichung[1] unter dem Durchschnitt lag.

LERNBEEINTRÄCHTIGUNGEN		
Ausprägungsgrade	**Lernstörungen**	**Lernbehinderungen**
Umfang	nur ein Schulfach	mehr als ein Schulfach
Schweregrad	normaler IQ	IQ kleiner als 85
Dauer	nur ein Schuljahr	mehr als ein Schuljahr

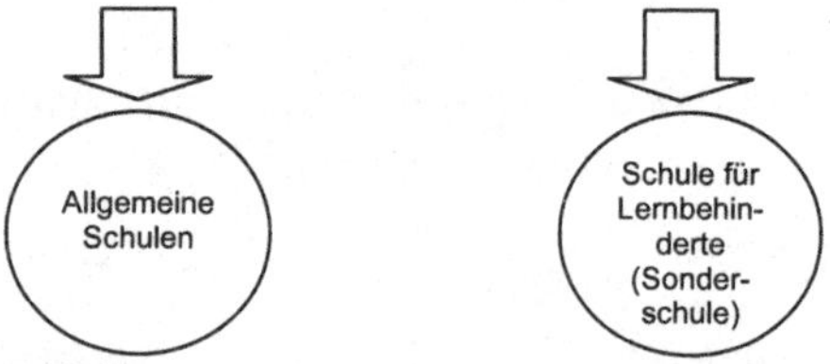

Abb. 1.1: Begriffliche Systematik der traditionellen Lernbehindertenpädagogik (nach Kanter 1977)

Der Vorteil dieser begrifflichen Systematik bestand ohne Zweifel darin, dass Schüler/-innen mit Lernproblemen nicht mehr wegen vorübergehender Schwierigkeiten in einem Schulfach einfach in die „Sonderschule" überwiesen werden konnten. Andernfalls hätten beispielsweise alle Klassenwiederholungen (pro Jahr ca. 3-4% der Schüler/-innen) unweigerlich zu einer Sonderschulüberweisung ge-

1 Als Standardabweichung beispielsweise in einem Intelligenztest wird das Maß für die Streuung der Werte um den Mittelwert bezeichnet. Der Intelligenzquotient wird in der Regel auf einer Intervallskala mit einer Standardabweichung von s=15 abgebildet.

führt. Auch die Probleme im Schriftspracherwerb, die bei Schülern/-innen mit Lernbehinderungen immer schon sehr weit verbreitet waren, konnten nach dieser Systematik nicht als ausreichender Grund für eine Überweisung gelten, ebenso wenig wie Kinder mit durchschnittlicher Intelligenz. HERWIG BAIER (1980) kritisiert allerdings am Begriff „Lernbehinderung" die euphemistische Absicht einer Verschleierung der tatsächlichen Probleme dieser Schülergruppe.

Bereits in der Praxis haben sich bei Heil- und Sonderpädagogen/-innen über lange Jahre hinweg erhebliche Probleme mit dieser Begriffssystematik einer traditionellen Lernbehindertenpädagogik eingestellt. Auch mit hohem diagnostischen Aufwand und dem Einsatz umfangreicher Testbatterien (allerdings meistens reduziert auf die Intelligenzdiagnostik) gelang es nicht, die *Trennlinie zwischen Lernstörungen und Lernbehinderungen* beim einzelnen Kind oder Jugendlichen genau zu ziehen. Es verstärkte sich vielmehr der Eindruck, dass der Überschneidungsbereich zwischen beiden Ausprägungen von Lernbeeinträchtigungen eigentlich der Regelfall war. Insofern stellten sich schon aus dem Versuch der praktischen Umsetzung heraus erhebliche Probleme ein.

Für diese begriffliche Systematik war in der Vergangenheit ebenfalls der Zusammenhang zu institutionellen Organisationsformen sonderpädagogischer Förderung zwingend. Begriffe hatten hier – wie so häufig in der Geschichte der Heil- und Sonderpädagogik – reale *institutionelle Folgen* und wirkten sich auf die Bildungswege der Kategorisierten als Entscheidung bezogen auf die weitere Schullaufbahn aus. Denn lange Zeit galt, dass die Möglichkeiten der Rücküberweisung aus den Förderschulen in die allgemeinen Schulen sehr gering sind. Der Weg in die „Sonderschule" war also stets eine Einbahnstraße. Mit der Diagnose „Lernbehinderung" war eine weit in die Zukunft von Schülern/-innen hineinreichende Entscheidung über die weiteren Lebenschancen verbunden. Besonders in Gesprächen mit den Eltern gerieten die praktisch tätigen Heil- und Sonderpädagogen/-innen zunehmend in Legitimationsnöte. Zudem kamen inklusive Organisationsformen sonderpädagogischer Förderung, wie sie ebenfalls seit den 1970er Jahren in der BRD bekannt wurden (vgl. den Überblick bei HEIMLICH 2003) überhaupt nicht in den Blick.

So bestechend die Unterscheidung von Umfang, Schweregrad und Dauer von Lernbeeinträchtigungen auf den ersten Blick erscheint, so wenig haltbar erwies sie sich angesichts der tatsächlichen Probleme von Schülern/-innen und Lehrkräften in der Praxis der sonderpädagogischen Förderung. Es zeigte sich z.B., dass Schüler/-innen mit unterdurchschnittlicher *Intelligenz* sehr wohl in der Lage sind, in der allgemeine Schule erfolgreich zu lernen. Umgekehrt konnte man ebenso Schüler/-innen mit durchschnittlicher oder gar überdurchschnittlicher Intelligenz in der „Sonderschule" finden, da sie trotz guter kognitiver Lernvoraussetzungen nicht in der Lage waren, ohne weitere Hilfen ihr Lernpotenzial in der allgemeinen Schule auszuschöpfen (vgl. BEGEMANN 1970a). Auch die Überrepräsentation von Schülern/-innen aus Migrationsfamilien in „Schulen für Lernbehinderte" (vgl. KORNMANN/KLINGELE/

Iriogbe-Ganninger 1997; Kornmann/Kornmann 2003) dürfte zu einem nicht geringen Anteil durch die Überweisung aufgrund der Probleme im Bereich der deutschen Schriftsprache zu erklären sein, ein Überweisungsgrund, der laut Begriffssystematik allein nicht ausreichen sollte.

Ein weiterer Nachteil stellte sich in Bezug auf die Inhalte der Diagnostik ein. Eine *Förderdiagnostik* zur Ableitung von Fördermaßnahmen fand praktisch nicht statt. Höchst aufwändig erstellte sonderpädagogische Gutachten wurden allenfalls in der Schülerakte dokumentiert, ohne dass sie den Lehrkräften brauchbare Informationen für die konkrete Förderung liefern konnten. Die Diagnose der Lernbehinderung selbst beschränkte sich auf die Feststellung der Intelligenz mit Hilfe eines standardisierten Intelligenztests; in manchen Schulamtsbezirken wurden sogar zwei Intelligenztests gefordert, damit die Entscheidung der Schulaufsicht zum Förderort auch ein möglichst „unangreifbares" Fundament hatte. Damit war lange Jahre über der intensive Blick auf die weiteren Lernvoraussetzungen von Schülern/-innen mit „Lernbehinderung" verstellt, aus dem erst die Grundlagen für die Förderung hätten abgeleitet werden können.

Unzufriedenheit ergab sich bei den praktisch tätigen Heil- und Sonderpädagogen/-innen ebenfalls durch das Kriterium der langandauernden Lernbeeinträchtigungen. Sonderpädagogische Diagnose und Förderung kam im Falle von Lernproblemen in der Regel zu spät. Die Schüler/-innen hatten schon ein zweijähriges Schulversagen zu verarbeiten, wenn die „Sonderschule" zur Diagnose eingeschaltet wurde. Die *präventiven Aufgaben der Lernbehindertenpädagogik* wurden so bis in die 1980er Jahre hinein nur unzureichend wahrgenommen. Die „Lernbehinderung" musste erst in Umfang, Dauer und Schweregrad eingetreten sein, bevor die heil- und sonderpädagogische Unterstützung auf den Plan trat. Der von allen Seiten als unverzichtbar anerkannten Aufgabe der „Verhinderung von Lernbehinderung" (vgl. Englbrecht/Weigert 1991) konnten die Heil- und Sonderpädagogen/-innen so nicht gerecht werden.

Neben den praktischen Nachteilen stellten sich auch kritische Töne in der fachlichen Auseinandersetzung ein. Sowohl Lernbeeinträchtigungen als auch Lernstörungen und erst recht Lernbehinderungen schreiben die Lernprobleme als individuelle Probleme der Schüler/-innen fest und tragen so zu einer Ontologisierung der Lernprobleme bei. Diese Sichtweise befördert eine weitgehende *Ausblendung des sozialen Umfeldes als mögliche Ursache von Lernproblemen,* auch wenn die sozialen Ursachen von Lernbehinderungen immer wieder beschworen wurden. Schulleistungs- und Intelligenzdefizite erschienen ausschließlich als Probleme der Kinder und Jugendlichen. Diese einseitige Defizitsichtweise blieb unangetastet, um die Überweisung in die Sonderschule zu rechtfertigen, ein Legitimationsmuster, das im übrigen weit in die Geschichte der Heil- und Sonderpädagogik zurückreicht (s. Kap. 2). Letztlich steht hinter dieser Betonung der Defizite des Kindes die „Schwachsinnstheorie" der 1920er Jahre mit ihrem Versuch, konstitutionelle Schwächen im Kind selbst

als Ursache für Schulleistungsprobleme in der allgemeinen Schule nachzuweisen (vgl. FUCHS 1921). Die lange Zeit favorisierten Intelligenztests in der Diagnose von Lernbehinderung sind ein später Ausdruck dieses seinerzeit noch stark medizinisch geprägten Denkens in der Heil- und Sonderpädagogik (vgl. KLAUER 1967).
Letztlich handelt es sich bei der Kategorie „Lernbehinderung" jedoch um eine Wiederspiegelung des selektiven Bildungssystems in der BRD, das spätestens seit den 1990er Jahren in vielen Bereichen von alternativen Formen der Schulorganisation und des Unterrichts durchsetzt ist. Auch die Bedeutung von Frühförderung und Prävention ist längst anerkannt und hat mit dazu beigetragen, dass die Zuordnung der Kategorie „Lernbehinderung" zur eigenständigen „Sonderschule für Lernbehinderte" mittlerweile der Vergangenheit angehört. Insofern kommt die Diskussion über den Begriff „Lernbehinderung" in der wissenschaftlich wohl nicht ganz ernst gemeinten – wenn auch faktisch vielfach zutreffenden – Definition zu einem vorläufigen Ende:

> „Lernbehindert ist, wer eine Lernbehindertenschule besucht." (BLEIDICK 1998, S. 106).

Daraus wäre zu folgern, dass die Lernbehinderung in dem Moment behoben ist, wenn Schüler/-innen mit Lernproblemen in der allgemeinen Schule z.B. in inklusiven Schulen gemeinsam mit anderen Schülern/-innen gefördert werden.

1.1.2 Von der Lernbehinderung zum Förderschwerpunkt Lernen?

Bis zum Jahre 1994 dauerte es, dass bundesweit auf der Ebene der Kultusministerien der Bundesländer die seit den 1970er Jahren sich zunehmend verbreiternde integrative Praxis sonderpädagogischer Förderung anerkannt wurde. In den „Empfehlungen der Kultusministerkonferenz zur sonderpädagogischen Förderung ..." (vgl. DRAVE/RUMPLER/WACHTEL 1999) wird erstmals im Rahmen bildungspolitischer Verlautbarungen zur Heil- und Sonderpädagogik seitens der KMK auf den Gemeinsamen Unterricht eingegangen. Unter dem Eindruck vielfältiger Veränderungen im Arbeitsfeld der sonderpädagogischen Förderung und auch beeinflusst durch einen veränderten Umgang mit Behinderung in der Öffentlichkeit, wie sie beispielsweise im Diskriminierungsschutz des Grundgesetzes in Art. 3, Abs. 3 zum Ausdruck kommt, musste zu Beginn der 1990er Jahre auch das Angebot der sonderpädagogischen Förderung in den Bundesländern neu ausgerichtet werden. Internationale Entwicklungen hin zu einer *„special needs education"* (vgl. die Erklärung von Salamanca: ÖSTERREICHISCHE UNESCO-KOMMISSION 1994) stellten auch den Umgang mit dem Behinderungsbegriff in der BRD zunehmend in Frage. In Großbritannien wurde bereits seit dem Warnock-Report (vgl. DEPARTMENT OF EDUCATION AND SCIENCE 1978) der Begriff *„special educational needs"* bevorzugt, verbunden mit dem Versuch sich von den negativen Effekten des Gebrauchs von Behinderungsbegriffen zu lösen. In der wörtlichen Übersetzung eigentlich als „spezielle Erziehungsbedürfnisse" zu bezeichnen, wirkte sich dieser internationale

Begriffswandel in der BRD als *Bevorzugung des Begriffs „sonderpädagogischer Förderbedarf"* aus. Die bildungspolitische Absicht der Kultusminister der Länder war 1994 offenbar, die einseitige Orientierung auf die Sonderschulbedürftigkeit zu verlassen und vielmehr danach zu fragen, wie das einzelne Kind und der einzelne Jugendliche angemessen sonderpädagogisch gefördert werden könnte. Dabei war der Förderort zunächst von nachrangiger Bedeutung. Insofern haben die Empfehlungen der KMK von 1994 ohne Zweifel dazu beigetragen, dass in der Heil- und Sonderpädagogik fortan nicht mehr nur in traditionellen institutionellen Zusammenhängen (wie Heilpädagogische Tagesstätten, Sonderschulen, Behindertenheimen oder Werkstätten für behinderte Menschen) gedacht wurde (vgl. Heimlich 1995a). Auch andere schulische Bereiche der Förderung, die bislang für Heil- und Sonderpädagogen/-innen nicht zu erreichen waren (wie z.B. die Berufsschulen), sollten sich für eine Kooperation öffnen und wurden explizit als Förderort in den KMK-Empfehlungen erwähnt.

In den folgenden Jahren ergänzt die Kultusministerkonferenz die allgemeinen Empfehlungen zur sonderpädagogischen Förderung durch gezielte Empfehlungen bezogen auf einzelne Förderschwerpunkte. Die „Empfehlungen zum Förderschwerpunkt Lernen" erscheinen 1999 und zielen – wie die weiteren Empfehlungen zu den anderen Förderschwerpunkten – nach wie vor auf eine spezifische Schülergruppe ab. Insofern ließ der Vorwurf in der bildungspolitischen Diskussion der Empfehlungen nicht lange auf sich warten, dass hier lediglich „alter Wein in neuen Schläuchen" – sprich: die alten Behinderungsbegriffe in neuen begrifflichen Umschreibungen – präsentiert würden. Es lassen sich jedoch auch optimistischere Lesarten ausmachen. Die Vielfalt der Merkmale von Kindern und Jugendlichen, die dem *Förderschwerpunkt Lernen* zugeordnet werden, zeigt unmittelbar die vielfältige Verknüpfung mit anderen Förderschwerpunkten auf (z.B. im sprachlichen, emotionalen, sozialen, sensomotorischen Bereich usf.) auf. Kinder und Jugendliche mit dem Förderschwerpunkt Lernen haben zwar durchweg Probleme im Schulleistungsbereich; diese gehen jedoch aus einem derart komplexen Bedingungsgefüge hervor, dass die hohen Anforderungen im Bereich der Diagnose und Förderung unmittelbar nachvollziehbar werden. So hängt der Förderbedarf im Förderschwerpunkt Lernen in der Regel mit einem Förderbedarf im sprachlichen, emotional-sozialen, sensomotorischen und kognitiven Förderbereich zusammen. Das spricht zumindest für eine enge Kooperation der unterschiedlichen fachspezifischen Kompetenzen im Bereich der Heil- und Sonderpädagogik. Laut Statistik der KMK bezogen auf das Jahr 2014 wird von 191.546 Schülern/-innen mit dem Förderschwerpunkt Lernen ausgegangen, das entspricht 37,7% der Schüler/-innen mit sonderpädagogischem Förderbedarf insgesamt (vgl. Sekretariat … 20016a).

Damit ist jedoch die Problematik der begrifflichen Abgrenzung in der Nachfolge des Begriffes „Lernbehinderung" noch keineswegs gelöst. Die KMK-Empfehlungen zum Förderschwerpunkt Lernen von 1999 enthalten dazu folgenden Vorschlag:

„Sonderpädagogischer Förderbedarf ist bei Kindern und Jugendlichen gegeben, die in ihrer Lern- und Leistungsentwicklung so erheblichen Beeinträchtigungen unterliegen, dass sie auch mit zusätzlichen Lernhilfen der allgemeinen Schulen nicht ihren Möglichkeiten entsprechend gefördert werden können. Sie benötigen sonderpädagogische Unterstützung ..." (DRAVE/RUMPLER/WACHTEL 1999, S. 302).

Das Abgrenzungskriterium zu Kindern und Jugendlichen ohne sonderpädagogischen Förderbedarf im Förderschwerpunkt Lernen wird hier also in den erfolglosen „zusätzlichen Lernhilfen der allgemeinen Schulen" gesucht. Das ist insofern zu begrüßen, als damit die allgemeinen Schulen bezogen auf die individuelle Förderung von Schülern/-innen mit Lernschwierigkeiten in die Pflicht genommen werden. Sodann hat dieser Versuch einer begrifflichen Umschreibung den Vorteil, dass nicht mehr mit individuellen Defiziten argumentiert wird, sondern vielmehr mit den erforderlichen Fördermaßnahmen. Auch ein festgestellter sonderpädagogischer Förderbedarf im Förderschwerpunkt Lernen zieht nicht zwangsläufig die Überweisung auf eine Förderschule nach sich. Die benötigte *„sonderpädagogische Unterstützung"* kann ebenfalls *in der allgemeinen Schule im Gemeinsamen Unterricht* zur Verfügung gestellt werden. Übersehen wird allerdings häufig, dass die KMK-Empfehlungen zu den bildungspolitischen Verlautbarungen zählen, keineswegs Verordnungs- oder Gesetzescharakter haben und auf einem Minimalkonsens der Kultusminister mit höchst unterschiedlichen bildungspolitischen Leitzielen beruht. Aus erziehungswissenschaftlicher Sicht ist die begriffliche Umschreibung des Förderschwerpunktes Lernen von daher unbefriedigend geblieben. Letztlich wird hier das zu Erklärende (der sonderpädagogische Förderbedarf) durch sich selbst (die sonderpädagogische Förderung) erklärt, was den Anforderungen an eine wissenschaftliche Definition des Begriffes bislang noch nicht standhält und eher einer klassischen Tautologie (Doppelnennung) gleichkommt. Im Kern besteht der Perspektivenwechsel der KMK-Empfehlungen auch nicht in der Entwicklung einer schlüssigen neuen Terminologie, sondern vielmehr in der Abkehr von der Defizitorientierung in der Heil- und Sonderpädagogik sowie der Hinwendung zu einer pädagogischen Bestimmung ihres Gegenstandsbereiches: der sonderpädagogischen Förderung. Ein wesentliches Element moderner Heil- und Sonderpädagogik ist deshalb nunmehr der pädagogische Handlungszusammenhang der Förderung. Dass Kinder und Jugendliche, die Schwierigkeiten mit den Anforderungen der Schule haben, gefördert werden müssen und Unterstützung bei der Bewältigung von Lernproblemen benötigen, ist unbestritten (vgl. RAUH/ LAUBENSTEIN/ ANKEN/ AUER 2012) . Inwieweit der Terminus „Förderschwerpunkt Lernen" als neue begriffliche Grundlage die traditionelle Lernbehindertenpädagogik ablösen kann, muss bezweifelt werden. Für diese Aufgabe ist der Begriff der Lernschwierigkeiten weit mehr geeignet.

1.1.3 Gravierende Lernschwierigkeiten

Für die gegenwärtigen und zukünftigen Aufgaben der „Lernbehindertenpädagogik" wird ein Grundbegriff benötigt, der die enge schulbezogene Definition vermeidet und gleichsam lebenslaufbegleitend zur Verfügung steht (vgl. HEIMLICH/ WEMBER 2014; HEIMLICH/ HILLENBRAND/ WEMBER 2016). Dieser Begriff sollte sowohl den Bereich der Prävention und Frühförderung umfassen als auch das Erwachsenenalter und spätere Lebensabschnitte. Der Begriff „Lernbeeinträchtigung" eignet sich dafür insofern nur eingeschränkt, da er sehr stark mit schulischen Leistungsanforderungen verbunden ist und eher die defizitorientierte Betrachtungsweise (Beeinträchtigungen des Lernens) unterstützt (vgl. WERNING/ LÜTJE-KLOSE 2012; EINHELLINGER/ ELLINGER/ HECHLER/ KÖHLER/ ULLMANN 2013, 2014; SCHROEDER 2015). Der Begriff „Lernschwierigkeiten" erfährt als Oberbegriff in diesem Kontext inzwischen breite Akzeptanz (vgl. ZIELINSKI 1997; BENKMANN 1998; KANTER 2001; SCHRÖDER 2005; KRETSCHMANN 2007a). Schon BEGEMANN (1996, S. 269) war in seiner kritischen Durchsicht der begrifflichen Konzepte in der „Lernbehindertenpädagogik" zu dem Ergebnis gekommen, dass letztlich nur „aufgabenspezifische Lernschwierigkeiten" beschrieben werden können und bestätigt damit die Einschätzung von KANTER (vgl. 1977, S. 47). Mit der Reform der Sonderpädagogik in Großbritannien und der Einführung des Begriffs *„special educational needs"* im *Warnock-Report* ging auch die Bevorzugung des Begriffs *„learning difficulties"* einher, verbunden mit der Hoffnung auf eine Abkehr von einseitig defizitorientierten Begriffsbestimmungen (vgl. SCHRÖDER 2005, S. 63f.). In der Psychologie ist der Begriff „Lernschwierigkeiten" bereits seit längerem als zusammenfassende Kategorie für verschiedene Formen von Problemen beim Lernen akzeptiert (vgl. ZIELINSKI 1996, 1998), auch wenn dabei in der Vergangenheit immer wieder versucht wurde, eine Abgrenzung zum Begriff „Lernbehinderung" (vgl. LAUTH 2000; E. SANDER 2000) vorzunehmen. Eine Aufteilung der Begriffe „Lernbehinderung" und „Lernschwierigkeiten" auf unterschiedliche Schulformen des bestehenden Schulsystems dürfte durch die umfangreichen inklusiven Angebote in allgemeinen Schulen gleichwohl der Vergangenheit angehören.

• Auf den Punkt gebracht

Lernschwierigkeiten ergeben sich jeweils an der Anforderungsschwelle zwischen vorhandenen Fähigkeiten bzw. Fertigkeiten und noch zu erwerbenden.

Wir begeben uns damit letztlich auf das Feld einer entwicklungsorientierten Definition, wie sie etwa der russische Psychologe LEV S. VYGOTSKIJ (1894-1934) mit seinem kognitiven Entwicklungsmodell angeregt hat. Lernen findet nach VYGOTSKIJ im Spannungsverhältnis zwischen der „Zone der aktuellen Entwicklung" und der

„Zone der nächsten Entwicklung" statt (vgl. 1934/2002) und bahnt damit einer handlungstheoretischen Herangehensweise an Lernschwierigkeiten den Weg, die HOLZKAMP (1995) ebenfalls aufgreift.. Auch der Genfer Psychologe JEAN PIAGET (1896-1980) kommt in seinen Studien zur kognitiven Entwicklung zu dem Ergebnis, dass wir verschiedene Phasen der Auseinandersetzung mit Problemen durchlaufen und im Laufe dieser Entwicklung unterschiedliche Muster der Problemlösung anwenden, die zunehmend abstrakter werden (vgl. 1994). Der nordamerikanische Erziehungswissenschaftler JOHN DEWEY (1859-1952) stellt schließlich das Lösen von Problemen in den Mittelpunkt seiner Entwicklungstheorie und geht von einem erfahrungsbezogenen Lernbegriff aus. Erfahrung bedeutet für DEWEY aktive Auseinandersetzung mit Personen und Objekten der Umwelt. Insofern sind auch Lernerfahrungen stets eingebettet in eine soziale Situation. Die Personen und Objekte der Umwelt wirken aber ihrerseits auf die erfahrende Person zurück, so dass ein Austauschprozess stattfindet. Die Erfahrung beinhaltet sowohl Tun als auch Erleiden und ist somit in ein dialektisches Mensch-Umwelt-Modell eingebunden. Erst die Erfahrung bringt nach DEWEY Denkprozesse in Gang. Als Erfahrende setzen wir uns ständig mit Problemsituationen auseinander. Der Prozess des Problemlösens dient DEWEY auch als Basis für die Analyse des geistigen Prozesses, der durch die tätige Auseinandersetzung mit der Umwelt möglich wird. Ausgehend von einer problemhaltigen Sachlage wird vom Lernenden das erforderliche Wissen zur Lösung des Problems angeeignet, um daraus Problemlösungen zu entwickeln und diese an der Wirklichkeit zu überprüfen (vgl. DEWEY 1916/1993, S. 218). Dieser idealtypische Denkprozess ermöglicht daher Lernen – auf welchem Entwicklungsniveau auch immer. Insofern sind Erziehungs- und Bildungsprozesse auf Erfahrungen im Sinne dieses kritischen Pragmatismus[2] angewiesen (vgl. BITTNER 2001). All diesen Entwicklungstheorien ist gemeinsam, dass sie Entwicklung und somit auch *Lernen als Aktivität* betrachten, die vom Individuum ausgeht, von diesem selbst gesteuert wird und sich als Interaktion mit einer Umgebung zeigt. Im Lichte dieser Entwicklungstheorien haftet Lernschwierigkeiten zunächst einmal nichts Defizitäres mehr an, weil sie zum Bestandteil des Lernens selbst zählen.

• Auf den Punkt gebracht

Schwierigkeiten des Lernens entstehen in allen Lernprozessen für alle Lernenden.

---

2 Pragmatismus als philosophische Theorie ist dabei von pragmatischen Handlungen im Sinne von bloßer Zweckmäßigkeit zu unterscheiden. Erst in der jüngsten Zeit wird mit der einsetzenden umfassenderen Rezeption des Werkes von JOHN DEWEY die Bedeutung seines kritischen Pragmatismus auch in der bundesdeutschen Erziehungswissenschaft allmählich bewusst, wie besonders STEFAN BITTNER in seinem differenzierten Rückblick auf die Rezeptionsgeschichte zwischen 1900 und 2000 zeigen konnte (vgl. BITTNER 2001).

Insofern ist die Definition von Zielinski (1996, S. 369) auch Ausdruck dieser entwicklungsorientierten Sichtweise, in der Lernschwierigkeiten ganz allgemein als „Probleme der Informationsaneignung durch ein Individuum" bezeichnet werden. Eine genauere Dimensionierung von Lernschwierigkeiten mit der Unterscheidung von generellen und partiellen Formen erfolgt dann erneut bezogen auf die Kriterien Umfang, Dauer und Schweregrad. Zusätzlich werden die zugrundeliegenden Bezugsnormen, die spezifischen Lerninhalte und der Grad der Beeinflussbarkeit sowie die Verursachungsbedingungen als Grundlage für eine Klassifikation herangezogen (vgl. Zielinski 1998, S. 14f.). Bezogen auf die Ursachen von Lernschwierigkeiten unterscheidet Zielinski allerdings auch die externen von den internen Bedingungen. Sein Begriff von Lernschwierigkeiten lässt Kinder und Jugendliche mit Schulleistungsproblemen also nicht als alleinige Verursacher in Erscheinung treten. Lernzeit, Qualität des Unterrichts und moderierende Bedingungen im sozialen Umfeld werden ebenso gesehen (vgl. Heimlich 2007c, 2007d).
Anknüpfend an Zielinski bevorzug Andreas Gold (2011) ebenfalls den Begriff „Lernschwierigkeiten" als Oberbegriff für alle Formen von Beeinträchtigungen des Lernens, also auch Lernbeeinträchtigung, Lernbehinderung, Lernstörung und Lernschwäche:

> „Lernschwierigkeiten sind Schwierigkeiten in der Auseinandersetzung mit Lernanforderungen aller Art, die sich in minderen Schulleistungen beim Lesen, in der Rechtschreibung und/ oder beim Rechnen niederschlagen." (Gold 2011, S. 12)

Damit vermeidet er ebenso, den Intelligenzquotienten als Diskrepanzkriterium wie eine Reduzierung der Lernprobleme auf die Schulzeit und gewinnt so ebenfalls eine lebenslaufbegleitende Begriffsdimension.
Vor dem Hintergrund dieses Definitionsansatzes gehören zur Gruppe der Kinder und Jugendlichen mit Lernschwierigkeiten auch die Klassenwiederholungen und die Schüler/-innen, die die Schule ohne Hauptschulabschluss verlassen (vgl. Lauth 2000, S. 22; Gold 2011, S. 17). Hier wird zugleich deutlich, dass für die Förderaufgaben bei Lernschwierigkeiten die vorhandenen sonderpädagogischen Ressourcen nicht ausreichen. Im Vergleich zur ursprünglichen Zielgruppe der Kinder und Jugendlichen mit Lernbehinderungen (ca. 2,5% eines Schülerjahrgangs) dürfte die tatsächliche Gruppe der Kinder und Jugendlichen, die vorübergehend oder länger auf Unterstützung und Förderung angewiesen sind, im Bildungssystem der BRD eher beim 10fachen dieses Wertes liegen, also bei gut 20%. Die Einbeziehung der sonderpädagogischen Förderung in die allgemeine Schule führt also keineswegs zu einem Abbau der Sonderpädagogik, wie vielfach befürchtet worden ist. Vielmehr ist die Frage gegenwärtig noch völlig ungeklärt, wie das tatsächliche Ausmaß von Lernschwierigkeiten im Bildungssystem der BRD heute durch entsprechende Förderangebote bewältigt werden kann.

Der Begriff Lernschwierigkeiten (*learning difficulties*) bietet auch im internationalen Zusammenhang Vorteile. Da der Begriff „Lernbehinderung" außerhalb der BRD praktisch nicht bekannt ist, bereitet die internationale Verständigung im Fachgebiet nach wie vor grundlegende Probleme. Der Begriff *„learning disabilities" (Lernschwäche)*, wie er in Nordamerika gebräuchlich ist, deckt sich wiederum nicht mit dem traditionellen Verständnis von Lernbehinderung in der BRD. Kinder mit *learning disabilities* schließt auch Kinder mit normaler Intelligenz ein. Das *„National Joint Commitee on Learning Disabilities (NJLC)"* reduziert *learning disabilities* weiter auf individuelle Defizite beim einzelnen Kind. Der deutsche Terminus „Lernbehinderung" deckt sich wiederum mit der Gruppe der *„educable mentally retarded"*, also sog. „geistig Retardierte" mit einem IQ unter 70 (vgl. zu Gemeinsamkeiten und Unterschieden zwischen „Lernbehinderung" und *„learning disabilities"*: SCHRÖDER 2002, S. 66ff.). Der Begriff *Learning difficulties* ist eher in Großbritannien verbreitet, schickt sich jedoch gerade in Verbindung mit der internationalen Bewegung einer *„special needs education"* und in Verbindung mit den Ansätzen einer *inclusive education* inzwischen an, als internationale Verständigungsgrundlage anerkannt zu werden. Problematisch ist allenfalls, dass in Großbritannien Menschen mit einer „geistigen Behinderung" vor allem im Erwachsenenalter ebenfalls zur Gruppe der *learning difficulties* gezählt werden. Dies geschieht allerdings überwiegend in Verbindung mit Angeboten der Erwachsenenbildung, die sich wiederum auf mehrere Behinderungsarten im traditionellen Sinne beziehen. Die Lernschwierigkeiten dieser Gruppe von Teilnehmenden an Erwachsenenbildungsangebote mögen da durchaus ein verbindendes Merkmal sein, das zur Schaffung von umfassenderen Angeboten in diesem Bereich führt (vgl. B. LINDMEIER u.a. 2000).

Wie unterscheiden sich aber nun Kinder, Jugendliche und Erwachsene mit gravierenden Lernschwierigkeiten von allgemeinen Lernschwierigkeiten, die im Grunde bei jedem Lernenden auftreten können? Der Unterschied besteht schlicht in der Fähigkeit, die Lernprobleme selbstständig zu bewältigen. Die meisten Menschen schaffen das selbst. Es gibt jedoch eine Gruppe von Kindern, Jugendlichen und Erwachsenen, die bei der *Bewältigung ihrer Lernschwierigkeiten* auf die Hilfe Anderer, möglicherweise auch professioneller Heil- und Sonderpädagogen/-innen angewiesen sind.

• Auf den Punkt gebracht

Gravierende Lernschwierigkeiten sind dadurch gekennzeichnet, dass sie nur mit zusätzlicher sonderpädagogischer Förderung bewältigt werden können.

Diese Schwierigkeiten können vorübergehend oder dauerhaft sein, in einem Schulfach oder in mehreren bestehen, kognitive Ursachen haben oder andere. Für die Ableitung der Fördermaßnahmen ist das zunächst zweitrangig. Entscheidend ist, dass Lernhilfe und Lernförderung zur Verfügung stehen – und zwar rechtzeitig. Damit ist auch die Entscheidung für eine *dimensionale Begriffsbestimmung* gefallen und gegen die typlogische Betrachtungsweise, wie sie für den Begriff der „Lernbehindertenpädagogik“ charakteristisch war. Das gilt ebenso für eine frühzeitige Diagnostik. Mit dieser Begriffsbestimmung ist auch die Annahme verbunden, dass sich die Lernprozesse zwischen Kindern und Jugendlichen mit „Lernbehinderung“ und solchen mit „Lernstörungen“ oder Lernenden ohne Lernprobleme nicht prinzipiell unterscheiden (vgl. Treml 2001, S. 292; Bateson 1999, S. 396f.). Die Lernvoraussetzungen mögen unterschiedlich sein, die zur Verfügung stehende Hilfe im Umfeld der Kinder kann variieren. Das Lernen von Kindern und Jugendlichen mit Lernschwierigkeiten verläuft prinzipiell nicht anders, als bei anderen auch, was sich vor allem in der anthropologischen Betrachtungsweise zeigt (s. Kap. 1.3). Die folgende Abbildung fasst diese Überlegungen noch einmal zusammen.

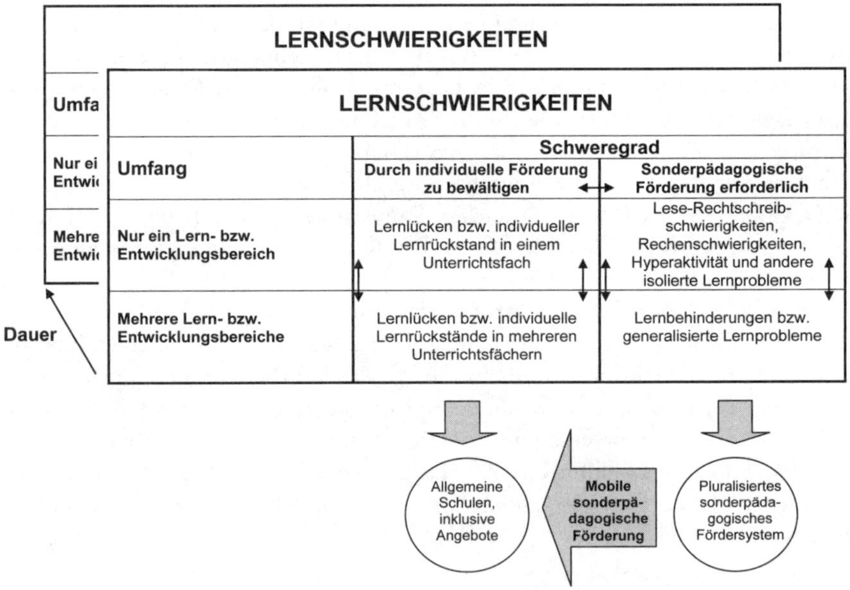

Abb. 1.2: Klassifikation der Lernschwierigkeiten

Neu ist an diesem Klassifikationsansatz die *Differenzierung des Schweregrades einer Lernschwierigkeit über den Förderbedarf.* Zu unterscheiden sind hier die Maßnahmen der individuellen Förderung in der allgemeinen Schule einschließlich der inklusiven Förderung von den Maßnahmen der sonderpädagogischen Förderung, die sowohl an den vielfältigen Förderorten eines pluralisierten sonderpädagogischen Fördersystems stattfinden können, als auch über den Weg der mobilen sonderpädagogischen Förderung in Kooperation mit der allgemeinen Schule im Gemeinsamen

Unterricht einer inklusiven Schule. Der Zeitfaktor „*Dauer*“ wird hier deshalb ein wenig vernachlässigt, weil allein schon die Praxis beispielsweise der mobilen sonderpädagogischen Förderung lehrt, dass die Dauer von Lernschwierigkeiten individuell höchst unterschiedlich sein kann und sowohl bei vorübergehenden als auch bei länger andauernden Lernschwierigkeiten sich ein sonderpädagogischer Förderbedarf ergeben kann. Die spezifischen Lerninhalte, bei denen sich Lernschwierigkeiten zeigen, sind hier gleichsam auf der Ebene der Beispiele (Lernrückstände, Lese-Rechtschreibschwierigkeiten usf.) präsent. Offen bleibt in dieser Darstellung noch der Bereich der Ursachen von Lernschwierigkeiten. Dabei zeigt sich, dass die Klassifikationskriterien Umfang, Schweregrad, Dauer, Inhalte, Beeinflussbarkeit und Ursachen von Lernschwierigkeiten in Abhängigkeit von zugrundeliegenden Prämissen unterschiedlich gefüllt werden können. Im hier zugrundeliegenden pragmatistischen Definitionsansatz ist die Interaktion zwischen Personen und Umwelt als Grundlage jeglichen Lernprozesses bereits mit gedacht. Zu diesen Prämissen zählen neben dem jeweiligen Entwicklungsmodell letztlich auch die anthropologischen Grundannahmen.

1.2 Anthropologische Modelle[3] von Lernschwierigkeiten

Was ist Lernen? Eigentlich handelt es sich hier um eine simple Frage, da jeder Mensch täglich – auf welchem Entwicklungsniveau auch immer – lernt. Doch was ist eigentlich passiert, wenn wir sagen, wir haben etwas gelernt? Oder womit beginnt Lernen, wann setzen Lernprozesse ein? Bevor Lernschwierigkeiten genauer analysiert werden können, muss zunächst geklärt werden, was unter Lernen verstanden wird. Auch Emil E. Kobi (1975) wählte seinerzeit diesen Weg der Bestimmung von Lernbhehinderung bzw. Lernschwierigkeiten auf der Basis eines Modells für den Lernprozess im allgemeinen. Fast hat es den Anschein, dass die Antworten auf diese Fragen zu den trügerischen Gewissheiten der Erziehungswissenschaft zählen, die den Blick auf den Gegenstand in seiner ganzen Bandbreite eher verstellen als erhellen. Die derzeit allgemein akzeptierte, vor allem psychologisch beeinflusste Definition von Lernen enthält die Komponenten Verhaltensänderung und Wissenserwerb (vgl. Zimbardo/ Gerrig 2004, S. 243; Bednorz/Schuster 2002, S. 25; Krapp 2007, S. 457), verbunden mit dem Hinweis auf die zumindest eingeschränkte Beobachtbarkeit des Lernens selbst.
Schon die genauere Frage nach der Wortbedeutung weitet den Blick. Lernen bedeutet demnach „…etwas in irgend welcher weise, durch anweisung, beispiel oder

3 Anthropologie wird hier verstanden als die Wissenschaft vom Menschen. Pädagogische Anthropologie enthält die Frage nach der Menschwerdung des Menschen durch Erziehung (vgl. Zirfas 1998, S. 98).

erfahrung gelehrtes sich aneignen."[4] Ursprünglich war demnach mit dem Begriff *Lernen* stets auch das *Lehren* verbunden, im 16. Jahrhundert sogar noch in der Schreibweise „lehrnen" sichtbar gemacht. In dem heute nicht mehr gebräuchlichen Ausdruck „jemanden etwas zu lernen" kommt diese Austauschbarkeit der Begriffe ebenfalls vor und verweist so schon im Bereich der sprachlichen Bedeutung auf den Umweltbezug des Lernvorganges in Form von Lerngegenständen und Personen, von denen gelernt wird, hin.

Im anthropologischen Sinne müssen wir über die Verhaltensänderung und den Wissenserwerb hinaus die Vielfalt unterschiedlicher *Lernformen* berücksichtigen. Michael Göhlich und Jörg Zirfas (vgl. 2007) unterscheiden auf dem Hintergrund einer Anthropologie des Lernens vier Dimensionen: das *Wissen-Lernen*, das *Können-Lernen*, das *Leben-Lernen* und das *Lernen-Lernen*.

- Beim *Wissen-Lernen* steht das „Was?" des Lernens im Vordergrund, der Sachaspekt. Es handelt sich hier im Grunde um das klassische „Schulwissen", das zum Lerngegenstand im Sinne eines Objekts gemacht werden kann und über Schrift und Bücher oder andere Medien weitergegeben wird. Man könnte also leicht dem Irrtum aufsitzen, dass hier nurmehr ein Kanon von standardisierten Wissensbeständen angeeignet werden soll. Zum Wissen-Lernen gehört jedoch auch die Notwendigkeit der Verknüpfung von Vorhandenem und Neuem (vgl. a.a.O., S. 181ff.). Insofern bleibt hier erneut der individuelle Erfahrungsprozess des einzelnen Lernenden die Grundlage für den Erwerb von Fähigkeiten. Lernschwierigkeiten treten in dieser Dimension auf als Probleme des Aneignens und Durchdringens, des Behaltens und Vergessens sowie der Vernetzung und des Transfers von Wissensbeständen.
- Das *Können-Lernen* führt demgegenüber zur Handlungsfähigkeit. Routine, Übung und Training tragen hier dazu bei, dass ein Prozess oder eine bestimmte Tätigkeit ausgeführt werden können. Dies beginnt bei den basalen Aktivitäten des Saugens, Greifens und Gehens und ist ebenso im Prozess des Lesen-, Schreiben- und Rechnenlernens wirksam. Abstufungen ergeben sich hier insbesondere zwischen einem Stadium des „Anfängers" und dem des „Könners" bzw. Experten bezogen auf ein bestimmtes Gebiet (vgl. a.a.O., S. 184ff.). Lernschwierigkeiten stellen sich in dieser Dimension als Probleme in Bezug auf die Entwicklung von automatisierten Fertigkeiten in einem bestimmten Könnensbereich ein.
- Das *Leben-Lernen* beinhaltet schließlich „Überleben-, Lebensbewältigung-, Lebensbefähigung-, Biographisches-, Lebenskunst- und Sterben-Lernen" (a.a.O., S. 187). Lernen wird dabei in seinem engen Zusammenhang mit dem Leben unter konkreten gesellschaftlichen Bedingungen betrachtet und bezieht sich so auf Fähigkeiten der Existenzsicherung, der Kritikfähigkeit, der Identität und der

4 Grimm, Jacob und Wilhelm: Deutsches Wörterbuch. Der Digitale Grimm (Frankfurt a.M.: Zweitausendeins, o.J.)

Selbstsorge sowie der Einsicht in die Endlichkeit der eigenen Existenz. Lernschwierigkeiten ergeben sich an den genannten Nahtstellen zwischen dem persönlichen Lebensentwurf und den gesellschaftlichen Zusammenhängen, in die jeder hineingestellt ist.

- All diese Dimensionen des Lernens tragen miteinander dazu bei, dass gleichsam implizit auch das *Lernen-Lernen* zum Zuge kommt. Während des Lernens selbst wird zugleich stets etwas über das eigene Lernen gelernt. Lernsituationen müssen überschaut, Lernstrategien entworfen sowie Lernmethoden entwickelt und angewendet werden. Diese basale Lernfähigkeit erhält gerade unter dem Erwartungsdruck lebenslanger Lernprozesse eine immer größere Bedeutung bis hin zum Rang einer Schlüsselkompetenz (vgl. a.a.O., S. 190ff.). Lernschwierigkeiten ergeben sich hier insbesondere in der Steuerung und Reflexion des eigenen Lernens.

Lernen ist insofern nicht nur individuelles Geschehen, in dem Wissen und Können angeeignet werden, sondern stets eine Form der sozialen Erfahrung, in der auch etwas über das Lernen selbst gelernt wird. Lernschwierigkeiten können in dieser Perspektive nicht mehr allein als Wissens- und Könnensprobleme angesehen werden, sondern sie hängen ihrerseits wieder mit den jeweiligen Lebensschwierigkeiten und den Problemen, das Lernen selbst zu lernen und immer selbstständiger zu beherrschen zusammen. Lernprobleme und Lebensprobleme bedingen sich beim Menschen insofern gegenseitig. Eine isolierte Betrachtung der Lernprobleme beim einzelnen Kind oder Jugendlichen ist deshalb schon anthropologisch ausgeschlossen. Auf der Basis dieser weiten, anthropologisch bestimmten Sichtweise von Lernen und Lernschwierigkeiten können nun spezifische Herangehensweisen an Lernschwierigkeiten, wie sie besonders im Bereich der Psychologie und der Soziologie vorliegen, dargestellt werden.

1.3 Bedingungsfaktoren und Erklärungsmodelle für Lernschwierigkeiten

Erklärungsmodelle für Lernschwierigkeiten sollen letztlich dazu beitragen, Lernschwierigkeiten besser zu verstehen und zu angemessenen Diagnose- und Interventionsansätzen zu gelangen. Dies zeigt sich besonders in der Fähigkeit, eine Reihe von möglichen Erklärungsweisen für bestimmte Lernschwierigkeiten entwickeln zu können. In Anlehnung an die Vorgehensweise in der sonderpädagogischen Förderpraxis wird dabei zunächst von einer *ersten Ebene der unmittelbar beobachtbaren und intersubjektiv wahrnehmbaren Lernschwierigkeiten* ausgegangen. Dazu zählen die erschwerten Lernsituationen, die sich aus Lese-Rechtschreibschwierigkeiten und Rechenschwierigkeiten ergeben. Damit in Verbindung stehen häufig Probleme in der Steuerung des Lernprozesses, in der Handhabung von Lernmethoden und in der Strukturierung einer Lernsituation (Probleme beim Lernen des Lernens). Diese Formen von Lernschwierigkeiten sollen im weiteren als *Lernschwierigkeiten im engeren Sinne* bezeichnet werden.

• Auf den Punkt gebracht

Kinder und Jugendliche mit Lernschwierigkeiten haben in erster Linie Probleme beim Lesen-, Schreiben- und Rechnenlernen sowie beim Lernen des Lernens.

In der bundesdeutschen Heil- und Sonderpädagogik dominiert bisher die Suche nach tieferliegenden Ursachen von Lernschwierigkeiten, die in der Regel in der Person des Lernenden verankert sein sollen. Davon versprach man sich verbesserte Fördermöglichkeiten, in dem beispielsweise fehlende basale Lernvoraussetzungen zunächst grundgelegt werden sollten, bevor dann das jeweilige Lernproblem direkt angegangen werden konnte. Dem ist entgegen zu halten, dass Kinder und Jugendliche mit Problemen im Lesen, Schreiben und Rechnen dann am erfolgreichsten gefördert werden können, wenn sie direkt in diesen Kompetenzbereichen gefördert werden (vgl. die Übersicht zu den Interventionsansätzen bei LAUTH/GRÜNKE/BRUNSTEIN 2014a).
Gleichwohl müssen wir eine zweite *Ebene der endogenen Bedingungsfaktoren von Lernschwierigkeiten* unterscheiden (vgl. die Systematik bei LEITNER/ ORTNER/ORTNER 2008). Auf dieser Ebene kommen die somatischen, sensomotorischen, kognitiven, emotionalen und sozialen Aspekte von Lernschwierigkeiten in den Blick. Aggressionen, Angst, Hyperkinetisches Syndrom, Konzentrations- und Motivationsprobleme sind z.B. in der Regel durch Probleme in den Lernvoraussetzungen bezogen auf die genannten Verhaltens- und Entwicklungsbereiche bedingt.[5] Sie sollen im folgenden als *Lernschwierigkeiten im weiteren Sinne* bezeichnet werden.
Dabei kommen allerdings auch Bedingungen für Lernschwierigkeiten zum Tragen, die außerhalb des Kindes bzw. Jugendlichen liegen. Deshalb ist eine *dritte Ebene der exogenen Bedingungsfaktoren von Lernschwierigkeiten* zu unterscheiden. Ressourcen aus dem sozialen Umfeld von Kindern und Jugendlichen mit Lernschwierigkeiten bestimmen mit, wie sich Lernprobleme entwickeln und ob sie überwunden werden

5 In der Kinder- und Jugendpsychiatrie werden diese Phänomene auch als „Störungsbilder" bezeichnet und mit Hilfe der medizinischen Klassifikationssysteme der ICD-10 und des DSM-V definiert. Damit steht allerdings eine individuumszentrierte Betrachtungsweise im Vordergrund. Da in einer Pädagogik bei Lernschwierigkeiten aber eher Kind-Umfeld-Zusammenhänge betont und die medizinische Defizitsicht vermieden werden soll, erhält hier stattdessen der Begriff „erschwerte Lernsituation" den Vorzug. ALLEN FRANCES, ein amerikanischer Psychiater und Leiter der Kommission zur Erstellung des DSM-IV hat in seinem Buch „Normal" (2013) auf die Gefahren dieser Klassifikationssysteme hingewiesen, die mittlerweile nicht davor zurückschrecken, immer weitere Bereiche des menschlichen Verhaltens zu pathologisieren.

müssen. Vielfach sind Lernschwierigkeiten gerade durch Bedingungsfaktoren im Umfeld entstanden. Sowohl die Familie als auch die Schule kommt hier als Verursachungsmoment in Frage.

• Auf den Punkt gebracht

Lernschwierigkeiten können sowohl durch endogene als auch durch exogene Bedingungsfaktoren verursacht werden.

Für die Wahrnehmung dieses Komplexes von Lernschwierigkeiten und deren Bedingungsfaktoren liegen nun erziehungswissenschaftliche Erkenntnisse besonders aus den Nachbardisplinen Psychologie und Soziologie vor, die auf einer *vierten Ebene als Erklärungsmodelle für Lernschwierigkeiten* zusammengefasst werden sollen. Dabei wird auch die gegenseitige Beeinflussung der verschiedenen Bedingungsfaktoren untereinander und bezogen auf das Lernverhalten eines Kindes oder Jugendlichen deutlich. Lineare Ursache-Wirkungs-Zusammenhänge sind auf dem Hintergrund von ökologischen Modellen der Lernschwierigkeiten nicht mehr aufrechtzuerhalten.

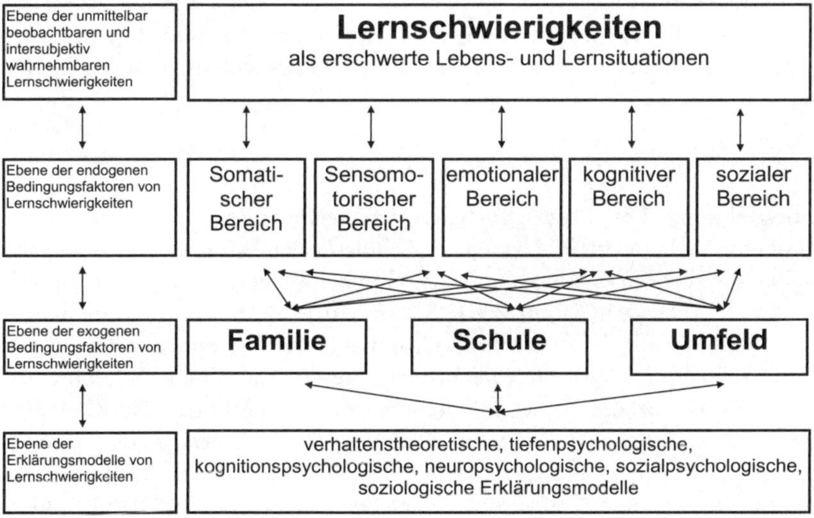

Abb. 1.3: Bedingungsfaktoren und Erklärungsmodelle von Lernschwierigkeiten – ein systematischer Überblick

Ausgehend von den Formen der Lernschwierigkeiten werden nun die Bedingungsfaktoren und die Erklärungsmodelle vorgestellt, wobei die Verflechtung der verschiedenen Ebenen von Lernschwierigkeiten jeweils konkret aufgezeigt wird. Damit ist keineswegs eine ätiologische Betrachtungsweise angestrebt, die allenfalls die individuelle Genese von Lernschwierigkeiten aufklären könnte. Vielmehr stehen im weiteren *Beispiele für erschwerte Lernsituationen* im Mittelpunkt, für die jeweils die Kind-Umfeld-Zusammenhänge mit aufgezeigt werden. Dabei erfolgen neben der Darstellung von Definition und Symptomatik jeweils auch Hinweise auf Bedingungsfaktoren sowie Diagnose- und Fördermöglichkeiten.

1.3.1 Erschwerte Lernsituationen

Auf der sichtbaren Ebene von Lernschwierigkeiten fallen in der Regel mit Eintritt in die Schule zunächst die *Probleme beim Erlernen des Lesens, Schreibens und Rechnens* auf. Diese werden hier deshalb an den Anfang gestellt, während die Vorläuferfähigkeiten und Lernvoraussetzungen besonders unter präventiven Aspekten von Bedeutung sind (s. Kap. 4.1). Ebenfalls auf der beobachtbaren Ebene von Lernschwierigkeiten sind die Probleme in der Steuerung und Reflexion des Lernprozesses anzusiedeln (*Lernen-Lernen*). Lernschwierigkeiten werden aus psychologischer Sicht häufig in Form von Defizit-Katalogen dargestellt, die eine Auflistung der nicht vorhandenen Fähigkeiten von Kindern und Jugendlichen beinhalten. Gerade unter (sonder-)pädagogischem Aspekt ist allerdings stets auch die Frage nach ihren Fähigkeiten als Basis jeglicher Förderung gestellt. Diese Kompetenzorientierung wird deshalb bei der Darstellung der Lernschwierigkeiten im engeren und im weiteren Sinne bevorzugt. Dabei stehen vor allem Entwicklungsmodelle einzelner Kompetenzbereiche im Vordergrund.

- **Lese-Rechtschreib-Schwierigkeiten**

Die Bezeichnung „Lese-Rechtschreib-Schwierigkeiten (LRS)“ gilt als „Sammelbegriff für eine Vielzahl von Problemen, die Schüler/innen beim Erlernen des Lesens, Schreibens und Rechtschreibens und späterhin beim Gebrauch der Schriftsprache aufweisen…“ (Naegele/Valtin 2001, S. 10). Auch die Kultusministerkonferenz (KMK) bestätigt mit dem Beschluss „Grundsätze zur Förderung von Schülerinnen und Schülern mit besonderen Schwierigkeiten im Lesen und Rechtschreiben“ (4.12.2003) den *Begriff*. In der internationalen Schulleistungsstudie PISA 2000 (*Programme for International Students Assessment*) hat sich gezeigt, dass mehr als 20% der 15jährigen in Deutschland nur die unterste Stufe der Lesekompetenz erreichen oder mit ihrer Leseleistung sogar noch unter der Stufe I liegen. Gerade diese im internationalen Vergleich doch recht umfangreiche „Risikogruppe“ in der Lesekompetenz hat umfangreiche bildungspolitische Aktivitäten besonders im präventiven Bereich der Sprachförderung in Gang gesetzt (vgl. Deutsches PISA-Konsortium u.a. 2001, 2003).

Fallbeispiel Gökmen

Gökmen (12 Jahre) ist aus der Grundschule in die Schule zur Lernförderung überwiesen worden. Er beteiligt sich nur wenig am Unterricht, allenfalls wenn es um praktische Aufgaben geht. Es sind noch nicht alle Buchstaben bekannt. Auch fehlen grundlegende Einsichten in die Lautstruktur der deutschen Schriftsprache. Das Fördermaterial für den Entwicklungsstand von Gökmen bezieht sich auf den Anfangsunterricht, was er für sich als zu leicht bezeichnet. Im Rahmen des Förderunterrichts erfolgt nun eine individuelle Förderung anhand von Erstwörtern, die Gökmen aus dem Alltag bereits kennt und sogar richtig schreiben kann.

Die Bezeichnung „Legasthenie" geht auf den Neurologen Paul Ranschburg zurück. Er sieht Lese-Rechtschreibschwierigkeiten noch als unabhängig von der Intelligenz und durch Förderung durchaus beeinflussbar. Die Intelligenz als Differenzkriterium in der Legasthenie-Definition ist von Maria Linder geprägt worden. Im Anschluss daran wurden Schwierigkeiten beim Erlernen des Lesens bei normaler Intelligenz als Voraussetzung für die „Diagnose: Legasthenie" festgeschrieben. Gegenwärtig wird eher von Entwicklungsmodellen des Schriftspracherwerbs zur Erklärung von Lese- und Rechtschreib-Schwierigkeiten ausgegangen. Im „Stufenmodell des Schriftspracherwerbs" von Klaus B. Günther werden die produktiven (Schreiben) und rezeptiven Aspekte (Lesen) aufeinander bezogen (zit. n. Sassenroth 1995, 46ff.). Für den Erwerb der Schriftsprache ist die Entwicklung verschiedener Strategien erforderlich:

1. *präliteral-symbolische Strategie:* Übergang vom Hantieren mit Gegenständen zur Betrachtung von bildlichen Materialien, z.B. Bilder malen und zeichnen,
2. *logographemische Strategie:* Unterscheidung des schriftsprachlichen Materials von anderen grafischen Zeichen, z.B. den eigenen Namen lesen und schreiben,
3. *alphabetische Strategie:* Erfassung der Graphem-Phonem-Korrespondenz, Probleme durch nicht konsequente Zuordnung von Laut und Buchstabe, z.B. f, v, pf, ph als [f]-Laut, z.B. „lesn" für „lesen",
4. *orthographische Strategie:* Grundeinheiten der Sprache (Morpheme, Silben usf.) erkennen, Integration von Lese- und Schreiboperationen, Anwendung orthographischer Regeln, z.B. „lieber opa" statt „Lieber Opa",
5. *integrativ-automatisierte Strategie:* „intuitive Sicherheit" im Schriftsprachgebrauch.

Kinder mit Lese- und Rechtschreibschwierigkeiten haben bereits zu Beginn der Schulzeit eine Entwicklungsverzögerung. Breuer/Weuffen (2004) kommen in aufwändigen Studien mit der Differenzierungsprobe zu dem Ergebnis, dass Kinder mit Lese-Rechtschreib-Schwierigkeiten häufig über bestimmte Wahrnehmungsdifferenzierungsleistungen im Sinne von Lernvoraussetzungen des Schriftspracherwerbs nicht verfügen (z.B. phonematische, visuelle, rhythmische, melodische, kinästhetische Differenzierung).

Bezogen auf die *Bedingungsfaktoren* von Lese-Rechtschreib-Schwierigkeiten im Rahmen eines multidimensionalen Modells (vgl. SCHLEIDER 2009, S. 34ff.) liegen gesicherte Forschungsbefunde über die folgenden Problemschwerpunkte vor (vgl. GASTEIGER-KLICPERA/KLICPERA 2014, S. 58ff.; ZIELINSKI 1998, S. 107ff.; GOLD 2011, S. 224ff.):

- *Phonologische Bewusstheit:* Kinder mit Lese-Rechtschreib-Schwierigkeiten haben Probleme, die Lautstruktur der Sprache zu erkennen. Die Zergliederung von Wörtern in Laute (Phoneme) bereitet ihnen Schwierigkeiten.
- *Phonologisches Rekodieren:* Für das Erlernen des Lesens und Schreibens benötigen Kinder die Fähigkeit, Buchstaben in Laute zu übersetzen und dies auch über eine Buchstabenfolge hinweg im Gedächtnis zu speichern.
- *Serielle Benennungsgeschwindigkeit:* Kinder müssen beim Lesen rasch von einem Wort auf das andere umschalten. Voraussetzung dafür ist ein gutes „orthographisches Lexikon", in dem Schriftwörter gespeichert sind, die beim Lesen dann quasi automatisch abgerufen werden können.
- *Visuelle Verarbeitung:* Für eine kleine Gruppe von Kindern könnten auch Probleme in der visuellen Wahrnehmung als Ursache für ihre Lese-Rechtschreib-Schwierigkeiten in Frage kommen.
- *Lernverhalten:* Lese-Rechtschreib-Schwierigkeiten können auch von Aufmerksamkeits- und Konzentrationsproblemen begleitet sein oder dadurch zusätzlich verstärkt werden.
- *Familiale und schulische Förderung:* Es bestehen offenbar gravierende Unterschiede zwischen Schülern/-innen mit und ohne Lese-Rechtschreib-Schwierigkeiten in Bezug auf den familiären und schulischen Kontext. Familien haben gerade durch Vorlesen, Sprachspiele usf. einen großen Einfluss auf die Entwicklung von Voraussetzungen des Schriftspracherwerbs bei Kindern.

• Auf den Punkt gebracht

Lese-Rechtschreib-Schwierigkeiten (bzw. „Lese-Rechtschreib-Schwächen" oder „Legasthenie") sind Lernschwierigkeiten, bei denen es durch eine Entwicklungsverzögerung im Bereich der Lernvoraussetzungen zu Problemen im Schriftspracherwerb kommt, die einen erhöhten Förderbedarf nach sich ziehen.

Die *Diagnose* der Lese-Rechtschreib-Schwierigkeiten sollte so früh wie möglich erfolgen. BREUER/WEUFFEN (2004) haben mit ihrer „Differenzierungsprobe" ein Diagnoseinstrument vorgelegt, mit dem die Wahrnehmungsdifferenzierungsleistungen als Voraussetzungen für den Schriftspracherwerb bereits vor dem Schuleintritt festgestellt werden können. PETER MAY hat mit der „Hamburger Schreibprobe"

aufbauend auf dem Entwicklungsmodell von GÜNTHER ein Beispiel für die entwicklungsorientierte Einschätzung der Schreibfähigkeiten geliefert (für weitere förderdiagnostische Verfahren: vgl. HEIMLICH/ LUTZ/ WILFERT DE ICAZA 2013).
Die *Förderung* bei Lese- und Rechtschreib-Schwierigkeiten orientiert sich vor dem Hintergrund einer entwicklungsorientierten Sichtweise allgemein auf den „Spracherfahrungsansatz“ (vgl. BRÜGELMANN 1983, S. 174ff.). Danach sind Lesen und Schreiben in soziale Handlungen und Alltagssituationen einzubetten, die gesprochene Sprache in den Mittelpunkt zu stellen und Anregungen für einen kreativen Umgang mit der Schriftsprache bereitzuhalten. Im präventiven Bereich ist insbesondere darauf zu achten, dass die Lernvoraussetzungen des Schriftspracherwerbs gezielt angebahnt werden. Dabei sollten im Sinne eines indirekten Ansatzes der Förderung die phonologischen und visuellen Voraussetzungen des Schriftspracherwerbs grundgelegt werden (s.o.). Für *direkte Modelle der Förderung*, wie sie auch FRANZ B. WEMBER fordert (vgl. 1999) gilt es zunächst, die aktuellen Lese-Rechtschreib-Kompetenzen des einzelnen Kindes zu ermitteln. SOMMER-STUMPENHORST (1993, S. 52ff.) schlägt dazu eine komplexe *Analyse des gesamte Bedingungsgefüges* der aufgetretenen Lernschwierigkeiten vor: Lese- und Schreiblernvoraussetzungen, schulische Bedingungen, Lern- und Arbeitsverhalten, Selbstkonzept und Lernmotivation, Reaktionen der Umwelt usw. Dabei steht nicht mehr die Feststellung der Leistungsdefizite im Vordergrund, sondern vielmehr eine genaue Fehleranalyse. Für das weiterführende Lesen hat WEMBER (1999) auf der Basis von Einzelfallstudien ein Rahmenkonzept entwickelt, das die *direkte Förderung der Lesekompetenz* auf der Basis einer individuellen Diagnose favorisiert (für weitere Hinweise auf Fördermöglichkeiten: vgl SUCHODOLETZ 2006; MAND 2008, 2012; BREITENBACH/ WEILAND 2010). Trotz der Vielzahl an fundierten und erprobten Förderkonzepten bzw. -materialien gelingt es innerhalb des Schulsystems nicht, allen Schülern Grundkenntnisse in der Schriftsprache zu vermitteln. Das Aufgabenspektrum einer pädagogischen Förderung bei Lese-Rechtschreib-Schwierigkeiten reicht deshalb auch bis in das Erwachsenenalter hinein (s. Kap. 4.4).

- **Rechenschwierigkeiten**

Während Lese-Rechtschreibschwierigkeiten bereits seit längerem Gegenstand von intensiven Forschungsbemühungen sind und eine große Vielfalt an Diagnose- und Förderkonzepten vorliegen, beginnt sich erst allmählich ein Problembewusstsein für Lernschwierigkeiten im Lernbereich Mathematik herauszubilden (vgl. ZIELINSKI 1998, S. 123ff.; GOLD 2011, S. 231ff.). Gleichwohl wird allgemein davon ausgegangen, dass zwischen 6 und 15% der Schüler/-innen einen umfangreichen Förderbedarf auf dem Gebiet mathematischer Operationen hat.

• Auf den Punkt gebracht

Rechenschwierigkeiten (bzw. „Rechenschwächen", „Rechenstörungen" oder „Dyskalkulie") bezeichnen solche Lernschwierigkeiten, bei denen Kinder und Jugendliche im Umgang mit mathematischen Operationen auf den verschiedenen Entwicklungsstufen einen besonderen Bedarf an pädagogischer Unterstützung haben.

Rechenschwierigkeiten werden vor dem Hintergrund von Modellen der kognitiven Entwicklung (Jean Piaget, Hans Aebli, Jerome S. Bruner) als Entwicklungsverzögerungen erklärbar (vgl. Fritz/Ricken 2008, S. 14). Ingeborg Milz interpretiert „Teilleistungsschwächen" in der Mathematik auf der Basis eines Stufenmodells mathematischer Operationen. Sie geht davon aus, dass alle Kinder einen bestimmten *Entwicklungsprozess des Aufbaus und der Verinnerlichung von mathematischen Operationen* durchlaufen (vgl. Milz 1995, S. 52-77 und Grissemann/Weber 2000), denen wiederum bestimmte Lernschwierigkeiten zugeordnet werden können:

1. *Stufe 1: Konkretes Handeln* (Umgang mit verschiedenen Materialien aus dem Alltag, Eigenschaften von Materialien, Mengenrelationen: größer – kleiner, weniger – mehr, einfache Handlungen als Basis von Mengenoperationen, Entwicklung einer ganzheitlichen Mengenvorstellung als Vorform des Zahlbegriffs, systematischer Aufbau des dekadischen Positionssystems),
2. *Stufe 2: Bildliche Darstellung* (Möglichkeiten der zweidimensionalen Darstellung von Mengen, „Piktogramme": ☎📼🕮, grafische Zeichen: £ △, sprachliche Begleitung, Mengenkonstanz, inneres Abbild der Handlung),
3. *Stufe 3: Symbolische Darstellung* (feste Bezeichnungen für Mengen und Handlungen, Ziffern und Symbole (+, -), Symbole als Repräsentant für eine Klasse von Objekten, Bildung abstrakter Begriffe, Stufe der mathematischen Operationen im engeren Sinne, Prozess der Verschlüsselung (Enkodierung) und Entschlüsselung (Dekodierung), Lösen von Gleichungen mit sog. „Platzhaltern": 3 + □ = 5),
4. *Stufe 4: Automatisierung und Anwendung* (ständige Übung und Wiederholung, Einschleifen der mathematischen Operationen, Einmaleinsreihen, Übersetzung von symbolischen Operationen in konkrete Handlungen, Ausführung von Umkehroperationen, Anwendung von mathematischen Operationen auf unbekannte Zusammenhänge z.B. bei Textaufgaben).

Bedingungsfaktoren für Rechenschwierigkeiten können bezogen auf dieses Stufenmodell als Störfaktoren der kognitiven Entwicklung systematisch unterschieden werden. Dazu zählen zuallererst bestimmte Lernvoraussetzungen, die auf der Basis neuropsychologischer Erkenntnisse recht unterschiedlich ausgeprägt sein können (vgl. Lorenz 2014, S. 45ff.):

Vorstellungsfähigkeit (Fähigkeit, zwischen der konkreten Anschauung und der anschauungsgebundenen Vorstellung zu wechseln z.B. bei Aufgaben am Zahlenstrahl),
- *Sprachrezeption* (Verständnis für die komplizierte und relativ abstrakte Sprache des Mathematikunterrichts, genaue Bestimmung von Relationen zwischen Mengen z.B. bei Textaufgaben),
- *Gedächtnis* (erhebliche Speicherfähigkeiten bei der Automatisierung bestimmter Rechenverfahren erforderlich z.B. Einmaleinsreihen),
- *Rechts-Links-Diskriminationsfähigkeit* (zentrale Voraussetzung für die Ausführung von mathematischen Operationen, z.B. tur Verhinderung von sog. „Zahlendrehern“: 57 statt 75 und Operationsumkehrungen:+ statt –).

Ökologische Modelle der kindlichen Entwicklung legen darüber hinaus die Einbeziehung von Störfaktoren aus dem sozialen Umfeld (z.B. Unterstützung mathematischer Lernprozesse in der Familie), aus dem jeweiligen institutionellen Zusammenhang (z.B. Lehrerverhalten bei Rechenfehlern, didaktisch-methodisches Konzept des Mathematik-Unterrichts) und den sozialen Beziehungen des Kindes (z.B. Umgang der Schüler mit Rechenfehlern bei Mitschülern) als mögliche Ursache für Rechenschwierigkeiten nahe. Lineare Ursache-Wirkungs-Zusammenhänge sind allerdings nicht anzunehmen. Vielmehr werden gegenwärtig eher multifaktorielle Bedingungsmodelle favorisiert (vgl. Fritz/Ricken 2008).

Fallbeispiel Martina

Martina (7 Jahre) befindet sich im zweiten Schuljahr einer Grundschule. Sie hat erhebliche Probleme bei der Überschreitung des Zahlenraums bis 10 und bei Umkehraufgaben. Sie rechnet noch mit den Fingern, versucht das aber möglichst unter dem Tisch zu verbergen. Ihre übrigen Schulleistungen in den Fächern Deutsch und Sachkunde entsprechen den Anforderungen. Durch die stundenweise Doppelbesetzung der Klasse mit einer Grundschullehrerin und einem Sonderschullehrer ist eine Kleingruppenförderung im Mathematikunterricht möglich. Dabei werden besonders solche Fördermaterialien eingesetzt, die Martina einen Einblick in die Struktur des Zahlensystems vermitteln.

Detaillierte Hinweise auf Möglichkeiten der *Diagnostik* bei Rechenschwierigkeiten sind bei Milz (1995, S. 87-95) auf der Basis des Entwicklungsmodells mathematischer Operationen zusammengefasst. Eine besondere Bedeutung kommt dabei der Fehleranalyse zu. Falsche Aufgabenlösungen werden auf vorhandene Leistungen des Kindes hin betrachtet. Zusätzlich sollten die Kinder dazu aufgefordert werden, genau über ihre Lösungsstrategie zu berichten, bevor konkrete Hilfen bezogen auf den analysierten Fehler entwickelt werden.

Fördermaßnahmen bei Rechenschwierigkeiten sollten zunächst von den Alltagserfahrungen der Kinder ausgehen, deren handlungsorientierte Erschließung die Basis des Mathematik-Unterrichts bildet. Die entscheidende Möglichkeit zur Verhinderung von Rechenschwierigkeiten dürfte jedoch die konsequente Ausrichtung des Mathematik-Unterrichts an der alltäglichen und handelnden Grundlage der Herausbildung von mathematischen Operationen in der kindlichen Entwicklung sein (weitere Anregungen zur Förderung: BORN/ OEHLER 2005; WERNER 2009; SIMON/ GRÜNKE 2010; OSTERTAG 2015).

- **Probleme beim Lernen-Lernen**

Aus dem Vergleich von gelingenden und problematischen Lernprozessen wird ebenfalls unmittelbar ersichtlich, dass Kinder und Jugendliche mit gravierenden Lernschwierigkeiten erhebliche Probleme in der Gestaltung von Lernsituationen und der Steuerung von Lernprozessen haben.

Fallbeispiel Ayse

Ayse (11 Jahre) kam mit zehn Jahren aus der Türkei nach Deutschland. Sie wurde zunächst in die Grundschule aufgenommen, war dort jedoch nicht mehr hinreichend zu fördern. Ayse hat erhebliche Probleme im Schriftspracherwerb und ist völlig unselbstständig in der Gestaltung ihres Lernprozesses. Sie kann z.B. noch nicht sicher schreiben und bittet bei jeder Aufgabe um ergänzende Erläuterungen durch die Lehrerin. Offene Aufgabenstellungen ohne klare Vorgaben zum Lösungsweg und zum Ergebnis versetzen sie in Panik und sie beschwert sich sofort beim Lehrer, dass sie nicht wüsste, was sie machen soll.

Längerfristige Versagenserlebnisse beeinträchtigen offenbar auch das „Lernen des Lernens“ und führen dazu, dass die notwendigen Lernkompetenzen nicht erworben werden oder nicht gesichert zur Verfügung stehen. Kindern und Jugendlichen mit Lernschwierigkeiten stehen vielfach nicht die erforderlichen *Lernmethoden* zur Aufgabenlösung zur Verfügung, oder sie wenden sie bei der Aufgabe nicht angemessen an. Legen wir die allgemeinen Phasen eines Lernprozesses zugrunde, können Probleme mit dem Lernen des Lernens sowohl in der Planung und in der Ausführung als auch in der Beurteilung entstehen. So verweisen GERHARD LAUTH, JOACHIM C. BRUNSTEIN UND MATTHIAS GRÜNKE (vgl. 2014, S. 25) bei Kindern und Jugendlichen mit Lernschwierigkeiten auf Probleme in folgenden Bereichen:
– Nutzung der Lernzeit,
– Rückgriff auf Vorwissen,
– Kontrolle der Lerntätigkeiten,
– Berücksichtigung von Regeln,
– Aufgabenverständnis,

– selbstgesetzten Ziele und
– Überprüfung der Lernergebnisse sowie deren Korrektur (vgl. auch SCHRÖDER 2005, S. 145f.).

• Auf den Punkt gebracht

Probleme beim Lernen-Lernen ergeben sich für Kinder und Jugendliche mit Lernschwierigkeiten besonders in der Steuerung und Reflexion des Lernprozesses (Metakognition) sowie beim Einsatz von Lernstrategien.

Hinzu kommen nach LAUTH/ BRUNSTEIN/ GRÜNKE (vgl. 2014, S. 25f.) noch Aktivitäten, die sich nicht auf das Lernen selbst beziehen, einem ungestörten Lernprozess eher entgegen stehen und die aktive Lernzeit zusätzlich reduzieren.
ULRICH SCHRÖDER (vgl. 2005, S. 147) hat bezogen auf Kinder und Jugendliche mit „Lernbehinderung" gezeigt, dass die Probleme mit der Steuerung und Reflexion des Lernprozesses als Entwicklungsrückstände interpretiert werden können, da auch eine erfolgreiche Bewältigung der Probleme in späteren Entwicklungsjahren nachweisbar ist. Von daher liegt es nahe zur Klärung der *Ursachen von Problemen beim Lernen-Lernen* auf das Konstrukt der Metakognition zurückzugreifen. Lernende müssen für erfolgreiche Lernprozesse sowohl ein deklaratives Wissen über das Denken beim Lernen entwickeln (*metakognitives Wissen über Gedächtnis- und Problemlöseprozesse usf.*) als auch ein prozedurales Wissen über die Lerntätigkeiten selbst (*exekutive Funktionen wie Planung, Ausführung und Kontrolle von Lernprozessen*, vgl. a.a.O., S. 143). Der Vorteil des Rückgriffs auf die Metakognitionen liegt laut SCHRÖDER (vgl. a.a.O., S. 144) besonders in der Möglichkeit, Lernprobleme nicht als individuelle Unfähigkeit zu klassifizieren, sondern vielmehr als Ausdruck eines Entwicklungsrückstandes im Bereich der metakognitiven Fähigkeiten. Dazu zählt im weitesten Sinne auch der Einsatz von Lernstrategien. Schüler/-innen mit gravierenden Lernschwierigkeiten verfügen über ein eingeschränktes Repertoire von Lernstrategien. Sie haben nicht gelernt, dieses Repertoire flexibel einzusetzen und nach Bedarf zu erweitern. Von daher ist die gesamte Selbstregulation des Lernprozesses erschwert (vgl. SCHRÖDER 2000, S. 647f.; GOLD 2011, S. 236).
In der *Diagnose von Problemen beim Lernen-Lernen* sind vor diesem Hintergrund zunächst entsprechend kognitiv orientierte Verfahren angezeigt. Von großer Bedeutung zur Abklärung der Lernausgangslage ist jedoch ebenso die Beobachtung der Lerntätigkeit in verschiedenen Lernsituationen beispielsweise anhand von Leitfragen (vgl. LAUTH/ GRÜNKE/ BRUNSTEIN 2014B, S. 262ff.). Als hilfreich haben sich in der *Förderung* insbesondere gut strukturierte Aufgaben erwiesen, wobei richtige Lösungen konsequent verstärkt werden und der Schwierigkeitsgrad der Aufgaben langsam steigen sollte (vgl. GULDIMANN/LAUTH 2014, S. 341ff.). Zur Vermittlung von bereichsübergreifenden Lernstrategien haben sich entsprechende Trainings, die auch im Unterricht eingesetzt werden können als hocheffektiv erwiesen. Dabei

steht zunächst das „Verstehen der Aufgaben“ (1) im Vordergrund gefolgt von dem „Erarbeiten eines Plans“ (2), bevor „Handlungsschritte“ (3) ausgewählt und durchgeführt werden und eine „exekutive Kontrolle“ (4) erfolgt (vgl. a.a.O., S. 152). Gerade in Bezug auf Schule und Unterricht gilt es hinsichtlich der Probleme beim Lernen-Lernen auch den Mut zu haben, Unterrichtsthemen bzw. -inhalte auf der Basis von Lehrplänen einmal in den Hintergrund zu rücken und die Erarbeitung von Lernmethoden oder Lernstrategien in den Mittelpunkt zu stellen. Mit großem Erfolg wird auch das Selbstinstruktionstraining eingesetzt (vgl. LAUTH 2014), bei dem die Lernstrategien durch „lautes Denken“ beim Lernen schrittweise verinnerlicht werden sollen. Das Methoden-Training von HEINZ KLIPPERT (vgl. 2000, S. 192) bietet dazu ebenfalls viele hilfreiche Anregungen, obwohl sicher bezogen auf Schüler/-innen mit Lernschwierigkeiten Adaptionen erforderlich sein werden.
Fragen wir nun weiter nach den Bedingungsfaktoren von Lernschwierigkeiten, so kommt eine Reihe weiterer erschwerter Lernsituationen in den Blick, die mit Lernschwierigkeiten einhergehen und sich auf Lernprozesse erschwerend auswirken. Hier zeigt sich bereits der wachsende Überschneidungsbereich zwischen Lern- und Verhaltensschwierigkeiten, auf die verschiedentlich aufmerksam gemacht worden ist (vgl. LINDERKAMP/ GRÜNKE 2007; RAUH 2014; WEMBER/ STEIN/ HEIMLICH 2014) Diese Problemschwerpunkte werden nun insbesondere in ihren Folgen für das Lernen dargestellt.

- **Aggression und Lernschwierigkeiten**

Sowohl in Hauptschulen als auch in Förderschulen zur Lernförderung kommt es häufiger zu Aggressionen und Gewalt bei Schülern/-innen als in anderen Schulformen wie Realschulen oder Gymnasien (vgl. KUSCHE 2000). Viele Lehrkräfte berichten, dass aggressives und gewälttätiges Verhalten im Schulalltag v.a. in städtischen Schulen in jüngster Zeit zunimmt und die aggressiven Handlungen selbst gravierender werden.

Fallbeispiel Marcel
Marcel (6 Jahre) ist schnell wütend und schlägt sofort zu, wenn etwas nicht so läuft, wie er sich das vorstellt. Er geht seit kurzem in die Grundschule und besucht dort eine Integrationsklasse. Von den anderen wird er häufig abgelehnt und ist in der Klasse sozial isoliert. Die Klassenlehrerin achtet darauf, dass Marcel auch lernt, mit anderen Kindern erfolgreich Kontakt aufzunehmen und unterstützt ihn vor allem bei gemeinsamen Spielaktivitäten in der Klasse. Die Sonderpädagogin regt ein gemeinsames Gespräch in der Klasse an, bei dem sich Marcel und die anderen Schüler/-innen einmal in aller Ruhe über das Problem unterhalten sollen. Als die Schüler/-innen im Stuhlkreis sitzen, kann Marcel die Tränen kaum zurückhalten.

Mit „Aggression“ ist ein absichtlich schädigendes Verhalten gemeint, dass sich sowohl gegen Personen als auch gegen Sachen und ebenso gegen die eigene Person (Autoaggression) richten kann (vgl. LEITNER/ ORTNER/ORTNER 2008, S. 164). Im Wesentlichen werden körperliche von verbalen und verdeckte von offenen Aggressionen unterschieden. *Aggressionen in der Schule* können sich gegen die Lehrkraft oder gegen Mitschüler/-innen aber auch gegen Lernmittel und Schuleinrichtungen wenden. Es liegen unterschiedliche Theorien über die Bedingungsfaktoren für Aggressionen vor. Im Anschluss an KONRAD LORENZ (1903-1989) werden Aggressionen in der Instinktausstattung des Menschen verankert und damit als angeboren gesehen. Daraus würde die Konsequenz folgen, dass es Möglichkeiten des Abbaus von Aggressionen geben sollte. Es hat sich in der Praxis jedoch gezeigt, dass dieser Effekt nicht eintritt und das Ausagieren der Aggressionen sogar zu einer Zunahme aggressiver Handlungen führen kann (vgl. BUNDSCHUH 2007, S. 12). Zu ähnlichen Folgerungen führt auch die Annahme, dass Aggressionen als Trieb im Sinne von SIGMUND FREUD (1856-1938) zu betrachten sind, die nur über den Weg der Katharsis (Abreagieren) reduziert werden können. Eine Forschergruppe um DOLLARD und MILLER entwickelten 1939 die Frustrations-Aggressions-Hypothese (vgl. DOLLARD, DOOB, MOWRER, SEARS 1998, zit. n. ZIMBARDO/ GERRIG 2004, S. 808), nach der ein aggressives Verhalten durch Frustrationen ausgelöst werden, die dann entstehen, wenn eine zielgerichtete Aktivität eines Menschen gestört wird (vgl. LEITNER/ ORTNER/ORTNER 2008, S. 167). Offensichtlich kann aber nicht auf jede Frustration eine Aggression erfolgen. Eine neuere Version des Ansatzes von DOLLARD und MILLER betont von daher auch, dass die aggressive Reaktion nur eine der möglichen Folgen von Frustrationen darstellt. Es besteht heute weitgehend Konsens darüber, dass aggressives Verhalten über soziale Lernprozesse angeeignet wird. Dabei kommt es sowohl zu Prozessen des *Modelllernens,* bei dem aggressive Modelle aus der Lebenswelt oder aus den Medien nachgeahmt werden. Oder es zeigt sich, dass aggressives Verhalten im Alltag von Kindern und Jugendlichen erfolgreich ist und sogar positiv verstärkt wird. Offen ist die Frage, ob die Schule und auch die Lehrkräfte stets in der Lage sind, ein gewaltfreies Umfeld mit der erforderlichen Vorbildwirkung bereitzustellen. Durch die Schulpflicht stellt sich die Schule für Schüler/-innen unter Umständen als Zwangsinstitution dar, die Gewalt ausübt, falls Regeln (z.B. die Pflicht zur Unterrichtsteilnahme) verletzt werden. Auch ist es für Lehrkräfte oftmals eine eigenständige Herausforderung ein gewaltfreies Vorbild zu sein und beispielsweise auf verbale Aggressionen ganz zu verzichten.
Zur *Diagnose* empfiehlt sich insbesondere eine gründliche Verhaltensbeobachtung, wobei das aggressive Verhalten genau definiert und die Zeiten des Auftretens aggressiver Verhaltensweisen protokolliert werden sollten (vgl. GASTEIGER KLICPERA/ KLICPERA 2000, S. 742). Für die *Förderung* eignen sich besonders soziale Kompetenztrainings, die bereits in frühen Stadien der Entwicklung aggressiver Verhaltensweisen eingesetzt werden sollten. In der Schule ist es von entscheidender

Bedeutung, dass die gesamte Institution auf der Ebene des Schulkonzepts für ein gewaltfreies Schulklima eintritt. Insofern sind hier Mehrebenenmodelle der Intervention angezeigt, wie sie im norwegischen Interventionsprogramm zum Ausdruck kommen (vgl. OLWEUS 2006) oder in den Streitschlichterprogrammen wie z.B. „Faustlos" (vgl. CIERPKA 2005). Entscheidend ist die eindeutige Stellungnahme gegen aggressives Verhalten, um positive Verstärkungen auf jeden Fall zu verhindern. Auch Ignorieren führt hier nicht zu einer Löschung des Verhaltens.

Es ist unmittelbar nachvollziehbar, dass Aggressionen Lernschwierigkeiten mit bedingen können, da sie in der Regel zur Unterbrechung des Lernprozesses führen und auch nach einem Konflikt noch für längere Zeit das Weiterlernen verhindern. Insofern zählen Aggressionen zu den Aktivitäten, die ohnehin schon eingeschränkte aktive Lernzeit von Kindern und Jugendlichen mit Lernschwierigkeiten weiter reduzieren.

- **Angst und Lernschwierigkeiten**

Während Aggressionen in Schule und Unterricht in der Regel nicht übersehen werden können, besteht genau diese Gefahr bei Kindern und Jugendlichen, die ängstlich sind. Angst wird gemeinhin als Lebensgefühl charakterisiert, das durch Verunsicherung und Bedrohung gekennzeichnet ist (vgl. LEITNER/ ORTNER/ORTNER 2008, S. 130). Dabei kann Angst beim Menschen zum normalen Verhaltensrepertoire im Sinne eines „Gefahrenschutzinstinktes" (ebd.) und dem daraus sich ergebenden Fluchtverhalten gezählt werden. Angst ist im Gegensatz zur diffusen Furcht stets auf ein Objekt (Gegenstand, Person) gerichtet. Erst die *„Dispositionelle Angst"* (ebd.) wird für den Betroffenen zu einer besonderen Belastungssituation, die für den Außenstehenden nicht mehr nachvollziehbar ist. Als besondere Form der Angst tritt die *Schulangst* bei einer großen Zahl von Kindern und Jugendlichen im Schulbereich auf. Sie kann sich dort auf bestimmte Personen (z.B. Lehrkräfte, Hausmeister) oder bestimmte Situationen (z.B. eine Klassenarbeit) beziehen. Besonders ausgeprägt ist die Schulangst dann, wenn sie sich dispositionell auf die gesamte Institution Schule bezieht (vgl. a.a.O., S. 136).

Fallbeispiel Anna

Anna (6 Jahre) sitzt seit Tagen in der Klasse, ohne sich am Unterricht zu beteiligen. Sie antwortet nur, wenn sie von der Lehrkraft direkt gefragt wird. Wenn sie nach vorne kommen soll, um etwas an der Tafel zu zeigen, bringt sie manchmal keinen Ton mehr heraus. Zum Glück hat sie eine Freundin gefunden, mit der sie auch die Pausen auf dem Schulhof verbringen kann. Manchmal muss die Freundin für Anna sprechen, damit die anderen verstehen, was los ist.

Im Rahmen der *Diagnostik* sind Gespräche und Beobachtungen eine unverzichtbare Grundlage sowie die Analyse von Zeichnungen bzw. Aufsätzen. Darüber hinaus stehen auch Testverfahren (Kinder-Angst-Test (KAT) und Befragungsinstrumente (Angstfragebogen für Kinder (AFS) zur Verfügung. KARL LUDWIG HOLTZ (vgl. 2000, S. 771ff.) interpretiert Angst als besondere Form der Stressverarbeitung und entwickelt ein transaktionales Erklärungsmodell im Anschluss an LAZARUS u.a. Damit wird Angst in ein Situationsmodell eingebettet, das sich als hilfreich für Ansätze der *Förderung* erweist. Systematisch zu unterscheiden sind die Möglichkeiten zur Veränderung der Person-Merkmale und der Situationsmerkmale so wie der Bewertung der Person in der Situation. Dieses Konzept wird als besonders hilfreich für präventive Formen der Förderung angesehen (weitere Fördermöglichkeiten: vgl. STEIN 2012).

- **Aufmerksamkeits- und Konzentrationsprobleme bei Lernschwierigkeiten**

Konzentration wird in der Regel als gesteigerte Aufmerksamkeit betrachtet. *Aufmerksamkeit* bezeichnet dabei die Fähigkeit, sich für längere Zeit auf einen Gegenstand unter mehreren anderen einzustellen (vgl. KÜHL 2000, S. 718). Je nach Dauer der Aufmerksamkeitsleistung und Zahl der Objekte, die im Mittelpunkt stehen, wird zwischen *selektiver* (nur eine Lerntätigkeit), *wechselnder* (von einer Lerntätigkeit zur nächsten), *geteilter* (Gleichzeitigkeit zweier Lerntätigkeit, z.B. Zuhören und Notieren) und *dauerhafter Aufmerksamkeit* (eine dauerhafte Lerntätigkeit) unterschieden. Massive Beeinträchtigungen der Aufmerksamkeit (*Perseverationen*) können auch durch Wahrnehmungsprobleme, Fertigkeitslücken bezogen auf konkrete Aufgabenstellungen und situative Einflüsse entstehen. Von Aufmerksamkeits- oder Konzentrationsstörungen wird in der Regel nur dann gesprochen, wenn diese Probleme über verschiedene Situationen hinweg bestehen bleiben.

Fallbeispiel Nina
Nina (10 Jahre) schaut in der Deutschstunde lange aus dem Fenster und kaut genüsslich auf ihrem Stift. Anscheinend ist sie wieder einmal ganz weit weg mit ihren Gedanken. Lange hat sie erst einmal ihr Heft und das Schulbuch suchen müssen. Dann war das Etui nicht zu finden. Zwischendurch macht sie immer wieder lange Pausen, in denen sie die anderen Schüler/-innen ausgiebig beobachtet. Während alle anderen Schüler/-innen schon bei der Arbeit sind, fällt ihr plötzlich ein, dass sie die Aufgabe überhaupt nicht verstanden hat. Abrupt steht sie auf, geht zum Lehrer nach vorn und fragt noch einmal nach.

Neben den möglichen somatischen *Bedingungsfaktoren* wie Störungen im Hormonhaushalt bzw. Infektionskrankheiten und psychischen Belastungen kommen problematische Erziehungsbedingungen in Familie und Schule (inkonsequenter

Erziehungsstil, zu große Klassen, zu wenig individuelle Lernhilfe usf.) oder andere Umwelteinflüsse (unzureichende Wohnverhältnisse, familiäre Konflikte usf.) als *Ursache* für Aufmerksamkeitsprobleme in Frage (vgl. LEITNER/ ORTNER/ORTNER 2008, S. 288ff.). In der *Diagnostik* macht sich die Unbestimmtheit des Konstruktes Aufmerksamkeit bemerkbar, da bei den gängigen Konzentrationstests die einfachen Leistungen im Sinne von Durchstreich-, Selektions- und Sortieraufgaben dominieren. Verhaltensbeobachtungen in unterschiedlichen Lernsituationen sind deshalb unbedingt in Ergänzung erforderlich. Andernfalls besteht die Gefahr, dass bei diesen Testaufgaben eher die Ausdauer oder die Wahrnehmung überprüft wird. Auch die vorhandenen Programme zur *Förderung* für den Bereich Aufmerksamkeit und Konzentration bieten ein vielschichtiges Bild mit wenig eindeutigen Effekten. Zunächst zeigt sich in den entsprechenden Studien erneut die Vielschichtigkeit der Bedingungsfaktoren (vgl. die Übersicht bei KÜHL 2000, S. 721ff.). So hängen Aufmerksamkeit und Konzentration auch von der Qualität des Unterrichts und hier insbesondere von der Art der Klassenführung ab. Problematisch ist besonders, dass eine Verbesserung der Aufmerksamkeitsleistungen durch Trainings nicht immer zu positiven Effekten auf die Lernleistung führen.

- **Hyperkinetisches Syndrom (HKS) und Lernschwierigkeiten**

Im Unterschied zur Aufmerksamkeits- oder Konzentrationsstörungen liegen beim Hyperkinetischen Syndrom (häufig auch als Aufmerksamkeitsdefizitsyndrom bezeichnet) zusätzlich die Symptomkomplexe „Impulsivität" und „Hyperaktivität" vor (vgl. TASSLER 2000, S .727). Kinder und Jugendliche mit HKS fallen durch extreme motorische Unruhe und ein desorganisiertes Verhalten auf, was häufig mit sozialen Problemen im Umgang mit Gleichaltrigen und Aggressivität einhergeht.

Fallbeispiel Matthias

Matthias (8 Jahre) hat in der Freiarbeitsstunde noch nicht ein einziges Mal an seinem Platz gesessen. Ständig ist er unterwegs, stört dadurch andere Schüler/-innen beim Lernen und kann sich nicht für eine Aufgabe entscheiden. Es ist deutlich zu spüren, dass er sich nicht wohlfühlt dabei und immer wieder hilfesuchend zur Lehrerin schaut. Erst als die Lehrerin ihm einen Vorschlag macht, die Aufgabe noch einmal erklärt, ihm einen Arbeitsplatz zeigt und gleichzeitig daran erinnert, dass er heute noch keine grünen Punkte gesammelt hat, für die er am Ende des Schultags eine kleine Belohnung erhält, kann er einen Lernprozess beginnen.

Der Begriff „Hyperkinetisches Syndrom (HKS)" ist deshalb vorzuziehen, weil die Probleme in der Verhaltenskontrolle und -steuerung nicht eindeutig auf Aufmerksamkeitsstörungen zurückgeführt werden können. Es hat sich sogar gezeigt, dass Kinder mit HKS in strukturierten Lernsituationen mit einem hohen Anteil an

Routinetätigkeiten oder auch bei selbstgewählten Tätigkeiten beispielsweise am Computer zu angemessenen Aufmerksamkeitsleistungen in der Lage sind und ihr Verhalten steuern können (vgl. a.a.O., S. 728). Schulische Anforderungssituationen mit hohen Ansprüchen an regelkonformen Verhaltensweisen und Fremdbestimmung bereiten ihnen hingegen extreme Schwierigkeiten.

Bislang gibt es noch keine Einigung in Bezug auf die *Bedingungsfaktoren* von HKS (vgl. a.a.O., S. 729f.). Organische Ursachen (z.B. frühkindliche Hirnschädigungen oder allergische Reaktionen) werden ebenso genannt wie neurochemische Faktoren (z.B. Störungen im Neurotransmitterhaushalt, also bei der Übertragung der Neurotransmitter[6] zwischen den Nervenzellen an den Synapsen) oder psychosoziale Faktoren (z.B. Erziehungsstil der Eltern). Integrative Modelle verknüpfen die neuropsychologischen Annahmen zur gestörten Impulsübertragung zwischen den Nervenzellen mit lerntheoretischen Annahmen über die „verminderte Reizkontrolle" (a.a.O., S. 730) durch unzureichende Verstärkung (häufiger Aktivitätswechsel auf der Suche nach maximaler Verstärkung) und durch die Einwirkung von Verhaltensregeln (Nichtbeachtung von Regeln).

Zur *Diagnose* sollten die Kriterien der DSM-IV bekannt sein, da die medizinische Diagnostik des neurologischen Hintergrundes auf jeden Fall durch erfahrene Kinderärzte/-innen erfolgt. Die Symptome müssen demnach bereits vor dem Schuleintritt bestanden haben, länger als sechs Monate andauern und in mehreren Situationen auftreten. Für Lehrkräfte ist es entscheidend, im engen Kontakt mit den Eltern möglichst frühzeitig die Symptome zu erkennen und die medizinische Untersuchung anzuregen, wenn dies nicht von den Eltern aus erfolgt (vgl. HOLOWENKO 1999).

In der *Förderung* hat sich ein multimodales Konzept praktisch durchgesetzt. Die isolierte medizinische Therapie ist auf jeden Fall durch verhaltenstherapeutische Maßnahmen (Verstärker- bzw. Token-Systeme, Verträge schließen) unter Einbezug der Eltern zu ergänzen. Die Gabe von Stimulanzien (z.B. Ritalin) hat zwar kurzfristig einen günstigen Effekt auf die Kontrolle der motorischen Unruhe, kann aber keine Langzeiteffekte für sich verbuchen (vgl. TASSLER 2000, S. 732f.) und ist deshalb allenfalls geeignet, die Basis für eine pädagogische-therapeutische Intervention zu liefern. In der Schule gibt es zahlreiche Möglichkeiten zur Gestaltung von Lernsituationen, die für Kinder und Jugendliche mit HKS hilfreich sind (z.B. Verstärkerpläne, klare Regeln für den sozialen Umgang, Bewegung im Unterricht, Entspannungsübungen usf., vgl. LEITNER/ORTNER/ORTNER 2008, S. 288ff.).

Bleiben diese Maßnahmen aus, entwickeln Kinder und Jugendliche mit HKS umfangreiche Lernschwierigkeiten, da sie kaum in der Lage sind, schulische Lernsitua-

---

6 Neurotransmitter sind Überträgerstoffe, die in der Lage sind, Impulse von einer Nervenzelle (Neuron) zur nächsten weiterzuleiten. Synapsen bezeichnen die Kontaktfläche zwischen zwei Nervenzellen (s. Kap. 1.3.3).

tionen selbstständig zu bewältigen. Ohne Intervention sind Lernrückstände bis hin zu generalisierten Lernproblemen vorprogrammiert.

- **Motivationsprobleme bei Lernschwierigkeiten**

Entstehen bei Kindern und Jugendlichen über einen längeren Zeitraum Versagenserlebnisse beispielsweise in der Schule, so ergeben sich daraus in der Regel auch negative Folgen für die allgemeine Einstellung zum Lernen und die Motivation. Sie trauen sich nichts mehr zu, erwarten von sich Fehler zu machen oder verzichten gleich ganz auf die Bemühung um einen Lernerfolg.

Fallbeispiel Sebastian
Sebastian (11 Jahre) kann nur laut lesen, wenn er bei der Lehrerin auf dem Schoß sitzt. Auch mit seinen Arbeitsergebnissen geht er sehr kritisch um. Besonders schlimm ist es beim Malen. Wenn ihm auch nur eine Kleinigkeit misslingt, zerknüllt er sofort das Papier und wirft es begleitet von einem Wutausbruch in den Papierkorb. Beim Rechnen benötigt er für jede einzelne Aufgabe unmittelbare Rückmeldung darüber, ob die Lösung richtig ist.

Im psychologischen Sinne bezieht sich *Motivation* auf „alle Prozesse, die der Initiierung, der Richtungsgebung und der Aufrechterhalung phsysischer und psychischer Aktivitäten dienen" (vgl. ZIMBARDO/ GERRIG 2004, S. 503), während *Motive* eher zu den überdauernden Persönlichkeitseigenschaften gezählt werden (vgl. BORCHERT 2000a, S. 704). Probleme in der Motivation wirken sich demnach auf die Steuerung des Verhaltens aus. Für den schulischen Bereich ist die Entwicklung der Leistungsmotivation von besonderem Interesse. Nach HECKHAUSEN und RHEINBERG (1980, zit. n. ZIELINSKI 1998, S. 35) sind Lerntätigkeiten das Ergebnis von Kosten-Nutzen-Überlegungen. Innerhalb einer Handlungsepisode können ausgehend von einer Situation die Phasen Handlung, Ergebnis und Folgen unterschieden werden. Die Entscheidung für die Aufnahme einer Lerntätigkeit hängt nun von bestimmten Erwartungen bezüglich des Lernergebnisses und seiner Folgen ab. Lernverweigerungen können in diesem Modell in allen Phasen entstehen, insbesondere dann, wenn

- die Situation das Ergebnis bereits festlegt (z.B. das bisherige Versagen bei der Aufgabe vor der gesamten Klassen etwas vorzulesen),
- das Ergebnis durch eigenes Handeln nicht beeinflusst werden kann (z.B. die Erfahrung, dass auch intensives Üben nicht zu einer Verbesserung der Mathematik-Leistung in der Klassenarbeit führt),
- die Folgen des Ergebnisses dem Lernenden nicht wichtig genug sind (z.B. mangelndes Interesse an einem Unterrichtsfach) oder

– das Ergebnis nicht die gewünschten Folgen nach sich zieht (z.B. wenn die Lehrkraft die Hausaufgabe zwar aufgibt aber nicht kontrolliert und bewertet).

Es ist zwar unwahrscheinlich, dass alle Schüler/-innen all diese Entscheidungsmöglichkeiten exakt prüfen, bevor sie mit den Lernaktivitäten beginnen. Gerade bei Kindern und Jugendlichen mit Motivationsproblemen ist jedoch davon auszugehen, dass dieses Kosten-Nutzen-Denken aufgrund der vielen Misserfolge zwangsläufig dominant ist.
Die *Leistungsmotivation* im engeren Sinne enthält stets die Auseinandersetzung mit einem Maßstab (vgl. BORCHERT 2000a, S. 704). Optimal verläuft die Entwicklung der Leistungsmotivation nun v.a. dann, wenn Kinder und Jugendliche in der Lage sind, die Ergebnisse ihrer Leistungen den eigenen Fähigkeiten zuzuschreiben. Dies hängt im Wesentlichen von der Erfahrung der eigenen Fähigkeiten (*self-efficacy*) ab. Dieser Attributionsstil, der sich in der Regel bei erfolgreichen Lerntätigkeiten einstellt, ist jedoch nicht die einzige Möglichkeit auf Lernergebnisse zu reagieren. Kommt es fortgesetzt zu Misserfolgen, so sind mehrere Probleme in der Zuschreibung ihrer Ursachen denkbar. Bezieht ein Lernender die Misserfolge auf seine Fähigkeiten oder Anstrengungsbereitschaft, so stellt er sich möglicherweise selbst in Frage und macht über Schuld- und Schamgefühle zusätzlich negative Erfahrungen für sein Selbstkonzept (*internale Kontrollüberzeugung*). Schreibt ein Lernender hingegen Misserfolge der Aufgabenschwierigkeit oder einfach seinem sprichwörtlichen „Pech" zu, so schiebt er die Ursachen von sich weg und verhindert so die Auseinandersetzung über seinen persönlichen Anteil an dem unzureichenden Ergebnis (*externale Kontrollüberzeugung*). Viele Schüler/-innen mit gravierenden Lernschwierigkeiten sind nicht mehr in der Lage, die eigenen Lernerfolge den eigenen Fähigkeiten und Anstrengungen zuzuschreiben. In extremen Fällen kann das dazu führen, dass sie gar nicht erst mit dem Lernen beginnen.
Neben der Einbeziehung von Schülerarbeiten und Benotungen sowie Schüler- und Elterngesprächen stehen einige Verhaltensinventare für die *Diagnose* von Motivationsproblemen zu Verfügung. Im Vordergrund dürfte jedoch die Verhaltensbeobachtung in unterschiedlichen Lernsituationen als Basis für die *Förderung* der Motivation stehen (für Hinweise zur Förderung: WILBERT 2010). Hilfreich ist darüber hinaus sicherlich ein Unterricht, der von den Interessen der Schüler/-innen ausgehend bedeutsame Themen anbietet, die erfolgversprechende Lerntätigkeiten enthalten und von den Schülern/-innen kooperativ bearbeitet werden können (vgl. BORCHERT 2000a, S. 709). Dabei sollten Lerntätigkeiten im Mittelpunkt stehen, die den Anreiz zur Beschäftigung mit einem Thema in sich selbst tragen und so eine günstige intrinsische Motivationshaltung unterstützen. Externe Formen von Unterstützung wie Lob, Verstärkungen usf. sollten wohldosiert eingesetzt werden, da sie möglicherweise eher eine extrinsische Motivationshaltung befördern und zusätzliche Probleme in der Attribution von Lernerfolgen nach sich ziehen. Formen der

Selbstkontrolle evtl. auch in Partnerarbeit sollten deshalb ausgebaut werden. Unterstützend für die Entwicklung einer angemessenen Leistungsmotivation ist erfahrungsgemäß ebenfalls die Leistungsbeurteilung nach individuellen Bezugsnormen. Das gilt ganz besonders für die Grundschuljahre, in denen individuelle Berichte zur Leistungsentwicklung die Benotung ersetzen und Lernentwicklungsgespräche mit Eltern und Kindern stattfinden sollten .

- **Bindungsprobleme und Lernschwierigkeiten**

Von dem britischen Kinderarzt, Kinderpsychiater und Psychoanalytiker John Bowlby (1907-1990) erstmals beschrieben und benannt (vgl. Bowlby 2016/ 1969, S. 180), ist die Bindungsforschung zu einem anerkannten Modell für die Erklärung der Entstehung von Lern- und Entwicklungsproblemen insbesondere in der frühen Kindheit geworden. Mit Bindung sind bei Bowlby zunächst Verhaltensweisen von Kindern gemeint, die die Nähe zu einer Bezugsperson herstellen (vgl. ebd.). In den Anfängen der Bindungsforschung war hier vorrangig von der Mutter-Kind-Beziehung die Rede. Inzwischen ist jedoch anerkannt, dass zu anderen Bezugspersonen ebenfalls enge Bindungen entstehen können. Auch der Zusammenhang zwischen Bindung und Bildung wird gesehen, obwohl die Unterschiede im Gegenstandsbereich von Bildungsforschung (gesellschaftliche Bedingungen von Bildung) und Bindungsforschung (emotionale Qualität von Beziehung) gesehen werden müssen (vgl. Tippelt 2013). Besonders die frühen Entwicklungsrückstände von Schülern/-innen mit Lernschwierigkeiten, die schon Gerhard Klein (1985) beschreibt, lassen sich als Störungen des Bindungsverhaltens erklären. So kommt auch Christiane Günther (2012) zu dem Schluss, dass gravierende Lernschwierigkeiten auf gestörten Bindungen beruhen können. Es werden dabei sicher gebundene Schüler (Typ A) von bindungsunsicheren Schülern (Typ B: unsicher-vermeidend, Typ C: unsicher-ambivalent) und Bindungsdesorganiation (Typ D) unterschieden (vgl. Günther 2012, S. 61ff.). In einer eigenen Studie mit 65 Schülern mit Lernbehinderung (30 in der Förderschule, 35 im Gemeinsamen Unterricht) und 35 Schülern der allgemeinen Schule sowie im Vergleich mit der Düsseldorfer Längsschnittstudie unter der Leitung von Gloger-Tippelt (vgl. a.a.O., S. 87) kommt sie zu dem Ergebnis, dass 35% der Schüler desorganisiert gebunden sind und insgesamt 73% der Schüler in unsicheren Bindungen leben. Darüber hinaus konnten keine Unterschiede zwischen den Settings „Förderschule“ und „gemeinsamer Unterricht“ gefunden werden (vgl. a.a.O., S. 138).
In der Konsequenz kommt neben der Notwendigkeit der Prävention der Lehrer-Schüler-Beziehung ein hoher Stellenwert zu. Die Ergebnisse der Bindungsforschung zeigen, dass Konflikte in der Lehrer-Schüler-Beziehung auch von unsicheren Bindungserfahrungen der Schüler herrühren können, die dazu führen, dass neuen Angeboten in der Lehrer-Schüler-Beziehung, die von gegenseitigem Wohlwollen

geprägt sind, vielfach mit Misstrauen begegnet wird (s. auch das folgende Fallbeispiel Micha). Dieses Misstrauen von unsicher gebundenen Schülern kann sich als sehr hartnäckig erweisen, so dass hier vertrauensbildende Maßnahmen erforderlich werden können, die sich über mehrere Monate eines Schuljahres hinziehen. Sicher ist in diesem Zusammenhang auch an die Notwendigkeit einer engen Kooperation zwischen Schule und Elternhaus zu denken.
Bei der Analyse der Bedingungsfaktoren von erschwerten Lernsituationen erfolgte bereits ein Rückgriff auf zugrundeliegende Erklärungsmodelle sowohl psychologischer als auch soziologischer Art. Diese sollen nun abschließend bezogen auf ihren Erklärungswert für Lernschwierigkeiten betrachtet werden.

1.3.2 Psychologische Erklärungsmodelle[7] der Lernschwierigkeiten

Lernschwierigkeiten verstehen und erklären zu können, ist selbst schon Teil der erforderlichen Diagnose-Förder-Kompetenz zur Lösung des Problems. Dieser Anwendungsbezug steht auch bei der Darstellung von psychologischen Erklärungsmodellen für Lernschwierigkeiten im Vordergrund. Deshalb soll den folgenden Überlegungen ein Beispiel für eine erschwerte Lernsituation vorangestellt werden:

Fallbeispiel Micha

Micha (9 Jahre) sagt immer „Nein!“, wenn der Lehrer ihm eine Aufgabe für die Einzelarbeit stellt. Er steht dann von seinem Platz auf und geht im Klassenzimmer herum. So verhält er sich auch heute. Seine Schultasche fehlt wieder ganz, der Lehrer findet noch ein älteres Heft unter seiner Bank und legt ihm einen Stift an seinen Platz. Offen bleibt, wie er es bisher geschafft hat, knapp durchschnittliche Schulleistungen in allen Unterrichtsfächern der Schule zur Lernförderung zu erreichen. Micha stammt aus einer Familie mit fünfzehn Kindern und ist der Zweitjüngste. Im Vergleich zu den anderen Kindern der Klasse erscheint Micha eher klein, aber alle haben Angst vor ihm und gehen ihm aus dem Weg, weil er sehr schnell wütend wird und keiner Prügelei aus dem Wege geht.

Die Interpretation dieser Lernsituation und des darauf aufbauenden Förderkonzeptes erfolgt jeweils aus der Perspektive eines Erklärungsmodells und soll so insgesamt aufzeigen, wie alternative Hypothesen zur Diagnose und zur Förderung aus einer konkreten erschwerten Lernsituation abgeleitet werden können.

7 Psychologie ist die „wissenschaftliche Untersuchung des Verhaltens von Individuen und ihren mentalen Prozessen.“ (vgl. Zimbardo/ Gerrig 2004, S. 3).

- **Verhaltenstheoretische Erklärungsmodelle von Lernschwierigkeiten**

Aus der Sicht der Verhaltenstheorie sind Lernschwierigkeiten als beobachtbares Verhalten (engl. „*behavior*") von Interesse. Die Grundlagen der psychologischen Lerntheorien sind aus dem Konzept des „Behaviorismus" hervorgegangen, dessen Geburtsstunde mit dem Artikel „Psychologie vom Standpunkt eines Behavioristen" von dem amerikanischen Psychologen JOHN B. WATSON (1878-1950) im Jahre 1913 schlug (zit. n. ZIMBARDO/ GERRIG 2004, S. 244).
Gleichzeitig hatte der russische Physiologe IVAN PAVLOV (1849-1936) bei seinen Untersuchungen des Verdauungssystems von Hunden die Zufallsentdeckung gemacht, dass die Hunde mit Speichelfluss reagierten, schon bevor sie das Futter fressen konnten bzw. überhaupt zu sehen bekamen. Da dieses Verhalten physiologisch nicht erklärt werden konnte, nahm PAVLOV an, dass das Verhalten dieser Tiere erlernt war. Seine Erklärung dafür ist als *Modell des Klassischen Konditionierens* bekannt geworden, 1904 erhielt er dafür den Nobelpreis. Danach ist nicht nur das Futter selbst der auslösende Reiz für den Speichelfluss (Reaktion), sondern auch begleitende Reize wie die Schritte des Assistenten, der das Futter brachte oder der Ton eines Glöckchens (neutraler Reiz), das erklingt, kurz bevor das Futter gegeben wird. Wir sprechen im Fall des Klassischen Konditionierens auch von Reiz-Reaktions-Lernen und bezeichnen damit v.a. assoziative Formen des Lernens. Die Theorie von PAVLOV erklärt v.a., von welchen Voraussetzungen bestimmte Reaktionen im Sinne von Lernen abhängen. Lernschwierigkeiten sind deshalb als unangemessene Reiz-Reaktions-Verknüpfungen zu interpretieren, die das Lernen mit unangenehmen Erlebnissen verbinden (z.B. Angst vor der Lehrkraft, Angst vor den Hänseleien der Mitschüler/-innen, vgl. BEDNORZ/SCHUSTER 2002, S. 54ff.), bei denen es beispielsweise schon aus dem an sich neutralen Reiz einer Aufgabenstellung über die Erfahrung aus erschwerten Lernprozessen zu Lernverweigerungen kommen kann.

Hat Micha schlechte Erfahrungen mit Lernanforderungen gemacht?

Im Falle der völligen Lernverweigerung von Micha könnte bereits der an sich neutrale Reiz einer Aufgabenstellung über die Erfahrung aus erschwerten Lernprozessen mit zu einer ungünstigen Lernausgangslage beitragen. Hier müsste das Lernen durch neue Reize (z.B. Hilfestellung der Lehrkraft, Partnerarbeit) in eine angenehme Situation umgewandelt werden.

Impulse zur Weiterentwicklung der Verhaltenstheorie gehen ebenfalls aus den Forschungen des amerikanischen Psychologen EDWARD L. THORNDIKE (1874-1949) hervor. Er beschäftigt sich mit der experimentellen Verhaltensforschung und beobachtet bei Katzen das Versuchs-und-Irrtumsverhalten. Dabei fiel ihm auf, dass ein Verhalten dann häufiger auftritt, wenn es positive Konsequenzen hat (sog. „Gesetz des Effektes"). WATSON und THORNDIKE haben wiederum die Forschungstätigkeit von BURRHUS F. SKINNER (1904-1990) stark beeinflusst, der sich ebenfalls mit Tierexperimenten beschäftigt und dabei die Konsequenzen von Verhaltensweisen systematisch variiert (vgl. LÜCK/MILLER 2005, S. 113ff.). SKINNER entdeckt, dass es positive und negative *Verstärker* von Verhaltensweisen gibt. Die erste Voraussetzung für eine Verstärkung von Verhaltensweisen ist die *Kontingenz*, d.h. die unmittelbare Beziehung zwischen Reiz und Reaktion. Positive Verstärkungen erhöhen die Auftretenswahrscheinlichkeit eines Verhaltens, der Wegfall von negativen Verstärkern (z.B. Lärm) ebenfalls. Die Löschung eines Verhaltens ist dann möglich, wenn keine Verstärkung auf das Verhalten folgt. Bei Bestrafung im Sinne eines negativen Reizes wird die Auftretenswahrscheinlichkeit ebenfalls gesenkt. Die *Theorie des operanten Konditionierens* nach SKINNER hat sich bis in den therapeutischen (Verhaltensmodifikation) und pädagogischen Bereich (z.B. Token-Systeme, Verstärkerpläne bzw. Kontingenzmanagement) hinein ausgewirkt. Durch den gezielten Einsatz von positiven Verstärkern wird versucht, angemessene Verhaltensweisen aufzubauen. Unerwünschte Verhaltensweisen werden demgegenüber nicht verstärkt und sollen so gelöscht werden (vgl. BEDNORZ/SCHUSTER 2002, S. 67ff.).

Konnte sich Micha mit seiner Verweigerungshaltung bisher erfolgreich durchsetzen?

Im Sinne des operanten Konditionierens könnte es sich bei Michas Lernverweigerung um ein erfolgreiches Lernverhalten handeln, das bislang von Lehrkräften akzeptiert wurde, um größere Konflikte in der Lerngruppe zu vermeiden. Im Gegensatz dazu würde zur Auflösung der Lernverweigerung jeder noch so kleine Ansatz einer angemessenen Lerntätigkeit des Schülers möglichst unmittelbar positiv verstärkt (z.B. durch Lob und Zuwendung der Lehrkraft, Hervorhebung vor der Klasse usf.). Innerhalb von Verstärkerplänen könnte mit Micha auch ein sog. „Tokensystem" vereinbart werden, in dem er durch angemessenes Lernverhalten Punkte in Form von Chips oder Marken sammeln kann, die wiederum gegen Formen von Belohnungen eingetauscht werden. In der Praxis stellen sich teilweise erstaunlich kurzfristig Erfolge mit solchen Verstärkerplänen ein.

Kritisch anzumerken zu den Verhaltenstheorien ist allerdings, dass menschliche Verhaltensweisen hier sehr schematisch betrachtet werden (Reiz-Reaktions-Verknüpfungen). Es stellt sich unmittelbar die Frage, ob Kinder und Jugendliche als „Reiz-Reaktions-Maschinen" gelten können, die gleichsam über positive Verhalteneffekte beliebig manipuliert werden sollen. Die Vermutung liegt nahe, dass Kinder und Jugendliche als eigenständige Personen auch Stellung beziehen werden zu solchen Manipulationsversuchen, die zudem pädagogisch höchst fragwürdig sind, weil sie wiederum mit dem Erziehungsziel der Selbstbestimmung in Konflikt geraten. Fragwürdig ist ebenfalls die unkritische Übertragung der Ergebnisse

von Tierversuchen auf menschliches Verhalten. Kognitive und soziale Aspekte des menschlichen Verhaltens werden hier weitgehend vernachlässigt. In neueren Entwicklungen der Verhaltensmodifikation finden allerdings auch kognitive Elemente zunehmend Berücksichtigung (vgl. BORCHERT 2000b, S. 151).
Aus dieser Kritik hat sich eine Weiterentwicklung der Verhaltenstheorie ergeben. ALBERT BANDURA, ein kanadischer Psychologe, fand heraus, dass Verhaltensweisen und deren Konsequenzen auch durch Beobachtungen gelernt werden können (vgl. BEDNORZ/SCHUSTER 2002, S. 96ff.). Dieses *Beobachtungs-, Modell- oder Imitationslernen* (vgl. ZIMBARDO/ GERRIG 2004, S. 285) findet beispielsweise statt bei der Nutzung von Medien (z.B. Gewalt im Fernsehen) und führt zu einer Erhöhung der Auftretenswahrscheinlichkeit von beobachteten Verhaltensweisen (z.B. Ausübung von aggressiven Verhaltensweisen).

Folgt Micha mit seinem Verhalten einem Beispiel – beispielsweise bei seinen Geschwistern?

Micha könnte seine Verhaltensweisen beispielsweise auch von Anderen übernommen haben (z.B. seine älteren Geschwister) und beobachtet haben, dass sie sich mit ihren völligen Lernverweigerungen gut durchsetzen konnten, wenn sie nur konsequent genug bei ihrem „Nein!" blieben.

Aber auch das Modelllernen ist nicht in der Lage zu erklären, welche Bedeutung Denkprozesse für das Lernen haben.

- **Kognitionspsychologische Erklärungsmodelle von Lernschwierigkeiten**

Die Analyse kindlichen Denkens steht im Mittelpunkt der Forschungstätigkeit des Schweizer Psychologen JEAN PIAGET (1894-1980). Unter dem Einfluss von Biologie und Philosophie strebt PIAGET die Entwicklung einer Theorie über die menschliche Erkenntnisfähigkeit an (eine Erkenntnistheorie bzw. Epistemologie, vgl. LÜCK/MILLER 2005, S. 131ff.). Seine Forschungen dazu beginnt er allerdings mit detaillierten Beobachtungen bei den eigenen Kindern. PIAGET kommt zu dem Schluss, dass das Denken aus dem Handeln hervorgeht. Die Basis aller kognitiven Entwicklung ist die sensomotorische Auseinandersetzung mit der Umwelt, durch die das Kind erste kognitive Schemata ausbildet (vgl. ZIMBARDO/ GERRIG 2004, S. 452ff.). In dieser aktiven Kind-Umwelt-Interaktion lassen sich zwei Prozesse unterscheiden: die *Assimilation* und die *Akkommodation*. Bei der Assimilation werden Informationen aus der Umwelt in die vorhandenen kognitiven Schemata integriert. Die Akkommodation besteht hingegen in einer Veränderung der kognitiven Schemata bezogen auf die Informationen aus der Umwelt. Beide Teilprozesse streben laut PIAGET stets zu einem Gleichgewichtszustand (*Äquilibration*). Diese Annahme eines Gleichgewichtszustandes als Entwicklungsprinzip übernimmt PIAGET letztlich aus der Biologie, mit der er sich beispielsweise im Rahmen seiner Dissertation über die Muscheln (Mollusken) des Schweizer Kantons Wallis im Jahre 1918 beschäftigt. Die Denkentwicklung des Kindes beruht demnach auf einem wechselseitigen Anpassungsprozess zwischen Individuum und Umwelt, wie er auch in der Natur beobachtet werden kann.

Die kognitive Entwicklung vollzieht sich nun vor dem Hintergrund dieses Modells in vier Stufen, die alle Kinder im Sinne einer Entwicklungslogik durchlaufen. Piaget versieht die einzelnen Stufen auch mit Angaben zur jeweiligen Altersspanne, weist aber immer wieder darauf hin, dass dies nur ungefähre Anhaltspunkte sein sollen (vgl. a.a.O., S. 74ff.).

– Auf der *sensomotorischen Stufe* (Stufe 1) in den ersten beiden Lebensjahren dominiert die Erfahrung der Umwelt über die Sinne und die Bewegung. Die sensomotorischen Fähigkeiten (wie Saugen, Greifen, Schauen usf.) werden dabei durch häufige Wiederholung immer mehr verfeinert und allmählich auf weitere Umweltbereiche ausgedehnt. Die zentrale kognitive Leistung auf dieser Stufe besteht in der Fähigkeit, sich auch nicht vorhandene bzw. nicht sichtbare Objekte vorzustellen (*Objektpermanenz*). Dies ist ein erster Schritt zur Unabhängigkeit von der konkreten Wahrnehmung.
– Innerhalb der *präoperationalen Stufe* (Stufe 2) vom zweiten bis zum siebten Lebensjahr bildet sich v.a. die Erkenntnis heraus, dass Gegenstände und Personen eine Identität haben, auch wenn sie ihr Aussehen verändern (*qualitative Invarianz*). Noch sind Kinder für ihr Denken sehr stark von der Anschauung abhängig, weshalb kognitive Operationen im engeren Sinne noch schwer fallen (deshalb auch „präoperationale Stufe"). Sie sind aber durchaus in der Lage, die *Invarianzen* in der Umwelt wahrzunehmen. Sie bleiben dabei aber noch sehr stark ihrem eigenen Standpunkt verhaftet und sind kaum in der Lage, einen Gegenstand oder eine Szene aus der Perspektive eines anderen zu betrachten (*Zentrierung*).
– Die *Stufe der konkreten Operationen* (Stufe 3) eröffnet Kindern schließlich die Möglichkeit zu erkennen, dass sich beispielsweise Mengen in ihrem äußeren Erscheinungsbild zwar verändern können und gleichwohl als Menge gleichbleiben (*Erhaltung*). Bekannt geworden sind seine *Umschüttversuche* mit Flüssigkeiten. Damit ist die Voraussetzung für kognitive Operationen geschaffen. Logisches Schlussfolgern und Begriffsbildung werden nun möglich, auch wenn diese Begriffe noch längere Zeit an konkrete Gegenstände und Vorgänge gebunden bleiben.
– Erst auf der *Stufe der fomalen Operationen* (Stufe 4), die etwa mit elf Jahren einsetzt, sind Kinder in der Lage, abstrakt zu denken und symbolische Operationen unabhängig von der konkreten Anschauung durchzuführen.

Das Modell von Piaget hat sich in der Pädagogik umfassend ausgewirkt, wie er selbst herausgestellt hat (vgl. Piaget 1994). Aber auch in der Heil- und Sonderpädagogik ist seine Theorie der kognitive Entwicklung sehr einflussreich gewesen (vgl.

BUNDSCHUH 2002, S. 125ff.). In der Psychologie war es besonders der russische Psychologe LEV S. VYGOTSKIJ (1896-1934), der PIAGET mit seinen Ideen sehr nahe war, in seinen Arbeiten allerdings zu dem Schluss kam, dass die kognitive Entwicklung von Kindern sehr viel stärker von der Kultur einer Gesellschaft und erwachsenen Bezugspersonen abhängig ist. Mit seiner Theorie von der „*Zone der nächsten Entwicklung*" bestätigt VYGOTSKIJ letztlich die entwicklungslogischen Annahmen bezogen auf den kognitiven Bereich (vgl. LÜCK/MILLER 2005, S. 136).
FRANZ B. WEMBER (1986) kommt in seiner Untersuchung der kognitiven Entwicklung bei Kindern und Jugendlichen mit „Lernbehinderung" zu dem Schluss, dass hier eine Entwicklungsverzögerung im kognitiven Bereich vorliegt. Kinder, die später als „lernbehindert" diagnostiziert werden, haben bereits bei Schuleintritt einen kognitiven Entwicklungsrückstand von etwa zwei Jahren. Das bedeutet aber nun, dass sie länger auf der präoperationalen Stufe verweilen und bereits bei Schuleintritt in der Grundschule massiv benachteiligt werden. In der Regel werden im ersten Halbjahr des ersten Grundschuljahres bereits die wesentlichen Schritte des Schriftspracherwerbs und des Umgangs mit mathematischen Operationen von den Kindern erwartet. Schüler/-innen, die von „Lernbehinderung" bedroht sind, bringen die kognitiven Lernvoraussetzungen für diese Lernanforderungen nicht mit und müssen zwangsläufig sehr schnell erhebliche Lernrückstände entwickeln. Gravierende Lernschwierigkeiten werden also aus kognitionspsychologischer Sicht als Entwicklungsverzögerungen erklärbar.

Hat Micha Probleme Aufgaben zu verstehen?

Michas völlige Lernverweigerung ist vermutlich dadurch bedingt, dass er in seiner bisherigen Schullaufbahn nur die Erfahrung des Versagens gemacht hat und ihn die Lernangebote in der Regel kognitiv überforderten. In seinen praktischen Fähigkeiten ist Micha wiederum sehr weit entwickelt und weist in seinem Alter bereits ein beträchtliches handwerkliches Geschick auf. Um ihm kognitiv angemessene Lernangebote machen zu können, müsste er verstärkt handlungsorientierte und anschauungsgebundene Aufgaben erhalten, die er mit seinen bisherigen Kompetenzerfahrungen in Verbindung bringen kann.

In didaktisch-methodischer Hinsicht hat sich das Modell von PIAGET v.a. im *Konzept des handlungsorientierten Unterrichts* ausgewirkt. Dies würde auch Schülern/-innen mit gravierenden Lernschwierigkeiten entgegenkommen, da sie in der Regel länger auf der Stufe der handelnden Auseinandersetzung mit einem Lerngegenstandes verweilen. Besonders JEROME S. BRUNER, ein amerikanischer Psychologe, hat den handlungsorientierten Unterricht und das entdeckende Lernen mit seinen *kognitiven Repräsentationsebenen* stark beeinflusst (vgl. OERTER/MONTADA 2002, S. 166f.). Er geht davon aus, dass Kinder bei der Ausführung absichtsvoller (intendier-

ter) Handlungen ihre Lernerfahrungen auf unterschiedlichen kognitiven Ebenen repräsentieren. In der handelnden Auseinandersetzung mit Gegenständen und Personen entsteht zunächst ein motorisches Abbild im Gehirn (*enaktive Ebene*), bevor das Kind in der Lage ist, auch unabhängig vom motorischen Kontakt bildliche Vorstellungen von seiner Umgebung zu entwickeln (*ikonische Ebene*). Später werden diese Bilder dann durch Zeichen und Symbole ersetzt (*symbolische Ebene*), die beispielsweise im Rahmen schulischer Lernprozesse (Schriftsprache, Mathematik) angeeignet werden können. Schulisches Lernen findet im bundesdeutschen Bildungssystem nahezu ausschließlich auf einer sprachlich-symbolischen Ebene statt. Kinder, die diesen Abstraktionsprozess vor dem Schuleintritt noch nicht vollständig bewältigt haben, sind von vornherein erheblich benachteiligt. Von daher sollte sich besonders der Anfangsunterricht in der Grundschule noch stärker als bisher auf die handlungsorientierten Lernbedürfnisse von Schülern/-innen in dieser Entwicklungsphase einstellen.
Lernschwierigkeiten können neben kognitiven Bedingungsfaktoren aber auch durch emotionale Probleme hervorgerufen werden. Von daher liegt es nahe, nach dem Zusammenhang von Emotionalität und Lernschwierigkeiten zu fragen.

- **Tiefenpsychologische Modelle zur Erklärung von Lernschwierigkeiten**

Nicht alle Lernschwierigkeiten beruhen auf aktuellen Bedingungen. Viele auslösende Bedingungen für Lernprobleme können in der Lernbiographie eines Kindes oder Jugendlichen lange zurückliegen und der bewussten Bearbeitung nicht mehr zugänglich sein. Zweifellos sind Sonderpädagogen/-innen für den Förderschwerpunkt Lernen in der Regel nicht therapeutisch tätig, zumal wenn sie nicht über die erforderliche Qualifikation verfügen. Gleichwohl ist es in der Praxis der Lernförderung unabdingbar, dass auch die unbewussten Gründe für Lernschwierigkeiten verstanden werden können. Vertreter/-innen der Tiefenpsychologie haben sich mit diesen unbewussten Gründen für abweichendes Verhalten intensiv beschäftigt. Die Entdeckung des Unbewussten geht auf SIGMUND FREUD (1856-1938) zurück. Als Neurologe beschäftigt er sich mit Hysterie-Patienten/-innen, deren körperliche Krankheitssymptome (z.B. die Erblindung einer Frau) nicht mit somatischen Ursachen zu erklären sind (vgl. ZIMBARDO/ GERRIG 2004,S. 614ff.). Aus seinen Erfahrungen folgert er, dass es psychische Situationen und Prozesse gibt, die dem Bewusstsein verborgen bleiben und die deshalb von ihm als „unbewusst" bezeichnet werden. Seine Forschungen beruhen auf Beobachtungen und Einzelfallstudien. Er geht davon aus, dass alle vergangenen Erlebnisse bis hin zur frühen Kindheit eine Bedeutung für das aktuelle Erleben eines Menschen haben können (vgl. LÜCK/MILLER 2005, S. 141ff.). Die Methode zur Untersuchung des Unbewussten nennt FREUD „Psychoanalyse". Es zeigt sich jedoch bald, dass damit ebenso eine Behandlungsmethode gemeint ist und eine wissenschaftliche Disziplin, deren Grundlagen FREUD ab 1910 legt. Als Mediziner nimmt er an, dass der Mensch

von angeborenen, im wesentlich biologisch bedingten Energiequellen (den *Trieben*) gesteuert wird. Zunächst sieht er als stärksten Trieb das Luststreben an (*Eros*), auf das menschliche Handlungen in der Hauptsache ausgerichtet sind. Damit ist nicht nur die sexuelle Lust im genitalen Sinne gemeint, sondern ein Luststreben allgemein. Deshalb bevorzugt FREUD auch den Begriff „*Libido*". Unter dem Eindruck des Ersten Weltkriegs (1914-1918) stellt er dem einen auf Zerstörung gerichteten Todestrieb (*Thanatos*) gegenüber, da viele psychische Reaktionen von traumatisierten Kriegsopfern nicht mit Luststreben erklärt werden können.
Letztlich geht es FREUD um eine Erforschung des Seelenlebens mit wissenschaftlichen Methoden. Die menschliche Seele ist seiner Auffassung nach dreigeteilt zwischen den Instanzen „*Es*", „*Über-Ich*" und „*Ich*". Das *Es* wird besonders vom *Lustprinzip* bestimmt und umfasst die psychischen Regungen, die sich auf die Erfüllung der menschlichen Triebe richten. Dem steht das *Über-Ich* als Instanz des Gewissens gegenüber, bestehend aus den Verboten der Eltern und Erwachsenen und den Erwartungshaltungen der Gesellschaft mit ihren moralischen Ansprüchen. Das *Ich* übernimmt gewissermaßen eine vermittelnde Rolle zwischen Es und Über-Ich und trägt dazu bei, dass die Verbindungen zur sozialen Realität bestehen (*Realitätsprinzip*) und gleichzeitig die Eigenständigkeit der Persönlichkeit des Kindes oder Jugendlichen aufrecht erhalten bleibt (vgl. a.a.O., S. 487ff.). Insofern ist die Persönlichkeitsentwicklung aus der Sicht der Psychoanalyse von Abwehrmechanismen abhängig, die beispielsweise dazu führen, dass auf Triebansprüche mit Verdrängung reagiert wird. Die Entwicklung des Kindes sieht FREUD nun vor diesem Hintergrund als Phasen der psychosozialen Entwicklung (vgl. ZIMBARDO/ GERRIG 2004, S. 616). Entwicklung des Kindes ist damit bei FREUD eng an das Luststreben gebunden und wird auch als psychosexuelle Entwicklung bezeichnet:

- In der *oralen Phase* ist der Mund das Zentrum zur Befriedigung des Luststrebens. Hier wird die Grundlage für das Vertrauen des Kindes in seine Umwelt gelegt.
- In der *analen Phase* (etwa ab dem zweiten Lebensjahr) gewinnt die Ausscheidung und Zurückhaltung von Exkrementen die Bedeutung der Lustbefriedigung und schafft damit erste Grundlagen für die Gewinnung von Autonomie.
- In der *phallischen Phase* im Alter von 3 bis 5 Jahren werden die Genitalien als Lustquelle und die sexuelle Liebe zu Vater oder Mutter entdeckt (Ödipuskonflikt).
- In der *Latenzphase* steht die Erkundung der Umwelt und die Entwicklung der eigenen Fähigkeiten im Vordergrund, ohne dass in der psychosexuellen Entwicklung die vorausgegangenen Phasen überschritten würden.
- In der *genitalen Phase* kommt es schließlich zur Ausbildung der Sexualität für den Kontakt mit Gleichaltrigen.

Störungen dieses Entwicklungsverlaufes etwa durch *Frustrationen* und übermäßiges Verwöhnen können zu Fixierungen beitragen und die Persönlichkeitsentwicklung nachhaltig in Frage stellen bis hin zur Entwicklung neurotischer Störungen. Für

Heil- und Sonderpädagogen/-innen, die sich mit der Förderung von Kindern und Jugendlichen mit Lernschwierigkeiten beschäftigen, kann es nun sicher nicht darum gehen, die unbewussten Motive für ein unangemessenes Lernverhalten in der frühen Kindheit zu suchen (vgl. AHRBECK 2000a; BUNDSCHUH 2002, S. 258ff.). Selbst bei engen Elternkontakten und ausführlichen Gesprächen über die frühkindliche Entwicklung wird es nur selten gelingen, frühkindliche Erlebnisse als Ursache von Lernschwierigkeiten tatsächlich aufzuklären. Gleichwohl kann ein Bewusstsein von den möglicherweise vorhandenen länger zurückliegenden Enttäuschungen in der Entwicklung von Kindern und Jugendlichen dazu beitragen, ihre aktuellen Lernschwierigkeiten besser zu verstehen.

Kann Micha aufgrund vieler negativer Erfahrungen mit erwachsenen Bezugspersonen kein Vertrauen zur Lehrkraft aufbauen?

Im Unterschied zu den bewussten und sichtbaren Verhaltensweisen von Micha ist es möglich, dass er ohne es artikulieren zu können mit seinem Verhalten ein Bedürfnis nach einer engeren Beziehung zur Lehrkraft zum Ausdruck bringen will. Seine Lernverweigerung wäre dann nur die Probe auf die Bereitschaft der Lehrkraft, auf dieses unbewusste Beziehungsangebot einzugehen. Insofern müsste in der Förderung berücksichtigt werden, dass Micha bei der Bearbeitung von Lernaufgaben einen möglichst intensiven Kontakt von Seiten der Lehrperson erfährt, wobei diese Beziehungsgestaltung sicher viel Geduld erfordert.

Die Psychoanalyse nach FREUD ist nicht ohne Kritik geblieben. So trennt sich der Wiener Arzt ALFRED ADLER (1870-1937), der dem engsten Kreis um FREUD seit 1902 angehört hat, im Jahre 1911 im Streit von FREUD und gründet seine eigene Schule, die er ab 1913 „Verein für Individualpsychologie" nennt (vgl. LÜCK/MILLER 2005, S. 158f.). In Diskussionen mit FREUD hat ADLER immer wieder betont, dass das Verhältnis von Individuum und Gemeinschaft in dem bisherigen Konzept von Psychoanalyse nur ungenügend zum Ausdruck kommt. ADLER sieht den Menschen als unteilbare Ganzheit (Individuum als das Unteilbare) und als soziales Wesen an. Gründe für psychische Störungen macht ADLER besonders in einem grundlegenden *Minderwertigkeitsgefühl* aus, ein Gefühl von Schwäche und Hilflosigkeit, das im Laufe der Entwicklung kompensiert werden müsse. Die Art und Weise der Bewältigung des Minderwertigkeitsgefühls begründen schon in den ersten Lebensjahren einen eigenen *Lebensstil*. Dabei spielt die Gemeinschaft eine zentrale Rolle (vgl. AHRBECK 2000b, S. 871f.). *Ermutigung* durch Eltern und Erzieher erhält von daher eine zentrale pädagogische Bedeutung, wie das in der Heil- und Sonderpädagogik und ganz besonders für die „Lernbehindertenpädagogik" von ULRICH BLEIDICK (vgl. 1985) herausgestellt worden ist.

Wirken sich Michas langfristige Versagenserlebnisse bereits in seiner Persönlichkeitsentwicklung aus?

Michas Lernverhalten ist möglicherweise auch auf eine grundlegende Verunsicherung zurückzuführen, die durch längerfristige Misserfolge beim Lernen entstanden ist. Seine strikte Weigerungshaltung wäre dann als die Art und Weise zu interpretieren, mit der er diese Schwäche versucht zu kompensieren, in dem er Anforderungssituationen, die seine Hilflosigkeit offenbaren könnten, lieber ganz vermeidet. Konsequente Ermutigung seitens der Lehrkraft könnten bei Micha langfristig zu einer schrittweisen Auflösung seines Vermeidungsverhaltens führen.

ADLER stand mit seiner Kritik an der FREUDschen Psychoanalyse nicht allein. Noch klarer in der Abgrenzung von FREUD geht die humanistische Psychologie vor.

- **Lernschwierigkeiten aus der Sicht der humanistischen Psychologie**

In den 1940er Jahren kommt es in den USA zu einer regelrechten „Protestbewegung" gegen die Psychoanalyse. Angeregt durch die Arbeiten von CHARLOTTE BÜHLER (1883-1974), ERICH FROMM (1900-1980) und RUTH C. COHN gründen CARL ROGERS (1902-1987) und ABRAHAM MASLOW (1908-1970) die „Humanistische Psychologie". 1962 schließt sich die „Bewegung" zur *„American Association of Humanistic Psychology"* zusammen. Die „Deutsche Gesellschaft für Humanistische Psychologie" folgt – angeregt durch ANNEMARIE und REINHARD TAUSCH – im Jahre 1975. Charakteristisch für diese psychologische Schule ist das positiv-optimistische Menschenbild, das letztlich durch seine philosophischen Wurzeln in Existenzphilosophie und Phänomenologie bestimmt ist (vgl. QUITMANN 2000, S. 159ff.). Zu den Grundpostulaten der Humanistischen Psychologie zählt das Streben der Menschen nach *Selbstverwirklichung*. Dabei stehen das Erleben des Menschen sowie seine Fähigkeiten und Bedürfnisse im Mittelpunkt. Jeder Mensch trägt das Potenzial zur Selbstverwirklichung in sich. Dieses Potenzial muss in einem Prozess der *Selbstaktualisierung* allerdings auch hervorgebracht werden. Von daher ist jedes Verhalten eines Menschen in sich sinnvoll, so wenig verständlich es für Außenstehende zunächst erscheinen mag. Auf dieser gemeinsamen Basis hat sich MASLOW besonders mit der Motivation menschlicher Handlungen beschäftigt und dabei eine Hierarchie menschlicher Bedürfnisse (sog. „Bedürfnispyramide") entwickelt (vgl. ZIMBARDO/ GERRIG 2004, S. 539ff.). Grundlegend ist demnach für alle Menschen die Befriedigung der biologischen Bedürfnisse (z.B. nach Nahrung, Wasser, Sauerstoff usf.). Ebenfalls zu den Grundbedürfnissen (*basic needs*) zählt er das Bedürfnis nach Sicherheit (z.B. Freiheit von Sorgen, Schutz vor Gefahren usf.), das Bedürfnis nach Bindung (z.B. nach Zugehörigkeit, Liebe usf.) sowie das Bedürfnis nach Selbstwert (z.B. nach Vertrauen und Anerkennung). Sind diese Be-

dürfnisse befriedigt, können Wachstumsbedürfnisse (*growth needs*) erfüllt werden. Dazu zählen kognitive und ästhetische Bedürfnisse sowie letztlich das Bedürfnis nach Selbstverwirklichung und Transzendenz (im Sinne einer Überschreitung des Selbst im Verhältnis zur Welt). Eine der zentralen Leistungen der Humanistischen Psychologie besteht in der Betonung des *Selbstkonzeptes*, des *Selbstwertgefühls* und insgesamt der Herausbildung des *Selbst* für eine normale psychische Entwicklung. Insofern hat der Ansatz von MASLOW erhebliche Auswirkungen auf Therapie und Erziehung gehabt. Gerade für Kinder mit Lernschwierigkeiten gilt häufig, dass ihre Grundbedürfnisse in der Familie nur unzureichend erfüllt werden können und sie deshalb nur ungenügende basale Voraussetzungen für ungestörte Lernprozesse mit in die Schule bringen, wie beispielsweise GERHARD KLEIN in seinen biographischen Studien zur „Lernbehinderung" aufgezeigt hat (vgl. KLEIN 1985).
Auch ROGERS beschäftigt sich vorrangig mit den praktischen Problemen der Psychotherapie (in Form der *Gesprächspsychotherapie*) und entwickelt aus dieser Praxis heraus seinen „klientenzentrierten Ansatz". Zentral für den Erfolg einer Psychotherapie ist eine stabile und vertrauensvolle Beziehung zwischen Klient/-in und Therapeut/-in. Diese Beziehung wird am ehesten dann erreicht, wenn die Therapeuten/-innen die folgenden Grundhaltungen in die therapeutische Situation einbringen:

- *Akzeptanz* (als Wertschätzung des Kindes in einem positiven emotionalen Klima),
- *Selbstkongruenz* (als Echtheit und Authentizität im Umgang mit den eigenen Gefühlen als Therapeut/-in) sowie
- *Empathie* (als Einfühlungsvermögen und als Ausdruck von Gefühlen durch Verbalisierung).

Auch wenn diese therapeutischen Grundhaltungen sicher nicht ohne Abstriche auf schulische Lernsituationen zu übertragen sind, so wird doch von Lehrkräften aus der Praxis gerade im Umgang mit Lern- und Verhaltensproblemen immer wieder berichtet, dass ein so ausgerichtetes Lehrerverhalten zur Lösung von Konfliktsituationen beitragen kann (vgl. AHRBECK 2000b, S. 877ff.; BUNDSCHUH 2002, S. 279ff.).

Welchen Sinn hat Michas Lernverweigerung aus seiner Sicht?

Auch wenn die völlige Lernverweigerung von Micha zunächst unverständlich erscheint, ist doch davon auszugehen, dass dieses Verhalten aus seiner Sicht sinnvoll erscheint. Deshalb sollte zunächst einmal im Gespräch zwischen der Lehrkraft und Micha geklärt werden, was seine Gründe sind sich so zu verhalten. Dazu ist es erforderlich, dass Micha die ungeteilte Wertschätzung der Lehrkraft erhält und darüber Vertrauen in die Beziehung zur Lehrkraft aufbauen kann. In

Michas Fall beansprucht dieser Prozess sicher viel Zeit, da er offenbar immer wieder von erwachsenen Bezugspersonen enttäuscht worden ist und sich nur schwer für eine neue Beziehung öffnen kann. Als vertrauensbildende Maßnahme erweist sich für Micha z.B. die Einbeziehung in die gemeinsame Frühstückssituation in der Klasse, da er häufig hungrig in die Schule kommt. Mit den Eltern wird überdies vereinbart, dass Micha zum Schulfrühstück ausreichend versorgt ist. So entsteht über einen längeren Zeitraum bei Micha das Vertrauen in die Wertschätzung durch die Lehrkraft, und eine stabile, belastbare Beziehung wird möglich. In gleichem Maße steigt seine Bereitschaft, sich mit den Lernaufgaben in der Schule auseinanderzusetzen.

Kritisch anzumerken zum Beitrag der humanistischen Psychologie zur Erklärung von Lernschwierigkeiten bleibt, dass die Liste der Bedürfnisse von Menschen vermutlich nie abgeschlossen sein wird und stets vom jeweiligen kulturellen Kontext abhängt. Eine universelle Gültigkeit wird so nur schwer zu erreichen sein, zumal die angeborenen Bedürfnisse im Laufe der Entwicklung von Kindern und Jugendlichen in vielfacher Weise durch gesellschaftliche Einflüsse verändert werden. Möglicherweise kommen auch in veränderten gesellschaftlichen Situationen neue Bedürfnisse hinzu (z.B. Medieneinflüsse, zunehmende Vereinzelung), oder die Hierarchie der Bedürfnisse verändert sich immer wieder. Gleichwohl hat sich die Humanistische Psychologie als „dritte Kraft“ neben Behaviorismus und Psychoanalyse etabliert.

- **Neuropsychologische Erklärungsmodelle von Lernschwierigkeiten**

Neuere Anregungen zur Erklärung von Lernschwierigkeiten gehen aus der modernen Hirnforschung hervor. Die Techniken der bildgebenden Verfahren erlauben es seit Beginn der 1990er Jahre, Einblicke in das menschliche Gehirn zu erhalten und bringen zunehmend Licht in den lange Zeit als „*black box*“ bezeichneten Lernvorgang, auch wenn die bildgebenden Verfahren keine Querschnittsaufnahmen des Gehirns liefern, sondern vielmehr die erhobenen Daten in eine Grafik des Gehirns übertragen. Gleichwohl können wir mittlerweile tatsächlich dem Gehirn beim Lernen zusehen (vgl. Roth 1997). Der Münchener Biologe Fredric Vester (1925-2003) hat die Bedeutung dieser Forschungsbefunde bereits frühzeitig erkannt (vgl. Vester 1996) und verschiedene *Lerntypen* unterschieden (z.B. auditiv, visuell, sensomotorisch). Er weist ebenfalls darauf hin, dass Stress und Angst zu völligen *Lernblockaden* führen können und erklärte dies mit neurobiologischen Vorgängen. Die amerikanische Entwicklungspsychologin Anna Jean Ayres (1920-1989) erkennt in ihren Arbeiten zur Hirnforschung die unterschiedliche Bedeutung der Hirnregionen für das Lernen. Lernen findet nach Ayres (vgl. 1992, S. 11f.) nur dann in ungestörter Form statt, wenn die einzelnen Leistungen des Gehirns in wohl abgestimmter Weise funktionieren (*sensorische Integration*). Als basale Voraussetzung dafür sieht sie das *vestibuläre System* (auch Gleichgewichtssystem) mit Sitz im Kleinhirn (*Cerebellum*), das an allen Hirnvorgängen beteiligt ist und auch deren Integration steuert. Von daher kommt sie zu dem Ergebnis, dass Bewegung und Lernen in einem engen Verhältnis zueinander stehen (vgl. a.a.O., S. 96ff.). Auch Schulpraktiker/-innen und Kinderärzte/-innen bestätigen, dass mangelhaft Bewegungserfahrungen Lernprozesse beeinträchtigen können. Kinder, die nicht mehr ohne Probleme rückwärts gehen können, haben beispielsweise häufig Probleme mit Subtraktionsaufgaben in der Mathematik.

Während lange Zeit die Vorstellung von größeren Hirnregionen die neuropsychologischen Grundlagen des Lernens beherrschte, können nunmehr die Vorgänge im menschlichen Gehirn auf einer molekularen Ebene beschrieben werden. Besonders bekannt geworden ist in diesem Zusammenhang das Werk des Ulmer Psychiaters Manfred Spitzer (vgl. 2002). Im neurobiologischen Sinne besteht Lernen in einer „Veränderung der Stärke der synaptischen Verbindungen zwischen Nervenzellen" (a.a.O, S. 94). Unser Nervensystem (Gehirn und Rückenmark) ist zusammengesetzt aus einigen Milliarden Nervenzellen, den *Neuronen*. Bei der Geburt sind diese Zellen bereits vollständig vorhanden. Was sich gerade in den ersten Lebensjahren rapide verändert, ist die Zahl der Verbindungen zwischen den Nervenzellen. Gerade hier ergibt sich eine nachdrückliche Bestätigung für die Bedeutung von Entwicklungsanregungen in den ersten Lebensmonaten und für die Frühförderung insgesamt.

Die neurobiologische Forschung hat den Prozess des Austausches von Informationen zwischen den Zellen in den letzten Jahren genauer erforscht. An den Kontaktstellen (*Synapsen*) zwischen den Nervenzellen gehen Impulse zwischen den aktiven Nervenzellen hin- und her. Dabei spielen bestimmte Überträgerstoffe (*Neurotransmitter*) eine wesentliche Rolle. Wird die Zelle durch einen Impuls aktiviert, werden Überträgerstoffe ausgeschüttet, die an der gegenüberliegenden Zelle andocken. Die Aktivierung der Zellen ist je nach Impuls unterschiedlich stark und wirkt sich auf mehr oder weniger große Areale aus. Bis zu 300 Impulse pro Sekunde kann eine Nervenzelle geben (vgl. a.a.O., S. 53). Auch der gegenteilige Fall ist möglich: die Zelle wird nicht aktiviert, die Übertragung zwischen den Zellen ist gehemmt. Verbindungen zwischen Nervenzellen sind also veränderbar (*neuronale Plastizität*). In der Regel regt ein Impuls nicht nur eine Zelle an, sondern eine Vielzahl (*neuronale Netzwerke*). Man stellt sich die Repräsentation von Informationen im Gehirn heute im Prinzip wie eine Landkarte vor (*kortikale Karte*), bei der ähnliche Signale im Gehirn nah beieinander repräsentiert werden und häufige Signale einen größeren Raum einnehmen (vgl. a.a.O., S. 102). Komplexe Fähigkeiten des Menschen wie Lesen, Schreiben und Rechnen sind durch eine Vielzahl solcher „Landkarten" repräsentiert.

Eine entscheidende Rolle bei der Verarbeitung neuer Informationen, die über die Sinnesorgane eingehen, spielt das sog. „Seepferdchen" (*Hippokampus*), eine Ansammlung von Nervenzellen, die es dem Menschen erlauben, neue Ereignisse und Ortskenntnisse zu lernen. Es ist sogar inzwischen nachgewiesen, dass beispielsweise Londoner Taxifahrer einen etwas größeren Hippokampus als andere Menschen haben (vgl. a.a.O., S. 31). Lernen führt also offenbar im Gehirn auch zu somatischen Veränderungen, die bis zur Neubildung von Nervenzellen reichen. Der Hippokampus steht als Kurzzeitspeicher in engem Kontakt zur Großhirnrinde und tauscht die neuen Informationen regelmäßig (v.a. in Tiefschlafphasen) mit diesem Langzeitspeicher aus. Hier können heute ebenfalls substantielle Veränderungen des Gehirns im Sinne einer Zunahme von aktiven Vernetzungen nachgewiesen werden (vgl. a.a.O., S. 133). Insofern liegt es nahe unser *Gedächtnissystem als Drei-Speicher-Modell* zu beschreiben, in dem der Prozess der Informationsverarbeitung in Stufen erfolgt (vgl. BEDNORZ/SCHUSTER 2002, S. 130ff.; ZIMBARDO/ GERRIG 2004, S. 293ff.):

- Im *sensorische Gedächtnis (SG)* (auch: Blitzgedächtnis, sensorisches Register) werden neue, im Wesentlichen sensorische Informationen maximal 1 oder 2 Sekunden gespeichert, ohne dass dies stets bewusst abläuft. Insofern kommt dem SG besonders eine Filter- bzw. Orientierungsfunktion zu, die das Gedächtnis vor Überlastung schützen soll.
- Das *Kurzzeitgedächtnis (KZG)* (auch: Operationsspeicher) nimmt Erinnerungen an kürzlich Vorgefallenes auf und kann Informationen bis zu 20 Sekunden speichern. Diese Informationen verschwinden allerdings wieder, wenn sie nicht wiederholt oder auf andere Weise hervorgehoben werden.
- Erst im *Langzeitgedächtnis (LZG)* werden Informationen dauerhaft gespeichert und können auch wieder von dort abgerufen werden. Das LZG ist also der eigentliche Wissensspeicher des Menschen.

Bei Schülern/-innen mit Lernschwierigkeiten sind häufig genau diese Gedächtnisprozesse gestört. Sie haben Probleme, Verknüpfungen zwischen neuen Informationen und ihren Vorkenntnissen herzustellen oder das Gelernte hierarchisch zu ordnen und in einem Kategoriensystem unterzubringen. Es fehlt ihnen weniger an Gedächtniskapazität als vielmehr an einer effektiven Struktur der Gedächtnisinhalte (vgl. SCHRÖDER 2005, S. 148f.).

Das einwandfreie Funktionieren der Übertragung zwischen den Nervenzellen ist nun u.a. abhängig von dem Hormonhaushalt des Menschen. Gesteuert wird dies vom *Hypothalamus*, einer Drüse im Gehirn, die die Hormonausschüttung im gesamten Körper mit beeinflusst und den Mandelkernen (*Amygdalae*). Die Hormone des Nebennierenmarks, Adrenalin und Noradrenalin, werden z.B. beim Menschen als Reaktion auf eine Bedrohung ausgelöst, versetzen den Körper in Alarmbereitschaft und bereiten so eine möglicherweise erforderliche Flucht vor. In dieser Situation ist das Gehirn kaum in der Lage noch neue Informationen aufzunehmen, der Austausch zwischen den Nervenzellen wird teilweise ganz eingestellt. Übertragen auf Lernsituationen bedeutet dies nun, dass von einem engen Zusammenhang zwi-

schen Emotionen und Lernen ausgegangen werden muss. Kurz gefasst kann man sagen, dass Angst und Stress schlechte Bedingungen für optimale Lernprozesse liefern und eher zu Lernblockaden oder völligen „black-outs“ führen, wie das immer wieder in Prüfungssituationen der Fall ist (vgl. VESTER 1996, S. 94).
Hippokampus, Hypothalamus und Amygdalae gehören zum *Limbischen System*, das für die emotionale Bewertung von Informationen zuständig ist. Mit der Entdeckung der Funktionsweise dieses Systems hat die Hirnforschung den Zusammenhang von Emotionen und Lernen deutlich herausgestellt. Lernschwierigkeiten können vor diesem Hintergrund zukünftig nicht mehr unabhängig von emotionalen Problemen gesehen werden. Dazu zählen bezogen auf die Schule auch Faktoren wie das Klassenklima. Für ungestörte Lernprozesse empfiehlt es sich günstige Lernvoraussetzungen in Form einer entspannten Atmosphäre und positiven Emotionen zu schaffen.

Ist Michas Lernverweigerung Ausdruck einer Lernblockade in Anforderungssituationen?

Lernen scheint für Micha durch die zahlreichen Misserfolgserlebnisse mittlerweile derart negativ besetzt zu sein, dass bereits das Stellen einer schulischen Lernaufgabe bei ihm Stress auslöst und er sich dieser Situation nur noch verweigern kann. Von daher wären zunächst einmal mit ihm gemeinsam für ihn angenehme und weniger angstbesetzte Tätigkeiten zu entdecken, die ihm als Alternative zu Lernangeboten im engeren Sinne in einem ersten Schritt als Alternative angeboten werden (z.B. Spielen, Basteln usf.). Außerdem sollte er sich sicher sein können, dass er Lerntätigkeiten freiwillig aufnehmen kann. Dabei wären v.a. solche Aufgaben zu bevorzugen, die er mit großer Sicherheit bewältigen kann und die ihn nicht überfordern.

Die Diskussionen über die Bedeutung der Hirnforschung für die Pädagogik und die Heil- und Sonderpädagogik sind keineswegs abgeschlossen (vgl. SPECK 2008b). Zahlreiche Forschungsbefunde haben allenfalls bekannte Zusammenhänge und naheliegende Annahmen bestätigt. Zusätzlich ergibt sich das Problem, dass nunmehr erneut Stimmen laut werden, die von angeborenen „Begabungen“ sprechen. Dem ist entgegen zu halten, dass bereits die vorgeburtliche Entwicklung des menschlichen Gehirns unter Umwelteinflüssen stattfindet und sich auch in den ersten Lebensjahren eine hohe neuronale Plasitizität ergibt, die Gehirnentwicklung ebenso als Ergebnis von Lernprozessen angesehen werden kann und nicht nur als gegebene und unveränderlicher Voraussetzung des Lernens. Für die Erklärung von Lernschwierigkeiten wird es allerdings zukünftig unverzichtbar sein, die neuropsychologischen Aspekte mit zu berücksichtigen.

Bislang standen nun v.a. die individuellen Bedingungsfaktoren von Lernschwierigkeiten im Vordergrund. Für die Erfassung der sozialen Bedingungsfaktoren sind wir auf Erkenntnisse der Soziologie und Sozialpsychologie angewiesen.

1.3.3 Erschwerte Lebenssituationen

Lernschwierigkeiten ergeben sich häufig aus erschwerten Lebenssituationen. Die soziale Herkunft entscheidet gerade in der bundesdeutschen Gesellschaft in erheblichem Maße mit über den Bildungsweg. Soziale Benachteiligungen und die Lebenslage Armut trägt so auch zur Entstehung von Lernschwierigkeiten bei. Zugleich ist vor dem Hintergrund neuerer Forschungsergebnisse beispielsweise zu Bewältigungsstrategien und zur Resilienz vor einer einseitigen Defizitsichtweise zu warnen. Auch in Bezug auf schwierige Lebensverhältnisse gilt, dass Kinder und Jugendliche nicht nur Produkte ihrer Umwelt sind, sondern Stellung nehmen zu dieser Umwelt, auf sie einwirken, sie möglicherweise sogar verändern.

- **Soziale Benachteiligung und Lernschwierigkeiten**

Die Einsicht in den Zusammenhang von sozialen Problemlagen und Lernschwierigkeiten ist so alt wie die „Lernbehindertenpädagogik“ selbst. Schon Heinrich Stötzner (1832-1910) erkannte in seiner Schrift „Die Schule für Schwachbefähigte (1864)“ die Schwachsinnigen als Angehörige der unteren Volksschichten. Ernst Begemann griff diesen Zusammenhang wieder in seiner „Erziehung der soziokulturell benachteiligten Schüler“ (1970) auf und stellte die Verbindung zwischen sozialer Herkunft aus der Unterschicht und Lernproblemen in den Mittelpunkt seiner pädagogischen Konzeption. Bis heute ist durch verschiedene Untersuchungen (vgl. Wocken 2000; Klein, G. 2001; Koch 2004a, b) immer wieder bestätigt worden, dass bis zu 90% der Schüler/-innen mit „Lernbehinderungen“ aus der sozialen Unterschicht[8] kommen (vgl. Thimm/Funke 1977; Ellinger 2013). Auch im Vergleich zur Vorhersagegenauigkeit von Intelligenzmessungen kann die soziale Herkunft in wesentlich höherem Maße erklären, dass es zu Schulleistungsproblemen bei Kindern kommen wird, wie schon Holger Probst in den 1970er Jahren zeigen konnte (vgl. Probst 1976, S. 146). Die Hamburger Untersuchung von Hans Wocken

8 Der Begriff „Unterschicht“ wird hier im Anschluss an Hradil (vgl. 1999, S. 36ff.) und den soziologischen Sprachgebrauch als Bezeichnung für eine gesellschaftliche Gruppe verwendet, die über den Beruf und damit verbundene Statusmerkmale wie Einkommen, Vermögen, Berufsprestige und Qualifikation bestimmt wird (mehrdimensionaler Schichtungsbegriff). Damit ist eine erste Annäherung an die Lebenslage sozial benachteiligter Kinder und Jugendlicher erreicht, die sich sehrwohl innerhalb der Unterschicht noch einmal deutlich unterscheiden kann. Allerdings hat auch Historiker Hans-Ulrich Wehler (2013) in seinem Buch zu sozialen Ungleichheit betont, dass sich Ungleichheitsstrukturen im Sinne von Klassen und Schichtenmodellen historisch betrachtet als ziemlich robust erweisen.

(2000) bestätigt diesen Befund nochmals in seiner unverminderten aktuellen Gültigkeit und anhand einer großen Stichprobe.

• Auf den Punkt gebracht

Die „Schule für Lernbehinderte" ist nach wie vor eine „Schule für sozial Benachteiligte".

Allein die Zugehörigkeit zur Unterschicht hat in der BRD bereits Folgen für den Bildungsweg von Kindern und Jugendlichen. In keinem Land hängt die Bildungslaufbahn so eng mit der sozialen Herkunft zusammen wie in der BRD, so konnte in den PISA-Studien gezeigt werden (vgl. Deutsches PISA-Konsortium 2001, 2003). Klaus Hurrelmann und Sabine Andresen kommen in der World-Vision-Studie von 2007 (vgl. World Vision Deutschland e.V. 2007, S. 111ff.) zu dem Ergebnis, dass 19% der Unterschicht-Kinder im Alter von 8-11 Jahren die Förderschule besuchen, nur 1% das Gymnasium. Die Kinder kennen in diesem Alter ihre Bildungschancen recht genau. Nur 20% der Unterschicht-Kinder streben noch den Besuch eines Gymnasiums und das Abitur als Abschluss an. Bei mehr als 50% dieser Kinder werden die Hausaufgaben nicht von den Eltern kontrolliert, mehr als 40% von ihnen gehen erst nach 20:30 Uhr schlafen. 72% halten sich auch selbst nur für mittelgute oder nicht so gute Schüler/-innen. 22% der Unterschichtkinder geben an, die Schule schon einmal geschwänzt zu haben (gegenüber 2% aus der Oberschicht). Der Zusammenhang von Lebenssituation und Bildungsweg in Bezug auf die Gruppe der Schüler/-innen mit „Lernbehinderungen" unterscheidet sich in wesentlichen Merkmalen offenbar nicht von der Situation der Unterschicht-Kinder (vgl. den Überblick bei Schröder 2005, S. 160ff.). Schröder weist allerdings auch darauf hin, dass ein großer Teil der Kinder und Jugendlichen aus der Unterschicht in die Hauptschule gelangen. Insofern kann von einem linearen Zusammenhang zwischen Unterschichtzugehörigkeit und „Lernbehinderung" bzw. Lernschwierigkeiten nicht ausgegangen werden. Es müssen offensichtlich andere Faktoren hinzu kommen, damit aus einer Unterschichtzugehörigkeit eine soziale Benachteiligung wird.

Von sozialer Benachteiligung bei Kindern und Jugendlichen kann Hans Weiss zufolge dann gesprochen werden, „...wenn ...ihre Handlungs- und Entfaltungsspielräume in wesentlichen Bereichen der Daseinsgestaltung und Entwicklung (...) im Vergleich zur Mehrheit ihrer Altersgruppe deutlich eingeschränkt sind." (Weiss 2007, S. 20). Soziale Benachteiligung setzt damit soziale Ungleichheit voraus. Der Zugang zu Gütern und Teilhabechancen ist nicht nur in westlichen Industriegesellschaften ungleich verteilt.

– In der Vergangenheit wurde soziale Ungleichheit hauptsächlich über *Formen der vertikalen sozialen Differenzierung* abgebildet. *Stände*, *Klassen* und *Schichten* sind

Ausdruck einer sozialen Struktur, in der Oben und Unten deutlich unterschieden werden können. Während der gesellschaftliche Stand in der vorindustriellen Gesellschaft von der familiären Herkunft abhing, entschied der Besitz von Produktionsmitteln über die Zugehörigkeit zu einer sozialen Klasse. Schichtungsmodelle haben gegenüber diesen „objektiven Kriterien" der sozialen Zugehörigkeit auch die Selbsteinschätzung der Menschen mit einbezogen und nehmen so Fragen des sozialen Prestiges mit auf (vgl. Hradil 1999., S. 32ff.).

- Gegenwärtig vollzieht sich ein Übergang zu *Formen der horizontalen sozialen Differenzierung*, bei denen Ungleichheiten beispielsweise innerhalb von sozialen Schichten über unterschiedliche *Lebenslagen*, *Milieus* oder *Lebensstile* noch differenzierter betrachtet werden können. Lebenslagen werden dabei über die konkreten Lebensbedingungen einer sozialen Gruppe genauer bestimmt. Milieus beinhalten demgegenüber auch die Werthaltungen und Einstellungen einer Gruppe Gleichgesinnter. Lebensstile beziehen sich schließlich auf den einzelnen Menschen und seine sozialen Beziehungen, Meinungen, Einstellungen usf., die zusammengenommen durchaus Übereinstimmungen mit anderen enthalten können (sog. „Lebensstilgruppierungen", vgl. a.a.O., S. 40ff.).

Gerade unter dem Gebot der Chancengleichheit (bzw. Chancengerechtigkeit) in demokratischen Gesellschaften lassen sich nun für das Bildungswesen erhebliche Benachteiligungen aufgrund von sozialer Herkunft, Geschlecht, Wohnort und ethnischer Herkunft zeigen, die eigentlich ausgeschlossen sein sollten (vgl. a.a.O., S. 149). Der Beruf der Eltern, ihr Bildungsstand und ihr Einkommen entscheiden mit über den Bildungsweg der Kinder. Arbeiterkinder sind nach wie vor in weiterführenden Bildungseinrichtungen unterrepräsentiert. Dieser Zusammenhang hat sich auch in langfristiger Sicht nicht verändert (vgl. a.a.O., S. 162ff.). Nachdem Mädchen in den 1950er und 1960er Jahren zunächst noch zu den Bildungsbenachteiligten zählten (das „katholische Arbeitermädchen vom Lande" als gleichsam sprichwörtlich gewordene Bildungsbenachteiligung dieser Zeit), haben sie inzwischen die Jungen überholt und stellen mehr als 50% der Abiturienten/-innen und haben sogar noch die besseren Noten. Insofern ist es unter dem Aspekt *Geschlecht* inzwischen angezeigt, über eine Benachteiligung der Jungen nachzudenken (vgl. a.a.O., S. 157ff.). Auch unter den Schülern/-innen mit „Lernbehinderungen" überwiegen die Jungen mit einem Anteil von 62% (vgl. Schildmann 2000, S. 36). Trotz der Bildungsexpansion seit den 1970er Jahren gehen nach wie vor mehr Stadtkinder als Landkinder in weiterführende Bildungseinrichtungen (vgl. a.a.O., S. 165). Kinder und Jugendliche mit Migrationshintergrund schließen im Bereich der Bildungsabschlüsse zwar allmählich zu ihren deutschen Mitschülern/-innen auf (vgl. a.a.O., S. 166ff.). In der „Schule für Lernbehinderte" sind sie aber nach wie vor erheblich überrepräsentiert (vgl. Kornmann/Klingele/Iriogbe-Ganninger 1997; Kornmann/Kornmann 2003; G. Klein 2001).

Wenig bekannt ist allerdings, wie sich diese Faktoren sozialer Benachteiligung im Einzelnen auf den Lernerfolg in Schulen auswirken. Erst die neuere Armutsforschung hat hier vertiefte Einblicke in die Zusammenhänge geliefert.

- **Armut und Lernschwierigkeiten**

Armut wird einer neueren Definition zufolge als „Kumulation sozialer Benachteiligung" (DIETZ 1997, S. 111) verstanden. Das Einkommen gilt hier zwar nach wie vor als Orientierungswert, aber letztlich wirkt sich Armut auf die gesamte Lebenssituation aus. So wird die *relative Armut* auch nach neuer OECD-Norm weiterhin über die Einkommenshöhe bestimmt (weniger als 60% des Durchschnittsäquivalenzeinkommens). Von *absoluter Armut* spricht man nur dann, wenn die Lebensverhältnisse Menschen in ihrer gesamten Existenz bedrohen. Dies sollte in westlichen Industriegesellschaften eigentlich ausgeschlossen sein, auch wenn beispielsweise Obdachlose oder Straßenkinder (Schätzungen zufolge ca. 50.000 in der BRD, vgl. KLOCKE/HURRELMANN 2001, S. 11) auch hier eher in lebensbedrohlichen Verhältnissen leben. Wenden wir den *relativen Armutsbegriff* auf die Einkommensstatistik der BRD an (Datenbasis: Soziooekonomisches Panel, SOEP, vgl. STATISTISCHES BUNDESAMT 2016, S. 170ff.), so ist davon auszugehen, dass die Armutsgefährdungsquote im Jahre 2014 bei 16,7% bezogen auf die Gesamtbevölkerung lag, im Vergleich zum Jahr 2004 also leicht gestiegen ist. Kinder und Jugendliche unter 18 Jahren sind mit einem Anteil von 15,1% gefährdet. Familien mit Migrationshintergrund und alleinerziehende Frauen sind nach wie vor häufiger von Armut betroffen.

Auch im internationalen Vergleich mit 26 OECD-Staaten nimmt die BRD damit einen mittleren Platz in der Verteilung der Armutsquoten ein. Nur die skandinavischen Länder erreichen eine Armutsquote bei Kindern und Jugendlichen von weniger als 5%. Dänemark (2,4%) und Finnland (2,8%) führen das internationale Ranking an (Berechnungsbasis allerdings hier nach der alten OECD-Skala, da nur auf dieser Basis international vergleichbare Daten vorliegen: 50% des Durchschnittseinkommens, vgl. UNICEF 2005, S. 4), wenden aber auch mehr als 10% des Bruttosozialprodukts für soziale Transferleistungen auf. Die OECD geht davon aus, dass viele europäische Länder wie die BRD die Chance hätten, durch Ausweitung der Mittel für Sozialleistungen die Armutsquote bei Kindern unter die Marke von 10% zu drücken. Von Interesse dürfte dabei insbesondere sein, dass einige Länder (wie die Schweiz, Ungarn und die Tschechische Republik) bei etwa gleichen Anteilen von Sozialleistungen deutlich geringere Armutsquoten bei Kindern und Jugendlichen erreichen.

Als weiteres Kriterium zur Armutsbestimmung wird in der BRD häufig der Sozialgeldbezug (bzw. Bezug von laufender *Hilfe zum Lebensunterhalt*, HLU) genannt, auch als *„bekämpfte Armut"* bezeichnet. Mit der HLU soll ein Mindestbedarf für Einzelpersonen oder Familien abgedeckt werden, der auf der Basis eines Warenkorbes bzw. einer Verbrauchsstichprobe ermittelt wird (Bedarfsdeckungsprinzip). Das entspricht einer relativen Einkommensarmut in Höhe von gut 40% (auch: *strenge Armut*). Nach der Sozial- und Arbeitsmarktreform von 2003 haben Kinder und Jugendliche bis zu einem Alter von 15 Jahren Anspruch auf Sozialgeld, während die älteren Arbeitsfähigen eine Grundsicherung auf der Basis des SGB II erhalten (sog. „Hartz IV"). Im Jahre 2011 bezogen 1,66 Millionen Kinder und Jugendliche unter 15 Jahren Sozialgeld, im Vergleich zu 2007 mit sinkender Tendenz. In der Gruppe der unter 3-Jährigen liegt der Anteil allerdings 2011 bei 18,2% – eine besonders alarmierende Zahl. Kinder alleinerziehender Mütter sind nach wie vor am häufigsten von Armut betroffen (alle Angaben aus dem 4. Armuts- und Reichtumsbericht der Bundesregierung: BAS 2013, S. 121f.). Überdies betonen alle vorliegenden Armutsstudien, dass auf zwei Sozialgeldempfänger noch einmal ein bis zwei Anspruchsberechtigte kommen, die jedoch erst gar keinen Antrag stellen (sog. „*verdeckte Armut*").

In der Armutsforschung (vgl. BUTTERWEGGE 2000, 2004, 2008) wird dieser verengte Blick auf die Einkommenssituation – meist als *Ressourcenansatz* bezeichnet – mehr und mehr zu Gunsten einer multidimensionalen Perspektive aufgegeben. Bereits in den Armutsberichten des Caritas-Verbandes (vgl. HAUSER/HÜBINGER 1993) und des Paritätischen Wohlfahrtsverbandes in Verbindung mit dem Deutschen Gewerkschaftsbund (DGB) und der Hans-Böckler-Stiftung (vgl. HANESCH u.a. 1994, Neuauflage: 2000) ist auf die *Bedeutung der Lebenslage „Armut"* in ihrer gesamten Komplexität aufmerksam gemacht worden. Bezogen auf den *Lebenslagenansatz* werden die zentralen Lebensbereiche Einkommen, Arbeit, Ausbildung und Wohnen unterschieden und jeweils mit sog. „Unterversorgungsschwellen" versehen. Eine Unterschreitung dieses Mindeststandards in mehr als einem Bereich wird mit Armut gleichgesetzt. Das Einkommen stellt jedoch auch hier wieder den zentralen Indikator für Armut dar. AMARTYA SEN (1999, S. 110ff.) – der indische Wirtschaftswissenschaftler – zeigt in seiner „Ökonomie für den Menschen" allerdings auf, dass ökonomische Armut in jedem Fall mit einem „Mangel an Verwirklichungschancen" einhergeht und damit eine Einschränkung der persönlichen Freiheit in der Lebensführung nach sich zieht.

Hinzu tritt der Blick auf die sozialen Folgen der Armut (vgl. ZIMMERMANN 2000, S. 62ff.). Ausgrenzung und die Gefährdung der sozialen Teilhabe sind in der Regel mit der Lebenslage „Armut" verbunden. Insofern liegt es nahe, das Exklusionsrisiko von Armut bei Kindern und Jugendlichen zu thematisieren und unter sozialpolitischem Aspekt über Möglichkeiten der Inklusion nachzudenken (vgl. BEISENHERZ 2002). Festzuhalten bleibt, dass auch reiche Industrieländer nach wie vor soziale Ungleichheit produzieren. Die Armut von Kindern und Jugendlichen ist deshalb die Nagelprobe auf die Inklusionsproblematik, die in der „Lernbehindertenpädagogik" in den 1990er Jahren intensiver als das Problem der sozialen Benachteiligung diskutiert wird (vgl. IBEN 1996, 1998; G. KLEIN 1996, S. 140ff.; G. KLEIN 2007a).

Am Phänomen der wachsenden Kinder- und Jugendarmut zeigt sich jedoch erst der Umfang der Exklusionstendenzen in modernen Gesellschaften und gleichzeitig die Bedeutung der Inklusionsaufgabe in ihrer ganzen Bandbreite.

Um zusätzlich die Auswirkungen von Armut auf Kinder und Jugendliche einschätzen zu können, ist zunächst einmal die *Dauer der Betroffenheit von Armut* entscheidend. Dazu liegen uns für den deutschsprachigen Raum erstmals Daten aus der Bremer Sozialhilfestudie vor (vgl. LEIBFRIED 1995; BUHR 2001). Die dynamische Armutsforschung konnte zeigen, dass Armut in modernen Industriegesellschaften keineswegs immer langandauernd sein muss. Vielmehr lassen sich auch kurze „Armutsepisoden" von weniger als 12 Monaten nachweisen, die eher auf eine Übergangsphase „Armut" hinweisen. Das gilt beispielsweise für etwa 50% der Kinder unter den Sozialhilfeempfängern (vgl. BUHR 2001, S. 84). Aber 16% gehören auch nach fünf Jahren noch zu den Sozialhilfeempfängern (ebd.). Und was erneut auffällt: Die Kinder unter drei Jahren sind unter dieser Gruppe besonders zahlreich – knapp ein Drittel von ihnen bezieht fünf und mehr Jahre Sozialhilfe.

Die Wirkungen von Armut bei Kindern und Jugendlichen müssen entsprechend auch nach *Kurz- und Langzeitarmut* unterschieden werden. Es besteht Konsens in der neueren Armutsforschung, dass Langzeitarmut bei Kindern und Jugendlichen die deutlichsten Risiken für die Intelligenzentwicklung und die Entstehung von Schulleistungs- bzw. Verhaltensproblemen hervorbringt (vgl. die differenzierte Sekundäranalyse bei WALPER 1995; 2001). Allerdings darf auch hier keinesfalls von direkten, geschweige denn linearen Zusammenhängen ausgegangen werden. So kann GRUNDMANN (2001) in einer Längsschnittstudie zeigen, dass die soziale Lage von Kindern kaum nennenswerten Einfluss auf die Entwicklung der kognitiven Kompetenzen hat. Im Gegensatz dazu unterscheidet sich die Entwicklung der Schulleistungen zwischen den verschiedenen sozialen Lagen wiederum erheblich. Kinder in Armutslagen sind dabei besonders benachteiligt.

Sind Michas Grundbedürfnisse abgedeckt?

Michas Familie lebt seit langer Zeit von HLU. Der Vater kann als Hilfsarbeiter im Gartenbau etwas dazu verdienen. Da die Sozialhilfe am 15. des Monats ausgezahlt wird, geht es Micha meist bis Ende des Monats ganz gut. In dieser Zeit kann er sich sogar manchmal etwas am Kiosk in der Nähe der Schule kaufen. Die ersten zwei Wochen des nächsten Monats sind dann wieder finanziell sehr knapp. In dieser Zeit kommt Micha häufig hungrig und ohne Pausenbrot in die Schule. Er reagiert verschlossen und aggressiv, wenn man ihn darauf anspricht. Durch das gemeinsame Klassenfrühstück und eine kleine (diskrete) Spende der Lehrkraft kann aber dazu beigetragen werden, dass Micha wenigstens für den Rest des Schulvormittags satt ist und ein wenig Vertrauen zur Lehrkraft fasst.

Diese *„chronique scandaleuse"* enthält für die „Lernbehindertenpädagogik" zunächst einmal viele Bestätigungen zu lang gehegten Befürchtungen. Die Übersichten zur Lebenssituation von Kindern und Jugendlichen mit „Lernbehinderungen" beispielsweise bei BEGEMANN (1970, 107ff.), G. KLEIN (1985, 50ff.) und SCHRÖDER (2005, S. 158ff.) haben uns immer wieder auf die Bedeutung deprivierender Lebensbedingungen für die Entstehung von „Lernbehinderungen" hingewiesen. In der Regel finden wir in der einschlägigen Literatur dazu allerdings ausschließlich „Defizitkataloge". Auffällig ist demgegenüber, dass zahlreiche neuere Kreationen der internationalen Jugendkultur wie „Punk", „Rap" oder „Hip-Hop" direkt aus marginalisierten Ghettos von Industriestädten entstanden sind, bevor sie massenhaft kommerzialisiert wurden. Hier entwickeln sich also auch spezifische Kompetenzen in der Bewältigung von schwierigen Lebenssituationen, die beispielsweise in der internationalen Kinder- und Jugendforschung durchaus aufgedeckt werden (vgl. exemplarisch die Arbeiten von BRAKE 1988, 1990).

In dieser Betrachtungsweise zeigt sich, dass Kinder keineswegs nur deprivierenden Umwelteinflüssen unterliegen, sondern vielmehr dazu Stellung beziehen, in Teilbereichen damit umgehen lernen und sich selbst aktiv in die Gestaltung ihrer Lebensbedingungen einbringen (vgl. den Zusammenhang von Armut und Sozialisation bei LAUTERBACH/LANGE 1999, S. 91ff.). Zur objektiv feststellbaren Einkommensarmut gesellt sich unter dieser Betrachtungsweise so etwas wie eine *subjektive Armut* (vgl. CHASSÉ/ZANDER/RASCH 2007). Einer Studie von BACHER (1998) zufolge wirkt sich relative Einkommensarmut beispielsweise nicht signifikant auf die subjektive Einschätzung des Wohlbefindens von jüngeren Kindern bis zu einem Alter von ca. 10 Jahren aus. Einflussfaktoren wie die Zeit, die Eltern und insbesondere Väter für Kinder haben und die Aktionsmöglichkeiten in der Wohnung und dem Wohnumfeld brachten hingegen durchaus signifikante Zusammenhänge mit der Selbsteinschätzung des Wohlbefindens von Kindern. MANSEL (1998, 156f.) kommt sogar zu dem Ergebnis, dass die subjektiv empfundene Armut bei Jugendlichen weitreichendere Konsequenzen für das eigene Wohlbefinden und die Gesundheit haben als bei Jugendlichen, die nach objektiven Kriterien in Armut leben, dies aber subjektiv anders einschätzen.

Dies ist auch der Ausgangspunkt des kindbezogenen Armutskonzeptes der AWO-ISS-Studien (vgl. HOLZ/RICHTER/WÜSTENDÖRFER/GIERING 2005, zit. n. HOLZ 2006, S. 5ff.), die die Auswirkungen von Armut bei Kindern in der Grundschulzeit im Rahmen einer Längsschnittstudie über mehrere Jahre hinweg erfasst haben. Auf der Basis einer Kombination von Ressourcen- und Lebenslagenansatz unterscheiden sie verschiedene Dimensionen der Lebenslage (materielle Grundversorgung, soziale Lage, kulturelle Lage, gesundheitliche Lage), die sie letztlich aus der Sicht der Kinder zu mehreren Lebenslagetypen zusammenführen: Aufwachsen im Wohlergehen, Aufwachsen in Benachteiligung, Aufwachsen in multipler Deprivation. Diese differenzierte Betrachtung kindlicher Versorgungsniveaus hat den Vorteil, dass durchaus auch bei materieller Unterversorgung im Sinne von Einkommensarmut die Lebenslage „Wohlergehen" aus der Sicht der Kinder erreicht werden kann und damit positive Entwicklungen bei Kindern trotz widriger Umstände erklärt werden können. Im Ergebnis zeigen die AWO-ISS-Studien, dass Kinder im Alter von sechs Jahren besonders auf ein konfliktfreies Familienleben, einen kindzentrierten Alltag und viele gemeinsame Aktivitäten von Eltern und Kindern im Sinne von „Schutzfaktoren" angewiesen sind, um die Lebenslage „Armut" besser bewältigen zu können. Dabei haben auch die Bewältigungsmuster ihrer Eltern eine große Bedeutung. Bei der Untersuchung der Kinder im Alter von 10 Jahren zeigt sich einerseits, dass längerfristiges Verbleiben in Armut sich negativer auf die kindliche Entwicklung auswirkt. Andererseits wird aber erneut die hohe Dynamik bezogen auf die Lebenslage Armut aufgezeigt, da mehr als die Hälfte der Kinder innerhalb von 4 Jahren den Lebenslagentypus wechselt. Gerade die Kinder aus der „multipel deprivierten" Lebenslage verbleiben aber zu gut 60% auch 4 Jahre später in dieser Lebenslage. Offenbar müssen wir uns mit dem Gedanken vertraut machen, dass Armut von Kindern und Jugendlichen sich ebenfalls als *„Bildungsarmut"* manifestiert. Ob das drei- bzw. viergliedrige Bildungs- und Erziehungssystem in der BRD noch geeignet ist auf diese veränderten Sozialisationsbedingungen von Kindern und Jugendlichen in einer modernen Gesellschaft einzugehen, wird immer offener bezweifelt. Anscheinend verstärkt „Bildungsarmut" nicht nur die soziale Armut und verlängert sie möglicherweise sogar in die Zukunft auch bezogen auf die nächste Generation. Zugleich sind damit einhergehende gesellschaftliche Inklusions- und Exklusionsprozesse angesprochen (vgl. Beisenherz 2002; Heimlich 2003).

Damit liefert die neuere Armutsforschung zugleich Erklärungsmöglichkeiten dafür, dass nicht alle Kinder und Jugendliche aus sozial benachteiligten Lebenssituationen auch Lernprobleme entwickeln oder in der Schule völlig scheitern. Die unbestreitbaren Defizite in der Lebenssituation sind gleichsam nur die eine Seite der Medaille „Armut". Auf der Rückseite finden sich personale Umgangsweisen mit Armut, die in Einzelfällen durchaus geeignet sind, schwierige Lebenssituationen in einer Weise zu bewältigen, die Schulleistungserfolge und eine gelingende Inklusion im Beruf ermöglicht. Gerade die sonderpädagogische Förderung im Förderschwerpunkt Lernen wird nicht umhin können, genau an diesen Bewältigungsformen anzuknüpfen. Schon die Diskussion der unterschiedlichen Erklärungsmöglichkeiten von Ressourcen- und Lebenslagenansatz für die Armut bei Kindern und Jugendlichen in einem reichen Land wie dem der BRD hat die Notwendigkeit des Nachdenkens über unterschiedliche soziologische Herangehensweisen an das Phänomen Armut und soziale Benachteiligung aufgezeigt. Auch für das Verständnis von Lernschwierigkeiten liegen unterschiedliche soziologische Modelle vor.

1.3.4 Soziologische Erklärungsmodelle[9] der Lernschwierigkeiten

Im Gegensatz zur Psychologie ist die Soziologie zunächst nicht sehr einflussreich auf dem Gebiet der „Hilfsschulpädagogik" bzw. „Lernbehindertenpädagogik" gewesen. Erst in der Zeit der Bildungsreform wurden Prozesse der sozialen Benachteiligung in Zusammenhang mit Bildungschancen zum öffentlichen Problem, und es entstand eine „Heilpädagogische Soziologie" bzw. „Soziologie der Behinderten" (vgl. CLOERKES 1997), die auch Beiträge zur Erklärung von „Lernbehinderungen" lieferte. Neben der Erforschung der sozialen Wirklichkeit von Kindern und Jugendlichen mit „Lernbehinderung" ergeben sich aus der Soziologie v.a. unterschiedliche Betrachtungsweisen, die je spezifische Aspekte von Lernschwierigkeiten sichtbar machen. In der Regel wird zwischen gesellschafstheoretischen und interaktionistischen Modellen unterschieden. Neue Erklärungsmuster ergeben sich schließlich aus der Unterscheidung von Risiko- und Resilienzfaktoren.

- **Lernschwierigkeiten als Aneignungsprobleme**

Unter dem Eindruck der Sozialisationsforschung werden gravierende Lernschwierigkeiten in den 1970er Jahren in zunehmendem Maße als Spiegel der gesellschaftlichen Entwicklung und nicht mehr nur als individuelle Defizite analysiert. WOLFGANG JANTZEN gibt in seinem Werk „Sozialisation und Behinderung" (1974) den Anstoß für eine sozialwissenschaftliche Wende in der „Lernbehindertenpädagogik" (s. auch Kap. 5.1.1).

- Auf den Punkt gebracht

Schulleistungsprobleme können in Abhängigkeit von der Klassenlage betrachtet werden. Da Schüler/-innen mit „Lernbehinderung" überwiegend aus der Arbeiterklasse stammen, sind ihnen die Zugänge zu wesentlichen Gütern der Gesellschaft verwehrt. Als Angehörige einer Klasse der Nicht-Besitzenden werden sie von wichtigen Aneignungsmöglichkeiten ausgeschlossen. Dazu zählt auch die Aneignung von Bildung als Voraussetzung für ein Leben in der Gesellschaft.

„Lernbehinderung" wird bei JANTZEN (vgl. 1985) mit *sozialer Isolation* gleichgesetzt und stellt letztlich die Inklusion in der Gesellschaft in Frage. Gerade in der Dauerarbeitslosigkeit wird ein Hinweis dafür gesehen, dass Kinder und Jugendliche mit Lernbehinderung der „industriellen Reservearmee" zugeordnet werden können. Insofern steht innerhalb des gesellschaftstheoretischen Modells die Annahme im Mittelpunkt, dass die gesellschaftlichen Verhältnisse das individuelle Scheitern in der Schule determinieren. Offen bleibt in diesem Erklärungsmodell allerdings, warum

9 Soziologie wird hier im Anschluss an CLOERKES (1997, S. 2f.) als „Wissenschaft vom Zusammenleben der Menschen" bezeichnet.

nicht alle Kinder der Arbeiterklasse zur Gruppe der Kinder mit „Lernbehinderungen" zählen, Arbeiterkinder bis heute auch höhere Bildungsabschlüsse erreichen (wenn auch mit sinkenden Anteilen) und durchaus gelingende Formen der sozialen Inklusion im Beruf und im Alltag aufgezeigt werden können. In dieser ursprünglichen Form des gesellschaftstheoretischen Ansatzes erweist sich die Zuordnung zu einer sozialen Klasse erneut als sehr unspezifische Kennzeichnung der sozialen Benachteiligung, mit der viele subjektive Reaktionen auf schwierige Lebenssituationen nicht erklärt werden können. Das gesellschaftstheoretische Modell ist in der ursprünglichen Form von daher auch nicht ohne Grund als Erklärungsmodell von gravierenden Lernschwierigkeiten nur wenig einflussreich gewesen.

In neuerer Zeit hat JANTZEN (vgl. 2000) seine Überlegungen durch das Konzept des französischen Soziologen PIERRE BOURDIEU (1930-2002) erweitert (vgl. MOSER/SASSE 2008, S. 68). BOURDIEU liefert eine neue Beschreibung von sozialen Klassen (vgl. BOURDIEU 1998, S. 24). Zur Erklärung von sozialen Unterschieden greift er auf „Besitzverhältnisse" zurück. Allerdings bezieht er sich nicht nur auf das zur Verfügung stehende Einkommen und Vermögen (*ökonomisches Kapital*), sondern ebenso auf soziale Kontakte, Bildungsgrad, Image usf. (*soziales, kulturelles und symbolisches Kapital*) zur Bestimmung einer Klassenzugehörigkeit.

• Auf den Punkt gebracht

Die Bewältigung von sozialer Benachteiligung hängt nicht nur von den zur Verfügung stehenden ökonomischen Ressourcen ab, sondern ebenso von der Einbindung in soziale Netzwerke (Verwandtschafts- und Nachbarschaftskontakte) sowie dem Bildungsabschluss.

Aus der jeweiligen Kombination des zur Verfügung stehenden Kapitals ergibt sich ein bestimmtes Handlungsmuster, das BOURDIEU mit dem Begriff *Habitus* bezeichnet. Damit werden auch Unterschiede in der Bewältigung von schwierigen Lebenssituationen erklärbar (vgl. MAND 2003, S. 89). Bei entsprechenden kulturellen und sozialen Ressourcen können vorübergehende Lebensabschnitte mit knappen ökonomischen Mitteln erfolgreich bewältigt werden. Ob dies auch für langfristige Formen der Verarmung gilt (z.B. Langzeitarbeitslosigkeit), darf bezweifelt werden. Auch GOTTHILF G. HILLER (2016) bezieht sich in seinem Konzept einer „kultursoziologisch fundierten, zielgruppenspezifischen Didaktik" auf BOURDIEU und zieht daraus didaktisch-methodische Konsequenzen für den Unterricht im Förderschwerpunkt Lernen.

Wie wird Micha vom Elternhaus beim schulischen Lernen unterstützt?

Äußerlich (Kleidung, Hygiene) kann Micha seine schwierige Lebenssituation ganz gut kaschieren. Auch wenn der Familie durch Kindergeld und HLU eine gewisse soziale Grundsicherung zur Verfügung steht, so gelingt es ihr doch nicht, die Grundbedürfnisse der Kinder über einen Monat hinweg kontinuierlich abzusichern. Offensichtlich fehlen Strategien zum Umgang mit knappen Geldmitteln (Haushaltsrechnung, Ausgabenkontrolle usf.). Die Schulbildung wird in ihrer Bedeutung für das künftige Leben von Micha von den Eltern nicht sehr hoch eingeschätzt. Er wird zwar zur Schule geschickt. Die Hausaufgaben sind jedoch in der Regel nicht gemacht. Auch die Schultasche macht durchweg einen desolaten Eindruck. Durch zahlreiche Elterngespräche können diese schwierigen Voraussetzungen für erfolgreiche Lernprozesse nur in sehr mühsamen kleinen Schritten über einen längeren Zeitraum verändert werden.

In Ergänzung zu den objektiven Merkmalen einer Lebenssituation (wie Einkommenshöhe, Wohnungsgröße, Wohnumfeld usf.) ist es also offensichtlich erforderlich, auch die subjektive Seite des Umgangs mit einer erschwerten Lernsituation zur Erklärung von Lernschwierigkeiten mit heranzuziehen. Insbesondere stellt sich die Frage, welche Auswirkungen soziale Benachteiligung auf die Persönlichkeit von Kindern und Jugendlichen mit Lernschwierigkeiten hat.

- **Lernschwierigkeiten als Beziehungsproblem**

Gesellschaftlich sichtbar werden gravierende Lernschwierigkeiten aufgrund sozialer Benachteiligung zunächst einmal als abweichendes Verhalten. Es stellt sich die Frage, wie die Gesellschaft auf dieses abweichende Verhalten reagiert (s. auch Kap. 5.1.2). HANS-GÜNTER HOMFELDT (1974, 1996) hat diesen Prozess mit Hilfe der Theorie des *labeling approach* beschrieben. Danach liegt der Wahrnehmung des abweichenden Verhaltens bereits ein Beurteilungsprozess zugrunde, in dem ein Verhalten als „in unerwünschter Weise anders" (vgl. GOFFMAN 1967, S. 13) gekennzeichnet wird. Gravierende Lernschwierigkeiten sind einem *Stigmatisierungsprozess* im Sinne des amerikanischen Soziologen ERVING GOFFMAN (1922-1982) ausgesetzt. Dieser geht aus von einem Zuschreibungsprozess (z.B. durch die Schule), in dem das abweichende Verhalten eine *Etikettierung* erfährt (z.B. das Etikett „Lernbehinderung" als Ergebnis von sonderpädagogischer Diagnostik). Stigmatisierende Wirkung entfaltet dieses Etikett insbesondere, weil es der Person angeheftet wird[10] und diese als minderwertig diskriminiert. Stigmata können sich auf körperliche Merkmale, persönliche Eigenschaften oder die Zugehörigkeit zu einer Nation bzw.

---

10 Im antiken Griechenland machte man Sklaven, Verbrecher und Verräter durch Zeichen kenntlich, die in die Haut geritzt oder gebrannt wurden. Sie waren also im vollen Wortsinn „Gezeichnete". Der Begriff *Stigma* ist davon abgeleitet [griech. *stigma* = Zeichen, Brandmal].

Religionsgemeinschaft beziehen. Auch Arbeitslose werden in westlichen Industriegesellschaften stigmatisiert. Mit der Stigmatisierung ist in der Regel eine Einschränkung des persönlichen Handlungspielraums und eine Ausgrenzung aus der Gesellschaft verbunden (z.B. Überweisung in die „Schule für Lernbehinderte"). Dieser Ausgrenzungsprozess bleibt wiederum nicht ohne Auswirkungen auf die Person selbst. Sie fühlt sich abgewertet (vgl. Homfeldt 1996, S. 178).

• Auf den Punkt gebracht

Negative Erwartungshaltungen werden im Sinne einer *self-fulfilling prophecy* vom Stigmatisierten in die Persönlichkeit übernommen, bestimmen nunmehr das Handeln und führen so dazu, dass sich ein sozialer Teufelskreis „Lernschwierigkeiten" schließt.

In der Folge kommt es zu einer „beschädigten Identität". Diese kann sich nach Walter Thimm (1936-2006) zum einen in Kontaktstörungen und sozialem Rückzug (gestörte *soziale Identität*) und zum anderen in Distanzstörungen wie Konformismus und Ritualismus zeigen (gestörte *personale Identität*, vgl. Thimm 1994, S. 62f.). Kinder und Jugendliche mit gravierenden Lernschwierigkeiten sind von der Gefahr bedroht, ihre sozialen Interaktionen nicht aufrechtzuerhalten und keine eigenständige Persönlichkeit auszubilden (vgl. Cloerkes 1997, S. 156).

Denkt Micha bereits, dass er selbst Schuld ist an seinem Schulversagen?

Aufgrund seiner ständigen Versagenserlebnisse hat Micha es aufgegeben, den Anforderungen der Schule entsprechen zu wollen. Er glaubt nun selbst nicht mehr, dass er in der Schule noch etwas leisten kann und weigert sich folglich überhaupt irgendwelche Anstrengungen zu unternehmen, um seine Lernschwierigkeiten noch zu überwinden. Aus diesem Teufelskreis führt für ihn nur ein Weg heraus, wenn es der Lehrkraft gelingt, den Prozess der *self-fulfilling prophecy* umzukehren und ihm konsequent und ausdauernd zu signalisieren, dass er zu guten Schulleistungen fähig ist und dies auch von ihm erwartet wird.

Die besondere Leistung des *labeling approach* besteht darüber hinaus darin, dass auch der Anteil der „Schule für Lernbehinderte" an der Entstehung und Verfestigung von Stigmatisierungen in Betracht gezogen werden kann (vgl. Homfeldt 1996, S. 181ff.). Mit der diagnostischen Feststellung eines sonderpädagogischen Förderbedarfs im Förderschwerpunkt Lernen setzen sonderpädagogische Lehrkräfte den Prozess der Stigmatisierung selbst in Gang. Gelingt es diesen Förderbedarf noch in der allgemeinen Schule abzudecken, so kann der Teufelskreis aus Stigmatisierung und negativem Selbstbild, von dem auch Dieter Betz und Helga Breuninger (1987) sprechen, möglicherweise aufgehalten werden. Doch auch hier können durch Angebote der äußeren Differenzierung und Fördermöglichkeiten außerhalb des Klassenverbandes sehr schnell Diskriminierungen einsetzen. Die Zugehörigkeit zur „Schule für Lernbehinderte" verstärkt schließlich den Stigmatisierungsprozess noch einmal, weil nun auch durch die Zugehörigkeit zu einer besonderen Institution nach außen hin das abweichende Verhalten „Lernbehinderung" zusätzlich sichtbar gemacht wird. In den vielfach eher abwertenden umgangssprachlichen Bezeichnungen dieser Schulform („Dummenschule", „Hilfsschüler" usf.) kommt dies unüberhörbar zum Ausdruck. Soziale Diskriminierungen werden für Schüler/-innen der „Schule für Lernbehinderte" so zu einem alltäglich erlebbaren Prozess. Die Schüler/-innen der „Schule für Lernbehinderte" selbst sehen das jedoch nicht immer so, wie eine Unterscheidung von Selbst- und Fremdwahrnehmung in der Studie von Hans Wocken (1983) zeigt. Sich selbst attestieren die Schüler/-innen mit Lernbehinderung „Normalität" – wenn auch eine randständige – und widersprechen so den Fremderwartungen deutlich. Der ursprünglich als recht eng postulierte Zusammenhang zwischen Stigmatisierung und Identitätsentwicklung (*Stigma-Identitäts-These*) muss im Lichte dieser Befunde in Frage gestellt werden. Inzwischen ist der Stigmatisierungsansatz aber v.a. um individuelle Bewältigungsstrategien erweitert worden, die erklären können, warum nicht jede Stigmatisierung auch zu negativen Folgen für die Identitätsentwicklung führt (vgl. Cloerkes 1997, S. 159ff.).

- **Lernschwierigkeiten zwischen Risiko und Resilienz**

Erst die Resilienzforschung hat allerdings die Verbindung zwischen der Person der Kinder und Jugendlichen aus erschwerten Lebenssituationen und dem gesellschaftlichen Kontext, in eine neue Balance gebracht. Auf gesellschaftliche Risiken für ihre Entwicklung reagieren Kinder und Jugendliche mit unterschiedlichen Bewältigungsstrategien. Sie bilden in Teilen sogar Widerstandskraft gegen schwierige Lebenssituationen aus. Lernschwierigkeiten sind ebenfalls in diesem Spannungsfeld von Risiko und Resilienz angesiedelt (vgl. Opp/Fingerle/Freytag 1999b, S. 14ff.). Schon die Ergebnisse der Armutsforschung der 1990er Jahre haben darauf aufmerksam gemacht, dass sich in modernen Gesellschaften Verlauf und Struktur von Armutslagen verändern. Während in den 1950er und 1960er Jahren noch schichtenspezifische Formen der Unterstützung und Vernetzung als Abfederung von schwierigen Lebenssituationen festgestellt werden können, brechen diese verwandtschaftlichen und nachbarschaftlichen Unterstützungssysteme im Zeitalter gestiegener Mobilität zunehmend weg (vgl. Beck 1986, S. 125). Außerdem erfasst das Armutsrisiko gegenwärtig nicht mehr nur die Gruppe der an- und ungelernten Arbeitskräfte, sondern ebenso Facharbeiter, Handwerker und leitende Berufe im Management von Unternehmen (vgl. a.a.O., S. 143ff.). Der Soziologe Ulrich Beck hat deshalb festgestellt, dass moderne Gesellschaften sich nicht mehr nur über vertikale Modelle der sozialen Differenzierung strukturieren, sondern ebenso über horizontale Formen. Unter dem Eindruck das Atomunfalls von Tschernobyl und vieler andere globaler Krisengebiete schlägt er vor, das *Risiko als Strukturprinzip moderner Gesellschaften* zu betrachten (*Risikogesellschaft*). Von gesellschaftlichen Risiken sind Menschen aus unterschiedlichen Schichten und unterschiedlichen Regionen gleichermaßen betroffen. Die radioaktive Wolke von Tschernobyl hat nicht einen Umweg um die Viertel der Reichen gemacht. Auch der Klimawandel und damit verbundene wetterbedingte Umweltkatastrophen haben Folgen für alle.

• Auf den Punkt gebracht

Wenn derzeit besonders Familien mit Kindern und darunter die Alleinerziehungen (v.a. Mütter) von Armut bedroht sind, so ist damit keine gesellschaftliche Randgruppe mehr gemeint. Kinder sind heute das Armutsrisiko Nr. 1. Die Entscheidung, Kinder haben zu wollen, enthält in der Risikogesellschaft die Gefahr unter die Armutsschwelle zu sinken.

Armut gewinnt durch diese Tendenz fast so etwas wie eine gesellschaftliche Normalität. Im drittreichsten Land der Welt (vg. Speck 1999a, S. 225) hat diese Feststellung gleichwohl das Zeug zum gesellschaftspolitischen Skandal. Gerade unter dem Eindruck der Forschungsergebnisse zu den Folgen von Armut bei Kindern und Jugendlichen (s.o.) bedeutet dies nämlich, dass auch Lernschwierigkeiten zum *Modernisierungsrisiko* werden, da Kinder und Jugendliche potenziell von Lebenssituationen bedroht sind, die ihnen die nötigen Voraussetzungen für ungestörte Lernprozesse vorenthalten. Wohl der Familie, die über eine entsprechende Einkommenshöhe und Vermögenswerte sowie den nötigen Bildungsgrad verfügt, um dieses Modernisierungsrisiko zu umgehen oder zumindest abzufedern.
Zugleich verändern sich die Bedingungen des Aufwachsens für Kinder in der Risikogesellschaft nachhaltig (vgl. Beck 1986 S. 161ff.). Die Familienformen haben sich vervielfältigt (*Pluralisierung*). Die klassische Kleinfamilie (Vater, Mutter, zwei Kinder) gehört gegenwärtig schon fast zu den Ausnahmen. Die Zahl der Ein-Eltern-Familien nimmt zu, die Zahl der unehelichen Lebensgemeinschaften ebenfalls. Es gibt weniger Kinder pro Familie, so dass heute schon mehr Kinder ohne Geschwister als mit aufwachsen. Kinder werden zusätzlich immer mehr in organisierte und betreute Bildungsangebote einbezogen. Sie sind häufiger in Kindertageseinrichtungen und länger in der Schule. Auch in der Freizeit dominieren kursförmige und beaufsichtigte Angebote. Die Eltern-Kind-Beziehungen haben sich dadurch ebenfalls verändert. Kinder fordern heute mehr Eigenständigkeit und einen weniger autoritären Erziehungsstil. Kindheit und Jugend hat sich in der Folge dieser Entwicklung immer mehr ausdifferenziert in verschiedenen „Kindheiten“ (*Individualisierung*). Lernschwierigkeiten erhalten in Zusammenhang mit diesen gesellschaftlichen Entwicklungen immer stärker einen individuellen Charakter und

erfordern in noch stärkerem Maße die individualisierende Zuwendung seitens der Pädagogen/-innen. Dies kann allerdings in der allgemeinen Schule angesichts großer Klassen und anspruchsvoller Bildungspläne nicht immer gewährleistet werden. Insofern wachsen der Heil- und Sonderpädagogik hier auch aus der Risikogesellschaft neue Aufgaben zu.

Gegenwärtig machen sich die Folgen der Modernisierungsrisiken zunehmend als soziale *Exklusion* bemerkbar. Der Soziologe Heinz Bude (2008) stellt fest, dass moderne Gesellschaften wie die BRD offenbar eine Gruppe von „Überflüssigen" produziert und somit dabei sind, das Ziel der Schaffung sozialer Gerechtigkeit aufzugeben. Die Gruppe der „Ausgeschlossenen" – und es erscheint tatsächlich angezeigt, angesichts dieser Feststellung einmal kurz innezuhalten – wird in dieser Gesellschaft schlicht nicht mehr gebraucht. Dabei ist der Übergang von prekären Lebensverhältnissen (ab einer Einkommenshöhe von weniger als 75% des Durchschnittseinkommens) zu Lebensverhältnissen, die von der Gesellschaft einfach abgekoppelt werden, fließend. Bis zu einem Viertel der Bevölkerung ist von diesem Phänomen der sozialen Exklusion mehr oder weniger direkt betroffen. Das sind die ausbildungslosen jungen Erwachsenen, die funktionalen Analphabeten, das sind v.a. junge Männer, und sie kommen zu fast der Hälfte aus Migrantenfamilien. Hier zeigen sich die Folgen einer wachsenden *Bildungsarmut*.

• Auf den Punkt gebracht

Bildung stellt in dieser Gesellschaft eine basale Voraussetzung für gesellschaftliche Teilhabe dar. Allein die zentrale Kompetenz, das Lernen gelernt zu haben, liefert beispielsweise die Grundlage für die immer stärker geforderten lebenslangen Weiterqualifizierungsprozesse. Absolventen/-innen von Haupt- und Förderschulen sind hier auf dem Ausbildungs- und Arbeitsmarkt weitgehend chancenlos.

Welches gesellschaftliche Konfliktpotenzial hier heranwächst, zeigt sich gegenwärtig bereits in Stadtteilen und Orten mit einer Dauerarbeitslosigkeit von mehr als 15% (vgl. die Fallbeispiele bei Korbmacher 2004). Die Revolten der Jugendlichen in den Vororten französischer Großstädte sind für die BRD sicher noch Zukunftsmusik. Gleichwohl haben sie gezeigt, dass Jugendliche den sozialen Ausschluss nicht einfach so akzeptieren werden. Wenn die Gesellschaft ihre *Inklusionsaufgabe* nicht mehr bewältigt, dann wird diese möglicherweise mit Gewalt eingefordert. Dabei geht es keineswegs um die Überbrückung kultureller Unterschiede. Die ausgeschlossenen Jugendlichen fordern vielmehr die *Inklusion* in diese Gesellschaft mit allen ihren Gütern und Einrichtungen. Sie wollen partizipieren an deren Vorzügen, die sie nur zu genau kennen (vgl. Bude/Willisch 2008). Die Bewältigung von Lernschwierigkeiten im Bildungssystem durch entsprechende Fördermaßnahmen gewinnt vor diesem Hintergrund die Bedeutung eines Weges zur gesellschaftlichen

Inklusion. Bildung ist in modernen Gesellschaften also im Zentrum mit Prozessen der Exklusion und Inklusion befasst.
Armut und soziale Exklusion sind allerdings nicht nur an objektiven Daten der Lebenssituation festzumachen. Zu ihnen gehört auch das subjektive Erleben. Nur so ist zu erklären, dass Kinder und Jugendliche trotz schwieriger Lebenssituationen die soziale Inklusion erfolgreich bewältigen oder sich junge Erwachsene trotz beruflicher und ökonomischer Inklusion persönlich ausgeschlossen fühlen. Besonders die Resilienzforschung hat zur Aufklärung dieser subjektiven Faktoren beigetragen.

• Auf den Punkt gebracht

Es gibt eine Gruppe von Kindern und Jugendlichen, die sich trotz erschwerter Lebenssituationen normal entwickelt und den sozialen Inklusionsprozess bewältigt.

So hat Emmi Werner (1999) in ihrer weltweit bekannt gewordenen Kauai-Langzeitstudie seit 1955 insgesamt 698 Kinder begleitet, von denen etwa 30% ein hohes Entwicklungsrisiko aufgrund schwieriger Lebensverhältnisse in der Familie (Armut, elterliche Psychopathologien usf.) zugeschrieben wird. Das erstaunliche Ergebnis der Studie war aber nun, dass ein Drittel dieser Risikogruppe es schaffte, sich normal zu entwickeln. Werner und ihre Mitarbeiter/-innen versuchten nun herauszufinden, woran das liegt. Sie entdeckten eine Reihe von „protektiven Faktoren“, die den Kindern helfen, eigene Widerstandskraft gegen die benachteiligenden Lebensumstände zu entwickeln. Dazu zählen im einzelnen (vgl. a.a.O., S. 27ff.):

- schon als Baby aktiv, gutmütig und liebevoll zu sein,
- bereits im Vorschulalter unabhängig zu sein,
- über gute Kommunikationsfähigkeiten zu verfügen,
- gute praktische Lösungsfähigkeiten zu beherrschen,
- die eigenen Kompetenzen effektiv ausnutzen zu können,
- Stresssituationen realistisch einschätzen zu können,
- frustrierende Situationen gut meistern zu können,
- eine enge Bindung zu mindestens einer kompetenten und stabilen Bezugsperson (nicht nur Eltern, auch Großeltern, Tanten und ältere Geschwister usf.) aufbauen zu können,
- ein Talent – falls erforderlich – „Ersatzeltern“ zu finden,
- starke religiöse Überzeugungen auszubilden („*sense of coherence*“),
- einen „Lieblingslehrer“ als Rollenmodell auswählen zu können,
- eine entwicklungsfördernde Umwelt auswählen zu können.

Die Entwicklung dieser schützenden Faktoren hängt ihrerseits vom Bildungsgrad der Eltern und deren Kompetenz im Umgang mit Säuglingen und Kleinkindern ab. Auch die Schulaktivitäten zur Erreichung bestimmter Bildungsabschlüsse und Kompetenzen sowie die Stärkung des Selbstwertgefühls in Bildungsprozessen hat eine hohe Bedeutung für die Entwicklung von Widerstandsfähigkeit (*Resilienz*) gegen Entwicklungsrisiken.

Die pädagogische Bedeutung der Resilienzforschung lässt sich nicht so ohne weiteres entdecken. Aus der Beschreibung des Vorhandenseins von schützenden Faktoren (*Deskription*) lassen sich die pädagogischen Ziele für die sonderpädagogische Förderung beispielsweise im Förderschwerpunkt Lernen (*Präskription*) nicht unmittelbar ableiten (vgl. SPECK 1999b, S. 360ff.). Heil- und sonderpädagogisch bedeutsam ist allerdings bereits die Beschreibung der Fähigkeiten von Kindern und Jugendlichen als Voraussetzung für die Bewältigung von schwierigen Lebenssituationen. Damit wird einerseits eine Abkehr von der reinen Defizitorientierung vollzogen und eine kompetenzorientierte Sichtweise auf Lebens- und Lernprobleme bevorzugt. Insofern unterstützt die Resilienzforschung die Entwicklung einer veränderten Anthropologie als Grundlage einer modernen Heil- und Sonderpädagogik, einer Anthropologie, in der die Kompetenzorientierung auch bezogen auf die Wahrnehmung von sozialer Benachteiligung und Behinderung im Mittelpunkt steht. Zum anderen kann es nicht nur darum gehen, die Kinder „unverwüstlicher" für deprivierende Lebenslagen zu machen. Vielmehr ist es ebenso erforderlich, Umweltbedingungen zu gestalten, die möglichst geringe Entwicklungsrisiken für Kinder enthalten (vgl. die Kritik bei THEUNISSEN 1999, S. 284). Unter heil- und sonderpädagogischem Aspekt bleibt bei der Erforschung protektiver Umweltbedingungen das Forschungsinteresse stärker auf die Kind-Umwelt-Interaktion fokussiert.

Wie geht Micha selbst mit seiner schwierigen Lebensituation um?

Micha verfügt über gute praktische Fertigkeiten, mit denen er ziemlich selbstständig durchs Leben kommt. Er kann sich auch Anderen und Älteren gegenüber gut behaupten. Allerdings ist er wohl sehr misstrauisch in der Aufnahme neuer Beziehungen. Die neue Lehrkraft muss also erst sein Vertrauen gewinnen, bevor er akzeptieren kann, dass er tatsächlich vorbehaltlose Unterstützung von dieser Seite erwarten kann. Gerade die Unterstützung der Lehrkraft in der Frühstückssituation erweist sich für die Beziehungsgestaltung als zentral. Micha kann so nach und nach Vertrauen fassen. In den Gesprächen mit ihm kommt schließlich heraus, dass er seine ablehnende Haltung gegenüber Aufgabenstellungen, die ihm andere vorgeben wollen, in der Familie entwickelt hat. Dort wird er als Zweitjüngster nämlich häufig von Eltern und älteren Geschwistern zu ungeliebten Botendiensten herangezogen. Die einzige Gegenstrategie, die sich bei diesen Versuchen als hilfreich erwiesen hat, ist die der absoluten Verneinung. Aus seiner Sicht macht die Übertragung dieser Strategie auf die schulischen Lernaufgaben sicher Sinn. Für die Erreichung von Bildungsabschlüssen und den Erwerb von basalen Komptenzen im Lesen, Schreiben und Rechnen ist diese Strategie allerdings bislang sehr hinderlich gewesen. Erst durch den Aufbau einer stabilen und belastbaren Beziehung zur Lehrkraft ist Micha schließlich in der Lage, sich mit schulischen Leistungsanforderungen erfolgreich auseinanderzusetzen

Insofern ist es durchaus möglich, aufbauend auf den genannten Schutzfaktoren die Resilienzforschung als Basis für solche Angebote sonderpädagogischer Förderung zu nutzen, die das Potenzial von Kindern zum Ausgangspunkt nehmen, die Kinder versuchen zu stärken und gleichzeitig eine Lernumgebung zur Verfügung zu stellen, in der sie auf der Basis einer vertrauensvollen Beziehung zur Lehrkraft ihre Kompetenzen wieder ausbauen können.

1.4 Pädagogische Aspekte der Lernschwierigkeiten

Durch die Einbeziehung von psychologischen und soziologischen Erklärungsmodellen in die Analyse von Lernschwierigkeiten konnte die Betrachtungsweise über die Fixierung auf die Defizite von Kindern und Jugendlichen hinaus für weitere Aspekte des Lernens geöffnet werden. Um diese Ausweitung des Blickwinkels in der Betrachtung von Lernschwierigkeiten hier noch einmal zusammenfassend sichtbar zu machen, sollen nun die personalen, sozialen und ökologischen Aspekte von Lernschwierigkeiten nachgezeichnet werden. Damit wird zugleich die Grundlage für eine Pädagogik der Lernschwierigkeiten geschaffen.

1.4.1 Personale Aspekte von Lernschwierigkeiten

Lernschwierigkeiten als personales Problem des Einzelnen zu betrachten birgt zumindest die Gefahr in sich, das Problem auf die individuelle Perspektive zu reduzieren. Damit stünde der Fehler und die Schwäche des Einzelnen im Mittelpunkt. Die Tendenz zu einer Defizitsichtweise von Lernproblemen ist von diesem Standpunkt aus am deutlichsten. Gerade die medizinische Sichtweise mit ihrer Betonung der negativen Abweichung von einem als Norm postulierten Bild von Gesundheit hat in der Geschichte der Heil- und Sonderpädagogik die Einschätzung eines Lernproblems als individuelles Defizit begünstigt. Die „Schwachsinnspädagogik" (vgl. Fuchs 1921) beinhaltet tatsächlich den Versuch, auch über entsprechende Forschungsbefunde die These von einer abweichenden Hirnstruktur der Kinder und Jugendlichen nachzuweisen, die in der allgemeinen Schule nicht erfolgreich gefördert werden konnten. Auch die Bemühungen in den 1960er Jahren, gravierende Lernprobleme auf einen individuellen Intelligenzmangel der „Schwachbegabten" (vgl. Wegener 1963, S. 9ff.; Bleidick 1966, S. 22ff.) zurückzuführen, kommen nicht über den Versuch hinaus, die Ursachen für die Schulleistungsprobleme aus-

schließlich im einzelnen Kind zu sehen. Bis in die Gegenwart hinein hält sich der Versuch, beispielsweise „Legasthenie“ bei Kindern und Jugendlichen in der Öffentlichkeit als „*Krankheit*“ einzustufen, die entsprechend medizinisch „behandelt“ werden muss. Dabei ist es von zweitrangiger Bedeutung, ob dies aus Gründen der Krankenkassenfinanzierung von Legasthenie-Therapien geschieht oder um die berufsständischen Interessen der Kinder- und Jugendpsychiatrie bezogen auf die Alleinzuständigkeit für die Legasthenie-Diagnose abzusichern. Die fatale Wirkung des medizinischen bzw. individualtheoretischen Paradigmas in der Heil- und Sonderpädagogik zeigt sich in einer reduzierten Wahrnehmung der Bedürfnisse und Kompetenzen des Kindes und in reduktionistischen Interventionsansätzen, die ausschließlich die Defizite eines Kindes zum Ausgangspunkt nehmen.
Bei aller Berechtigung der Kritik an dieser individualistischen Sichtweise darf allerdings nicht übersehen werden, dass jedes Lernproblem auch eine subjektive Seite hat. Die Lernenden selbst nehmen die Lernschwierigkeiten nicht einfach nur hin, sie werden im Laufe von längerfristigen Versagenserlebnissen zu persönlichen Belastungen, die nicht mehr so ohne weiteres bewältigt werden können. Sie aktivieren eigene Ressourcen, um Lernprobleme möglicherweise doch noch zu bearbeiten. Gerade die Resilienzforschung hat in jüngster Zeit den Nachweis erbringen können, dass auch in der *Person* selbst Faktoren ausgemacht werden können, die wieder zu einem selbstständigen Umgang mit Lernproblemen beitragen (vgl. Opp/Fingerle/Freytag 1999). In der Person des Lernenden ruhen also nicht nur Risikofaktoren sondern ebenso Schutzfaktoren (bzw. Resilienzfaktoren). Der erste Schritt zu einem vertieften Verständnis von Lernschwierigkeiten ist aus diesem Grunde auch in der Frage nach dem personalen Umgang mit Lernschwierigkeiten zu sehen. Dabei geht es um das Kind und den Jugendlichen als ganze Person, die zweifellos mit all ihren Problemen und Defiziten (im Vergleich zu anderen) gesehen werden muss, aber ebenso mit all ihren Stärken, Interessen und Fähigkeiten. Lernschwierigkeiten treffen die Person als Ganze, und die Person reagiert auf Lernschwierigkeiten auch als ganze (vgl. Moor 1969; Kobi 1985). Rudi Krawitz (vgl. 1997) hat in seiner „Individualpädagogik“ auf die Bedeutung des Wortes „*Individuum*“ als das „Unteilbare“ hingewiesen. Jeder Lernende ist auch im Umgang mit seinen Lernschwierigkeiten unverwechselbar und einzigartig. Sonderpädagogische Förderung im Förderschwerpunkt Lernen kommt deshalb nicht umhin, sich in „radikaler“[11] Weise auf die individuellen Lernvoraussetzungen jedes einzelnen Lernenden einzustellen.

11 radikal [frz. *radical*, spätlat. *radicalis*= mit Wurzeln versehen]: von Grund aus erfolgend, ganz und gar, vollständig, gründlich

• Auf den Punkt gebracht

Lernschwierigkeiten zeigen sich in personalistischer Sicht weniger als Defizite des Lernenden, sondern vielmehr als spezifischer Umgang der (ganzen, unteilbaren) Person mit ihren Lernschwierigkeiten.

Bei der sonderpädagogischen Förderung im Förderschwerpunkt Lernen kommt es deshalb darauf an, die personale Bedeutung von Lernprozessen als Voraussetzung der Bewältigung von Lernschwierigkeiten anzuerkennen, da Heil- und Sonderpädagogen/-innen nur auf diesem Wege dazu beitragen können, dass die Ganzheit und Unteilbarkeit der Person wieder hergestellt wird. Zugleich stellt sich hier die Frage, wie der Mensch zu dieser ganzen Person wird. Dies geschieht offensichtlich nicht ohne einen sozialen Kontext. Damit ist der gesellschaftliche Zusammenhang von Lernschwierigkeiten bereits mit angesprochen.

1.4.2 Soziale Aspekte von Lernschwierigkeiten

Menschen können zwar auch für sich allein lernen, doch selbst dabei setzen sie sich mit den kulturellen Grundlagen einer bestimmten Gesellschaft auseinander (z.B. die Schriftkultur oder die Mathematik) und wenden Lernmethoden an, die sie nicht selbst erfinden, sondern von anderen abgeschaut oder direkt gelernt haben. Das menschliche Lernen ist so auch in der völligen Einsamkeit immer an soziale Erfahrungen gebunden. Das gilt erst recht für Lernprozesse in Bildungseinrichtungen wie Kindergärten, Grund- und Förderschulen, in denen in der Regel größere Lerngruppen gemeinsam lernen. Gerade hier werden die *Prozesse des Voneinander-Lernens* genutzt, um die Entwicklung des Einzelnen noch stärker anzuregen. Aus diesem Grunde können auch die dabei entstehenden Lernprobleme nicht unabhängig von sozialen Einflüssen gesehen werden. Die subjektive Sichtweise des Einzelnen auf sein Lernen (Wie sehe ich mich als Lernenden?) wird deshalb ständig ergänzt durch die Wahrnehmung der Mitlernenden (Wie sehen die anderen mich als Lernenden?), seien sie nun anwesend oder nicht. *Selbstbild* und *Fremdbild* bewirken erst gemeinsam die Herausbildung eines bestimmten Lerntyps im Sinne von Identität. Treten Lernschwierigkeiten auf, so sind auch diese Ausdruck einer sozialen Interaktion mit Personen der Umwelt. Die Lernenden treten nicht nur mit dem Lerngegenstand in Beziehung, der ihnen Schwierigkeiten bereitet. Sie befinden sich in Lerngruppen mit ähnlicher Leistungsfähigkeit (homogene Lerngruppen) oder in Lerngruppen mit unterschiedlicher Leistungsfähigkeit (heterogene Gruppe), was sich auf ihre Lernleistung nachweislich unterschiedlich auswirkt. Sie werden von Lehrenden mehr oder weniger angemessen unterstützt. Sie erfahren in unterschiedlichem Maße Hilfe von Mitlernenden. Mitunter tragen aber gerade diese unmittelbaren Bezugspersonen mit zu den Lernproblemen bei, indem sie beispielsweise negative Erwartungshaltungen zur Bewältigung der Schwierigkeiten äußern oder die

Schwierigkeiten als persönliches Versagen beurteilen. Solche sozialen Bewertungsprozesse können Lernprobleme sogar noch verstärken und bis zur sozialen Isolation eines Kindes oder Jugendlichen mit Lernschwierigkeiten führen. Letztlich bleibt dann nur die Konsequenz, sich selbst die Schuld an den Lernproblemen zu geben. Es gibt allerdings auch Kinder und Jugendliche, die trotz ungünstiger Lernbedingungen schulische Lernprozesse relativ erfolgreich bewältigt haben, wie die Resilienzforschung gezeigt hat (vgl. Opp/Fingerle/Freytag 1999a). Sie sind beispielsweise in der Lage, sich angemessene Vorbilder für das Lernen zu suchen, Erwachsene, die ihnen helfen können, anzusprechen und dazu zu bewegen sie zu unterstützen oder auch die Hilfe von Mitschülern/-innen in Anspruch zu nehmen. Gelingende Lernprozesse hängen deshalb auch stets mit sozialen Kompetenzen bzw. Ressourcen beim Einzelnen zusammen. Das zeigt sich ganz besonders dann, wenn gravierende Lernschwierigkeiten zu bewältigen sind und genau diese Kompetenzen nicht vorausgesetzt werden können.

Die soziale Bedingtheit von Lernschwierigkeiten ist zweifellos seit den Anfängen der „Lernbehindertenpädagogik" bekannt und immer wieder betont worden. Zum grundlegenden Bestandteil der „Lernbehindertenpädagogik" wurde diese Erkenntnis jedoch erst mit der sozialwissenschaftlichen Wende in der Heil- und Sonderpädagogik ab den 1970er Jahren (vgl. Jantzen 1974; Haeberlin 1985; Eberwein 1987). Ditmar Schmetz (vgl. 1986) hat mit seinen interaktionspädagogischen Überlegungen entscheidend zu diesem Wechsel der Betrachtungsweise beigetragen. Die Basis zum Verständnis von Lernschwierigkeiten sind bei Schmetz *die gestörten Interaktionen mit dem Umfeld.* Damit treten neben den Familien auch Bildungseinrichtungen wie Kindergarten und Schule in den Kreis der möglichen Verursachungsmomente von Lernschwierigkeiten ein. Zugleich wirken sich laut Schmetz diese gestörten Interaktionen negativ auf die Entwicklung der Identität von Kindern und Jugendlichen aus. Ihr Selbstbewusstsein leidet, ständige Versagenserlebnisse verstärken die Zweifel an den eigenen Fähigkeiten. Schließlich werden schulische Leistungsanforderungen zur Bedrohung, die möglichst vermieden werden muss. Ohne angemessene soziale Unterstützung kann diese verfahrene Situation nicht mehr aufgelöst werden. Und gerade an der sozialen Unterstützung fehlt es vielen Kindern und Jugendlichen mit gravierenden Lernschwierigkeiten. Damit ist der Ausstieg aus dem Bildungsangebot in der Regel vorprogrammiert.

• Auf den Punkt gebracht

Lernschwierigkeiten sind aus interaktionistischer Sicht als gestörte Interaktion mit Personen der Umwelt zu verstehen und führen zu weiteren Problemen in der Identitätsentwicklung.

Insofern liegt es nahe, den sozialen Beziehungen der Kinder und Jugendlichen mit gravierenden Lernschwierigkeiten sowohl in der Familie als auch in Bildungseinrichtungen hohe Aufmerksamkeit zukommen zu lassen. Für die sonderpädagogische Förderung bedeutet dies sogar, dass der Beziehungsgestaltung die entscheidende Rolle eines Fundamentes jeglicher Förderung zukommt. Neben die Frage, wer mit wem lernt und wie dabei Lernschwierigkeiten entstehen können, tritt nun aber auch die Frage nach dem Wo? und Wann? des Lernens, nach seinen räumlich-materiellen und zeitlichen Bedingungen.

1.4.3 Ökologische Aspekte von Lernschwierigkeiten

Neben die Person und die Interaktion als Ausgangspunkt für die Entstehung von Lernschwierigkeiten muss deshalb nun noch die *Situation* treten. Lernende kommen nicht nur mit anderen Personen in Beziehung, sondern ebenso mit Gegenständen im Sinne von materiellen Objekten und Orten. Lernen ist offenbar nicht nur durch soziale sondern ebenso durch räumlich-materielle Interaktion geprägt. Durch die Frage nach dem „Wo?" des Lernens verändert sich gleichzeitig die Vorstellung vom Lernprozess selbst. Nicht nur das Denken und die Sprache sind jetzt Bestandteil des Lernens, sondern auch die leiblich-sinnliche Erfahrung. Der Mensch ist als Körper an Orten des Lernens anwesend und zu sinnlichen Erfahrungen in der Lage, wie die Phänomenologie lehrt (vgl. Waldenfels 1985). Eine Lernerfahrung zu machen bedeutet also nicht nur sich denkend und sprechend mit Personen und Objekten der Umwelt in Beziehung zu setzen, sondern ebenso diese Umwelt mit allen Sinnen aufzunehmen. Gleichzeitig geschieht das Lernen in der Zeit. Lernende benötigen unterschiedliche Zeiten für die Lösung einer Lernaufgabe. Die verschiedenen Tageszeiten eignen sich mehr oder weniger gut für das Lernen. Lernzeiten weichen zwischen Halbtags- und Ganztagseinrichtungen im Bildungssystem deutlich voneinander ab. Diese Differenzen in den zeitlichen Bedingungen des Lernens können den Lernerfolg beim einzelnen Lernenden sehr weitreichend beeinflussen. Von daher ist für ein Verständnis von Lernprozessen unabdingbar, die konkreten raumzeitlichen Bedingungen des Lernens zu betrachten (und nicht nur die Person des Lernenden und seine Interaktionspartner/-innen).

Für die Entstehung von Lernschwierigkeiten heißt dies nun, dass Lernende, denen leiblich-sinnliche Erfahrungen vorenthalten werden bzw. deren leiblich-sinnliche Erfahrungen aus ihrer Lebenssituation beispielsweise in der Schule nicht akzeptiert werden, von wichtigen Lernmöglichkeiten ausgeschlossen bleiben. Gerade in der frühkindlichen Entwicklung lassen sich hier immer wieder massive Formen von Vernachlässigung feststellen, wenn Kindern zu wenig sensomotorische Anregungen und Entwicklungsmöglichkeiten erhalten (vgl. Klein 1985). Wird Lernenden nicht ausreichend Lernzeit zugestanden, die sie für ihren Lernprozess benötigen, so können sich rasch Lernrückstände herausbilden, die sich zu gravierenden Lernschwierigkeiten verfestigen. Ist der jeweilige Lernort nicht angemessen mit Lernmaterialien ausgestattet, die das Lernen selbst möglichst vielsinnig anregen, so kann es ebenfalls zu Lernproblemen kommen. Hier ist letztlich an alle räumlich-materiellen Qualitäten von Lernumgebungen zu denken. Dazu zählt ebenfalls die Einbettung des spezifischen Lernortes in die nähere und weitere Umgebung. Findet das Lernen am schulischen Lernort beispielsweise nicht in enger Anbindung an Familie und Stadtteil statt, so ergeben sich höchstwahrscheinlich grundlegende Vermittlungsprobleme zwischen dem Lernangebot in der Schule und dem Leben außerhalb der Schule, die die Schüler/-innen nur schwer überbrücken können. Schule wird als Bildungseinrichtung dann rasch lebens- und weltfremd und bietet den Schülern/-innen nur wenig Berührungspunkte.

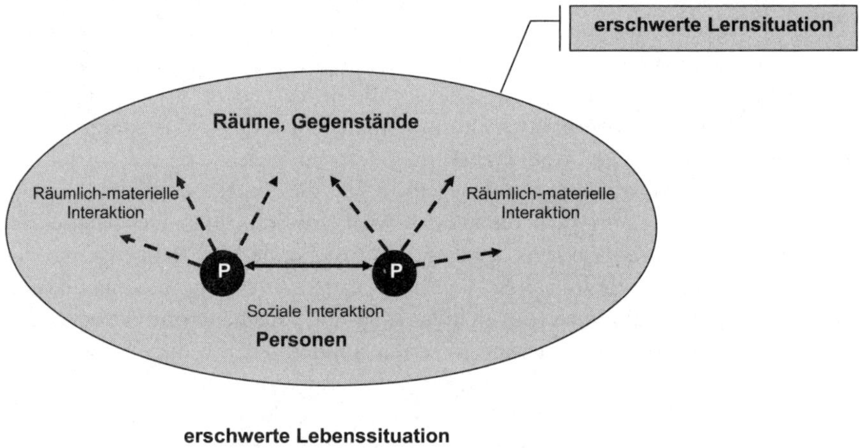

Abb. 1.5: Lernschwierigkeiten als erschwerte Lernsituationen

In der „Lernbehindertenpädagogik“ hat besonders EDUARD W. KLEBER (1980, 1990) auf die Situationsabhängigkeit von Lernschwierigkeiten aufmerksam gemacht. Er sieht Lernschwierigkeiten als erschwerte Lernsituationen, in denen die Lernenden selbstverständlich als Personen und Interaktionspartner/-innen anwesend sind, die aber ebenso von der Qualität der räumlich-materiellen Austattung abhängen und den zur Verfügung stehenden Zeiteinheiten. Erschwerte Lernsituationen und erschwerte Lernprozesse bleiben so aufeinander verwiesen.

Die Situation stellt immer eine Momentaufnahme der aktuellen Konstellationen zwischen Lernenden, Lerngegenständen und Lernumgebungen dar. Im Prozess des Lernens hingegen verändert sich diese situative Konstellation zwischen den genannten Elementen ständig. Erst diese komplexe Sichtweise macht plausibel, warum die Bewältigung von gravierenden Lernschwierigkeiten eine derart umfassende Herausforderung darstellt. Es reicht nicht aus, nur die Personen für die Überwindung der Lernprobleme fit zu machen oder für soziale Kontakte beim Lernen zu sorgen.

Die gesamte Lernsituation und der gesamte Lernprozess sind Gegenstand der Intervention.

• Auf den Punkt gebracht

Lernschwierigkeiten sind aus ökologischer Sicht als erschwerte Lernsituationen aufzufassen, in denen die Interaktionen mit Personen und Objekten grundlegend gestört ist und die aufgrund unangemessener räumlich-materieller und temporaler Strukturen erschwerte Lernprozesse hervorbringen.

Sonderpädagogische Förderung gerät in dieser Perspektive zur Gestaltung von Lernsituationen, in denen sowohl personal bedeutsames Lernen möglich wird und helfende Interaktionspartner/-innen bereit stehen als auch eine räumlich-materielle Ausstattung für vielfältige leiblich-sinnliche Erfahrungen vorhanden ist, damit erschwerte Lernprozesse verhindert werden können.
Im weiteren Verlauf dieser Darstellung wird dieser ökologische Aspekt den zentralen Leitfaden darstellen. Wenn hier eine „Pädagogik bei Lernschwierigkeiten" entfaltet werden soll, so geschieht das im Wesentlichen aus einem ökologischen Ansatz heraus (vgl. Speck 2008; Sander 2009, s. auch Kap. 5.1.4).

Literaturempfehlungen:

Borchert, Johann (Hrsg.): Handbuch der Sonderpädagogischen Psychologie. Göttingen u.a.: Hogrefe, 2000

Bundschuh, Konrad: Heilpädagogische Psychologie. München, Basel: E. Reinhardt, 3. Auflage 2002 (4. Auflage 2008)

Cloerkes, Günther: Soziologie der Behinderten. Eine Einführung. Heidelberg: Edition Schindele, 1997

Drave, Wolfgang/Rumpler, Franz/Wachtel, Peter (Hrsg.): Empfehlungen zur sonderpädagogischen Förderung. Allgemeine Grundlagen und Förderschwerpunkte (KMK). Würzburg: edition bentheim, 2000

Gold, Andreas: Lernschwierigkeiten. Ursachen, Diagnostik. Intervention. Stuttgart: Kohlhammer, 2011

Kanter, Gustav O.: Lernbehinderung, Lernbehinderte, Lernbehindertenpädagogik. In: Antor, Georg/Bleidick, Ulrich (Hrsg.): Handlexikon der Behindertenpädagogik. Stuttgart, Berlin, Köln: Kohlhammer, 2001, S. 119-124

Klauer, Karl Josef/Lauth, Gerhard W.: Lernbehinderungen und Leistungsschwierigkeiten bei Schülern. In: Weinert, Franz E. (Hrsg.): Enzyklopädie der Psychologie. Themenbereich D: Praxisgebiete. Serie I: Pädagogische Psychologie. Göttingen u.a.: Hogrefe, 1997, S. 701-738

Lauth, Gerhard W./ Grünke, Matthias/ Brunstein, Joachim C. (Hrsg.): Interventionen bei Lernstörungen. Förderung, Training und Therapie in der Praxis. Göttingen u.a.: Hogrefe, 2. Auflage 2014

Orthmann, Dagmar: Ex-Kurs. Falldarstellungen zum Phänomen Lernbehinderung. Ein Studienbuch. Bad Heilbrunn: Klinkhardt, 2004

Leitner, Werner/ Ortner, Alexander/ Ortner, Reinhold: Hb. Verhaltens- und Lernschwierigkeiten. Weinheim u. Basel: Beltz, 7. Auflage 2008

Schröder, Ulrich: Lernbehindertenpädagogik. Grundlagen und Perspektiven sonderpädagogischer Lernhilfe. Stuttgart: Kohlhammer, 3. Auflage, 2005

WALTER, JÜRGEN/WEMBER, FRANZ B. (Hrsg.): Sonderpädagogik des Lernens. Göttingen u.a.: Hogrefe, 2007, S. 3-59

WERNING, ROLF/ LÜTJE-KLOSE, Birgit: Einführung in die Pädagogik bei Lernbeeinträchtigungen. München, Basel: Reinhardt, 3. Auflage 2012

Übungsaufgaben Kap. 1 (Lösungen im Anhang):	
❶	Interpretieren Sie das **Fallbeispiel Matthias** aus der Sicht der Verhaltenstheorie und entwickeln Sie daraus Möglichkeiten der sonderpädagogischen Intervention!
❷	Leiten Sie den Satz des PYTHAGORAS („Das Quadrat über der Hypothenuse ist im rechtwinklingen Dreieck gleich der Summe der Quadrate über den beiden Katheten.") als Formel, als Zeichnung und als Handlungsprodukt ab. Beschreiben Sie mögliche Lernschwierigkeiten auf den einzelnen **Repräsentationsebenen** – auch auf dem Weg der Selbstbeobachtung!
❸	Beschreiben Sie die Lernschwierigkeiten im **Fallbeispiel Anna** mit Hilfe neuropsychologischer Erkenntnisse!
❹	Welche Bedeutung haben die **Therapeutenvariablen** nach CARL ROGERS für die sonderpädagogische Förderpraxis im Förderschwerpunkt „Lernen"?
❺	Entwickeln Sie pädagogische Konsequenzen aus den Ergebnissen der **Resilienzforschung** für die Praxis der sonderpädagogischen Förderung im Förderschwerpunkt „Lernen"!

2 Historische Grundlagen der Pädagogik bei Lernschwierigkeiten

„Alle historisch bekannten Herrschaftsverbände werden durch Systeme der Sozialen Ungleichheit geprägt.“ (Hans Ulrich Wehler 2013, S. 15)

Zusammenfassung

Die Geschichte einer Pädagogik bei Lernschwierigkeiten ist nicht an die Geschichte der „Hilfsschule“ allein gebunden. Gerade die pädagogischen Bemühungen um arme und sozial benachteiligte Kinder reichen in der Geschichte der Schule weit zurück. Die Anfänge sind wohl in der Entwicklung von Methoden v.a. des Lese- und Schreibunterrichtes zu sehen, durch die die Bildungsmöglichkeiten von Kindern mit gravierenden Schulleistungsproblemen unter Beweis gestellt werden. Die Förderorte für diese Schüler/-innen entwickeln sich ausgehend von den Elementarschulen bzw. später „Volksschulen“ über Nachhilfeklassen, Hilfsklassen bis zu den eigenständigen „Hilfsschulen“. Trotz aller Abgrenzungsversuche erweist sich das Verhältnis der „Hilfsschule“ zur Volksschule doch enger als gedacht. Integrative und inklusive Alternativen entstehen im deutschen Sprachraum gleichwohl erst seit der Zeit der Bildungsreform der 1970er Jahre in größerem Umfang. Dabei spielt die Klärung des nachhaltig gestörten Verhältnisses zwischen „Hilfsschulpädagogik“ und Reformpädagogik eine Schlüsselrolle. Eine Zeittafel im Anhang enthält die wesentlichen Stationen der historischen Entwicklung einer Pädagogik bei Lernschwierigkeiten.

Die Gruppe der Kinder und Jugendlichen mit gravierenden Lernschwierigkeiten tritt nicht erst in modernen Gesellschaften in Erscheinung. Vermutlich hat es sie in der Menschheitsgeschichte immer gegeben. Gerade wenn wir an den Zusammenhang von sozialer Benachteiligung und Lernschwierigkeiten denken, so kann dieser in einer Geschichte der Schule seit ihren Anfängen in der Antike nachgewiesen werden (vgl. Konrad 2007). In das öffentliche Bewusstsein hineingetragen wird das Problem der Lernschwierigkeiten in Verbindung mit Bildungsangeboten gleichwohl erst im Zeitalter der Aufklärung[1]. Gerade die *Anfänge* der Einbezie-

1 Der folgende historische Überblick kann die Geschichte der sonderpädagogischen Förderung im Förderschwerpunkt Lernen allenfalls ausschnitthaft präsentieren. Dabei stehen die Institutionen- und Methodengeschichte und die Auseinandersetzung mit der Reformpädagogik im Vordergrund.

hung von Kindern mit Lernschwierigkeiten in das Bildungssystem liefern bis heute Hinweise auf ein zentrales Merkmal professionellen sonderpädagogischen Handelns und Denkens: die Erfindung von Methoden der Förderung als Basis von Bildungsangeboten (2.1). Wenn nun der „Blick zurück" auf die Geschichte der sonderpädagogischen Förderung bei Kindern und Jugendlichen mit Lernschwierigkeiten geworfen wird, so geschieht das mit der Absicht, die Erfahrungen aus der Vergangenheit zu sichten. Dabei soll insbesondere geklärt werden, wo und wie die Kinder und Jugendlichen mit Lernschwierigkeiten gefördert wurden (*Institutionen- und Methodengeschichte*, 2.2). Die Geschichte der heil- und sonderpädagogischen Angebote bei Schulleistungsproblemen und Schulversagen ist von Beginn an mit dem Versuch der Reform des Bildungswesens sowohl in struktureller als auch in methodischer Richtung verbunden gewesen. Deshalb soll das Verhältnis von „Lernbehindertenpädagogik" und Reformpädagogik als ein zentrales Thema der *Ideengeschichte* besonders berücksichtigt werden (2.3). Die Frage nach dem Bildungsangebot für arme und sozial benachteiligte Kinder und Jugendliche macht insgesamt deutlich, dass eine Geschichte der „Lernbehindertenpädagogik" sich nicht in einer Geschichte der besonderen Schule („Hilfsschule", „Sonderschule") erschöpfen kann. Erst im Rückblick auf eine Geschichte der sonderpädagogischen Förderung bei Lernschwierigkeiten kann bewusst werden, wie sehr wir von vergangenen Erfahrungen bis in die Gegenwart gelernt haben und wie nachhaltig zukünftige Entwicklungen davon abhängen. Die Geschichte der Lernbehindertenpädagogik beginnt jedoch nicht als Institutionsgeschichte, sondern vielmehr als Geschichte der Entwicklung von Methoden eines Unterrichts, der auch Kinder und Jugendliche mit Lernschwierigkeiten einbezieht. Besonders anschaulich wird das im Leben und Werk von solchen Pädagogen/-innen, die sich sowohl praktisch als auch in entsprechenden Publikationen mit benachteiligten Kindern und Jugendlichen beschäftigt haben. Entsprechende biographische Hinweise sollen den Zugang zu diesem historischen Überblick erleichtern.

2.1 Anfänge der sonderpädagogischen Förderung im Förderschwerpunkt Lernen

Nach den vorliegenden Quellen ist davon auszugehen, dass die Geburtsstunde eine Pädagogik bei Lernschwierigkeiten im Jahre 1533 schlägt. In Mainz veröffentlicht der Buchdrucker und Schriftsteller PETER JORDAN sein Werk „Leyenschul. Wie man künstlich und behend schreyben und lesen soll lernen" (JORDAN 1533). Über sein Leben liegen leider nur wenig gesicherte Informationen vor.[2] Er hat sich vermutlich

2 Eine Schulklasse der Peter-Jordan-Schule in Mainz hat in einem Projekt das vorhandene Archivmaterial gesichtet und in einer Ausstellung der Öffentlichkeit zugänglich gemacht (vgl. http://www.peter-jordan-schule.de/data/pj_bio.htm, zuletzt aufgerufen am 19.09.2008)

1532 in Mainz als Buchdrucker und Buchhändler niedergelassen und sein Geschäft „Gülden Lederhosen“ genannt (vgl. KIRMSSE 1911, S. 258). Aus seiner „Leyenschule“ wird abgeleitet, dass er als Lehrer gearbeitet haben könnte. JORDAN denkt in seiner „Lautierfibel“ auch an die Schüler/-innen mit Lernschwierigkeiten, wenn er im Untertitel ergänzt:

> „...Darneben auch eyn untherricht/wie die ungelerigen köpff/so eyns grobe verstands seyn/onn buchstaben/durch figuren un Caracteren ... an zu schreiben und zu lesen/sollen unterweyst werden.“

Methodisch schlägt er vor, im Lese-Schreiblehrgang zunächst die Vokale (bzw. „Stimmende“ oder „Lautbuchstaben“) zu präsentieren, die in seiner Fibel mit entsprechenden bildlichen Darstellungen unterstützt werden (a=Armbrust, e=Esel, i=Igel, o=Ochs, u=Uhr). In der Begründung dazu wird deutlich, dass JORDAN dabei besonders an die Kinder mit Lernproblemen denkt:

> „Damit aber die jenen so grobe verstentnuß haben/desto leychter un behender/die art und eygentschafft aller buchstaben lernen kennen/un mit jren rechten natürlichen namen nennen und auß sprechen/hab ich eynem yeclichen buchstaben eyn figur odder Caracter/eyns dings/dass mit solche buchstaben angestimmet und beschrieben wirt/zugesetzt/uff dass sie dar durch eyn anleytung haben/die buchstaben zu nennen.“ (JORDAN 1533, S. 15)

Im Grunde nimmt Jordan das Prinzip der Anlauttabelle, die uns im Leselehrgang von JÜRGEN REICHEN „Lesen durch Schreiben“ wieder begegnet, vorweg. Nach den Vokalen erfolgt eine Erarbeitung der Konsonanten, für die er ebenfalls beschreibt, „mit welchem organo oder gerüst die konsonanten im munde gemacht werden“. Erst wenn alle Buchstaben bekannt sind, wird das gesamte ABC, danach die Silben und erst dann ganze Wörter vorgelegt. Als Lesetexte enthält die Fibel abschließend mehrere christliche Texte (u.a. „Vater unser“, „Zehn Gebote“ usf.).

Abb. 2.1: Die „Leyenschul“ von PETER JORDAN (1533)

Über die Wirkung des Werks in der damaligen Schulpraxis ist wenig bekannt. Anscheinend wurde die Fibel allerdings bis in das 19. Jahrhundert hinein von Heilpädagogen/-innen geschätzt (vgl. KIRMSSE 1911; STAMM 1953, S. 926). Allein der Druck dieses Werkes zur damaligen Zeit zeigt aber bereits, dass ein größeres Interesse daran besteht, den Kindern, die seinerzeit im Unterricht der sog. „Deutschen Schule" nicht entsprechend gefördert werden, mit einzubeziehen. Dazu kann – wie wir heute wissen – eine Methode allein jedoch nicht ausreichen. Es ist aber auch möglich, dass sich JORDAN eher an erwachsene Analphabeten/-innen gerichtet hat.
Einen Schritt weiter in Richtung auf ein differenziertes Bildungsangebot für alle Kinder und Jugendlichen geht der tschechische Theologe JOHANN AMOS COMENIUS, der als einer der Begründer des modernen Unterrichts gilt.

Johann Amos Comenius (1592-1670) – Leben und Werk:

JAN KOMENSKY, der sich später COMENIUS nennt, wird 1592 in Nivnice in Mähren geboren. Seine Eltern gehören einer böhmisch-mährischen Bruderschaft an, in der auch COMENIUS als Lehrer, Pfarrer und schließlich als letzter Bischof tätig ist. COMENIUS versteht sich zeitlebens als Theologe. Er besucht erst ab dem 16. Lebensjahr die Lateinschule in Přerov, wechselt aber schon drei Jahre später an die Universität Herborn zum Studium der Theologie und Philosophie. An der Universität Heidelberg beendet er 1613 sein Studium. Im Jahr 1614 wird ihm die Leitung seiner alten Schule in Přerov übertragen, 1616 wird er zum Pfarrer geweiht. Das weitere Leben von COMENIUS ist stark vom 30jährigen Krieg geprägt, der 1618 ausbricht. Ab Ende der 1620er Jahre entstehen seine pädagogischen Werke, von denen die *Didactica Magna* (Große Didaktik) das bekannteste werden sollte. Er unternimmt in den folgenden Jahren zahlreiche Auslandsreisen nach Holland, England und Schweden und ist aufgrund der Kriegswirren immer wieder gezwungen seinen Wohnsitz zu wechseln. Im Jahre 1656 wird sein Haus in Lissa (Polen) mit seiner Bibliothek und seinen Manuskripten niedergebrannt. Er stirbt im Jahre 1670 in Amsterdam, wo er nach seiner Flucht aus Polen Asyl findet (vgl. SCHEUERL 1979; SCHALLER 2003).

COMENIUS wendet sich insbesondere kritisch gegen das Hauslehrerprinzip und fordert eine öffentlich organisierte Bildung (gemeinsamer Unterricht, Klassenlehrerprinzip, Jahrgangsklassen usf.) für alle („dem ganzen Menschengeschlecht das Ganze … gründlich" zu lehren, COMENIUS 1990 , S. 15). Dabei schwebt ihm wohl eine Unterrichtsform vor, die wir heute als Frontalunterricht bezeichnen würden. Das neue an seiner Konzeption ist jedoch, dass er die Bildung auf alle ausgedehnt sehen will (auch auf Mädchen und arme Kinder). Außerdem fordert er im Gegensatz zum reinen Auswendiglernen einen Unterricht, in dem die Schüler/-innen selbst tätig werden (vgl. SCHALLER 1962, S. 264). Zugleich macht er sich Gedanken über differenzierende Angebote für langsam Lernende und fordert zusätzliche pädagogische Hilfen bei Lernschwierigkeiten (vgl. MYSCHKER 1983, S. 122):

> „Denn je träger und schwächlicher einer von Natur aus ist, um so mehr bedarf er der Hilfe, um von seiner schwerfälligen Stumpfheit und Dummheit soweit wie möglich befreit zu werden. Und man findet keine so unglückliche Geistesanlage, dass sie durch Pflege nicht verbessert werden könnte." (COMENIUS 1992, S. 52).

Sein bis heute bekanntes Schulbuch *Orbis sensualum pictus* enthält, wie schon bei JORDAN vorgezeichnet, eine durch bildliche Darstellung unterstützte Fibel für den Lese- und Schreibunterricht.
Während COMENIUS sich also von vornherein an alle Kinder gewendet hat, macht PESTALOZZI seine pädagogischen Erfahrungen zunächst v.a. mit armen Kindern aus ländlichen Regionen. Durch den Versuch, gerade diese Gruppe von Kindern mit in Bildungsprozesse einzubeziehen, entsteht allerdings Ende des 18. Jahrhunderts ein einflussreiches pädagogisches Konzept für Schule und Unterricht, auf das sich nicht nur die Reformpädagogik immer wieder bezieht, sondern das auch die spätere „Hilfsschulpädagogik" nachhaltig beeinflusst hat.

Johann Heinrich Pestalozzi (1746-1827) – Leben und Werk:

PESTALOZZI wird 1746 als Sohn einer italienischen Kaufmannsfamilie in Zürich geboren. Er besucht dort von 1751 bis 1765 die Elementarschule und die Lateinschule, ab1763 das *Collegium Carolinum,* eine theologische Hochschule, die er vorzeitig verlässt. Er geht bei einem Bauer in die Lehre, erwirbt Land und versucht sich auf dem Neuhof in Birrfeld eine Existenzgrundlage zu schaffen. Dabei scheut er auch nicht davor zurück, Kinder als Arbeitskräfte beispielsweise in der Baumwollspinnerei einzusetzen. Im Jahre 1774 wandelt er seinen Hof in eine Armenanstalt um, die mit erheblichen Problemen bis 1780 aufrecht erhalten bleiben kann. Was in der Praxis nicht geklappt hat, beschreibt PESTALOZZI in den folgenden Jahren in seinen pädagogischen Schriften (z.B. *Wie Gertrud ihre Kinder lehrt*), die in ganz Europa bekannt werden. Nach Ausbruch der Revolution in der Schweiz im Jahre 1798 wird PESTALOZZI mit der Einrichtung einer Armenanstalt in Stans beauftragt. Dort entwickelt er seine Methode des Schreibens und Lesens, die er in der Burgdorfer Schule erprobt, wo er ab 1800 ein Lehrerseminar einrichtet. 1804/05 wird das Institut nach Iferten verlegt und entwickelt sich zu einem europaweit bekannten Zentrum. Schwierige politische Verhältnisse und ein Streit in der Lehrerschaft führen zu einer Schließung des Instituts. PESTALOZZI kehrt nach Neufeld zurück, wo er 1827 verstirbt (vgl. LIEDTKE 1979; OSTERWALDER 2003).

Aus seinen pädagogischen Bemühungen um arme Kinder geht bei PESTALOZZI ein zentrales Prinzip der Methodik hervor, dass für die sonderpädagogische Förderung bis heute leitend ist: das Prinzip der Anschaulichkeit. Damit ist nicht nur die sinnliche Anschauung von Lehr-/Lerngegenständen durch Lernende gemeint. Vielmehr forderte PESTALOZZI einen Unterricht, der von den Erfahrungen der Schüler/-innen ausgeht und ihnen tätige Erfahrungen im Umgang mit Lehr-/Lerngegenständen ermöglicht. Gleichzeitig enthält sein Konzept der „Armenerziehung" die Zielsetzung, die Schüler/-innen in die Lage zu versetzen, alles Nötige für eine Existenzsicherung aus eigenen Kräften zu erlernen. So schreibt er im „Bruchstück aus der Geschichte der niedrigsten Menschheit" im Jahre 1777:

> „... auch der Allerelendste ist fast unter allen Umständen fähig, zu einer alle Bedürfnisse der Menschheit befriedigenden Lebensart zu gelangen. Keine körperliche Schwäche, kein Blödsinn allein gibt Ursache genug, solche mit Beratung ihrer Freiheit in Spitälern und Gefängnissen zu versorgen; sie gehören ohne weiteres in Auferziehungshäuser, wo ihre Bestimmung ihren Kräften und ihrem Blödsinn angemessen gewählt und leicht und einförmig genug ist." (PESTALOZZI 2001, S. 25)

Auch wenn die praktischen Erziehungsversuche zur „Armenerziehung" immer wieder zum Scheitern verurteilt sind, hat PESTALOZZIS Werk bis in die Gegenwart eine große Bedeutung für die Heil- und Sonderpädagogik (vgl. HAEBERLIN 2005).
Die weitere Geschichte der sonderpädagogischen Förderung ist eng mit dem Versuch verbunden, eigenständige Organisationsformen wie Nachhilfeklassen und „Hilfsschulen" zu gründen.

2.2 Geschichte der „Hilfsschule"

Geschichte der „Lernbehindertenpädagogik" ist bislang hauptsächlich als *Institutionengeschichte* betrieben worden. Im Mittelpunkt stand die Frage, ab wann sich die eigenständige Schulform herausgebildet hat, wie sie bildungspolitisch durchgesetzt werden konnte und wie sie intern ausgestaltet worden ist. Die „Hilfsschule" steht dabei keineswegs am Anfang (vgl. WERNING/ LÜTJE-KLOSE 2012, S. 25ff.).

2.2.1 Historischer Entstehungskontext der „Hilfsschule"

Am Beginn des 19. Jahrhunderts ist die historische Ausgangssituation auf dem Gebiet des damaligen Deutschen Reiches geprägt durch eine Zersplitterung in eine Fülle von Kleinstaaten. Von einer einheitlichen Bildungspolitik kann zu diesem

Zeitpunkt nicht die Rede sein. Auf wirtschaftlichem Gebiet ist der Wandel von der Manufaktur zur fabrikmäßigen Produktion in vollem Gange (vgl. ALTSTAEDT 1977, S. 25ff.). Da es noch kein soziales Sicherungssystem im heutigen Sinne gibt, sind die Arbeiterfamilien durchweg von Verelendung und Armut bedroht. Kinder und Frauen müssen durch Arbeit in der Industrie mit zum Broterwerb beitragen. Die Kinderarbeit ist zwar nach dem Preußischen Kinderschutzgesetz von 1839 nur noch unter sehr eingeschränkten Bedingungen möglich. In der Praxis sollte es allerdings noch bis weit in die 1870er Jahre hinein dauern, bevor dieses Verbot tatsächlich befolgt wird. *Industrie- und Fabrikschulen* richten sich in ihrer Unterrichtszeit sogar auf die Anforderungen der Produktion ein (vgl. KONRAD 2007, S. 65), damit Kinder neben dem Unterricht auch einfache Arbeitstätigkeiten ausführen können und dabei grundlegende Arbeitstugenden wie Genauigkeit, Pünktlichkeit usf. erlernen. Überdies müssen sie so zum Unterhalt der Schule beitragen. Bereits aus dem Mittelalter sind besonders in den Städten die *Armenschulen* bekannt, die in der Regel eingerichtet werden, um das Problem einer wachsenden Zahl bettelnder Kinder in den Griff zu bekommen. So wird beispielsweise in der *Nürnberger Armenordnung von 1522* festgelegt, dass die Schulmeister nur noch eine bestimmte Zahl von Kindern aufnehmen dürfen und nur diesen Kindern erlaubt wird, in der Stadt durch Betteln ihren Lebensunterhalt zu verdienen:

> „*8. Arme Schüler* (im Original kursiv – U.H.)
> In den fünf hiesigen Schulen gab es bisher eine beträchtliche Anzahl armer Schüler oder Pauperes, die sich durch Gesang und Umherziehen in der Stadt mit Betteln durchgebracht haben. Vielen jungen, begabten Personen ist dadurch der Anlaß geboten worden, allein der Bettelei nachzugehen, ...Um diesen und anderen Beschwerden, die unter Umständen daraus folgen, zuvor zu kommen, hat der ehrbare Rat in guter Absicht eine angemessene Höchstzahl der Schüler angesetzt. Er hat nämlich angeordnet, dass die Schulmeister in St. Sebald, Sankt Lorenz und Spitalschule nicht mehr als je vierzig, von Sankt Aegidien dreißig und in Werde zehn arme Schüler oder Mendikanten, die auch ihr Zeichen tragen, annehmen dürfen. Und jenseits der angegebenen Zahl soll keinem Schüler zu betteln oder vor den Häusern um Brot zu singen erlaubt sein, bei einer besonderen, darauf gesetzten Poene und Strafe. Ferner soll auch diesen zugelassenen Schülern aus diesem Almosen nichts verabfolgt werden, weil sie sich ohne das durch ihr Singen vor den Häusern wohl hinlänglich versorgen können."[3] (SACHSSE/TENNSTEDT 1980, S. 71)

Auch in die *Gemeindeschulen* können arme Kinder über ein regelrechtes Stipendien- und Almosenwesen Einlass finden (vgl. KONRAD 2007, S. 38). *Winkel-, Klipp- und Beischulen* sind hingegen rein private Unternehmen, die sich selbst finanzieren müssen und in den Städten nur wenig Anerkennung finden (vgl. auch BEGEMANN 1970, S. 85ff.)

3 Pauperes=Arme, Mendikanten=Bettelorden, Zeichen=von Bettlern an der Kleidung anzubringende Abzeichen, die durch die Städte anerkannt und auch vergeben wurden, Poene=Strafe, Leid

Im Königreich Preußen war zwar schon im Jahre 1717 die Schulpflicht eingeführt worden. Die Kinder sind jedoch lange Zeit überhaupt nicht in der Lage, dieser Pflicht nachzukommen, weil sie entweder gar kein schulisches Angebote vorfinden (z.B. auf dem Land, wo allenfalls in den Wintermonaten und selbst dann häufig nur in der *„Sonntagsschule"* ein spärliches Bildungsangebot vorhanden ist) oder ihre Arbeitspflichten sie vom Schulbesuch abhalten. Außerdem muss ein Schulgeld entrichtet werden, von dem die Lehrkraft bezahlt wird. Arme und sozial benachteiligte Familien können sich das in der Regel nicht leisten, weshalb die Lehrkraft sich häufig in der Situation wiederfindet, bei Eltern das Schulgeld regelrecht zu „erbetteln". Entsprechend wenig anerkannt ist der Lehrerberuf seinerzeit, wird häufig vom Pfarrer oder gar vom Küster mit ausgeübt, wie überhaupt die Kirche im 18. Jahrhundert noch großen Einfluss auf die Entwicklung des Schulwesens ausübt. So wird die *„Elementarschule"* auch aus dem Motiv heraus eingerichtet, den Kindern die Grundlagen des Lesens und Schreibens zu vermitteln, um damit die Voraussetzung für das Lesen von Bibel und Katechismus zu schaffen. Nur so kann die Konfirmation als Aufnahme in die Kirche in den protestantischen Ländern bewältigt werden (vgl. a.a.O., S. 55). Religionsunterricht wird zu einem täglich gehaltenen Schulfach. Besonders in Preußen werden bis Mitte des 19. Jahrhunderts die Anstrengungen zur Durchsetzung der Schulpflicht so weit intensiviert, dass mehr als 80% eines Schülerjahrgangs tatsächlich die Schule besucht (vgl. a.a.O., S. 65). In der Folge gelingt es die Analphabetenquoten deutlich zu reduzieren. Mit einem Anteil von 10,8% bei den Männern und 16,4% bei den Frauen steht Preußen auch international als Vorbild da (vgl. TENORTH 1992, S. 161). Die Schulbesuchsdauer liegt bei fünf bis sechs Jahren. Auch neue Schulgebäude können in der zweiten Hälfte des 19. Jahrhunderts errichtet werden, da nunmehr die Länder die Finanzierung der Schulverwaltung und der Lehrergehälter übernehmen, während die Kommunen für Räume und Ausstattung zuständig sind.

Zugleich ergeben sich daraus sehr große Klassen in den nunmehr als *„Volksschulen"* bezeichneten staatlichen Schulen mit 90 Schülern/-innen pro Lehrkraft im Jahre 1852 (ebd.). Im Laufe des 19. Jahrhunderts setzt sich nach und nach die Jahrgangsklasse durch. Da der Unterricht methodisch im Wesentlichen durch Vorlesen der Lehrkraft und Nachsprechen der Schüler/-innen im Sinne eines qualitativ durchaus fragwürdigen Frontalunterrichts geprägt wird, musste es zwangsläufig zu Problemen in der Förderung derjenigen Schüler/-innen kommen, die den Anforderungen dieses Bildungsangebotes nicht gerecht werden können. So schreibt der Braunschweiger Volksschullehrer und spätere Gründer der ersten Hilfsschulklasse HEINRICH KIELHORN (1847-1934) über seine Erfahrungen in einer Volkschulklasse in Braunschweig:

> „.. so bleiben dann die Schwachen zurück, die Begabteren dagegen eilen voraus. Die Folge dieser Thatsache ist, dass der Lehrer keine Zeit hat, sich um ein paar Schwächlinge zu bekümmern; er muß weiter eilen, um an das Klassenziel zu kommen, an welches sein

> Nachfolger aufs neue anknüpfen soll. Die unglücklichen „Dummköpfe" bleiben daher ewig an derselben Ecke sitzen und dienen den zukommenden Kleinen als abschreckendes Beispiel und als Zielscheibe des Witzes …" (KIELHORN 1884, S. 189).

Von daher liegt es nahe, sowohl nach schulorganisatorischen als auch nach methodischen Alternativen zur Förderung der Gruppe von Kindern mit Schulleistungsproblemen zu suchen.

2.2.2 Von der Nachhilfeklasse zur „Hilfsschule"

Zur Lösung dieses Problems wurde zunächst der Nachhilfegedanke bevorzugt. Schüler/-innen mit Schulleistungsproblemen sollten vorübergehend in eigenen Klassen (sog. „*Nachhilfeklassen*") als Bestandteil der Elementarschulen (bzw. später Volksschulen) zusammengefasst und dort intensiver gefördert werden.

- **Nachhilfeklassen als Vorläufer der „Hilfsschule"**

So wird im Jahre 1803 in Zeitz im heutigen Sachsen-Anhalt eine solche *Nachhilfeklasse* eingerichtet, in der der Volksschullehrer TRAUGOTT WEISE unterrichtet.

Traugott Weise (1793-1859) – Leben und Werk:
WEISE wird im Jahre 1793 als Sohn eines Lehrers geboren. Nach seiner Ausbildung als Volksschullehrer arbeitet er in der Nachhilfeklasse. 1820 veröffentlicht er die Schrift „Betrachtung über geistesschwache Kinder in Hinsicht der Verschiedenheit, Grundursachen, Kennzeichen und der Mittel ihnen auf leichte Art durch Unterricht beizukommen". Im Untertitel wird ausdrücklich auf die Rechenmethode von PESTALOZZI Bezug genommen. Die Schrift ist wohl ohne größere Wirkung auf die Bildungspolitik geblieben und galt zwischenzeitlich sogar als verschollen. Es existierte jedoch ebenfalls eine holländische Ausgabe von 1821. Erst im Jahre 1911 wird die Schrift von MAX KIRMSSE (Anstaltslehrer und historischer Forscher) erneut publiziert. 1823 erhält WEISE eine Anstellung als Lehrer an der im Jahre 1795 gegründeten Armenfreischule in Zeitz. Ab 1825 leitet er ebenfalls das dort angeschlossene „Nebenschullehrerseminar", dem die Schule als Übungsfeld dient. Durch seine Tätigkeit in der „Nachhilfeklasse" wird WEISE häufig auch als „erster deutscher Hilfsschullehrer" bezeichnet (vgl. ELLGER-RÜTTGARDT 2003, S. 21; 2008a, S. 152f.; MYSCHKER 1983, S. 124f.).

WEISE sieht bei den Schülern/-innen mit Schulleistungsproblemen eine „Geistesschwäche" vorliegen, die aber dennoch den Schulbesuch ermöglicht. Dazu ist allerdings ein anderes Unterrichtskonzept erforderlich. So formuliert WEISE in seiner Schrift bereits klassische sonderpädagogische Prinzipien wie Anschauung und Handlungsorientierung und wendet sich gegen das reine Auswendiglernen. Auch das Spiel hat in seinem Unterricht einen hohen Stellenwert gehabt.

In den folgenden Jahren entstehen eine Reihe von Nachhilfeklassen in Chemnitz (1835, sog. „Notschule"), Halle a.d.S. (1859), Dresden (1867), Gera (1876), Apolda (1877) und Elberfeld (1879).

● Auf den Punkt gebracht

Nachhilfeklassen sind Klassen der Volksschule, in die Schüler/-innen mit Schulleistungsproblemen aufgenommen werden, um ihnen in einer kleineren Lerngruppe durch intensive Nachhilfe den Anschluss an den Leistungsstand der Volksschulklasse zu ermöglichen und sie so wieder in die Volksschulklassen zurückführen zu können.

Die vom Volksschulrektor und späteren Geheimen Regierungsrat HAUPT in Halle a.d.S. gegründete Nachhilfeklasse ist beispielsweise weiterhin Bestandteil der Volksschule. 15 Schüler/-innen mit Schulleistungsproblemen (als „Schwachsinnige" bezeichnet) erhalten in einem eigenen Klassenzimmer 20 Stunden Unterricht. Der Lehrplan sieht die Schwerpunkte „Biblische Geschichte", „Schreiben und Lesen", „Rechnen" und „Singen" vor. Für die Mädchen wird zusätzlich „weibliche Handarbeiten" als Unterricht angeboten (v.a. Stricken). Aus dem kurzen Rückblick von ERICH HASENKAMP (1927) auf die Nachhilfeklasse in Halle a.d.S., in dem er auch den Lehrplan erneut abdruckt, lässt sich ablesen, dass die Prinzipien Anschauung, spielerisches Üben und langsames Fortschreiten ebenfalls im Unterricht berücksichtigt werden. Ziel der Nachhilfeklasse war die Rückführung der Schüler/-innen in den Unterricht der Volksschule (vgl. MYSCHKER 1983, S. 126). Gleichwohl betont HASENKAMP, dass die Nachhilfeklasse in Halle a.d.S. mit gleichem Recht den Titel „Hilfsschulklasse" (vgl. HASENKAMP 1927, S. 298) tragen könne, wie die Dresdener Einrichtung.

- **Konzeption der „Hilfsschule" durch Stötzner**

Etwa ab der Mitte des 19. Jahrhunderts wird der Nachhilfegedanke jedoch wieder in Frage gestellt, da sich die Bedingungen in der Volksschule nur zögernd ändern und die angestrebten Erfolge mit der Rückführung ausbleiben. Die Aufnahme in einer Nachhilfeklasse ist also keineswegs nur vorübergehender Natur. Der Leipziger Taubstummenlehrer HEINRICH ERNST STÖTZNER zieht als erster daraus die Konsequenz und fordert im Jahre 1864 eine eigenständige „Schule für Schwachbefähigte".

Heinrich Ernst Stötzner (1832-1910) – Leben und Werk:

STÖTZNER wird 1832 in Großenhain (Kreissstadt nördlich von Dresden) geboren. Er absolviert die Lehrerausbildung am Freiherrlich Fletcherschen Schullehrer-Seminar in Dresden. 1851 erhält er seine erste Lehrerstelle an der Staatlichen Erziehungsanstalt für „schwachsinnige“ Kinder in Hubertusberg. 1855 wechselt er als Lehrer an die Taubstummenschule nach Leipzig. In seinen Leipziger Jahren ist er sowohl bildungspolitisch (gemeinsam mit dem Lehrer und Arzt KARL FERDINAND KERN, 1814-1886) als auch publizistisch tätig. Im Jahre 1864 legt er seine Schrift „Schulen für Schwachbefähigte Kinder. Erster Entwurf zur Begründung derselben“ der Öffentlichkeit vor und versieht diese mit der Widmung: „Allen Schulen an's Herz gelegt“ (vgl. STÖTZNER 1864/1963, S. 5). Er versucht – zunächst vergeblich – den Leipziger Stadtrat von der Gründung einer solchen Nachhilfeschule zu überzeugen. 1887 geht er als Oberlehrer zurück nach Dresden, um an der dortigen Taubstummenanstalt bis zu seinem Eintritt in den Ruhestand im Jahre 1901 zu unterrichten. 1890 wird er zum Direktor der Anstalt ernannt. Er stirbt in Dresden im Jahre 1910, hat also die Entwicklung der „Hilfsschule“ aus den ersten Anfängen heraus noch miterlebt (vgl. HEESE 1963, S. 34ff.; MYSCHKER 1983, S. 127ff.).

STÖTZNER bringt in die Gründungsphase der „Hilfsschulen“ die Tradition der Anstalten für taubstumme und – wie es damals hieß – „blödsinnige“ Kinder (heute: Kinder mit dem Förderschwerpunkt geistige Entwicklung) ein. Sein Schulkonzept bezeichnete er als „*Nachhilfeschule*“ (vgl. STÖTZNER 1864/1963, S. 10), was zunächst an eine Fortsetzung des „Nachhilfekonzeptes“ denken lässt:

> „Ich würde diese Anstalten also *Nachhilfeschulen* nennen, und zwar um der Eltern und Schüler willen; denn obschon dieser Ausdruck nicht vollkommen bezeichnend ist, so klingt er doch weniger hart und abstoßend, weniger niederdrückend als der Name Schule für Schwachsinnige.“ (ebd.).

Es geht ihm v.a. um „die in der Mitte zwischen normal gebildeten und blödsinnigen Kindern Stehenden“ (a.a.O., S. 5). Für diese Schülergruppe entwickelt er ein Schul- und Unterrichtskonzept, das später als „Gründungsurkunde der Deutschen Hilfsschule“ (MYSCHKER 1983, S. 128) gefeiert wird. Der eigentliche Unterricht soll täglich nicht mehr als 2 ½ bis 3 Stunden umfassen. Darüber hinaus sieht er aber auch Spaziergänge in die Natur, in Werkstätten von Handwerkern und auf den Markt vor. Turn- und Spielübungen, Gesang sowie Handarbeiten oder Arbeit im Garten sind ebenfalls eingeplant. Der Bildungsgang soll sich in vier Stufen von den basalen Lernvoraussetzungen im visuellen, auditiven und sensomotorischen

Bereich über die Biblische Geschichte, das Lesen, Schreiben und Rechnen bis zur „Erziehung zur Erwerbsfähigkeit" (STÖTZNER 1864/1963, S. 31) erstrecken. Erwartet wird vom Klassenlehrer ebenfalls, dass er im Schulhaus wohnt, engen Kontakt zu den Eltern hält und für Absolventen/-innen stets ansprechbar ist. Damit ist das Konzept einer eigenständigen Schule für die „Schwachbefähigten" zumindest formuliert.

● Auf den Punkt gebracht

„Hilfsschulen" sind eigenständige Schulen, die aus den „Hilfsklassen" in den Volksschulen durch jahrgangsmäßigen Aufbau entstehen und Schüler/-innen mit Schulleistungsproblemen aufnehmen, um ihnen in kleineren Lerngruppen auf der Basis eines reduzierten Lehrplans mit entsprechender Differenzierung von speziell ausgebildeten Lehrkräften eine grundlegende Bildung zu ermöglichen, die sie bis zur Erwerbsfähigkeit führen soll. Eine Rückführung in die Volksschule ist nur in Ausnahmefällen möglich.

Allerdings kann STÖTZNER den Rat der Stadt Leipzig keineswegs von der Realisierung dieses anspruchsvollen Konzeptes überzeugen. In der Schrift von STÖTZNER lässt sich sowohl das „humanitäre Motiv" (Erschließung von Bildungsprozessen für „Schwachsinnige") als auch das „schulorganisatorische Motiv" (keine Hemmung des Lernprozesses der anderen Schüler/-innen in der Volksschule durch „Schwachsinnige") und das „ökonomische Motiv" (Vorbereitung der „Schwachsinnigen" auf eine berufliche Existenzsicherung und Entlastung der Gemeinschaft, vgl. MYSCHKER 1983, S. 128) für die Gründung von „Hilfsschulen" nachweisen. Der entscheidende Unterschied zum Nachhilfekonzept ist bei STÖTZNER also schon die Zielsetzung einer eigenständigen „Hilfsschule", während die „Nachhilfeklassen" stets als Übergangsstadium mit dem Ziel der Rückführung angesehen werden.

- **Gründung von Hilfsschulen**

Erst fast 20 Jahre später kommt es in Elberfeld (1879), Braunschweig (1881) und Leipzig (1881) zur Einrichtungen von „*Hilfsklassen*". Sie unterscheiden sich von Nachhilfeklassen dadurch, dass sie über einen jahrgangsmäßigen Aufbau zu einer eigenständigen „Hilfsschule" ausgebaut werden sollen (vgl. MÖCKEL 2001, S. 20). Auch wenn dies größtenteils erst Anfang des 20. Jahrhunderts geschieht und die „Hilfsklassen" noch lange Zeit Bestandteil der Volksschulen bleiben, setzt sich nunmehr eine wachsende Zahl von „Hilfsschullehrkräften" für die Einrichtung eigenständiger Schulen für „schwachsinnige" Kinder ein.

● Auf den Punkt gebracht

„Hilfsklassen" (manchmal auch als „Hilfsschulklassen" bezeichnet) sind zwar ebenfalls weiterhin Bestandteil der Volksschulen. Sie werden jedoch mit dem Ziel eingerichtet, durch jahrgangsmäßigen Aufbau eine eigenständige „Hilfsschule" daraus entstehen zu lassen.

Besonders bekannt geworden ist dabei die Arbeit von HEINRICH KIELHORN in Braunschweig, wo am 1. Mai 1881 eine „Hilfsklasse" eingerichtet wird.

Heinrich Kielhorn (1847-1934) – Leben und Werk:

Kielhorn wird im Jahre 1847 in Vallstedt in der Nähe von Braunschweig in einfachen ländlichen Verhältnissen geboren. Nach vielen Gelegenheitsarbeiten besucht er von 1869 bis 1875 das Lehrerseminar in Wolfenbüttel, wo er den Schulabschluss der Realschule nachholt und nach der Seminarausbildung die 1. Lehrerprüfung ablegen kann. Er erhält zunächst eine Lehrerstelle in der Braunschweiger Waisenhausschule und wechselt nach bestandener zweiter Lehrerprüfung im Jahre 1878 an die Bürgerschule in Braunschweig. Im Jahre 1881 übernimmt er die erste Braunschweiger „Hilfsklasse". In den folgenden Jahren ab 1884 tritt er durch zahlreiche Vorträge (so z.B. 1887 auf der „Allgemeinen Deutschen Lehrerversammlung" in Gotha) und Publikationen mit seiner Forderung nach Einrichtung der „Hilfsschule" an die Öffentlichkeit. Er gehört 1898 zu den Gründern des „Verbandes der Hilfsschulen Deutschlands (VdHD)" (heute: Verband Sonderpädagogik, vds) und wird dessen 2. Vorsitzender. 1914 erfolgt nach 33 Dienstjahren seine Pensionierung. KIELHORN stirbt im Jahre 1934 in Braunschweig (vgl. MYSCHKER 1998, S. 27f.)

Den entscheidenden Anstoß zur Einrichtung einer eigenständigen Klasse mit dem Ziel des Aufbaus der „Hilfsschule" gibt in Braunschweig der Arzt OSWALD BERKHAN, der auch die Liste der ersten Schüler/-innen zusammenstellt (vgl. MÖCKEL 2001, S. 24f.). 1882 kommt bereits die zweite Klasse hinzu, 1885 die dritte. Institutionelle Eigenständigkeit erreicht die Braunschweiger „Hilfsschule" trotzdem erst im Jahre 1907, als das eigene Schulgebäude bezogen wird (vgl. KIELHORN 1908). Sein Unterrichtskonzept hat Kielhorn in mehreren Selbstbeschreibungen erläutert. Anschauungsunterricht und Übung der Sinne bilden demnach die Basis des Unterrichts (vgl. KIELHORN 1884, S. 200). Die Unterrichtsinhalte hängen wiederum von den Gegebenheiten des Wohnortes, der weiteren Umgebung und den Jahreszeiten ab:

> „Bei den Gegenständen der Schulstube und des Hauses halte ich mich nicht lange auf. Diese sind den Kindern, obwohl nebenbei erwähnenswert, immer tote Gegenstände, die kein Leben wecken können. Das Kind verlangt nach Handlungen, nach Thätigkeiten! ... Deshalb beginne der Anschauungsunterricht mit Gegenständen, die im Beobachtungskreise der Kinder handelnd auftreten." (a.a.O., S. 221).

Erkundungsgänge, Handarbeitsunterricht und viele praktische Tätigkeiten ergeben hier das Bild eines nahezu „modern" anmutenden Unterrichts, in dem ausgehend von der Lebenswelt der Kinder mit ihnen gemeinsam handlungsorientiert ein Thema erschlossen wird. Damit nimmt KIELHORN in seiner Unterrichtskonzeption reformpädagogische Elemente des beginnenden 20. Jahrhunderts vorweg.
Es bleibt allerdings ARNO FUCHS vorbehalten, das Konzept der „Hilfsschule" organisatorisch und didaktisch auszuarbeiten.

Arno Fuchs (1869-1945) – Leben und Werk:
FUCHS wird 1869 in Eisenach geboren. Von 1885-1886 besucht er dort das Lehrerseminar und durchläuft danach mehrere Stationen in Dorf- und Stadtschulen. Mit der Heilpädagogik kommt er in dem von JOHANNES TRÜPER (1855-1921) geleiteten Kinderheim *Sopienhöhe* (bei Jena) in Berührung. 1898 übernimmt er eine der Berliner Nebenklassen und setzt sich von dieser Zeit an intensiv für den Ausbau der „Hilfsschulen" und die Ausbildung der „Hilfsschullehrer/-innen" ein. Ab 1919 ist er bis zu seiner Pensionierung im Jahre 1934 Magistratsschulrat und als solcher zuständig für die „Hilfsschulen". Er hält zahlreiche Vorträge und publiziert mehrere Bücher, darunter das 1899 in erster Auflage erscheinende Werk „Schwachsinnige Kinder, ihre sittlich-religiöse, intellektuelle und wirtschaftliche Rettung. Versuch einer Hilfsschulpädagogik" (1922/1967), die zum Standardwerk der „Hilfsschullehrer/-innen" dieser Zeit und zur Grundlage für die „Hilfsschulehrerausbildung" wird. Im Jahre 1927 organisiert er die „Heilpädagogische Woche" (5.-22. Mai 1927) in Berlin, auf der die differenzierte Struktur des Berliner Sonderschulwesens der Öffentlichkeit vorgestellt wird. FUCHS stirbt 1945 in Berlin (vgl. SYNWOLDT 1988, S. 49ff.; ELLGER-RÜTTGARDT 2003, S. 71ff.).

FUCHS sieht zwar die „Hilfsschule" als „selbstständige Sondereinrichtung der allgemeinen Volksschule" (1922, S. 14), hat aber die eigenständige Schulform mit Schulgebäude und Schulleitung fest im Blick. Für sie entwirft er nicht nur einen Organisationsplan mit Stundentafel, Aufnahmeverfahren, Klassenstruktur, räumlicher Unterbringung usf., sondern ein umfassendes Konzept der „Hilfsschulerziehung". Neben den Prinzipien der Anschauung, der vielfältigen Sinnenübungen und der kleinen Schritte soll mit der „Hilfsschule" über ein reduziertes Lerntempo und die Entfrachtung der Lehrpläne sowie durch kleinere Klassen ein höheres Maß an Differenzierung und Individualisierung ermöglicht werden. In dem Versuch eine eigenständige Schulform für „schwachsinnige Kinder“ zu begründen, stellt FUCHS die Charakteristik des Schwachsinns in den Mittelpunkt:

> „Das Mittel müsste noch erfunden werden, das einem Menschen den auf Gehirnstörungen zurückzuführenden geistigen Mangel zu ersetzen vermöchte und ihn befähigte, die in träger Verfassung überstandenen Jahre plötzlich zu überspringen zu normaler Geistesleistung.“ (a.a.O., S. 8).

Das „Hilfsschulkind“ wird von FUCHS als krank bezeichnet. Ihr „Schwachsinn“ ist allerdings seiner Auffassung nach nicht heilbar. Er beruhe auf einer angeborenen Schädigung des Gehirns und sei deshalb als pathologisch zu klassifizieren. „Hilfsschulerziehung“ habe sich deshalb „in einem Behüten, Richten und vorsichtigen Fördern der Entwicklung“ (ebd.) zu realisieren. Diese als „Schwachsinnshypothese“ in die Geschichte der „Lernbehindertenpädagogik“ eingegangene Konzeption einer „Hilfsschulpädagogik“ ist seinerzeit äußerst einflussreich, wird praktisch von allen „Hilfsschullehrern/-innen“ in ihrer täglichen Arbeit zugrundegelegt und dient ebenso der Aus- und Fortbildung der angehenden Lehrkräfte. Von den Befürwortern/-innen der „Hilfsschule“ wird diese Begründung einer eigenständigen Schulform nun konsequent in die Öffentlichkeit getragen und führt so dazu, dass sich die „Hilfsschule“ in den 1920er Jahren in allen deutschen Städten verbreiten kann (vgl. MYSCHKER 1983, S. 139). Gleichzeitig regt sich von Anfang an Kritik an dieser Entwicklung.

2.2.3 Kritik der „Hilfsschule“ und integrative Alternativen

Bereits in ihrer Gründungsphase sieht sich die „Hilfsschule“ erheblicher Kritik von pädagogischer Seite aber auch von Seiten der Eltern ausgesetzt. Berühmt geworden ist beispielsweise der Fall des Lehrers LOUIS ESCHE (1856-1908) aus Braunschweig, der ab 1884 in den 1881 gegründeten „Hilfsklassen“ von HEINRICH KIELHORN als Lehrer tätig ist (zugleich sein Schwager). Wegen seiner Kritik an der Konzeption dieser Hilfsklassen und deren Ausbau zur eigenständigen „Hilfsschule“ wird ESCHE jedoch im Jahre 1890 wieder in die „Bürgerschule“ versetzt. SIEGLIND ELLGER-RÜTTGARDT (1981) hat die daraufhin einsetzende, teils öffentlich geführte Auseinandersetzung ausführlich dokumentiert. ESCHE vertritt in einem Aufsatz von 1902 die Konzeption von „Hilfsklassen“ in der allgemeinen Schule zur Unterstützung von Kindern und Jugendlichen, die den Anforderungen dort nicht gewachsen sind und setzt sich zeitlebens dafür ein, möglichst viele Kinder vor der Überweisung in die „Hilfsschule“ zu bewahren (a.a.O., S. 81ff.). Überdies zeigen zahlreiche Elternbriefe und Einsprüche, dass die Eltern keineswegs immer einverstanden sind mit der Überweisung und der Besuch der „Hilfsschule“ teilweise mit schulrechtlichen Zwangsmaßnahmen durchgesetzt werden muss (a.a.O., S. 69).
Ebenfalls als Kritiker der „Hilfsschule“ bekannt geworden ist JOHANN HEINRICH WITTE (1846-?), der nach der Promotion zunächst als außerordentlicher Professor

an der Universität Bonn tätig ist und ab 1889 mehrere Stellen als Kreisschulinspektor bekleidet, ab 1897 in Thorn (Westpreußen). In seiner Schrift „Die mehrfach bedenkliche Einrichtung von Hilfsschulen als Schule nur für schwachbegabte Kinder" aus dem Jahre 1901 stellt WITTE heraus, dass die Förderung der sog. „Schwachbegabten" zur Aufgabe der Volksschule zählt. Dazu bedürfe es eines „gediegenen gemeinsamen, geistbildenden Klassenunterrichts" und der Vermeidung von überfüllten Klassen (zit. n. KLINK 1966, S. 77). Ihm schwebte wohl im Wesentlichen ein *Gesamtunterricht* im Sinne BERTHOLD OTTOS (1859-1933) vor, bei dem die Schüler/-innen bekanntlich fächerübergreifend tätig sind. Besondere Sorge bereitet ihm, dass durch die Einrichtung von „Hilfsschulen" möglicherweise „die Volksschullehrer in dem Eifer, die Schwachen zu fördern, erlahmen und das Geschick sie zu fördern verlieren werden" (a.a.O., S. 71). Dieser von WITTE befürchtete Kompetenzverlust der Lehrer/-innen an allgemeinen Schulen kann im historischen Rückblick wohl als bestätigt gelten und ist gegenwärtig immer noch Thema von alternativen Modellen zur Lehrerbildung (vgl. HEIMLICH 1999a). IRENEUS LAKOWSKI (1999) hat das derzeit verfügbare Quellenmaterial zu WITTE zusammengetragen und anhand von statistischem Material über die Provinzen Westpreußen und Posen für diese Zeit zeigen können, dass der größte Teil der Volksschulklassen seinerzeit dort aus 70 und mehr Schülern/-innen besteht, zusätzlich etwa ein Fünftel der Schüler/-innen aus ethnischen Minderheiten stammen bzw. die deutsche Sprache nicht beherrschen und zahlreiche Lehrerstellen zu dieser Zeit nicht besetzt werden können. Die Rahmenbedingungen für die Arbeit in den Volksschulen müssen also in dieser Region extrem schwierig gewesen sein. Trotzdem entscheidet sich WITTE im Wesentlichen aus einem christlichen Weltbild heraus für die Konzeption der integrativen Förderung. Ihm kommt deshalb berechtigterweise die Rolle eines „Vorläufers der Integrationsbewegung in Deutschland" (a.a.O., S. 337) zu. Allerdings sind seine Ideen weitgehend folgenlos geblieben, und es liegen bislang keine Angaben über seinen weiteren Lebensweg nach dem Jahre 1901 vor (a.a.O., S. 333).
Auch der Lehrer ARMACK aus Hamburg nimmt im Jahre 1890 kritisch zur „Hilfsschule" Stellung. Er fordert demgegenüber eine Volksschulbildung, in der die Schüler/-innen nicht nach ihren Fähigkeiten getrennt unterrichtet werden und erkennt bereits die Bedeutung der Prozesse des Voneinander-Lernens unter den Schülern/-innen (vgl. ELLGER-RÜTTGARDT 1990, S. 41). Dabei formuliert er eine Aussage, die auch heute noch das integrative Anliegen einer Pädagogik bei Lernschwierigkeiten treffend zusammenfasst:

> „Will man einen Menschen das Schwimmen lehren, so bringt man ihn ins Wasser; soll ein Mensch lernen, mit Menschen umzugehen, so darf man ihn nicht absondern." (zit. n. ELLGER-RÜTTGARDT 1990, S. 42).

Und man muss bis heute immer wieder ergänzen: Das gilt auch für Menschen mit Behinderung! ARMACK teilt das Schicksal vieler Kritiker der „Hilfsschule" zu dieser

Zeit. Seine Äußerungen werden in der öffentlichen Debatte nicht zur Kenntnis genommen.

Einige Kritiker der „Hilfsschule" können ihre alternativen Vorschläge allerdings eine Zeitlang in die Tat umsetzen. Im Gegensatz zum Konzept der „Hilfsschulen" werden beispielsweise in Berlin mit Unterstützung des Magistrats ab 1898 sog. *„Nebenklassen"* eingerichtet (vgl. MYSCHKER 1983, S. 141f.). Etwa 12-14 Kinder bilden eine Lerngruppe in der Volksschule, die stundenweise in bestimmten Fächern am Regelunterricht teilnimmt, darüber hinaus aber auch eine spezifische Förderung erhält. Das ausdrückliche Ziel der „Nebenklassen" ist die Rückführung der Schüler/-innen in die Klassen der Volksschulen. Die Lehrer/-innen sind ebenfalls in anderen Klassen der Volksschule tätig.

● Auf den Punkt gebracht

„Nebenklassen" sind Klassen der Volksschulen, die besonders in Berlin eingerichtet werden, um dort – ähnlich wie bei den Nachhilfeklassen – die Rückführung der Schüler/-innen Schulleistungsschwierigkeiten in die Volksschuleklasse durch gezielte Förderung in kleinen Lerngruppen zu ermöglichen.

Bis zur Jahrhundertwende steigt die Zahl der „Nebenklassen" auf über 50 in 33 Gemeindeschulen an, bis zum Jahre 1907/08 sogar auf fast 150. Unter dem Eindruck der teils heftigen öffentlichen Auseinandersetzung über die Frage „Nebenklasse" oder „Hilfsschule" entscheidet sich die preußische Regierung im Jahre 1911 allerdings endgültig für die Bevorzugung weiterer Hilfsschulgründungen. Der Direktor der Berliner Idiotenanstalt in Dalldorf, PIPER, und der Volksschulrektor HINTZ gehören seinerzeit zu den schärfsten Kritikern der „Hilfsschule" (vgl. ELLGER-RÜTTGARDT 1990, S. 39). PIPER fordert demgegenüber eine Volksschule, die die schwachbefähigten Schüler/-innen mit den anderen Schülern/-innen zusammen lernen lässt und so das „Zusammenleben, das Arbeiten, das Spielen mit diesen" und die individualisierte Förderung in den Mittelpunkt stellt (ebd.). Allerdings scheitern die „Nebenklassen" seinerzeit wohl ebenfalls an überfüllten Volksschulklassen, so dass eine Rückführung der Schüler/-innen eher problematisch war. Teilweise entwickeln sich die „Nebenklassen" sogar zu mehreren Jahrgangsstufen, die in „Hilfsschulen" umgewandelt worden sind (vgl. STOELLGER 1998, S. 267).

In Mannheim setzt sich der Stadtschulrat JOSEPH ANTON SICKINGER (1858-1930) für einen Verbleib von „geistig zurückgebliebenen Schulkindern" in der Volksschule ein (vgl. STADTARCHIV MANNHEIM 2000).

Anton Sickinger (1858-1930) – Leben und Werk:

SICKINGER wird im Jahre 1858 in Harpolingen/Bad Säckingen im heutigen Baden-Württemberg geboren, hat als Kind Schweizer Schulen besucht und sich frühzeitig mit den Ideen PESTALOZZIS beschäftigt. Nach dem Studium der klassischen Philologie legt er das Staatsexamen in Heidelberg ab, wo er auch promoviert. Er wird Lehrer an einem Gymnasium in Bruchsal und später Gymnasialprofessor in Karlsruhe. Im Jahre 1895 beruft ihn der Oberbürgermeister OTTO BECK zum Stadtschulrat in Mannheim. Ab 1901 setzt er sich besonders für die Schüler/-innen ein, die die Volksschulen ohne Schulabschluss verlassen. Das „Mannheimer Schulsystem" wird durch einen Vortrag von SICKINGER auf dem Internationalen Schulkongress in Nürnberg im Jahre 1904 über die Stadtgrenzen hinaus bekannt. SICKINGER ist auf der Reichsschulkonferenz im Jahre 1920 Mitglied im Ausschuss für Schulaufbau und dort maßgeblich an der Diskussion um die „Einheitsschule" beteiligt. Neben zahlreichen Publikationen zum Mannheimer Schulsystem fasst SICKINGER seine Erfahrungen mit den Förderklassen nach seiner Pensionierung im Jahre 1923 in dem Werk „Zur Geschichte der Förderklassen (25 Jahre Mannheimer Schulsystem)" zusammen, das 1926 erscheint. Er stirbt 1930 in Oberstdorf (vgl. STADTARCHIV MANNHEIM 2008; FRIEDRICH 2008).

Unter der Regie von SICKINGER werden ab 1901 sog. „Wiederholungsklassen" gegründet (später als *„Förderklassen"* bezeichnet). SICKINGER stellt im Jahre 1898 fest, dass fast ein Drittel der Schüler/-innen aus den 4., 5. und 6. Klassen entlassen werden, einige sogar aus den 2. und 3. Klassen (vgl. MÖCKEL 1988, S. 167). Gut 70% verlassen die Volksschulen in Mannheim seinerzeit ohne Abschluss (vgl. STOELLGER 1998, S. 267f.). Förderklassen werden nun parallel zu den Volksschulklassen aufgebaut und sind offenbar geeignet, die Zahl der Hilfsschulüberweisungen wirksam zu reduzieren. SICKINGER kann sein Modell sogar auf der Reichsschulkonferenz im Jahre 1920 vorstellen. Er fordert eine stärkere Differenzierung für die Volksschule und es gelingt ihm, dass die Prinzipien der Mannheimer Förderklassen in den Entwurf für ein Reichsschulgesetz aufgenommen werden. Allerdings scheitert dieser Entwurf und es bleibt seinerzeit bei der Verabschiedung des Grundschulgesetzes (vgl. MÖCKEL 2001, S. 111f.). Nachahmer findet die Mannheimer Konzeption ebenfalls im Charlottenburger Schulsystem (vgl. STOELLGER 1998, S. 268f.), im Baseler Kleinklassensystem sowie bei den Diagnose-Förderklassen in Bayern. Im Gegensatz zu vielen anderen Projekten mit integrativer Förderung in der allgemeinen Schule haben die Mannheimer Förderklassen wohl nicht nur eine vergleichsweise lange Lebensdauer gehabt (vermutlich bis Anfang der 1930er Jahre). Sie können auch überregionale Wirkungen entfalten. Insgesamt gilt jedoch, dass etwa ab 1910 die „Hilfsschule" als Förderort bildungspolitisch weitgehend durchgesetzt ist und in den Folgejahren weiter ausgebaut wird. Sowohl die Hilfsschulpädagogik als auch die alternativen Angebot für Kinder und Jugendliche mit Schulleistungsproblemen werden allerdings nach der Machtübernahme der Nationalsozialisten im Jahre 1933 jäh unterbrochen.

2.2.4 „Hilfsschule" im Dritten Reich

Bereits in den 1920er Jahren ist der unsägliche Begriff des „lebensunwerten Lebens" in die politische Diskussion eingedrungen (vgl. BINDING/HOCHE 1922). Über *Zwangssterilisationen* und *Euthanasieprogramme* wollen die Nazis die Gruppe der Menschen mit Behinderung ebenso vernichten wie die Juden. Sie kehren damit bezogen auf den gesellschaftlichen Umgang mit Behinderung historisch betrachtet auf die barbarische Entwicklungsstufe der Antike zurück. Auch die „Hilfsschullehrerschaft" kann sich der Tötungsmaschinerie der Nazis nicht immer entziehen und ist über Gutachtertätigkeiten an der Aussonderung von Kindern und Jugendlichen aus den „Hilfsschulen" zur Vorbereitung ihrer Ermordung beteiligt (vgl. HÖCK 1979). Die 1930er Jahre beginnen zunächst mit einer Phase des Abbaus von „Hilfsschulen", in der Schulen geschlossen und Klassen zusammengefasst werden. Die Arbeitsbedingungen der „Hilfsschullehrer/-innen" verschlechtern sich in dieser Zeit dramatisch. Das *„Gesetz zur Verhütung erbkranken Nachwuchses (GzVeN)"* von 1933 (Inkrafttreten: 1934) bezieht allerdings auch die „Hilfsschulen" in die Arbeit der Erbgesundheitsgerichte ein. Sie werden als eine erste Instanz zur Erfassung von Menschen mit Behinderungen einbezogen und an Begutachtungsverfahren zur Sterilisation beteiligt. Auch „schwachsinnige" Kinder und Jugendliche sind im Gesetz ausdrücklich erwähnt. In der „Allgemeinen Anordnung über die Hilfsschulen in Preußen" von 1938 werden die „schwer Schwachsinnigen", für die sog. „Sammelklassen" eingerichtet worden sind, aus den „Hilfsschulen" ausgeschlossen. Die jüdischen Schüler/-innen sind für den Unterricht der Hilfsschulen ebenfalls nicht mehr zugelassen (vgl. ELLGER-RÜTTGARDT 2008a, S. 256f.). Auch wenn dies unter strenger Geheimhaltung und ohne rechtliche Grundlagen abläuft, schrecken die Nazis nicht davor zurück, der fatalen Kennzeichnung von Menschen mit Behinderung als „lebensunwertes Leben" in ihren Euthanasie-Programmen mit deren Ermordung eine grausame Konsequenz folgen zu lassen. Ebenfalls im Jahre 1933 kommt es zur Auflösung des „Verbandes der Hilfsschulen Deutschlands (VdHD)", der nach der Gleichschaltung als Fachschaft V „Sonderschulen" in den „Nationalsozialistischen Lehrerbund (NSLB)" übergeht. Es überrascht aus heutiger Sicht, dass es in dieser folgenschweren Zeit nur wenig öffentliche Kritik und kaum Widerstand in den Reihen der „Hilfsschullehrer/-innen" gegeben hat. Explizite Vertreter einer nationalsozialistischen Behindertenpolitik wie MARTIN BREITBARTH und KARL TORNOW geben den Ton an und übernehmen die führenden Funktionen (Vorsitz,

2. Schriftleitung der Verbandszeitschrift) im Verband. Der Widerstand der „Hilfsschullehrkräfte" hat sich offenbar eher im Verborgenen gezeigt. So weist MANFRED HÖCK in der bis heute einzigen Monographie zur „Hilfsschule im Dritten Reich" (1979) darauf hin, dass Hamburger Hilfsschullehrkräfte ihre Schüler/-innen offenbar gezielt auf die Prüfung ihres „Schwachsinns" durch die „*Erbgesundheitsgerichte*" vorbereitet haben, damit sie die Prüfung bestehen und nicht sterilisiert werden. So heißt es in dem Erlass der Landesschulbehörde in Hamburg vom 21.11.1935 zur Intelligenzprüfung:

> „Der Inhalt dieses Intelligenzprüfungsbogens ist namentlich in den Kreisen der Hilfsschüler bereits dermaßen bekannt, dass die Hilfsschulkinder sich gegenseitig seine Fragen abhören. Das Staatliche Gesundheitsamt hat daraufhin einen anderen Intelligenzbogen entworfen, der aber ebenfalls nach kurzer Zeit in den Kreisen der Hilfsschüler bekannt war." (zit. n. HÖCK 1979, S. 115).

Explizites Eintreten für einzelne Schüler/-innen, wie das von der Hamburger Hilfsschullehrerin FRIEDA BUCHHOLZ für ihre Schülerin Gertrud Meier (Name geändert) bekannt geworden ist (vgl. ELLGER-RÜTTGARDT 2008a, S. 285ff.), sind wohl die Ausnahme gewesen.
Nach dem Ende des Zweiten Weltkrieges (1939-1945) ist in der „Hilfsschullehrerschaft" zunächst das Bedürfnis groß, dieses dunkle Kapitel ihrer Geschichte ruhen zu lassen. So kann auch GUSTAV LESEMANN, der versucht hatte „Hilfsschulpädagogik" und Nationalsozialismus in Einklang zu bringen, bis in die 1960er Jahre offizielle Funktionen im VdHD übernehmen (vgl. a.a.O., S. 294). Eine kritische Aufarbeitung erfolgt erst mit Beginn der 1970er Jahre. Im Rückblick muss festgehalten werden, dass sowohl die einseitige Betonung des „Schwachsinns" von „Hilfsschülern/-innen" im Sinne eines genetischen Defektes und einer Krankheit als auch die strikte Abgrenzung der „Hilfsschule" gegenüber der Volksschule als konzeptionelle Schwerpunkt der „Hilfsschulpädagogik" der 1920er Jahre nicht vor einer Korrumpierung durch die nationalsozialistische Ideologie gefeit waren. Insofern musste ein selbstkritischer Rückblick auf diesen Abschnitt der Geschichte der „Hilfsschule" auch die Frage nach grundsätzlichen konzeptionellen Alternativen hervorbringen.

2.2.5 Von der „Hilfsschule" zur „Schule für Lernbehinderte"

Die Nachkriegszeit nach 1945 ist bezogen auf die „Hilfsschule" zunächst durch den Versuch gekennzeichnet, möglichst nahtlos an der Tradition von vor 1933 anzuknüpfen. Die Zeit von 1933 bis 1945 wird durch Schweigen übergangen. Die ersten Nachkriegsjahre sind im Bereich der „Hilfsschule" durch zerstörte Schulgebäude, fehlende Schulmöbel, Mangel an Schreibmaterial und Lehrermangel geprägt (vgl. ELLGER-RÜTTGARDT 2008a, S. 298). Erst allmählich lässt sich ein geregelter Schulbesuch wieder realisieren, auch weil die Schüler/-innen noch lange Zeit mit Ernäh-

rungsproblemen zu kämpfen haben (a.a.O., S. 299). Im Jahre 1949 gründet sich der VdHD neu (ab 1955: *„Verband Deutscher Sonderschulen, vds, Fachverband für Behindertenpädagogik"*). Auch die Verbandszeitschrift wird unter dem Titel „Heilpädagogische Blätter" (später „Zeitschrift für Heilpädagogik") im gleichen Jahr fortgesetzt. Die Wiederaufnahme der Arbeit des VdHD erfolgt in großer personeller Kontinuität, ohne dass die Belastungen führender Mitglieder aus der Nazi-Zeit offen angesprochen würden, wie auch im beruflichen Werdegang das bayerischen Hilfsschullehrers Erwin Lesch für die Zeit vor und nach 1945 gezeigt werden kann (vgl. ELLGER-RÜTTGARDT 2008a, S. 295; HEIMLICH 2013, 2014). Im Jahre 1954 wendet sich der VdHD mit einer „Denkschrift zu dem Ausbau des heilpädagogischen Sonderschulwesens" an den Deutschen Städtetag (vgl. VERBAND DEUTSCHER HILFSSCHULEN 1954, S. 306ff.) und regt den weiteren Ausbau des Sonderschulwesens aus ökonomischen (Einsparungen gegenüber Anstaltslösung) und ethischen Motiven (Hilfe aus Verantwortung gegenüber den „gehemmten" Kindern) an. Der Gemeinsame Unterricht in der Volksschule wird hier ausdrücklich abgelehnt, da er das „hilfsschulbedürftige" Kind in „eine schwere seelische Not" (a.a.O., S. 311) stürze und „auch geistig in seiner Entwicklung unerbittlich hemmen und in die Tiefe der Mutlosigkeit hinabdrücken" (ebd.) würde. In der weiteren Darstellung werden die Folgen eines Verbleibs dieser Kinder in der Volksschule in den düstersten Farben geschildert. Die gewählte Terminologie erinnert in Begriffen wie „Endlösung" (a.a.O., S. 310) oder in der Zuschreibung von Eigenschaften für „Hilfsschulkinder" wie „verlogen, frech und roh" bzw. „arbeitsscheu" a.a.O., S. 313) an vielen Stellen noch an die Terminologie der Nazis. Im Vordergrund der Denkschrift stehen das drängende Problem des Schulneubaus und die Ausgestaltung eines entsprechenden Bauprogramms. Außerdem wird hier explizit der Ausbau der Hilfsschule zu einem sechsklassigen System gefordert (vgl. a.a.O., S. 321).
Auch in dem 1960 vom Schulausschuss der Kultusministerkonferenz vorgelegten *„Gutachten zur Ordnung des Sonderschulwesens"* ist noch von „Hilfsschulen" die Rede. Die Kultusministerkonferenz (KMK) ist 1948 als koordinierendes Gremium gegründet worden mit dem Auftrag, für Einheitlichkeit und Vergleichbarkeit in den Bildungssystemen der Bundesländer zu sorgen. Diese Koordinationsaufgabe ist bis heute aufgrund der Kultushoheit der Länder erforderlich, da diese ihre Bildungspolitik selbst bestimmen können. Der Schulausschuss der KMK nimmt implizit auch Stellung zur Nazi-Zeit:

> „Das Ansehen der Sonderschulen in der Öffentlichkeit muß gehoben werden. Das deutsche Volk hat gegenüber den Menschen, die durch Leiden oder Gebrechen benachteiligt sind, eine geschichtliche Schuld abzutragen. Sie dürfen nicht als weniger wertvoll betrachtet und behandelt werden. Das deutsche Volk muß die Aufgabe wieder ernst nehmen, allen Kindern und Jugendlichen, die die allgemeinen Schulen nicht mit Erfolg besuchen können, den Weg zu einem sinnerfüllten Leben zu bereiten." (SCHULAUSSCHUSS DER STÄNDIGEN KONFERENZ DER KULTUSMINISTER DER LÄNDERN IN DER BUNDESREPUBLIK DEUTSCHLAND 1960, S. 5).

Der Sachverständigen-Ausschuss[4] empfiehlt im Sinne von Richtlinien im weiteren den differenzierten Ausbau des Sonderschulwesens für die BRD in 12 verschiedenen Sonderschulformen, deren Eigenständigkeit erneut mit dem Sonderstatus der Schüler/-innen mit Behinderung begründet wird. Allerdings klingt die Abgrenzung zur allgemeinen Schule schon etwas moderater, da die Gemeinsamkeit zwischen den Schulformen durchaus erwähnt wird und auch im Sinne der Schüler/-innen und deren zukünftiger gesellschaftlicher Teilhabe gepflegt werden soll (vgl. a.a.O., S. 10). Für die „Hilfsschule" werden eine Klassenfrequenz von 15-20 Schüler/ -innen empfohlen und allgemeine Bildungsziele beschrieben. Die Ausgestaltung des Aufnahmeverfahrens erfährt hier eine besonders eingehende Darstellung.
Auch wenn die Verlautbarungen der KMK nur empfehlenden und keinen rechtlichen Charakter haben können, wird das Gutachten von 1960 doch in den Bundesländern durchweg akzeptiert und als Grundlage für den Ausbau des differenzierten Sonderschulwesens herangezogen. Dieser Ausbau ist Anfang der 1970er Jahre im Wesentlichen abgeschlossen. Während 1950 von 3033 „Hilfsschulklassen" noch 266 an Volksschulen untergebracht sind und 1960 von 5308 noch 366, so verzeichnet die Statistik im Jahre 1970 14.530 „Hilfsschulklassen" nahezu ausschließlich in eigenständigen „Hilfsschulen" (vgl. Kanter 1973, S. 423). Als die KMK im Jahre 1972 zum zweiten Mal nach 1945 zum Sonderschulwesen Stellung nimmt, kann deshalb zur Konsolidierung übergegangen werden. Die *„Empfehlung zur Ordnung des Sonderschulwesens"* (Ständige Konferenz der Kultusminister der Ländern in der Bundesrepublik Deutschland 1972) enthält in einem allgemeinen Teil Empfehlungen zur Sonderschule als eigenständiger Schulform. Im zweiten Teil werden die einzelnen Sonderschulformen (insgesamt 10) in ihrer spezifischen Konzeption vorgestellt. Nunmehr ist auch von „Schulen für Lernbehinderte (SfL)" als Sonderschulen die Rede.

● Auf den Punkt gebracht

„Schulen für Lernbehinderte" sind eigenständige Sonderschulen (neben 9 weiteren Sonderschultypen), in denen in Fortsetzung der Arbeit der „Hilfsschulen" auf der Basis eines eigenen Lehrplans Schüler/-innen mit Schulleistungsproblemen möglichst differenziert und individualisiert unterrichtet werden sollen, um sie so zu einem Schulabschluss zu führen, der ihnen den Einstieg in eine berufliche Tätigkeit und damit gesellschaftliche Integration ermöglicht.

---

4 Neben den Vertretern/-innen der Schulaufsicht aus verschiedenen Bundesländern ist von der wissenschaftlichen Seite nur Prof. Dr. J. Spieler (Karlsruhe) beteiligt, der bezeichnenderweise aufgrund seiner Kollaboration mit den Nazis im Jahre 1945 von seinem Lehrstuhl für Heilpädagogik an der Universität Fribourg abgelöst und aus der Schweiz ausgewiesen wird (vgl. Ellger-Rüttgardt 2008a, S. 294)

4,0% der Vollzeitschulpflichtigen sollen Schätzungen zufolge „Lernbehinderte" sein. Die Klassenfrequenz wird auf 16 Schüler/-innen festgesetzt. Im Zusammenhang mit der Ende der 1960er Jahre aufkommenden Gesamtschuldiskussion wird auch die Möglichkeit der Integration erwogen:

> „Für die Eingliederung der behinderten Schüler in die Gesamtschule spricht die Tendenz, sie so weit wie möglich aus einem Sonderdasein in die Gemeinsamkeit mit anderen Schülern zu führen." (a.a.O., S. 23).

Dazu erfolgt allerdings sogleich die kritische Einschränkung, dass bislang noch zu wenig Erfahrungen mit der Integration vorliegen. Damit ist die Entwicklung des bundesdeutschen Sonderweges auf dem Gebiet der schulischen Förderung von Kindern und Jugendlichen mit Behinderung im Wesentlichen abgeschlossen. 1977 folgen Richtlinien für die innere Ausgestaltung der SfL (vgl. SEKRETARIAT ... 1978), die eigenständige Bildungspläne der Bundesländer für die SfL mit anregen (vgl. z.B. KULTUSMINISTER DES LANDES NORDRHEIN-WESTFALEN 1977).
Auch wenn in der DDR für die Zeit bis zur Vereinigung der beiden deutschen Staaten immer wieder auf den spezifischen Charakter der *„Hilfsschule" im sozialistischen Bildungssystem* hingewiesen wird, so sind die Parallelen im sonderpädagogischen Bereich doch unübersehbar (vgl. BLEIDICK/ELLGER-RÜTTGARDT 1994). In der DDR bleibt zwar der Terminus „Hilfsschule" bis zur Wende erhalten. Sowohl die Betonung des Intelligenzdefektes als Kern der „Hilfsschulbedürftigkeit" als auch das Festhalten an der eigenständige „Hilfsschule" werden aus der Zeit vor 1933 übernommen (vgl. WERNER 1999). Auch die differenzierte Ausgestaltung des Sonderschulwesens wird in der DDR in den sechziger Jahren intensiv betrieben und hat ab 1968 seinen vollen Ausbaustand erreicht (vgl. ELLGER-RÜTTGARDT 2008a, S. 316). Zu berücksichtigen ist dabei allerdings der ab 1952 kontinuierlich wachsende Einfluss der sowjetischen Vorbilder, auch wenn die Ideologie eines „sozialistischen Bildungssystems" eher den Charakter eines lockeren „Überbaus" annahm, ohne eigenständige Strukturen hervorzubringen, die sich von den westdeutschen prinzipiell unterschieden hätten.
Während in der DDR die „Hilfsschule" weitgehend unwidersprochen bleibt, regt sich in der BRD allerdings seit Anfang der 1970er Jahre deutliche Kritik.

2.1.6 Von der „Sonderschule" zum sonderpädagogischen Fördersystem

Parallel zur KMK legt der DEUTSCHE BILDUNGSRAT im Jahre 1973 seine *„Empfehlungen zur pädagogischen Förderung behinderter und von Behinderung bedrohter Kinder und Jugendlicher"* (DEUTSCHER BILDUNGSRAT 1974) vor. Der Deutsche Bildungsrat ist 1965 an die Stelle des „Deutschen Ausschuss für das Erziehungs- und Bildungswesen" getreten, der den Auftrag hatte, an einer bundesweiten Vereinheitlichung des öffentlichen Schulwesens in der BRD zu arbeiten. Im Jahre 1970 veröffentlicht die Bildungskommission des Deutschen Bildungsrates den „Strukturplan für das

Bildungswesen", in dem die heute gültige Gliederung in Elementar-, Primar- und Sekundarbereich vorgeschlagen wird. Allerdings fehlen hier noch Ausführungen zur Sonderpädagogik. Unter dem Vorsitz des Bochumer Schulpädagogen JAKOB MUTH soll der Ausschuss „Sonderpädagogik" diese Aufgabe angehen.

Jakob Muth (1927-1993) – Leben und Werk:

JAKOB MUTH wird 1927 in Gimbsheim bei Worms geboren. Er besucht die „Adolf-Hitler-Schule" in Sonthofen als Internatsschule, in der besonders begabte Volksschüler über eine weitere Förderung in der Nationalpolitischen Erziehungsanstalt (Napola) als Nachwuchs für die NSDAP ausgebildet werden sollen. Das Kriegsende 1945 erspart ihm diesen Weg. Er arbeitet nach dem Krieg als Maurer, schlägt dann die Lehrerlaufbahn ein und legt 1950 an der Pädagogischen Akademie in Worms die Erste Prüfung für das Lehramt an Volksschulen ab. Insgesamt acht Jahre arbeitet MUTH als Volkschullehrer in Mainz. Gleichzeitig ist er an der Universität für Pädagogik, Philosophie sowie Vor- und Frühgeschichte eingeschrieben und promoviert 1958. Er lehrt bis 1970 an Pädagogischen Akademien (Mainz, Kettwig/Duisburg). Im Jahre 1970 übernimmt er eine Professur für Schulpädagogik an der Ruhr-Universität Bochum. MUTH stirbt 1993 (vgl. MÖCKEL 2000, S. 267ff.)

Der Ausschuss „Sonderpädagogik" der Bildungskommission des Deutschen Bildungsrates hat zwar die KMK-Empfehlungen von 1972 zur Kenntnis genommen, kommt aber in seinen eigenen Empfehlungen zu einem anderen Ergebnis:

> „Für diese neue Empfehlung musste die Bildungskommission davon ausgehen, dass behinderte Kinder und Jugendliche bisher in eigens für sie eingerichteten Schulen unterrichtet wurden, weil die Auffassung vorherrschte, dass ihnen mit besonderen Maßnahmen in abgeschirmten Einrichtungen am besten geholfen werden könne. Die Bildungskommission folgt dieser Auffassung nicht. Sie legt in der vorliegenden Empfehlung eine neue Konzeption zur pädagogischen Förderung behinderter und von Behinderung bedrohter Kinder und Jugendlicher vor, die eine weitmögliche gemeinsame Unterrichtung von Behinderten und Nichtbehinderten vorsieht … Damit stellt sie der bisher vorherrschenden schulischen Isolation Behinderter ihre schulische Integration entgegen." (DEUTSCHER BILDUNGSRAT 1974, S. 15f.).

Der Alternativentwurf kulminiert in der *Konzeption eines kooperativen Schulzentrums*, in dem sowohl Maßnahmen der „Vollintegration" über Formen der inneren Differenzierung im Unterricht der allgemeinen Schule als auch Formen der Teilintegration mit stundenweise Gemeinsamer Unterrichtung bis hin zum Unterricht ohne Teilintegration in separaten Einrichtungen der Sonderpädagogik vorgesehen

sind. Allerdings sind allgemeine Schule und sonderpädagogische Einrichtungen hier an einem Ort zusammengeführt, also auch in einem Gebäude untergebracht. Der Deutsche Bildungsrat hat mit diesen Empfehlungen einen wesentlichen Impuls zur Intensivierung der Integrationsbemühungen im bundesdeutschen Bildungssystem gegeben. In der Folgezeit entstehen ausgehend von einzelnen Kindertageseinrichtungen und Schulen immer mehr integrative Modellversuche in den Bundesländern (vgl. auch den Überblick bei Schnell 2003). 10 Jahre nach der Veröffentlichung der Bildungsratempfehlungen kann Muth bereits auf eine Integrationsbewegung zurückblicken, die nicht nur die fehlenden Erfahrungen mit der Integration in allgemeinen Bildungseinrichtungen vorgelegt, sondern auch deren positive Effekte für Kinder und Jugendliche mit und ohne Behinderung in aufwändigen Evaluationsstudien unter Beweis gestellt hat (vgl. Muth 1982). Damit einher geht eine wachsende Kritik an den „Sonderschulen".
In einer empirischen Analyse der Situation der SfL in Nordrhein-Westfalen (NRW) kann Wilhelm Topsch (1975) eine Heterogenität in der schulischen Praxis aufzeigen, die dem Konzept dieser Schulform deutlich widerspricht. Der Anteil der neu aufgenommenen Schüler/-innen mit „Lernbehinderung" im Schuljahre 1970/71 variiert zwischen den Verwaltungsbezirken erheblich: Von 16,5% in der Arbeiterstadt Herne im Zentrum des Ruhrgebiets bis zu 1,8% in der ländlichen Gemeinde Monschau reichen die Extremwerte (vgl. a.a.O., S. 93ff.). Jungen und Arbeiterkinder sind in „Schulen für Lernbehinderte" deutlich überrepräsentiert. Ihre Überweisung in die SfL erfolgt zwar überwiegend auf der Basis einer Intelligenzprüfung. Aber entgegen der offiziellen Abgrenzungskriterien befinden sich mehr als zwei Drittel Schüler/-innen mit „normaler Intelligenz" in der SfL (vgl. a.a.O., S. 194).
Die SfL sieht sich zudem einer kritischen Prüfung ihrer Effektivität ausgesetzt. In einer internationalen Übersicht über Studien zur Wirksamkeit der schulischen Förderung von Schüler/-innen mit „Lernbehinderung" in „Sonderschulklassen" kommt Adrian Kniel (1979) zu folgendem Schluss:

> „Die Einrichtung von separaten Klassen oder Schulen für Lernbehinderte hat weder für die Leistungs- noch für die sozial-emotionale Entwicklung ihrer Schülerschaft den erhofften Erfolg gezeigt." (Kniel 1979, S. 294)

Damit ist die Entwicklung von *Alternativen zur eigenständigen SfL* unvermeidbar geworden.
Obwohl sich die Entwicklung von integrativen Angeboten schulischer Förderung für Schüler/-innen mit Lernbehinderung in den folgenden Jahren in allen Bundesländern intensiviert, reagiert die KMK erst im Jahre 1994 auf diese neuen Tendenzen in der Praxis sonderpädagogischer Förderung. Die „Empfehlungen zur sonderpädagogischen Förderung in den Ländern der Bundesrepublik Deutschland" von 1994 (vgl. Drave/Rumpler/Wachtel 2000) beziehen sich nicht nur auf die neue bildungspolitische Ausgangssituation nach der Vereinigung der beiden deutschen

Staaten. In den Empfehlungen nehmen nunmehr auch der Gemeinsame Unterricht und die Integration breiten Raum ein. Im Vordergrund steht nicht die „Sonderschulbedürftigkeit", sondern vielmehr der „sonderpädagogische Förderbedarf":

> „Die Erfüllung Sonderpädagogischen Förderbedarfs ist nicht an Sonderschulen gebunden; ihm kann auch in allgemeinen Schulen, zu denen auch berufliche Schulen zählen, vermehrt entsprochen werden. … Die Bildung junger Menschen ist verstärkt als gemeinsame Aufgabe für grundsätzlich alle Schulen anzustreben. Die Sonderpädagogik versteht sich dabei immer mehr als eine notwendige Ergänzung und Schwerpunktsetzung der allgemeinen Pädagogik." (a.a.O., S. 26).

Damit tritt erstmals in der Geschichte der Sonderpädagogik das *Prinzip der Subsidiarität sonderpädagogischer Förderung* in den Vordergrund (vgl. HEIMLICH 1999a). Vorrang hat die Förderung in der allgemeinen Schule, die sonderpädagogische Förderung tritt erst auf den Plan, wenn die Fördermöglichkeiten der allgemeinen Schule ausgeschöpft sind. Obwohl diese Empfehlungen keinen rechtsverbindlichen Charakter für die Bundesländer haben und allenfalls einen Minimalkonsens in Bezug auf die Weiterentwicklung der sonderpädagogischen Förderung darstellen, übernehmen in den folgenden Jahren alle Bundesländer die neue Terminologie in ihre Schulgesetzgebung und erweitern ihr Förderangebot um integrative Organisationsformen. Insofern kann mit einiger Berechtigung von einem grundlegenden Perspektivenwechsel gesprochen werden, der sich mit den KMK-Empfehlungen von 1994 ergeben hat. Im Jahre 1999 folgen dann auch die *Empfehlungen zum „Förderschwerpunkt Lernen"*, wie es nun in Ablösung des Begriffs „Lernbehinderung" heißt. Damit ist der Prozess der Umgestaltung des „Sonderschulwesens" in der BRD in vollem Gange. Nicht mehr die „Sonderschulen" bilden wie zu Beginn der 1970er Jahre den monopolartigen Förderort. Vielmehr ist seit Beginn der 1990er Jahre ein *pluralisiertes sonderpädagogisches Fördersystem* entstanden, in dem neben die „Sonderschulen" (später auch als „Förderschulen" bezeichnet) weitere Organisationsformen treten wie *Förderklassen, Förderzentren, Integrations- und Kooperationsklassen* und vieles mehr (s. Kap. 4.0).

● Auf den Punkt gebracht

Ein „sonderpädagogisches Fördersystem" besteht aus einer Vielfalt an Organisationsformen sonderpädagogischer Förderung, die von der Integrationsklassen in der allgemeinen Schule über Förderklassen, sonderpädagogische Förderzentren bis hin zu Förderschulen (als Nachfolgeeinrichtungen der Sonderschulen) reichen und die von mobilen (bzw. ambulanten) Diensten an unterschiedlichen Förderorten begleitet werden.

Damit hat sich die sonderpädagogische Förderung aus ihrer starren Bindung an eine eigenständige Schulform wohl endgültig gelöst, auch wenn die integrative Förderung nach wie vor nicht bedarfsgerecht ausgebaut ist (vgl. HEIMLICH 1995a).
Neben dieser schulgeschichtlichen Retrospektive ist zum Verständnis der gegenwärtigen Probleme in der Kooperation von allgemeinen Schulen und Förderschulen für den Förderschwerpunkt Lernen (bzw. Schulen zur Lernförderung, zur Lernhilfe usf.) ein Rückblick auf die Auseinandersetzung zwischen Reformpädagogen/-innen und Hilfsschulpädagogen/-innen erforderlich. Auch wenn diese kritischen Stimmen in der Geschichte der „Hilfsschulpädagogik" meist eher am Rande stehen, so haben sie doch für die gegenwärtigen Herausforderungen einer Pädagogik bei Lernschwierigkeiten eine zentrale Bedeutung. Der Zusammenhang von Reformpädagogik und „Hilfsschulpädagogik" soll deshalb nun als Beitrag zur Ideengeschichte dargestellt werden.

2.3 Reformpädagogik in der „Hilfsschule"

Die Reformpädagogik wird in der gegenwärtigen pädagogischen Geschichtsschreibung nicht mehr als abgegrenzter Zeitraum verstanden (etwa von 1890 bis 1933), sondern vielmehr über einige zentrale Motive definiert. JÜRGEN OELKERS (1996) hat zeigen können, dass Prinzipien wie Selbsttätigkeit, Anschauung und Schulkritik bereits bei JEAN-JACQUES ROUSSEAU (1712-1778) oder JOHANN HEINRICH PESTALOZZI (1746-1827) zu finden sind. Auch wenn das Gespräch zwischen Reformpädagogik und Hilfsschulpädagogik zu Beginn des 20. Jahrhunderts immer wieder unterbrochen ist, so lassen sich doch reformpädagogische Impulse in der „Lernbehindertenpädagogik" ausmachen. Bezeichnend ist dabei, dass von reformpädagogischen Ansätzen stets auch Hinweise auf integrative Förderkonzepte ausgehen (vgl. HILLENBRAND 1994, S. 310). Das gilt sogar für die pädagogische Arbeit in einigen reformpädagogischen arbeitenden „Hilfsschulen" (vgl. HEIMLICH 1999b).
In der Zeit von 1902 bis 1904 versucht JOHANNES LANGERMANN (1848-1923) in Barmen-Carnap (Wuppertal) den Freiraum der „Hilfsschule" reformpädagogisch zu nutzen (vgl. LANGERMANN 1911, S. 7ff.).

Johannes Langermann (1848-1923) – Leben und Werk:
JOHANNES LANGERMANN wird 1848 in Mecklenburg geboren. Sein Vater ist Volksschullehrer. LANGERMANN entscheidet sich ebenfalls für die Lehrertätigkeit. Im Alter von 30 Jahren wechselt er ins Rheinland und ist 26 Jahre lang als Volksschullehrer in Barmen (heute: Wuppertal) tätig. Von 1902 bis 1906 übernimmt er die Leitung der „Hilfsschulfiliale" in Barmen-Carnap. LANGERMANN ist als scharfer Kritiker der damaligen Schulpraxis und Lehrerausbildung bekannt

geworden, die er auch den Schulbehörden gegenüber offensiv vorgetragen hat – sogar auf die Gefahr einer Amtsenthebung hin. Insofern bietet ihm die „Hilfsschule" den nötigen Reformspielraum, um seine eigene Schulkonzeptionen in die Tat umzusetzen. Aufgrund gesundheitlicher Probleme muss er bereits 1906 in den Ruhestand gehen. Im Jahre 1910 erscheint sein Hauptwerk, der „Erziehungsstaat nach Stein-Fichteschen Grundsätzen". Im gleichen Jahr wird auch seine Methodik des handelnden Rechnens publiziert. Von 1915 bis 1919 leitet LANGERMANN die Stein-Fichte-Schule in Darmstadt, eine Privatschule, die von einem Elternverein gegründet worden ist. Noch mit über 70 Jahren übernimmt er von 1920 bis kurz vor seinem Tode im Jahre 1923 die Leitung der „Stillach-Schule", eine Reformschule mit Internat (vgl. HILLENBRAND 1994, S. 97ff.).

In Barmen-Carnap unterrichtet LANGERMANN mit einer Lehrerin in zwei Klassen 40 Mädchen und Jungen im Alter von 8 bis 13 Jahren. LANGERMANN zählt ebenfalls zu den Kritikern der „Hilfsschule":

> „Welches pädagogische Talent mag wohl auf den genialen Gedanken verfallen sein, alle Ignoranz und alles Elend, anstatt es möglichst zu verteilen, zu sammeln und auf einen Haufen zu werfen, um es dadurch zu – beseitigen?" (LANGERMANN 1911, S. 416).

Diese recht drastische Stellungnahme zeigt, dass die „Hilfsschule" für LANGERMANN allenfalls als Notlösung akzeptiert wird. Im Grunde bevorzugt er ein integratives Förderkonzept, wenn er z.B. fragt:

> „Denn an wem soll denn der Schwache sich aufrichten, wenn nicht an dem Starken? Und umgekehrt: wodurch soll der Keim zur Moralität und Religion entwickelt und geübt werden, wenn nicht durch Hilfeleistung des Stärkeren gegenüber dem Schwächeren." (ebd.)

Entscheidend ist für LANGERMANN die Möglichkeit, ein verändertes Unterrichtskonzept in der „Hilfsschule" zu erproben. Im Mittelpunkt steht dabei der Schulgarten. Er nutzt das Interesse der Schüler/-innen für die praktische Tätigkeit und zeigt ihnen dabei die Notwendigkeit zum gemeinsamen Lernen. Zahlreiche Unterrichtsvorhaben werden aus dieser fächerübergreifenden Thematik entwickelt (z.B. der Bau eines Pavillons). Aber auch Messen und Wiegen, Rechnen, Lesen und Schreiben leiten sich aus der Gartenarbeit ab. LANGERMANN entwickelt dieses Unterrichtskonzept im Laufe seiner späteren Tätigkeit an der „Stein-Fichte-Schule" in Darmstadt weiter zu einem handlungsorientierten Mathematik- und Sprachunterricht. WERNER JANK und HILBERT MEYER (1994, S. 349) sehen in der Unterrichtskonzeption von LANGERMANN deshalb den *Ursprung des handelnden Unterrichts* (vgl. auch HEIMLICH 1999b, S. 37ff.).

Von 1919 an ist FRIEDA STOPPENBRINK-BUCHHOLZ an einer „Hilfsschule" in Hamburg-Bergedorf für insgesamt dreißig Jahre tätig.

Frieda Stoppenbrink-Buchholz (1897-1993) – Leben und Werk:

FRIEDA BUCHHOLZ wird 1897 in Breslau geboren. Ihr Vater ist Schriftgießer. Sie besucht in Breslau die Mittelschule, das Lyzeum und das Oberlyzeum. Sie schließt die Schule im Jahre 1916 mit dem Reifezeugnis ab. Bereits in ihrer Jugend hat sie aufgrund ihres umfangreichen sozialen Engagements Kontakte zu „Hilfsschülern/-innen". Ihre Tante, die sie in den Ferien häufiger besucht, ist „Hilfsschullehrerin" in Hamburg. Ein Studium kann die Familie nicht finanzieren. Doch FRIEDA BUCHHOLZ (später verheiratete STOPPENBRINK) entscheidet sich für die Lehrerausbildung in der Seminaristenklasse des Oberlyzeums und kann nach einer Ausbildung von einem Jahr die Lehramtsprüfung ablegen. Bereits 1917 tritt sie in den Hamburger Schuldienst ein, wo sie ab 1919 in der Bergedorfer „Hilfsschule" tätig ist. Von Beginn an bemüht sie sich um eine reformpädagogische Arbeit in der „Hilfsschule". 1939 promoviert sie bei PETER PETERSEN mit einer Arbeit zum Thema „Das brauchbare Hilfsschulkind – ein Normalkind". Trotz drängender Versuche von Vorgesetzten und Schulbehörde weigert sie sich, in die NSDAP einzutreten, hat im Gegenteil sogar den Mut sich kritisch mit dem Erbgesundheitsgericht zur Frage der Sterilisation einer ihrer Schülerinnen auseinanderzusetzen. Ab 1941 ist sie – vermutlich auch zu eigenem Schutz – in der Kinderlandverschickung tätig. Nach dem Krieg wird sie zunächst kommissarisch zur Schulleiterin der Bergedorfer „Hilfsschule" ernannt, wechselt aber 1948 in den Hochschuldienst am Pädagogischen Institut der Hamburger Universität auf eine Dozentur für Hilfsschulpädagogik. Sie stirbt 1993 in Hamburg (vgl. ELLGER-RÜTTGARDT 2000).

Während der Tätigkeit in der Bergedorfer Hilfsschule praktiziert sie das *Konzept der Jena-Plan-Schule* nach PETER PETERSEN, bei dem sie 1939 promoviert (vgl. ELLGER-RÜTTGARDT 1997). Ihr ist die soziale Benachteiligung der „Hilfsschüler/-innen" bereits bewusst, wenn sie darauf hinweist,

> „...daß alle diese Kinder, die je nach der Zusammensetzung einer Hilfsschulklasse etwa 50-75% ausmachen, in der Normalschule nicht versagt hätten, wären sie in einem guten Haus erzogen worden." (BUCHHOLZ 1939, S. 159).

Sie beschreibt ihre Schüler/-innen folgerichtig unter einer kompetenzorientierten Sichtweise, in dem sie – völlig im Gegensatz zur damals vorherrschenden Doktrin – nicht die angeblich „konstitutionellen" Defekte des „Hilfsschulkindes" in den Vordergrund stellt, sondern sehr anschaulich die Leistungen der Kinder in den einzelnen Schulfächern (a.a.O., S. 120ff.) und bezogen auf die „Fähigkeit zur Gemeinschaft" (a.a.O., S. 146ff.) in verschiedenen sozialen Situationen schildert. Das Versagen des „Hilfsschulkindes" in der Normalschule wird von ihr auch als Problem des Unterrichtskonzepts gesehen:

> „Der Klassenunterricht, der Inhalt und Form eines Normalwissens vorschreibt, Zeitpunkt und Dauer von Übermittlung und Einprägung bestimmt, ist für ein Normalkind gedacht, das nie und nirgends existiert. So wirkt der einseitige Klassenunterricht hemmend auf die Entwicklung eines jeden Kindes." (a.a.O., S. 159).

Ihre eigene Unterrichtspraxis zeichnet sich durch *Elemente des Gruppenunterrichts, Kreisgespräche sowie Feste und Feiern* aus. Außerdem entwickelt sie mit ihren Schülern/-innen Materialien zum „Selbstunterricht" (a.a.O., S. 164ff.), mit denen sie die heutigen Freiarbeitsmaterialien vorwegnimmt. STOPPENBRINK-BUCHHOLZ führt so in der „Hilfsschule" den Nachweis, dass ein reformpädagogisch konzipierter Unterricht bei „Hilfsschülern/-innen" möglich ist. Von daher ist es naheliegend, wenn sie sich auch der Kritik an der „Hilfsschule" anschließt, die bereits PETERSEN formuliert hat (a.a.O., S. 169ff.).
Die „Hilfsschulpädagogik" nimmt diese reformpädagogischen Stimmen aus den eigenen Reihen seinerzeit kaum wahr, stehen sie doch ihrer Begründung für die eigenständige Schulform (Defizite der Kinder, möglichst homogene Lerngruppe) völlig entgegen. Auch die Auseinandersetzung mit den Konzepten der internationalen Reformpädagogik findet von Seiten der „Hilfsschulpädagogen/innen" nicht statt. Einer der Gründe dafür dürfte darin liegen, dass hier bereits erste Entwürfe einer integrativen Pädagogik geliefert werden.
Aus ihrer Arbeit mit sozial benachteiligten Kindern entwickelt MARIA MONTESSORI (1870-1952) ein integratives Förderkonzept, das bis heute auch für eine Pädagogik bei Lernschwierigkeiten von Bedeutung ist (vgl. HOLTSTIEGE 1989).

Maria Montessori (1870-1952) – Leben und Werk:

MARIA MONTESSORI wird 1870 in Chiaravalle bei Ancona in Italien geboren. Nach der Schulausbildung studierte sie Biologie, Mathematik, später in der Hauptsache Medizin, aber daneben auch Philosophie und Psychologie. Sie promoviert 1896 zum Doktor der Medizin. Als Assistenzärztin arbeitet sie in der Psychiatrischen Klinik der Universität Rom. Nicht zuletzt der Widerstand in den Reihen der Mediziner gegen sie als Frau mag dazu beigetragen haben, dass sie sich immer mehr der Betreuung von Kindern mit Behinderung widmet. 1907 gründet sie in *San Lorenzo*, einem Arbeiterviertel in Rom, das

Casa dei Bambini, ein Kinderhaus, in der sie den Arbeiterkindern, deren Eltern sich aufgrund ihrer Berufstätigkeit nicht um sie kümmern konnten, pädagogische Betreuung anbietet. Dort entwickelt sie auch das Montessori-Material und die Prinzipien ihrer Pädagogik, die im Jahre 1909 in der Schrift *Il metodo della pedagogia scientifica* der Öffentlichkeit zugänglich werden. Von diesem Zeitpunkt an widmet sich MONTESSORI ganz der internationalen Verbreitung ihres pädagogischen Konzeptes, das bis heute in zahlreichen Ländern zu Schulgründungen führt. Sie stirbt im Jahre 1952 im Nordwijk (Holland) (vgl. ERLINGHAGEN 1979; BÖHM 2003).

Anregungen erhält sie von den heilpädagogischen Schriften des JEAN-MARC GASPARD ITARD (1775-1838) und ÉDUARD SÉGUIN (1812-1880) und der von ihnen besonders für Kinder und Jugendlichen mit geistiger Behinderung entwickelten „physiologischen Methode". Grundlage des Förderkonzeptes ist die Aktivierung der Sinnestätigkeit. Zu diesem Zweck werden schon von ITARD und SÉGUIN spezielle Fördermaterialien entworfen. Montessori greift diese Idee auf und schafft ein umfassendes System der Montessori-Materialien. In ihrem „Kinderhaus" in Rom hat sie beobachtet, welche Konzentration Kinder (*„Polarisation der Aufmerksamkeit"*) erreichen, wenn sie mit geeigneten Materialien (wie den Einsatzzylindern) spielen und lernen dürfen. Das Montessori-Material umfasst inzwischen auch den gesamten Lernbereich Mathematik, Sprache und Sachunterricht bis in die höheren Klassen hinein. Auf dieser Grundlage entwirft MONTESSORI eine Entwicklungspädagogik, die von der Selbsttätigkeit der Kinder ausgeht und letztlich in einen *Prozess der „Selbstunterrichtung"* mündet. In der so „vorbereiteten Umgebung" lernen die Kinder selbstständig (vgl. zur Geschichte des Prinzips Selbsttätigkeit: HEIMLICH 1997). Durch die Altersmischung der Spiel- und Lerngruppen in den zahlreichen Montessori-Kinderhäusern und Montessori-Schulen ist das pädagogische Konzept von vornherein auf die Unterschiedlichkeit der Kinder ausgerichtet (*Prinzip der Heterogenität*). In einem eigenen Fortbildungssystem zum Erwerb des Montessori-Diploms werden bis heute auch die notwendigen pädagogischen Qualifikationen für ein solches Unterrichts- und Erziehungskonzept vermittelt. Montessori-Schulen und -Kinderhäuser haben sich von daher bereits sehr frühzeitig für die integrative Förderung geöffnet. So nimmt beispielsweise die Montessori-Schule der Aktion Sonnenschein e.V. in München bereits seit den 1960er Jahren Kinder mit Behinderung auf (vgl. HELLBRÜGGE 1977). Nachdem zunächst nur an eine Realisierung der Montessori-Pädagogik in privaten Schulen gedacht ist, greifen die Prinzipien und die damit verbundene Ausstattungskonzeption zwischenzeitlich auch auf integrative Regelschulen über. Dabei ist die Eignung der Materialien für Schüler/-innen mit Lernschwierigkeiten aus der Praxis heraus immer wieder bestätigt worden (vgl. G. KLEIN 1994; BUSCH 1994).

Eine ähnliche Bedeutung für die Entwicklung einer Pädagogik bei Lernschwierigkeiten in der Gegenwart hat der Jena-Plan von Peter Petersen gewonnen.

Peter Petersen (1884-1952) – Leben und Werk:

Petersen wird 1884 in einer kleinbäuerlichen Familie in Großenwiehe in der Nähe von Flensburg geboren. Nach dem Abitur studiert er an der Universität Leipzig Philosophie, Geschichte, evangelischeTheologie und Englisch. Er promoviert im Jahre 1908 mit einer Arbeit zum Thema „Der Entwicklungsgedanke in der Philosophie Wundts" an der Universität Jena und ist als Assistent weiter an der Universität Leipzig tätig. Ab 1909 arbeitet Petersen als Oberlehrer am Johanneum in Hamburg und übernimmt 1920 die Leitung der Lichtwarkschule. Seit 1912 wirkt er zusammen mit Georg Kerschensteiner im Vorstand des „Deutschen Bundes für Schulreform". Er habilitiert sich im Jahre 1920 an der Universität Hamburg für die Gebiete Philosophie und Pädagogik. 1923 erhält er einen Ruf an die Universität Jena auf einen Lehrstuhl für Pädagogik, der mit der Einrichtung einer eigenen Versuchsschule verbunden ist. In den Folgejahren knüpft er auch Kontakte in der internationalen Reformpädagogik und veröffentlicht zahlreiche Schriften. Internationale Aufmerksamkeit erzielt er mit seinem Jena-Plan, in dem das Konzept der Versuchsschule dargestellt wird. Es gelingt ihm seine Versuchsschule unter vielen Schwierigkeiten durch die Nazi-Zeit zu retten. Erst 1951 wird sie kurz vor seinem Tode im Jahre1952 in der DDR geschlossen (vgl. Kosse 1979).

In das Schulkonzept von Petersen gehen die Erfahrungen anderer Reformpädagogen/innen bereits ein. Petersen sieht im *Prinzip der Gemeinschaft* die Grundlage für das gesamte Schulleben und richtet auch seinen Unterricht nach diesem Grundsatz aus. Es werden altersgemischte Stammgruppen gebildet, die in Tischgruppen zusammensitzen und ihr gemeinsames Lernen weitgehend selbstständig organisieren. Die Arbeit wird um zentrale *„pädagogische Situationen" wie Arbeit, Gespräch, Spiel und Feier* herum inhaltlich gestaltet. Im Jena-Plan tauchen aber ebenso *Phasen der Freiarbeit, Wochenpläne und der Gruppenunterricht* auf. Petersen praktiziert gleichzeitig wohl als einer der ersten Pädagogen/innen im deutschsprachigen Raum den Gemeinsamen Unterricht. Die „Hilfsschule" stellt er grundsätzlich in Frage:

> „Wer jene schulmäßig wenig Begabten sich in ihrer Weise frei und froh ohne Anzeichen irgendwelcher seelischen Gedrücktheit unter den Mitschülern bewegen sieht, versteht, was ich meine. Sie können in dem reicheren Arbeitsleben der Normalschule vielseitiger und auf natürliche Weise lernen, auswählen, was ihnen zugänglich ist, und in ihrer Art dem

freien Bildungserwerb nachgehen. Stets findet sich Gelegenheit, sie mit ihren Fähigkeiten einzustellen: …" (PETERSEN 1927/1972, S. 19).

Damit sind wichtige didaktisch-methodische Elemente eines modernen Gemeinsamen Unterrichts bereits benannt (vgl. zum integrativen Ansatz der Jena-Plan-Pädagogik: RETTER 1993). Besonders die geringen Rücküberweisungsquoten aus der „Hilfsschule" in die Volksschule werden von PETERSEN kritisiert. Diese Kritik hat den „Hilfsschulpädagogen" RÖSSEL (1928, S. 90) seinerzeit zu der öffentlichen Feststellung gedrängt, dass auch einem Hochschullehrer für Pädagogik der „pathologische Charakter" des „Hilfsschulkindes" nicht verborgen bleiben dürfe. Damit ist lange Zeit die Möglichkeit eines fruchtbaren Dialogs zwischen der Jena-Plan-Pädagogik und der Heil- und Sonderpädagogik verstellt. Erst im Zuge der Bildungsreform Ende der 1960er Jahre und in Verbindung mit den Versuchen zum Gemeinsamen Unterricht kann wieder an PETERSEN angeknüpft werden. In Köln-Höhenhaus arbeitet beispielsweise seit 1982 die gleichnamige Grundschule als Integrationsschule nach dem Jena-Plan (vgl. KLINKE 1993).
Reformpädagogische Schul- und Unterrichtskonzepte haben erstmals in der Geschichte der Pädagogik auch praktisch gezeigt, dass Kinder und Jugendliche mit und ohne Behinderung gemeinsam unterrichtet werden können. Erst damit ist ein dritter Entwicklungsschritt in der Geschichte eine Pädagogik bei Lernschwierigkeiten möglich geworden: die Einbeziehung von Kindern und Jugendlichen mit Behinderung in das allgemeine Bildungs- und Erziehungssystem außerhalb der „Hilfsschule". Die Hoffnungen vieler Reformpädagogen/innen auf eine breite gesellschaftliche Wirkung erfüllen sich indes auch in der Zeit der Weimarer Republik nicht. Auf der Reichsschulkonferenz im Jahre 1920 bleibt es bei der Verabschiedung der Grundschule als „Schule für alle". Die „Einheitsschule" als Grundmodell für alle Jahrgänge ist hingegen politisch nicht konsensfähig. Insofern lebt die Reformpädagogik bis heute auch von vielen kleinen und kurzlebigen Reformprojekten, deren Wirkungen erst langfristig ausgemacht werden können (vgl. BECKER 1992, S. 70).

Literaturempfehlungen:

ELLGER-RÜTTGARDT, SIEGLIND: Frieda Stoppenbrink-Buchholz (1897-1993). Hilfsschulpädagogin, Anwältin der Schwachen, Soziale Demokratin. Weinheim: Deutscher Studien Verlag, 2. Auflage 1997

ELLGER-RÜTTGARDT, SIEGLIND (Hrsg.): Lernbehindertenpädagogik. Studientexte zur Geschichte der Behindertenpädagogik. Bd. 5. Weinheim, Basel, Berlin: Beltz, 2003

ELLGER-RÜTTGARDT, SIEGLIND L.: Geschichte der Sonderpädagogik. München, Basel: E. Reinhardt, 2008

HILLENBRAND, CLEMENS: Reformpädagogik und Heilpädagogik – unter besonderer Berücksichtigung der Hilfsschule. Bad Heilbrunn: Klinkhardt, 1994

MÖCKEL, ANDREAS: Geschichte der besonderen Grund- und Hauptschule. Heidelberg: Edition Schindele, 4. Auflage, 2001

MÖCKEL, ANDREAS: Geschichte der Heilpädagogik oder Macht und Ohnmacht der Erziehung. Stuttgart: Klett-Cotta, 2. Auflage 2007

SCHNELL, IRMTRAUD: Geschichte schulischer Integration. Gemeinsames Lernen von SchülerInnen mit und ohne Behinderung in der BRD sei 1970. Weinheim, München: Juventa, 2003a

WERNING, ROLF/ LÜTJE-KLOSE, BIRGIT: Einführung in die Pädagogik bei Lernbeeinträchtigungen. München, Basel: Reinhardt, 3. Auflage 2012 (Kap. 2: Die Entstehung einer besonderen Pädagogik bei Lernbeeinträchtigungen, S. 25-43)

Übungsaufgaben Kap. 2 (Lösungen im Anhang):	
❶	Die Geschichte der Pädagogik bei Lernschwierigkeiten beginnt mit der Erfindung von **Methoden** für den Unterricht bei Schülern/-innen mit Schulleistungsproblemen. Welche Methode schlägt Peter Jordan in seiner „Leyenschul“ für den Leselernprozess vor?
❷	Die Geschichte der „Hilfsschule“ setzt ein mit den **„Nachhilfeklassen“**. Warum sind die „Hilfsschulen“ gleichwohl nicht aus den „Nachhilfeklassen“ hervorgegangen?
❸	Die „Hilfsschule“ war von Anfang an eine Bildungsinstitution für sozial benachteiligte Kinder und Jugendliche. Können die Armen- und Industrieschulen deshalb aus Vorläufer der „Hilfsschule“ angesehen werden?
❹	Obwohl die Hilfsschule von Beginn an in der Öffentlichkeit scharf kritisiert wurde, konnten die **Kritiker** sich kein Gehör verschaffen und nicht verhindern, dass sich die Hilfsschule in den zwanziger Jahren des letzten Jahrhunderts bildungspolitisch durchgesetzt hatte. Wie ist es zu erklären, dass sich die Befürworter der Hilfsschule so eindeutig behaupten konnten?
❺	**Reformpädagogisch orientierte „Hilfsschulpädagogen/-innen“** haben trotz ihrer Kritik an der eigenständigen „Hilfsschule“ ihre Reformprojekte immer wieder in „Hilfsschulklassen“ erprobt. Warum lassen sie sich trotzdem auf den besonderen Förderort ein?

3 Förderkonzepte bei Lernschwierigkeiten

„Ich habe keine Lehre,
aber ich führe ein Gespräch."
(MARTIN BUBER 1978, S.98)

Zusammenfassung

Sonderpädagogische Förderung im Förderschwerpunkt Lernen beinhaltet im weiteren Sinne die Elemente Diagnose, Intervention, Evaluation und Beratung, bezieht sich also keineswegs nur auf den Unterricht. Ausgehend von der Feststellung des sonderpädagogischen Förderbedarfs im Förderschwerpunkt Lernen über den Weg der Förderdiagnostik soll deshalb nun ein Konzept von individueller Lernförderung bis hin zur konkreten Förderplanung vorgestellt werden. Der Unterricht bei Schülern/-innen mit Lernschwierigkeiten und seine didaktische Grundlegung stellen dabei einen Spezialfall von Lernförderung dar. Davon abgegrenzt und in Ergänzung zur Lernförderung wird ebenfalls auf Konzepte der Lerntherapie eingegangen.

Auch im Förderschwerpunkt Lernen ist sonderpädagogische Förderung auf eine fundierte und intensive Diagnostik angewiesen. Dabei steht gegenwärtig nicht mehr die Rechtfertigung einer Überweisungsentscheidung in eine eigenständige Institution (wie Sonderkindergarten, Sonderschule usf.) im Vordergrund. Vielmehr soll der individuelle Förderbedarf als Basis der weiteren Fördermaßnahmen bestimmt werden. Mit diesem Perspektivenwechsel von der Förderschule als alleinigem Bezugspunkt sonderpädagogischer Handlungsformen hin zu einer Vielfalt an sonderpädagogischen Förderangeboten an unterschiedlichen Förderorten geht auch ein Wandel des Grundkonzepts sonderpädagogischer Förderung einher. Nicht mehr das individuelle Defizit, der Mangel oder der Fehler stellen die Grundlage für die Förderung dar. Auch sonderpädagogische Förderung basiert auf der Ermittlung von Fähigkeiten, Bedürfnissen und Interessen von Kindern und Jugendlichen, damit Sonderpädagogen/-innen handlungsfähig bleiben. Im folgenden Kapitel steht die *Frage* im Mittelpunkt, *wie Kinder und Jugendliche mit Lernschwierigkeiten sonderpädagogisch gefördert werden können*. In einem ersten Schritt erfolgt ein Überblick über die sonderpädagogische *Förderdiagnostik im Förderschwerpunkt Lernen* (3.1) und deren Konsequenzen im Rahmen der *individuellen Förderplanung* (3.2). Zur praxisorientierten Umsetzung werden in diesem Zusammenhang auch das sonderpädagogische Fördergutachten und der sonderpädagogische Förderplan vorgestellt. Die didaktisch-methodischen Grundlagen im Förderschwerpunkt Lernen bezogen sich in der Vergangenheit in der Regel ausschließlich auf den Unterricht. Inzwischen wird aber auch in der Praxis deutlich, dass darüber hinaus ebenfalls *didaktisch-methodische Überlegungen in Bezug auf die individuelle Förderung bezogen auf inklusive Bildungsangebote* erforderlich sind (Kap. 3.3). In Ergänzung zu Schule und Unterricht im engeren Sinne sollen im weiteren aber auch die neu entstehenden Konzepte der *Lerntherapie* (Kap. 3.4) kurz vorgestellt werden. Leitend ist bei den folgenden Überlegungen ein Verständnis sonderpädagogischer Förderung im weiteren Sinne, das die Elemente Diagnose, Intervention, Evaluation und Beratung in einen systematischen Begründungszusammenhang stellt und nicht nur auf die Intervention (bzw. die konkreten Fördermaßnahmen) im engeren Sinne abzielt (vgl. HEIMLICH 2008 und Kap. 3.3 in diesem Band). Zur besseren Anbindung an die Praxis sind zusätzlich mehrere erschwerte Lernsituationen eingefügt, die jeweils die konkrete Problematik sonderpädagogischer Diagnose und Förderung im Förderschwerpunkt Lernen aufzeigen sollen.

3.1 Förderdiagnostik bei Lernschwierigkeiten

Basis jeglicher Förderangebote im Förderschwerpunkt Lernen ist eine fundierte Förderdiagnostik. *Diagnose* [vom griech. *diágnōsis* = unterscheidende Beurteilung, Erkenntnis] bezog sich ursprünglich im medizinischen Bereich auf die Feststellung einer Krankheit. Im Gegensatz dazu übernimmt Diagnostik im sonderpädagogischen Bereich nicht mehr die Aufgabe der Klassifikation von Kindern und Jugendlichen mit dem Ziel ihrer Zuweisung zu einem bestimmten Förderort. Dafür war in der Vergangenheit die Suche nach den Defiziten von Kindern und Jugendlichen erkenntnisleitend, die zugleich die Überweisungsempfehlungen legitimieren sollten.

● Auf den Punkt gebracht

Die Feststellung des sonderpädagogischen Förderbedarfs im Förderschwerpunkt Lernen ist an eine *kompetenzorientierte Sichtweise der Kinder und Jugendlichen* gebunden, die ihre Fähigkeiten und Bedürfnisse als Basis des Förderangebotes in den Blick nimmt.

Dabei wird implizit vorausgesetzt, dass sonderpädagogische Förderung stets an den Kompetenzen von Kindern und Jugendlichen ansetzen muss, um überhaupt zu Interventionen zu gelangen. Insofern ist das Modell des russischen Psychologen LEV S. VYGOTSKIJ (1894-1934) für die Förderdiagnostik grundlegend. Auch bezogen auf den Förderschwerpunkt Lernen steht die Frage im Vordergrund, wie weit ein

Kind bzw. Jugendlicher entwickelt ist (*Zone der aktuellen Entwicklung*) und was die nächsten Entwicklungsaufgaben sind (*Zone der nächsten Entwicklung*). Die Entwicklungs- und Lernpsychologie liefert zu den verschiedenen Entwicklungs- und Verhaltensbereichen entwicklungslogische Modellvorstellungen. Insofern hat das Prinzip der Entwicklungsorientierung für eine kompetenzorientierte Förderdiagnostik im Förderschwerpunkt Lernen zentrale Bedeutung, auch wenn dabei erneut zu berücksichtigen ist, dass Kinder und Jugendliche im Förderschwerpunkt Lernen nicht ausschließlich unter dem Aspekt der negativen Abweichung von einer fiktiven Durchschnittsentwicklung betrachtet werden dürfen.

3.1.1 Grundlagen der sonderpädagogischen Diagnostik bei Lernschwierigkeiten

Bereits seit den 1970er Jahren hat das Konzept der Förderdiagnostik zu einem grundlegenden Wandel in der sonderpädagogischen Diagnostik beigetragen (vgl. Kornmann/Meister/Schlee 1983). Konrad Bundschuh fasst diese Entwicklung in seiner Definition von Förderdiagnostik noch einmal zusammen:

> „Förderdiagnostik orientiert sich am Subjekt bzw. am Kind und führt zu Informationen über Entwicklung, Lernverhalten, soziale Bezüge, Emotionalität, allgemein über Entwicklungsstand, Lernausgangslage, Fähigkeiten, Kompetenzen und Bedürfnisse mit der Zielrichtung der Einleitung von Förderprozessen." (Bundschuh 2007b, S. 50)

Gerade im Förderschwerpunkt Lernen ist von einer hohen Komplexität der förderdiagnostischen Aufgabenstellung auszugehen (vgl. Bundschuh 2007c, S. 170ff.). Es gilt nicht nur die sichtbare Ebene der Schulleistungsprobleme im Lesen, Schreiben und Rechnen diagnostisch genau zu erfassen, sondern ebenso deren Genese und Bedingungsfaktoren im somatischen, kognitiven, sozialen, emotionalen und sensomotorischen Bereich (s. Kap. 1.3).

Das Konzept der Förderdiagnostik unterscheidet sich dabei grundlegend von der traditionellen, einseitig auf die Durchführung von Tests ausgerichteten sonderpädagogischen Diagnostik. Im Anschluss an Dietrich Eggert (1998, S. 20ff.) sollen die Konzepte der Förderdiagnostik und der Testdiagnostik deshalb nun anhand der Kriterien *anthropologische Grundlagen*, *Organisation der Förderung*, *immanente Logik*, *Qualitätskriterien* und *Methoden* gegenübergestellt werden.

- **Testdiagnostik (quantitative Diagnostik)**

Die traditionelle Testdiagnostik orientierte sich in der Hauptsache am Defekt bzw. *Defizit von Kindern und Jugendlichen*. Die auf dem Weg über den Einsatz von Tests zu ermittelnde Schädigung wurde als Entwicklungsgrenze und damit stabiles Merkmal betrachtet. Die weitere Entwicklung des Kindes oder Jugendlichen erschien von daher weitgehend vorgezeichnet. Das galt insbesondere für die Intelligenzdiagnostik und den Intelligenzquotienten als Ergebnis der testdiagnostischen Untersuchung. Die Konsequenz aus diesem Diagnoseergebnis war in der Regel die Überweisung zum besonderen Förderort der „Sonderschule" (heute: Förderschule). Diagnostik sollte also in erster Linie diese Überweisungsentscheidung rechtfertigen. Der testdiagnostische Aufwand ging in diesem Zusammenhang teilweise sogar soweit, dass mehrere Intelligenztests durchgeführt wurden. Diesem rein testdiagnostischen Ansatz muss das Bemühen um eine möglichst objektive Entscheidung zugute gehalten werden, auch wenn subjektiv beeinflusste Urteile auf diesem Weg ebenso nicht völlig auszuschließen sind. Allerdings hatte diese Intention einen hohen Preis. Die individuelle Leistung als Ergebnis eines Tests musste stets mit der Durchschnittsnorm verglichen werden. Diese Testnorm wird über eine umfangreiche Normstichprobe gewonnen, in der Regel eine größere Gruppe von Kindern und Jugendlichen, denen die Testaufgaben vorgelegt worden sind. Aus den quantifizierten Durchschnittswerten dieser Stichprobe entstehen die Testnormen als Vergleichswerte (vgl. INGENKAMP/LISSMANN 2005, S. 51ff.). In Bezug auf Schüler/-innen mit sonderpädagogischem Förderbedarf im Förderschwerpunkt Lernen ist dadurch die Defizitsichtweise bereits vorgeprägt. Da sie in der Regel schlechtere Leistungen als ihre gleichaltrigen Mitschüler/-innen erreichen, weichen sie meist negativ von der Durchschnittsnorm ab. Die Ergebnisse der Testdiagnostik sollen den klassischen psychodiagnostischen Testgütekriterien *Objektivität*, *Validität* und *Reliabilität* entsprechen. Ein Testergebnis ist dann objektiv, wenn das Ergebnis unabhängig von der Person des Testenden zustande kommt. Es ist valide, wenn es das misst, was es zu messen vorgibt. Und es ist reliabel, wenn es das Merkmal zuverlässig misst. Die Anwendung dieser Testgütekriterien liegt in der Regel schon bei der Konstruktion eines Tests zugrunde. Insofern können sich Testanwender/-innen in der Regel auf die Einhaltung dieser Qualitätskriterien bei den gängigen Tests verlassen. Es empfiehlt sich gleichwohl einen genauen Blick in das *Testmanual* (Testhandbuch)zu werfen. Testnormen können beispielsweise veralten, da die Untersuchungen zur Normierung eines Tests in der Regel sehr aufwändig sind und nicht ständig wiederholt werden können. Der Einsatz von Tests ist ebenfalls an eine standardisierte Untersuchungssituation gebunden. Testanweisungen sind genau einzuhalten und Störfaktoren so weit wie möglich auszuschließen. Dies führt bisweilen zu starken Rollenwidersprüchen in der Person der Testenden, da sie als Sonderpädagogen/-innen eher auf Hilfe, Unterstützung und Förderung ausgerichtet sind, in der *Testsituation* genau dies jedoch strikt ausgeschlossen ist.

Erschwerte Lernsituation 1

Melanie (7 Jahre) geht zwar bereitwillig mit in den Beratungsraum der Schule. Ihre Aufregung und Unsicherheit ist jedoch noch immer deutlich zu spüren. Erst beim Spiel „Spitz pass auf" wirkt sie etwas gelöster und freut sich sehr, als sie mit einem lauten Knall eine Maus unter dem Würfelbecher gefangen hat. Jetzt kann sie sich auf den Intelligenztest einlassen, der als „Knobelaufgabe" eingeleitet wird. Nachdem die Anweisung aus dem Testmanual vorgelesen worden ist, fragt sie bei jeder Aufgabe aus dem Test mit den Bildergeschichten nach, ob das so richtig sei. Dass sie keine Antwort vom Testleiter erhält, verunsichert sie sehr. Erst als die falsche Aufgabenlösung auf dem Testprotokoll notiert ist, fordert der Testleiter sie auf, die Bildergeschichte zu erzählen. Es zeigt sich zu seiner Überraschung, dass Melanie sich eine logisch stimmige und sehr phantasievolle Geschichte ausgedacht hat. Leider kann diese gute Leistung innerhalb des Tests nicht bewertet werden. Beim Einräumen der Bildkarten hilft Melanie wieder gern mit. Sie scheint froh zu sein, etwas tun zu können und nicht reden zu müssen.

Auch die Einzeltestsituation birgt für Kinder und Jugendliche viele Unsicherheitsfaktoren, die von Elternseite immer wieder stark kritisiert werden. Fraglich ist insbesondere, ob eine solche möglicherweise sogar angstbesetzte Situation in der Lage ist, das Leistungspotenzial eines Kindes in optimaler Weise abzubilden. Die deutlichste Kritik an der klassischen Testdiagnostik im sonderpädagogischen Arbeitsfeld ergab sich allerdings in Bezug auf die weitere Nutzung der Ergebnisse. In der Regel werden die aufwändigen testdiagnostischen Untersuchungen ausschließlich im Überweisungsverfahren zur „Sonderschule" genutzt. Für die weiteren Förderangebote stellen sie meist keine Grundlage mehr dar. Angesichts des Zeit- und Arbeitsaufwandes für die Erstellung eines sonderpädagogischen Gutachtens, der in der Regel erst durch Unterrichtsausfall in den Förderschulen ermöglicht wurde, erschien dies auch Sonderpädagogen/-innen selbst immer fragwürdiger.

- **Förderdiagnostik (qualitative Diagnostik)**

Die Förderdiagnostik richtet ihr Interesse demgegenüber auf offen Potenziale von Kindern und Jugendlichen und geht davon aus, dass die vorhandenen Fähigkeiten weiter entwickelt werden können. Die *Kompetenzorientierung* enthält also zugleich einen grundlegenden Entwicklungsoptimismus, der davon ausgeht, dass Kinder und Jugendliche Probleme des Lernens bewältigen können und dabei entsprechende Förderangebote hilfreich sind. Gerade bei der Intelligenz hat sich gezeigt, dass der Intelligenzquotient (IQ) als Ergebnis eines Intelligenztests keineswegs auf Dauer stabil sein muss. Er kann aufgrund mangelnder Anregungen absinken (vgl. MERZ 1982, S. 315). Ebenso ist ein Anstieg des IQ möglich, wenn entsprechende Fördermaßnahmen eingesetzt werden (z.B. das hocheffektive Intelligenztraining von KLAUER 1989). Allerdings muss die Bedeutung der Intelligenz in Bezug auf Schulleistungsprobleme neu bewertet werden, weil das Vorwissen ebenfalls zum Schulleistungserfolg beiträgt (vgl. STERN 2003). Kinder mit einem hohen IQ sind nicht in der Lage mangelndes Vorwissen auszugleichen. Es gilt vielmehr umgekehrt, dass

Kinder mit einem umfangreichen Vorwissen niedrigere IQ-Werte ausgleichen können. Intelligenz und Schulleistungen beeinflussen sich von daher gegenseitig (vgl. Stern/ Neubauer 2013). Insofern hat sich der Gegenstand der Förderdiagnostik im Förderschwerpunkt Lernen grundlegend gewandelt. Die Intelligenzdiagnostik büsst ihre Monopolstellung in der Praxis zunehmend ein. Vorrang hat vielmehr eine umfassende Schulleistungsdiagnostik, die zunächst einmal die Lernprobleme direkt diagnostiziert nach dem Prinzip:

● Auf den Punkt gebracht

Wenn ein Kind Probleme im Lesen, Schreiben oder Rechnen hat, dann werden auch zunächst einmal diese Probleme im Lesen, Schreiben und Rechnen genauer untersucht (*direkte Diagnostik*).

Erst dann schreitet man zu einer Ebene von Bedingungsfaktoren fort, auf der auch nach somatischen, kognitiven, sozialen, emotionalen oder sensomotorischen Einflussfaktoren für die Entstehung von Lernproblemen gefragt wird (*indirekte Diagnostik*). Organisatorisch bezieht sich die Förderdiagnostik auf ein vielfältiges sonderpädagogisches Fördersystem mit unterschiedlichen Förderorten bis hin zum inklusiven Unterricht in inklusiven Schulen. Spätestens seit den KMK-Empfehlungen von 1994 ist dabei in jedem Fall zu prüfen, ob der Förderort allgemeine Schule geeignet ist und wie dieser Förderort in die Lage versetzt werden kann, dass sonderpädagogische Förderung dort stattfindet (Primat der Integration, vgl. Heimlich 1995a). Unabhängig vom Förderort stellt sich allerdings auch bezogen auf den Förderschwerpunkt Lernen stets die Aufgabe, den sonderpädagogischen Förderbedarf fachlich fundiert festzustellen. An welchem Förderort dieser Förderbedarf realisiert wird, ist von zweitrangiger Bedeutung. Insofern richtet sich die Förderdiagnostik auf einen äußerst komplexen Mensch-Umfeld-Zusammenhang. Auch die Suche nach Unterstützungsmöglichkeiten für Kinder und Jugendlichen mit gravierenden Lernschwierigkeiten muss auf diese komplexe Ausgangssituation hin angelegt sein. Von daher verbietet es sich von vornherein, isolierte Fördermaßnahmen beim einzelnen Kind bzw. Jugendlichen einzusetzen (z.B. ein Training bestimmter basaler Funktionen), ohne das Umfeld mit seinen vielfältigen Förderpotenzialen mit einzubeziehen. In der Folge dieses veränderten Erkenntnisinteresses der Förderdiagnostik wandelt sich auch der Umgang mit Qualitätskriterien. Da die Förderdiagnostik auf Veränderungen abzielt und nicht auf die Feststellung eines bestimmten Status ist die Zuverlässigkeit (Reliabilität) eines förderdiagnostischen Befundes eher bezogen auf die *Entwicklungsprognose* zu ermitteln. Die Gültigkeit eines förderdiagnostischen Befundes ist nicht nur abhängig von internen Faktoren der eingesetzten Methoden (z.B. das zugrundeliegende Entwicklungsmodell) sondern ebenso von externen (z.B. Merkmalen der Untersuchungssituation). Das Ergebnis einer förderdiagnostischen Untersuchung muss auch auf andere Lern- und Fördersituationen übertragbar sein (*ökologische Validität*), da es erst in diesem Zusammenhang seine „Gültigkeit" für die Förderung unter Beweis stellen kann.

Erschwerte Lernsituation 2

Mustafa (12 Jahre) ist erst seit ein paar Tagen in der Klasse der Schule zur Lernförderung und hat beim Klassendiktat einen fein säuberlich geschriebenen Text abgegeben, bei dem auf den ersten Blick nicht ein einziges Wort lesbar ist. Auch eine Fehleranalyse ergibt keine Graphemtreffer. Im Gespräch mit Mustafa und dem Referendar in der Klasse kann geklärt werden, dass er auch nicht in einer anderen Sprache geschrieben hat. Erst beim Einsatz der Hamburger Schreibprobe zeigt sich, dass Mustafa noch nicht über eine gesicherte Phonem-Graphem-Korrespondenz verfügt. Das Abschreiben von der Tafel gelingt ihm mühelos. Der Leseprozess fällt ihm zwar schwer, gelingt aber, wenn er entsprechende Ruhe in der Einzelfördersituation hat und nicht gedrängt wird. Da die übrigen Schüler/-innen der Klasse schon weit fortgeschritten sind, wird mit Mustafa eine Einzelförderung durch den Referendar auf der Basis einer Rechtschreibkartei durchgeführt, in dem er fortlaufend den gesicherten Wortschatz dokumentieren kann. Die Karteikarten enthalten jeweils das Übungswort auf der Vorderseite und einen Übungssatz als Lückentext auf der Rückseite, so dass Mustafa gezwungen ist, das Wort auswendig zu schreiben. Später soll die Förderung mit dem Wortlisten-Trainingsprogramm fortgesetzt werden (vgl. zum Förderkonzept: HEIMLICH/MICHELS 1988).

Sicher ist es auch im Rahmen von förderdiagnostischen Überprüfungen weiterhin erforderlich dafür zu sorgen, dass die Befunde unabhängig von subjektiver Willkür und persönlichen Vorlieben bzw. Abneigungen zustande kommen. Objektivität als Gütekriterium ist insofern für die Förderdiagnostik unverzichtbar. Allerdings verändert sich unter dem Einfluss des Konstruktivismus gegenwärtig unsere Vorstellung von *Objektivität*. Ergebnisse von förderdiagnostischen Untersuchungen sind ebenfalls von uns hervorgebrachte Konstrukte, können von daher nicht ganz unabhängig von der Person des Testenden zustande kommen. Insofern wird Objektivität gegenwärtig zunehmend als möglichst weitgehende *intersubjektive Übereinstimmung* betrachtet. In der Konsequenz ergibt sich dann jedoch der Anspruch, dass förderdiagnostische Untersuchungen möglichst im Team durchgeführt werden, damit im Gespräch über Durchführung und Ergebnisse der Untersuchung der sonderpädagogische Förderbedarf als gemeinsames Konstrukt aller Beteiligten hervorgebracht wird. Zugleich ist damit der Vorteil verbunden, dass der Förderbedarf nicht als subjektiver Makel betrachtet werden kann, sondern vielmehr als das Ergebnis einer Zusammenarbeit aller Beteiligten.

- **Kind-Umfeld-Analyse als ökologisches Rahmenkonzept**

Mit dem Bemühen um die Ableitung von Fördermaßnahmen aus diagnostischen Erhebungen geht eine erhebliche Erhöhung der Komplexität des Gegenstands der Diagnostik einher. Es stehen nicht mehr individuelle Merkmale im Mittelpunkt der Betrachtung, sondern vielmehr die vielschichtigen Kind-Umfeld-Zusammenhänge (vgl. BUNDSCHUH 2007b, S. 66). Diese ökologische Sichtweise (s. Kap. 5.1.4) ist besonders von ALFRED SANDER (2002) in die Förderdiagnostik eingebracht worden. Ausgehend von dem Problem der Einzelintegration (also der Aufnahme eines einzelnen Kindes mit sonderpädagogischem Förderbedarf in die allgemeine Schule) ist im Saarland ein Verfahren entwickelt worden, das darauf abzielt, Integrationsmaßnahmen gezielt zu unterstützen. Zu diesem Zweck werden in einem umfassenden Ansatz Daten zur Lebens- und Lernsituation des Kindes erhoben und mit allen Beteiligten (einschließlich Eltern und Kind) in einem *Förderausschuss* diskutiert. Ziel ist die Ableitung von Fördermöglichkeiten in der allgemeinen Schule und die Schaffung der notwendigen Grundlagen dafür. Entscheidende Voraussetzung für das Gelingen dieses Prozesses ist das Aufspüren der vorhandenen *Ressourcen* – und zwar sowohl im Kind als auch im Umfeld des Kindes. Nur wenn alle Beteiligten gemeinsam das Ziel der Inklusion unterstützen und ihre jeweiligen Ressourcen einbringen, kann es zu gelingenden Inklusionsprozessen kommen. Insofern stellt die *Kind-Umfeld-Analyse* zunächst einmal ein ökologisches Rahmenkonzept für förderdiagnostische Untersuchungen schlechthin bereit. Sowohl die Diagnose als auch die Förderung sollen sich demnach auf das Kind und auf das Umfeld beziehen. Damit entspricht die Kind-Umfeld-Analyse dem zentralen Grundsatz der modernen Heil- und Sonderpädagogik.

● Auf den Punkt gebracht

Die Kind-Umfeld-Analyse ist ein ökologisches Rahmenkonzept für förderdiagnostische Untersuchungen, das die Bedeutung der Ressourcen des Kindes und des Umfeldes für die inklusive Bildungsangebote in den Mittelpunkt stellt.

Dieser Grundgedanke der Kind-Umfeld-Analyse ist zugleich als konkrete förderdiagnostische Methode ausgearbeitet worden. Sowohl zur Lebenssituation des Kindes als auch zu seiner pädagogischen Situation werden zahlreiche Fragestellungen angeboten und zu einem *Leitfaden* zusammengefasst (vgl. die ausführliche Übersicht bei SANDER 2002). In dieser konkreten Umsetzung enthält die Methode der Kind-Umfeld-Analyse einen hohen Anspruch an die sonderpädagogische Förderpraxis im Förderschwerpunkt Lernen, der im Regelfall nur annäherungsweise erreicht werden kann. Die Notwendigkeit einer Kind-Umfeld-Perspektive in der Förderdiagnostik bei Lernschwierigkeiten ist allerdings auch bei Sonderpädagogen/-innen unumstritten.

Erweiterungen ergeben sich besonders unter dem Eindruck der Resilienzforschung. RUDOLF KRETSCHMANN hat darauf aufmerksam gemacht, dass nicht nur die Suche nach Ressourcen für die sonderpädagogische Förderung bedeutsam ist. Im Rahmen der Kind-Umfeld-Analyse kann noch sehr viel spezifischer nach *Risiko- und Schutzfaktoren* in der kindlichen Entwicklung gefragt werden, weil beide Elemente wiederum Anhaltspunkte für gezielte Interventionen liefern (vgl. KRETSCHMANN 2006). Ein eigenständiges diagnostisches Verfahren ist aus der Resilienzforschung gleichwohl bislang nicht entstanden.

- **Möglichkeiten und Grenzen der Förderdiagnostik**

Auch in einem Rückblick auf mehr als 30 Jahre Entwicklung der Förderdiagnostik kommt JÖRG SCHLEE (2008) zu der Schlussfolgerung, dass der Anspruch dieses Konzeptes nicht durchgehalten werden kann. Er behauptet, dass aus der Sicht der Logik kein Zusammenhang zwischen Diagnose und Förderung besteht. Diagnostik bringe Ist-Aussagen hervor, Förderung beziehe sich auf *Soll-Aussagen.* Aus *Ist-Aussagen* liessen sich keine Soll-Aussagen ableiten. Diesem Hinweis auf die logische Problematik der Förderdiagnostik ist zunächst einmal zuzustimmen. Sonderpädagogen/-innen sollten sich deshalb davor hüten, voreilige Schlüsse aus ihren Befunden abzuleiten. Aus diesem Grunde wird auch bei den Verfahren zur Feststellung des sonderpädagogischen Förderbedarfs stets sorgfältig zwischen den *Ergebnissen* und deren *Interpretation* zu unterscheiden sein, weil genau hier die Nahtstelle zwischen Ist- und Soll-Aussagen liegt. Das Ergebnis einer förderdiagnostischen Untersuchung kann allerdings in der Regel auch nicht aus sich selbst heraus verstanden werden. Stets ist die *Einbeziehung entwicklungs- und lernpsychologischer und in der Regel auch fachdidaktischer Wissensbestände* unabdingbar. Erst auf diesem Wege wird ein förderdiagnostisches Ergebnis interpretierbar, was wiederum die Grundlage für die Ableitung von Fördermaßnahmen bietet. Von daher gewinnt auch das Entwicklungsmodell von VYGOTSKIJ eine derart grundlegende Bedeutung für die Förderdiagnostik. Eine direkte Ableitung von Fördermaßnahmen aus diagnostischen Befunde wird demnach in der Förderdiagnostik gar nicht angestrebt. Gleichwohl unterliegt das Konzept der Förderdiagnostik den strukturellen Vorgaben des Bildungssystems. Ein nicht bedarfsgerechtes inklusives Bildungsangebot in der allgemeinen Schule kann durch eine qualitativ noch so herausragende Förderdiagnostik nicht überschritten werden. Die Gefahr der einseitigen Nutzung förderdiagnostischer Untersuchungen für die Aussonderung von Schülern/-innen mit Lernschwierigkeiten besteht weiterhin, auch wenn die „Lernbehindertenpädagogik“ derzeit beginnt unter Beweis zu stellen, dass eine qualitativ gute sonderpädagogische Förderung nicht abhängig ist vom besonderen Förderort „Förderschule“ bzw. „Schule zur individuellen Lernförderung“. Weiterführende Hinweise auf spezifische inhaltliche Schwerpunkte in der Förderdiagnostik bei Lernschwierigkeiten einschließlich konkreter methodischer Anregungen für die Ableitung von Fördermaßnahmen an unterschiedlichen Förderorten finden sich in entsprechenden Handreichungen für die Praxis (vgl. HEIMLICH/ LUTZ/ WILFERT DE ICAZA 2013).

3.1.2 Das sonderpädagogische Fördergutachten (FG)

Letztlich ist das sonderpädagogische Fördergutachten (FG) als Zusammenfassung der förderdiagnostischen Befunde und daraus abzuleitender Förderempfehlungen nichts weiter als ein wissenschaftlicher Erkenntnisprozess. Ausgehend von einer Problemstellung werden Methoden zur Lösung des Problems begründet ausgewählt, um schließlich die Ergebnisse darzustellen und zu interpretieren (vgl. BORTZ/ DÖRING 2006, S. 87ff.). Im Unterschied zum psychodiagnostischen Gutachten enthält das FG auch Empfehlungen zu *Fördermaßnahmen* und zum *Förderort*. Im Mittelpunkt steht also nicht mehr die Überweisungsempfehlung sondern vielmehr die *Förderempfehlung*, da dem sonderpädagogischen Förderbedarf an unterschiedlichen Förderorten entsprochen werden kann. Insofern zielt das FG auf die Feststellung der Lern- und Entwicklungsvoraussetzungen von Kindern und Jugendlichen ab, die zugleich die Basis für die Ableitung von Fördermaßnahmen bilden. Das FG ist somit stets das Ergebnis einer Querschnittsuntersuchung zu einem bestimmten Zeitpunkt, die sich auf die Lebens- und Lernsituation von Kindern und Jugendlichen bezieht (*Situationsorientierung*). Zusammenfassend ergibt sich die folgende Definition:

> „Das sonderpädagogische Fördergutachten (FG) dokumentiert in schriftlicher Form die Planung, Durchführung und die Ergebnisse der förderdiagnostischen Untersuchung in systematischer Form und enthält Empfehlungen zur sonderpädagogischen Förderung sowie zum Förderort." (HEIMLICH/ LUTZ/ WILFERT DE ICAZA 2013, S. 120).

Da das FG somit letztlich grundlegende Konsequenzen für den weiteren Bildungsweg von Kindern und Jugendlichen mit Lernschwierigkeiten hat, sollten sich alle Sonderpädagogen/-innen ihrer großen Verantwortung in Zusammenhang mit der Gutachtenerstellung bewusst sein. Die wissenschaftliche Fundierung des FG kommt insbesondere in seiner Struktur zum Ausdruck, für die trotz unterschiedlicher Modelle (vgl. BUNDSCHUH 2005) doch verbindliche Bestandteile angegeben werden können:

Tab. 3.1: Sonderpädagogisches Fördergutachten (FG)

Gutachtenbestandteil	Leitkriterien
1. Untersuchungsanlass	• Veranlassung des Gutachtens • Problemstellung • Ergebnisse aus Vorgesprächen
2. Vorgeschichte (Anamnese)	• Entwicklung des Kindes seit der Geburt • Bildungsweg des Kindes • Bereits durchgeführte Förder- bzw. Therapiemaßnahmen • Vorliegende diagnostische Befunde • Beschreibung der Lernschwierigkeiten des Kindes durch Eltern und pädagogisch Tätigen
3. Untersuchungsplanung	• Beschreibung der Untersuchungshypothesen • Auswahl der Diagnoseverfahren • zeitliche und räumliche Bedingungen • weitere Beteiligte
4. Untersuchungsdurchführung	• Störungen im Verlauf der Untersuchung • Einsatz der Untersuchungsverfahren
5. Untersuchungsergebnisse	• Beschreibende Darstellung der Ergebnisse • Zuordnung zu einzelnen Verhaltens- und Entwicklungsbereichen
6. Interpretation	• Rückbezug auf die Problemstellung und die Hypothesen • Einbeziehung lern- und entwicklungspsychologischer sowie fachdidaktischer Modelle
7. Sonderpädagogischer Förderbedarf	• Entwicklung von Förderhypothesen • Erste Hinweise auf einen sonderpädagogischen Förderbedarf • Mögliche Fördermaßnahmen • Mögliche Fördermaterialien
8. Förderort	• Ressourcen für die Förderung • Prüfung inklusiver Bildungsangebote in der allgemeinen Schule • Überblick über weitere mögliche Förderorte
Bemerkungen: Ausführliche Darstellung und Leitfaden in: HEIMLICH/ LUTZ/ WILFERT DE ICAZA 2013	

Überprüfungen der *Qualität von sonderpädagogischen Gutachten* (vgl. LANGFELDT 1998; MUTZECK/JOGSCHIES 2004) haben im übrigen gezeigt, dass zentrale Qualitätsmerkmale, wie die Formulierung von Hypothesen und die Trennung von Ergebnisdarstellung und Interpretation in der sonderpädagogischen Förderpraxis noch nicht konsequent genug gehandhabt werden. Auch die Ableitung svon Fördermaßnahmen und eine Überprüfung der Möglichkeiten inklusiver Bildungsangebote bereiten nach wie vor große Probleme.

3.2 Förderplanung bei Lernschwierigkeiten

Die Qualitätsdebatte im Bildungsbereich hat nun auch das Arbeitsfeld der sonderpädagogischen Förderung erreicht. Mit der Formulierung von „Standards sonderpädagogischer Förderung" (vgl. WEMBER/PRÄNDL 2009) trägt der Verband Sonderpädagogik dieser Entwicklung insofern Rechnung, als hier Minimalanforderungen an die *Qualität der sonderpädagogischen Förderung* gestellt werden sollen. Die Förderplanung und die daraus abgeleitete schriftlich fixierte Form des Förderplans werden in diesem Zusammenhang zu einem zentralen Qualitätsmerkmal sonderpädagogischer Förderung. Wenn die Rede vom sonderpädagogischen Förderbedarf seit den KMK-Empfehlungen zur sonderpädagogischen Förderung von 1994 (vgl. DRAVE/RUMPLER/WACHTEL 2000) nachhaltige Wirkungen in der sonderpädagogischen Förderpraxis haben soll, dann sollten alle Schüler/-innen mit sonderpädagogischem Förderbedarf ein förderdiagnostisch orientiertes Gutachten (Fördergutachten) und einen individuellen Förderplan haben. Deshalb werden im folgenden besonders bezogen auf die Förderplanung Funktionen und Grundelemente eines praxisnahen Modells dargestellt

3.2.1 Grundlagen der Förderplanung bei Lernschwierigkeiten

Ausgehend von den nordamerikanischen Anregungen zum *Individual Education Plan (IEP)* (vgl. EGGERT 2007; VERBAND SONDERPÄDAGOGIK, LANDESVERBAND NORDRHEIN-WESTFALEN 2004) reichen die Versuche, Förderplanung begrifflich zu fassen, von einer eher weiten Definition, die den ganzen Förderprozess einbezieht (vgl. SANDER 2000, 17) bis hin zu engeren Beschreibungen, in denen der Förderplan als ein Element der Förderplanung angesehen wird (vgl. DHAOUADI 2008, 150). Die *Förderplanung* als eine gedankliche Vorwegnahme und Vorbereitung der konkreten Fördermaßnahmen umfasst dabei prinzipiell mehrere Komponenten. Sie bezieht sich in jedem Fall auf den Gegenstand bzw. den Inhalt der sonderpädagogischen Förderung (*Förderbereiche*) und enthält Überlegungen zur konkreten Zielsetzung möglicher Fördermaßnahmen (*strukturelle Komponente*). Aus der Vielfalt der möglichen Förderbereiche im Rahmen eines sonderpädagogischen Förderschwerpunktes gilt es sodann eine begründete Auswahl zu treffen und eine Entscheidung für bestimmte Fördermaßnahmen zu fällen (*didaktisch-methodische Komponente*). Danach wird geprüft, inwieweit sich diese Fördermaßnahmen räumlich, zeitlich, personell und von den Fördermaterialien her praktisch durchführen lassen (*organisatorische Komponente*). Schließlich wird der konkrete Förderverlauf geplant und vorab festgelegt, wie die Effekte der Förderung evaluiert werden können (*prozessuale Komponente*).

Nach vorliegenden praktischen Erfahrungen mit der Förderplanung sind diese Komponenten an allen Planungsüberlegungen in der sonderpädagogischen Förderung beteiligt (vgl. POPP/ MELZER/ METHNER 2013). Im Unterschied zur Förderdiagnostik (vgl. MUTZECK/JOGSCHIES 2004) bezieht sich die Förderplanung auf den konkreten Verlauf der Fördermaßnahmen (*Prozessorientierung*). Förderdiagnostik und Förderplanung sind zwar eng aufeinander bezogen, enthalten aber jeweils spezifische Perspektiven, die analytisch getrennt werden müssen. Im praktischen Vollzug wird sich gleichwohl ein kontinuierlicher *Prozess der individuellen Lernförderung* aus diesen beiden Grundbestandteilen sonderpädagogischer Förderung ergeben (vgl. HEIMLICH/LUTZ/ WILFERT DE ICAZA 2014, S. 10f; MATTHES 2009). *Förderpläne* sind nun konkreter Ausdruck dieses Basismodells sonderpädagogischer Förderplanung:

> „Ein sonderpädagogischer Förderplan umfasst die systematische Beschreibung der Interventions- und Evaluationsphase sonderpädagogischer Förderung einschließlich didaktisch-methodischer und organisatorischer Überlegungen." (HEIMLICH/LUTZ/ WILFERT DE ICAZA 2014, S. 98)

Aus der sonderpädagogischen Förderpraxis heraus wird vielfach kritisch angemerkt, dass der Arbeitsaufwand bei der Erstellung von Förderplänen sich in einem wenig ausgewogenen Verhältnis zur tatsächlichen Nutzung bewegt. Insofern sollte ein solcher Qualitätsanspruch an sonderpädagogische Förderung sorgfältig begründet werden. In der sonderpädagogischen Förderpraxis an den unterschiedlichen Förderorten hat sich jedoch in den vergangenen Jahren ebenso gezeigt, dass Förderpläne eine unverzichtbare Bedeutung bei der *Kooperation* im interdisziplinären Zusammenhang (z.B. in Kooperationsklassen) und bei der *Koordination* von Fördermaßnahmen (z.B. im Mobilen Sonderpädagogischen Dienst) erhalten haben. Außerdem dienen Förderpläne häufig der *Kommunikation* mit allen Beteiligten, d.h. auch mit den Eltern und nicht zuletzt mit den Schülern/-innen mit sonderpädagogischem Förderbedarf selbst. Sie sollten ebenfalls in die Förderplanung mit einbezogen werden und über Lerntagebücher oder andere Dokumentationsformen an der Reflexion über ihren jeweiligen Lernfortschritt beteiligt werden. Letztlich entscheidend bleibt die Notwendigkeit, dass sonderpädagogische Förderung unter professionellem Anspruch geplant werden muss und über diesen Weg der *Evaluation* offen steht. Auch wenn sich Fördererfolge im Rahmen sonderpädagogischer Arbeitsfelder häufig nicht sofort einstellen und immer wieder Rückschläge in Kauf genommen werden müssen, sieht sich sonderpädagogische Förderung zukünftig noch stärker als bisher einer Effektivitätsprüfung ihrer Wirkungen ausgesetzt (vgl. GRÜNKE 2008).

3.2.2 Der sonderpädagogische Förderplan (FP)

Vor dem Hintergrund der Praktikabilität von Förderplanung soll hier nun ein Modell des sonderpädagogischen Förderplans (FP) vorgestellt werden, das sich sowohl für eine ausführliche Form als auch für eine Kurzform eignet. Ist der sonderpädagogische Förderbedarf bei einem Kind bzw. Jugendlichen festgestellt, sollte in jedem

Fall ein ausführlicher Förderplan erstellt werden. Die Fortschreibung der sonderpädagogischen Förderung kann dann in der Kurzform erfolgen.[1]

Tab. 3.2: Sonderpädagogischer Förderplan (FP)

Förderplanbestandteil	Leitkriterien
1. Förderbereiche	• Bereiche der Förderung • Schulleistungen (Deutsch, Mathematik usf.) • Lerntätigkeiten • Lernvoraussetzungen (Wahrnehmung, Motorik, Emotionalität, soziale Kompetenz, Sprache)
2. Fördermaßnahmen	• Auswahl der Fördermaßnahmen • Verhältnis zum Unterricht • Auswahl der Fördermaterialien • Begleitende Unterstützung
3. Förderorganisation	• Zeitlicher Umfang der Förderung • Räumliche Bedingungen der Förderung • Lehrerstunden • Bereitstellung der Fördermaterialien • Unterstützung durch Eltern/ Erziehungsberechtigte
4. Förderprozess	• Langfristige Förderplanung • Planung der einzelnen Förderstunden • Evaluation der Förderung • Lernprozessbegleitung
Bemerkungen: Ausführliche Darstellung und Leitfaden in: HEIMLICH/ LUTZ/ WILFERT DE ICAZA 2014	

Zweifellos sind Förderpläne in der sonderpädagogischen Förderpraxis angekommen und stehen mittlerweile gleichberechtigt neben den Gutachten. Inwieweit allerdings bereits alle Schüler/-innen mit sonderpädagogischem Förderbedarf von der Arbeit mit Förderplänen profitieren, muss zum gegenwärtigen Zeitpunkt sicher noch kritisch eingeschätzt werden. Im Rahmen der anzustrebenden Qualitätssicherung sonderpädagogischer Förderung erhalten Förderpläne gleichwohl eine zentrale Funktion. Zugleich deuten sie über sich hinaus auf die Notwendigkeit, die individuelle Förderung als Aufgabe der Didaktik und Methodik zu erschließen. In der Vergangenheit ist die sonderpädagogische Förderung vielfach ausschließlich mit dem Unterricht in der eigenständigen Schulform „Förderschule" in Verbindung gebracht worden. Im Zuge der Pluralisierung sonderpädagogischer Förderorte stellt

1 Die Kurzform des Förderplans kann als Formularvorlage in Dateiform beim Autor angefordert werden: Ulrich.Heimlich@lmu.de oder von der Homepage des Lehrstuhls für Lernbehindertenpädagogik an der LMU München herunter geladen werden: www.edu.lmu.de/lpb.

sich bereits seit geraumer Zeit das Problem, das Modell der sonderpädagogischen Förderung inhaltlich neu zu füllen. Damit ist auch das Problem einer Didaktik bei Schülern/-innen mit Lernschwierigkeiten neu gestellt (vgl. HEIMLICH/WEMBER 2016).

3.3 Didaktisch-methodische Grundfragen einer Pädagogik bei Lernschwierigkeiten

In der Tradition der „Lernbehindertenpädagogik" bezogen sich didaktisch-methodische Überlegungen bislang auf den Unterricht in der Schule zur Lernförderung. Da Kinder und Jugendliche mit dem Förderschwerpunkt Lernen an vielen unterschiedlichen Förderorten gefördert werden, geht dieser ursprüngliche zentrale Bezugspunkt verloren. Daraus ergeben sich im Wesentlichen zwei neuere Entwicklungstendenzen. Zum einen sind didaktisch-methodische Überlegungen im Förderschwerpunkt Lernen sehr viel stärker auf die individuelle Förderung ausgerichtet. In der Folge entwickelt sich das Konzept der individuellen Lernförderung gegenwärtig weiter (vgl. LAUTH/GRÜNKE/BRUNSTEIN 2014; MATTHES 2009). Zum anderen werden die Unterrichtskonzepte bezogen auf den Förderschwerpunkt Lernen zunehmend unabhängig vom besonderen Förderort einer Schule zur Lernförderung. Insofern ist eher eine Adaption moderner Unterrichtskonzepte an die Bedürfnisse und Lernausgangslagen von Schülern/-innen mit dem Förderschwerpunkt Lernen festzustellen (vgl. HEIMLICH/WEMBER 2016). In beiden Fällen stellt sich nach wie vor die Aufgabe, geeignete Lerngegenstände für Schüler/-innen mit dem Förderschwerpunkt Lernen begründet auszuwählen und in einer Weise aufzubereiten, die eine entsprechende Vermittlung von Lerninhalten in Einzelförder- oder Unterrichtssituationen ermöglicht. Insofern knüpft der hier verwendete *Didaktik*-Begriff an der ursprünglichen Wortbedeutung [vom griech. *Didaktikós*=belehrend, zur Belehrung geeignet] an und umfasst sowohl Lehr- als auch Lernprozesse. Didaktik als Teilgebiet der Schulpädagogik beinhaltet von daher eine „Theorie und Praxis des Lehrens und Lernens" (vgl. JANK/MEYER 1994, S. 16). Damit ist zugleich anerkannt, dass Entscheidungen über den Lehr- und Lerngegenstand (*das Was des Lehrens und Lernens*) nicht ohne methodische Entscheidungen über den Weg (*das Wie des Lehrens und Lernens*) zu haben sind. Im Förderschwerpunkt Lernen treten zu diesen grundlegenden Problemstellungen die erschwerenden Bedingungen aufgrund der Lernbiographie von Kindern und Jugendlichen und ihrer erschwerten Lebenssituation hinzu. Zu bedenken ist dabei, dass Didaktik in diesem Sinne stets ein Moment der Anleitung von außen beinhaltet. Wenn wir im Gegensatz dazu von *Autodidaktik* sprechen (wie z.B. in der Montessori-Pädagogik), wird deutlich, dass das selbstständige Lernen, die Selbstvermittlung von Lerninhalten und die selbstgesteuerte Planung von Lernprozessen nur einen Sonderfall des didaktischen Handelns meinen.

● Auf den Punkt gebracht

Didaktik als Theorie des Lehrens und Lernens umfasst im Förderschwerpunkt Lernen sowohl die *individuelle Förderung* als auch den *Unterricht* mit einer größeren Lerngruppe an unterschiedlichen Förderorten angesichts erschwerter Lern- und Lebenssituationen.

3.3.1 Didaktik der individuellen Lernförderung

Sonderpädagogische Förderung folgt im Förderschwerpunkt Lernen einem diagnosegeleiteten Ansatz. Wird das Lernen zum Problem, so ist in einem ersten Schritt stets die förderdiagnostische Abklärung dieses Problems sowie möglicher Bedingungsfaktoren und Ursachen angezeigt. Erst wenn das Lernproblem verstanden worden ist, können Interventionsansätze abgeleitet werden. Die Durchführung dieser Fördermaßnahmen sollte in ihren Wirkungen überprüft werden. Damit wäre die grundlegende Handlungslogik der sonderpädagogischen Förderung beschrieben. Im Wortursprung meint „Fördern" [zum mhd. *vürdern*, ahd *furdiren*] „weiter nach vorn bringen" und bedeutet im Gegensatz zum „hindern" so viel wie jemanden „in seiner Entfaltung unterstützen und verstärken", wobei in neuerer Zeit eher eine passive Verwendung des Begriffes *Förderung* dominiert (jmd. wird gefördert), während in früherer Zeit ein aktives Verständnis verbreitet war (sich selbst fördern). Begleitet wird der Prozess sonderpädagogischer Förderung durch Beratungsangebote mit allen Beteiligten, in denen jeweils die Förderkonzeption abgestimmt werden muss. Zu einem Handlungskonzept im erziehungswissenschaftlichen Sinne (vgl. GRÖSCHKE 1997; JANK/MEYER 1994; GEISSLER/HEGE 2001) wird sonderpädagogische Förderung erst dann, wenn ein systematischer Begründungszusammenhang für die verschiedenen Einzelelemente entwickelt worden ist. Dazu zählen Reflexionen über die anthropologischen, wissenschaftstheoretischen und methodologischen Grundlagen sonderpädagogischer Förderung. Je nach dem zugrundeliegenden Menschenbild und der bevorzugten Erkenntnistheorie verändern sich auch die konkreten Empfehlungen für die Förderpraxis. Daraus ergibt sich das folgende Prozessmodell:

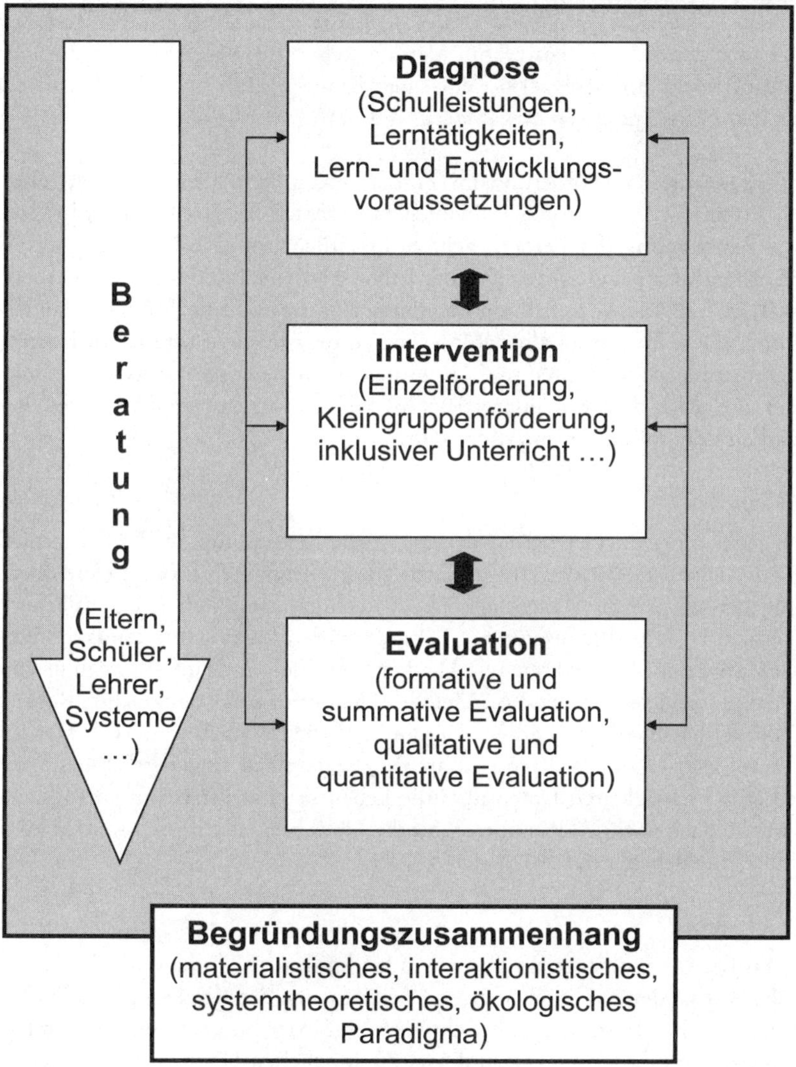

Abb. 3.1: Prozessmodell individueller Lernförderung

Hinzuweisen ist besonders auf die vielfältige Verknüpfung der zentralen Elemente „Diagnose“, „Intervention“ und „Evaluation“, die in der konkreten Förderpraxis in einer wechselnden Folge miteinander kombiniert werden können. Insofern soll hier keineswegs ein lineares Ablaufmodell der sonderpädagogischen Förderung vorgezeichnet werden.

● Auf den Punkt gebracht

Im Focus der individuellen Lernförderung stehen die Möglichkeiten der Optimierung von Lernprozessen bei einzelnen Kindern und Jugendlichen mit dem Ziel der selbstständigeren Bewältigung von Lernschwierigkeiten.

Sonderpädagogische Förderung im Förderschwerpunkt Lernen besteht also im Kern in einer Förderung des individuellen Lernens. Im Sinne der anthropologischen Bestimmung des Lernens geht es inhaltlich um eine Förderung des Wissen-Lernens, des Können-Lernens, des Leben-Lernens und des Lernen-Lernens (s. Kap. 1.2). Individuelle Lernförderung umfasst von daher eine komplexe Aufgabenstellung, die nicht nur als Einzelförderung zu realisieren ist und letztlich aus dem Zusammenhang von Schule und Unterricht nicht herausgelöst werden kann. Sie findet also auch im Klassenunterricht bis hin zum inklusiven Unterricht, in der Freiarbeit oder im Förderunterricht statt.

- **Diagnose**

Basis jeder individuellen Lernförderung ist die Feststellung der Lernausgangslage (vgl. SCHRADER/HEIMLICH 2007). Dazu sind vorrangig Informationen über die Schulleistungsbereiche (Lesen, Schreiben, Rechnen, weitere Unterrichtsfächer) erforderlich. Darüber hinaus können Befunde zu den Lernvoraussetzungen hilfreich sein (Motivation, Aufmerksamkeit, Denken, Wahrnehmung und Bewegung, emotionale und soziale Kompetenzen). Methodisch kommt dabei das gesamte Repertoire der Förderdiagnostik im Fördeschwerpunkt Lernen zum Einsatz (vgl. HEIMLICH/LUTZ/WILFERT DE ICAZA 2013, s. Kap. 3.1). Zusätzlich sind bei Schülern/-innen mit Lernschwierigkeiten Daten über die Lebenssituation stets mit einzubeziehen, da hier vielfach wichtige Ressourcen für die Förderung erschlossen werden können (Kind-Umfeld-Diagnose).

- **Intervention**

Die aus der Lernausgangslage abzuleitenden konkreten Fördermaßnahmen bauen auf den vorhandenen Fähigkeiten und Bedürfnissen der Kinder und Jugendlichen auf. Diese kompetenzorientierte Sichtweise liegt jeder Intervention im Rahmen individueller Lernförderung zugrunde, da die möglichen Defizite eines Kindes bzw. Jugendlichen allenfalls etwas darüber aussagen, was an Fähigkeiten nicht beherrscht wird. Sonderpädagogische Fördermaßnahmen kommen nicht umhin, die Kompetenzen von Kindern und Jugendlichen als Ausgangspunkt zu berücksichtigen, d.h. sie gehen immer zurück auf das Niveau der sicher vorhandenen Kompetenzen und versuchen von dort aus Anregungen zur weiteren Entwicklung und zu weiterem Lernen zu bieten. Konkrete inhaltliche Felder der Intervention im Rahmen individueller Lernförderung sind wiederum die zentralen Schulleistungsbereiche, da hier ein Schwerpunkt im Bereich der Lernschwierigkeiten zu erwarten ist. Dieser *Ansatz der direkten Intervention* (vgl. WEMBER 1999) hat sich in jüngster Zeit auch in der BRD deutlich weiter entwickelt. Dabei wird nach dem Prinzip vorgegangen, dass bei Problemen im Bereich des Lesens, Schreibens oder Rechnens auch dieser Bereich unmittelbar Gegenstand der Intervention sein sollte. Ganz einfach zusammengefasst: Ein Kind, das Probleme beim Lesenlernen hat, sollte das Lesen üben. In Ergänzung dazu ist allerdings auch der *Ansatz der indirekten Interventionen* zu berücksichtigen. Die Lernprobleme im Schulleistungsbereich hängen auf vielfältige Weise mit internen und externen Bedingungsfaktoren zusammen, so dass begleitend zur direkten Intervention Bereiche wie Wahrnehmung, Lernstrategien, Aufmerksamkeit, Konzentration oder Motivation Gegenstand der individuellen Lernförderung sein sollten (vgl. LAUTH/GRÜNKE/BRUNSTEIN 2014). Zusätzlich gilt es nicht nur die Interventionen mit allen Beteiligten möglichst optimal abzustimmen, sondern auch die Ressourcen aus dem Umfeld der Kinder und Jugendlichen mit einzubinden (*Kind-Umfeld-Intervention*). Zu denken ist dabei neben der Einbeziehung der Eltern in die individuelle Lernförderung auch an die Kooperation mit anderen Fachkräften im sozialpädagogischen (z.B. Jugendhilfe) oder im therapeutischen Bereich (z.B. Erziehungsberatungsstellen).

- **Evaluation**

Sonderpädagogische Interventionen im Rahmen individueller Lernförderung sollte möglichst kontinuierlich im Team der Beteiligten reflektiert werden (*formative Evaluation*). Dazu eignet sich ein dialogischer Ansatz in Form regelmäßiger Teamsitzungen verbunden mit individuellen Aufzeichnungen z.B. in Form von pädagogischen Tagebüchern, Gedächtnisprotokollen oder Video-Mitschnitten. In größeren Abständen sollten auch standardisierte Instrumente der Evaluation eingesetzt werden, die zu einer präzisen Überprüfung der erreichten Lernfortschritte in den Interventionsschwerpunkten beitragen (*summative Evaluation*). Dazu eignen sich besonders die förderdiagnostischen Testverfahren. Einschränkend wirkt hier allerdings noch häufig, dass diese Verfahren keine Parallelform anbieten. Lerneffekte bei wiederholt eingesetzten Testaufgaben sind so nicht ganz auszuschließen. Beobachtung, Fehleranalyse und das Gespräch mit den Kindern und Jugendlichen selbst haben deshalb weiterhin neben den Tests ihre Berechtigung für die Evaluation der sonderpädagogischen Intervention (vgl. GRÜNKE 2008; BAUER 2007)

- **Beratung**

In den Komponenten „Diagnose", „Intervention" und „Evaluation" im Rahmen individueller Lernförderung hat sich bereits der hohe Kommunikationsbedarf gezeigt, der begleitend entsteht. Insofern sind Beratungsprozesse in allen Phasen individueller Lernförderung unmittelbar beteiligt. Zum Problem gerät hier in der Praxis häufig der unterschiedliche Informationsstand zwischen Eltern und Kindern bzw. Jugendlichen auf der einen Seite und den sonderpädagogischen Fachkräften auf der anderen Seite. Da sich *vertikale Modelle der Beratung* als praktisch wenig effektiv erwiesen haben (vgl. MUTZECK 2008), besteht die Herausforderung in der sonderpädagogischen Förderpraxis besonders darin, *horizontale Modelle der Beratung* zu erreichen. Dazu eignet sich insbesondere das *Modell der kooperativen Beratung* von WOLFGANG MUTZECK, in dem ein Prozess der gegenseitigen Beratung von Ratsuchenden und Beratenden angestrebt wird, in dessen Verlauf nach einer gemeinsamen Problemwahrnehmung und gemeinsamen Lösungen für das Problem gesucht wird. Voraussetzung dabei ist allerdings, dass alle Beteiligten bereit sind, das jeweilige Gegenüber in seiner spezifischen Kompetenz zu akzeptieren. Besonders betont werden muss dabei immer, dass auch Eltern über spezifische Kompetenzen bezüglich der Entwicklung und Biographie ihrer Kinder verfügen und aus der Kenntnis der Alltagssituation von Kindern und Jugendlichen vielfach bedeutsame Informationen zur konkreten Ausgestaltung der individuellen Lernförderung beizutragen vermögen. Die begleitenden Beratungsprozesse sind vorrangig als Beitrag zu einer optimalen Koordination der vielfältigen Einzelmaßnahmen im Rahmen individueller Lernförderung zu verstehen.

- **Begründungszusammenhänge**

Individuelle Lernförderung kann ohne Zweifel auf vielfältige Weise theoretisch begründet werden. GERALD MATTHES (2009) hat dazu beispielsweise einen entwicklungsorientierten Ansatz vorgestellt, der besonders von der russischen Tätigkeitspsychologie im Anschluss an VYGOTSKIJ beeinflusst ist. Daneben sind ebenso interaktionistisch und systemisch orientierte Modell denkbar (vgl. Kap. 5.1). Das hier vorgestellte Modell der individuellen Lernförderung ist einem ökologischen Modell verpflichtet, da Kind-Umfeld-Zusammenhänge sowohl bei der Diagnose als auch bei der Intervention und ebenso bei der Evaluation Berücksichtigung finden (vgl. SPECK 2008a; SANDER 1999). Eine moderne Heil- und Sonderpädagogik kommt nicht umhin, sich über die Probleme und Bedürfnisse von Kindern und Jugendlichen mit sonderpädagogischem Förderbedarf auch bezogen auf ihr Umfeld in differenzierter Weise zu beschäftigen und die dabei entstehenden Erkenntnisse in die Planung, Durchführung und Auswertung von Fördermaßnahmen in umfassender Weise einzubeziehen (s. Kap. 5.1.4).

Im Rahmen des „Rügener Inklusionsmodells" wird in der BRD erstmalig das Konzept *„Response-to-Intervention (RTI)"* erprobt (vgl. VOSS, BLUMENTHAL, MAHLAU, MARTEN, DIEHL, SIKORA, HARTKE (2016). Auf der Basis einer Mehrebenenprävention steht hier die Frage im Vordergrund, wie die Passung zwischen dem Förderangebot in der Schule und den individuellen Lernvoraussetzungen der Schülerinnen und Schüler verbessert werden kann. Dabei geht man davon aus, dass ein qualitativ guter Klassenunterricht, der sich an alle Schüler/-innen richtet die Basis bildet (*Förderebene 1*). Darüber hinaus kann es für schätzungsweise 20% der Schüler/-innen

bei vorliegenden Lernschwierigkeiten notwendig sein eine zusätzliche Kleingruppenförderung anzubieten (*Förderebene 2*). Bei etwa 1-5% der Schüler/-innen ist zusätzlich Einzelförderung aufgrund gravierender Lernschwierigkeiten erforderlich (Förderebene 3) (vgl. a.a.O., S. 19f.). Begleitet wird das Modell durch eine intensive Förderdiagnostik aller Schüler/-innen mit Tests, die sich sehr stark an den curricularen Anforderungen ausrichten (*curriculum based measurement*) (vgl. a.a.O., S. 21f.). Im „Rügener Inklusionsmodell" kann gezeigt werden, dass über eine intensive Beratung der Lehrkräfte und begleitende Lehrerfortbildungen sowie die computergestützte Lernprozessdiagnostik gute Voraussetzungen geschaffen werden, um sonderpädagogische Fachkompetenz in die allgemeine Schule hineinzutragen. Im Grunde wird hier gezeigt, wie die individuelle Lernförderung zum festen Bestandteil der allgemeinen Schule werden kann, so wie es in Finnland bereits flächendeckend geschieht.
Als Spezialfall der individuellen Lernförderung soll nun der Unterricht bei Lernschwierigkeiten genauer betrachtet werden.

3.3.2 Didaktik des Unterrichts bei Lernschwierigkeiten

Trotz der intensiven Bemühungen um eine eigenständige Didaktik, ist es in der „Lernbehindertenpädagogik" auch im historischen Überblick (s. Kap. 2) nicht gelungen, Unterrichtskonzepte oder didaktische Modelle zu entwickeln, die ausschließlich und spezifisch für Kinder und Jugendlichen mit gravierenden Lernschwierigkeiten gelten würden. Der Unterricht in der „Hilfsschule" war stets bestimmt durch eine Übernahme der Methoden der Volksschule bei gleichzeitiger Anpassung an die Bedürfnisse und Lernvoraussetzungen der „Hilfsschüler/-innen". Es sollen nun die didaktischen Modelle vorgestellt werden, die für die gegenwärtige Unterrichtspraxis bei Lernschwierigkeiten Bedeutung haben. Dabei wird v.a. auf die Zeit nach 1945 Bezug genommen (vgl. zur Vorgeschichte das Kap. 2, vgl. auch Möckel 1975; G. Klein 2016).

● Auf den Punkt gebracht

Als *didaktische Modelle* werden hier solche Ansätze bezeichnet, mit deren Hilfe Entscheidungen zum Handeln in Lehr-Lernsituationen vor dem Hintergrund eines jeweils eigenständigen wissenschaftstheoretischen Begründungszusammenhangs getroffen werden.

Aus der Allgemeinen Didaktik sind dazu die bildungstheoretische Didaktik nach Wolfgang Klafki, die lehr-lerntheoretische Didaktik nach Paul Heimann, Gunter Otto und Wolfgang Schulz und die materialistische Didaktik nach Lothar Klingberg zu nennen (vgl. Jank/Meyer 1994). Davon sind die Unterrichtskonzepte zu unterscheiden.

● Auf den Punkt gebracht

Unterrichtskonzepte stellen Theorien mittlerer Reichweite dar, die zwar einen begründeten Zusammenhang zwischen den einzelnen Elementen der Lehr-Lernsituation (Themen, Inhalte, Methoden/Medien, Organisation) herstellen, dies jedoch ohne eine umfassende theoretische Fundierung versuchen.

Dazu zählen beispielsweise der handlungsorientierte Unterricht und der offene Unterricht. Unterrichtskonzepte können von daher auch unterschiedlichen didaktischen Modellen zugeordnet werden (zu den Unterrichtskonzepten im Förderschwerpunkt Lernen vgl. HEIMLICH/WEMBER 2016). Bezogen auf den Unterricht bei Schülern/-innen mit gravierenden Lernschwierigkeiten stellt die traditionelle „Lernbehindertenpädagogik" eine ganze Reihe von didaktischen Überlegungen zur Verfügung, die bis in die Gegenwart hinein relevante Grundfragen behandeln und insofern an grundlegenden didaktischen Modellen anknüpfen. Deshalb sollen nun zunächst die Anfänge der „Lernbehindertendidaktik" in der zweiten Hälfte des letzten Jahrhunderts vorgestellt und kritisch betrachtet werden. Aus der Analyse der vorhandenen Konzepte ergeben sich zwei didaktische Prinzipien, die für den Unterricht im Förderschwerpunkt Lernen von zentraler Bedeutung sind: *Lebensweltorientierung* und *Entwicklungsorientierung* (vgl. BENKMANN 2007). Abschließend werden diese Prinzipien in einem ökologischen Didaktikmodell zusammengeführt. Die folgende Unterrichtsszene soll die praktische Ausgangsproblematik dabei noch einmal zusammenzufassend veranschaulichen.

Erschwerte Lernsituation 3

Im Hauswirtschaftsunterricht der „Schule zur Lernförderung" beginnt der Fachlehrer die erste Unterrichtsstunde des Schuljahres in der Klasse 7 mit einem Überblick über den Stoffverteilungsplan, wie er ihn vorab erarbeitet hat. Neben der Lebensmitteltechnologie sollen die Ernährungslehre, die Wohnökologie und die wirtschaftliche Haushaltsführung gleichwertig behandelt werden. Er möchte dazu gern eine Mischung aus Praxis- und Theoriestunden anbieten. Zum Auftakt sollen die Schüler/-innen die Schulküche kennenlernen und eine Gemüsesuppe nach Bildrezept zubereiten. Die Zutaten hat der Lehrer bereits eingekauft. Das Unterrichtsthema trifft aber offenbar nicht das Interesse der Schüler/-innen. Die Schüler/-innen verlassen die Schulküche, die im Erdgeschoss der Schule liegt, durch das Fenster und lassen den Lehrer allein zurück. Da die Schüler/-innen von den Eltern sofort wieder in die Schule geschickt werden, ist kurze Zeit später ein Gespräch möglich. Der Lehrer hat die Schulküche inzwischen verlassen und versammelt die Schüler/-innen in einem Klassenraum. Zunächst äußern die Schüler/-innen den Wunsch, die Zutaten für das Kochen selbst einkaufen zu dürfen. Das müssten sie zu Hause auch. Außerdem möchten sie gern bei der Auswahl der Ge--

richte mitbestimmen, weil sie ja auch das Kochgeld mitbringen müssten und für das Essen bezahlen. Im Laufe des Gesprächs wird deutlich, dass der Interessenschwerpunkt klar beim Kochen und der Arbeit in der Schulküche liegt.

An diesem Beispiel zeigt sich, dass Unterricht bei Schülern/-innen mit gravierenden Lernschwierigkeiten nicht selbstverständlich gelingt, vielmehr auch scheitern kann und letztlich darauf angewiesen ist, die Lernvoraussetzungen der Schüler/-innen und ihre spezifischen Bedürfnisse und Alltagserfahrungen in besonderer Weise zu berücksichtigen. Die folgenden Modelle bieten zu dieser zentralen Problemstellung unterschiedliche Lösungen an.

- **„Allgemeine Grundsätze der Arbeit in der Hilfsschule" (Wilhelm Schade)**

In Kooperation mit einer Arbeitsgemeinschaft von Sonderschullehrern veröffentlicht der Städtische Schulrat Wilhelm Schade aus Hannover 1962 einen ersten eher an der Praxis des Unterrichts in der „Hilfsschule" ausgerichteten Versuch zu dessen didaktisch-methodischer Grundlegung. Begründet werden die Prinzipien dieses Unterrichts ganz in der Tradition der „Hilfsschulpädagogik" aus der ersten Hälfte des 20. Jahrhunderts mit der „Eigenart des Hilfsschulkindes" (Schade 1962, S. 8ff.), die dem „Normalkind" entgegengesetzt wird. Die deutliche Ausrichtung auf das Intelligenzdefizit und ein statisches Begabungskonzept bestimmen hier noch die Charakterisierung der Schüler/-innen mit gravierenden Lernschwierigkeiten, auch wenn die soziale Problematik (sog. „Milieustörungen", a.a.O., S. 7) bereits gesehen wird. Neben einem Überblick zur organisatorischen Struktur der „Hilfsschule" erläutert Schade ebenfalls eine Reihe von *Unterrichtsprinzipien*. Bei den allgemeinen Prinzipien dominiert zunächst der Verzicht auf intellektuelle „Überlastung" (a.a.O., S. 36f.) im Bereich Abstraktion und Gedächtnis bei gleichzeitiger Betonung der musischen und motorischen Lernangebote. Ebenfalls sollen die Schüler/-innen zu aktiven Lernformen angeregt werden und Unterrichtsgegenstände besonders handelnd erschließen. Allerdings muss diese Selbsttätigkeit von der Lehrkraft angeleitet und gelenkt werden, weshalb „eine freigeistige Tätigkeit im Sinne *Gaudigs* (im Original kursiv – U.H.)" (a.a.O., S. 39) nach Schades Auffassung nicht möglich ist. Im Zentrum des Unterrichts sollte vielmehr die engere Umwelt des Kindes (im Sinne von „Heimatkunde") stehen, die auf anschauliche Weise sowie unter Beteiligung aller Sinne erschlossen wird. Neben dieser fachlichen Orientierung erwähnt Schade ebenfalls den Bereich der „geistig-orthopädischen Übungen" (a.a.O., S. 42), die auf eine spezifische Förderung im Bereich der vorhandenen Lern- und Entwicklungsprobleme (Motorik, Aufmerksamkeit, Konzentration usf.) ausgerichtet ist. Zusätzlich können auch therapeutische Maßnahmen eingesetzt werden. Die speziellen Unterrichtsprinzipien werden v.a. in Verbindung mit schweren Beeinträchtigungen im Bereich der Kognition, der Entwicklung und des Verhaltens entwickelt. SCHADE gibt damit einen Überblick über die seinerzeit gängige Praxis des „Hilfsschulunterrichts" vor dem Hintergrund der verfügbaren Literatur. Ein eigenständiger Neuentwurf zur Didaktik des Unterrichts bei Schülern/-innen mit „Lernbehinderung" liegt damit jedoch noch nicht vor.

- **„Pädagogik der Vorsorge" (Karl Josef Klauer)**

Den Auftakt zu der Entwicklung didaktischer Modelle für der Unterricht bei Schülern/-innen mit „Lernbehinderungen" bildet vielmehr der erste Entwurf einer „Lernbehindertenpädagogik", wie ihn KARL-JOSEF KLAUER (1967) in den 1960er Jahren entwickelt hat. Er geht von der Intelligenzschwäche der Kinder und Jugendlichen mit „Lernbehinderung" aus und bezeichnet deren Konsequenz als „Bildungsbehinderung" (a.a.O., S. 33). Damit sei zugleich „Normalschulunfähigkeit" gegeben (a.a.O., S. 11). Seine „Pädagogik der Vorsorge" (ebd.) sieht von daher eine Beschränkung des Bildungsgutes auf das „Lebensnotwendige" (a.a.O., S. 35) vor. KLAUER bezieht zwar allgemeindidaktische Überlegungen zum Lebensbedeutsamen und zur *Lebensbewältigung* mit ein, wie sie zu jeglichen pädagogischen Reflexionen über Schule und Unterricht gehören. Das *„Lebensnotwendige"* steht hier jedoch für eine folgenschwere Reduzierung des Bildungsgutes, da den Kindern und Jugendlichen mit „Lernbehinderung" nach KLAUER „nur ein begrenzter, überschaubarer Lebenshorizont gegeben" (ebd.) sei. Damit zielt der von KLAUER gefordert Bildungsplan für die „Hilfsschule" nicht mehr über die soziale Herkunft der Schüler/-innen hinaus. Bildung dient hier also explizit der Verfestigung vorhandener gesellschaftlicher Strukturen. Die als „objektiv" bezeichneten Bildungsbedürfnisse von Schülern/-innen mit „Lernbehinderung" spiegeln also nur ihre gesellschaftliche Lage wieder, ohne die Möglichkeit der Veränderung oder sozialen Mobilität im allgemeinen in Betracht zu ziehen. In seinem Vorschlag zur konkreten Gestaltung des Bildungsplans für die „Hilfsschule" nimmt KLAUER in konsequenter Umsetzung seiner zentralen These eine Dreiteilung des Bildungsgutes vor. Er unterscheidet von dem Unabdingbaren im strengen Sinne für Selbstverwirklichung und Lebensbewältigung Lebensnotwendigen das dringend Gebotene, zu dem er das Lesen, Schreiben und Rechnen zählt. Darüber hinaus kann auch Wünschenswertes hinzutreten (vgl. a.a.O., S. 48f.).

Mit dem Hinweis auf *das Lebensbedeutsame als Auswahlprinzip* für die Bildungsinhalte im Unterricht bei Schülern/-innen mit „Lernbehinderungen" hat KLAUER zweifellos eine bis heute gültige didaktische Fragestellung aufgeworfen. Auch die Notwendigkeit einer *Reduzierung des Bildungsgutes* bei Schülern/-innen mit „Lernbehinderung" ist aufgrund des verlangsamten Lerntempos und zahlreicher weiterer Lernprobleme (und im übrigen für alle Schüler/-innen und alle Schulformen) nach wie vor ein didaktisches Kernproblem. Gleichwohl muss es aus heutiger Sicht als äußerst fragwürdig gelten, ob das Bildungsgut für Schüler/-innen mit „Lernbehinderungen" von vornherein derart begrenzt werden darf. KLAUER zufolge wäre es beispielsweise abwegig, Schüler/-innen mit „Lernbehinderungen“ auf ein Theaterbesuch vorzubereiten, diesen tatsächlich durchzuführen oder gar selbst ein Theaterstück aufzuführen, da dies wohl kaum zu ihrem späteren ‚eingeschränkten Lebenshorizont‘ zählen dürfte. Dem stehen zahlreiche erfolgreiche Projekte im theaterpädogischen Bereich entgegen – und die Liste solcher ermutigender Erfahrungen mit lediglich ‚wünschenswerten‘ Bildungsinhalten bei Schülern/-innen mit „Lernbehinderungen“ ließe sich leicht erweitern (vgl. Jegge 1994, S. 222ff.). Dieses reduktionistische Konzept einer „Lernbehindertendidaktik“ ist stark beeinflusst vom seinerzeit dominanten Ansatz der bildungstheoretischen Didaktik nach Erich Weniger und Wolfgang Klafki (vgl. a.a.O., S. 51).

- **„Orthodidaktik“ (Ulrich Bleidick, Gerhard Heckel)**

Auch Ulrich Bleidick und Gerhard Heckel (1970) gehen in ihrem didaktischen Entwurf von der unterdurchschnittlichen Intelligenz (vgl. a.a.O., S. 28) aus und übertragen explizit die bildungstheoretische Didaktik auf den Unterricht bei Schülern/-innen mit „Lernbehinderung“ (vgl. a.a.O., S. 29). Die Didaktik des Unterrichts in der „Hilfsschule“ fassen sie in dem Begriff der „Orthodidaktik“ (vgl. a.a.O., S. 31) zusammen, die einen defektspezifischen Unterricht begründet mit dem Ziel der Beseitigung oder *Kompensation des Defektes* (vgl. ebd.). Allerdings setzen sich Bleidick und Heckel bei der Formulierung des „hilfsschulspezifischen“ Bildungszieles kritisch von Klauer ab:

> „Die oftmals angeführte Formel von der Bildung des Hilfsschülers in dem „ihm gemäßen Lebenskreise“ enthält dagegen einen voraussetzungsvollen Kurzschluss. Damit wird von vornherein ein beschränkter Rahmen an Bildung festgelegt, der nicht für weitere Möglichkeiten offen ist.“ (a.a.O., S. 34).

Bleidick und Heckel weisen demgegenüber darauf hin, dass Bildung ebenfalls *Einfluss auf die Lebenschancen* hat. Von daher verbietet sich ein prinzipieller Ausschluss von Bildungszielen und -inhalten. Die Auswahl und Reduzierung der Inhalte erfolgt vielmehr erst im Unterricht selbst und ist abhängig von den konkreten Fortschritten der Schüler/-innen. Insofern bleiben hier auch die Bildungs- und Erziehungsziele der Allgemeinen Schulen grundsätzlich in Kraft (a.a.O., S. 35). Die Auswahl der Bildungsinhalte sollte sich Bleidick und Heckel zufolge nach den „Grundformen des Elementaren, des Fundamentalen, des Exemplarischen, des Typischen und des Repräsentativen“ (a.a.O., S. 37) ausrichten. Entscheidend wird bei einer Stoffauswahl nach diesen Prinzipien nicht der konkrete Bildungsinhalt, sondern vielmehr der zugrundeliegende Bildungsgehalt. Damit ist es für Schüler/-innen mit „Lernbehinderung“ ebenfalls möglich, jedes Wissensgebiet zum Bildungsgut zu erheben (vgl. a.a.O., S. 36). Auch hier erscheint wiederum der „Horizont des Lebensbedeutsamen“ (a.a.O., S. 40), wie bei jeder begründeten Stoffauswahl, allerdings nicht mehr in der Reduktion auf das Lebensnotwendige, wie bei Klauer. Zugleich rücken Bleidick und Heckel den Unterricht in der „Lernbehindertenschule" auf der curricularen Ebene nah an die allgemeine Schule heran. Der „Hilfsschulunterricht" unterscheidet sich nur methodisch vom Unterricht in der allgemeinen Schule – und dies wird begründet durch die Defizite des „Hilfsschulkindes". Trotz der deutlichen Anlehnung an die bildungstheoretische Didaktik kann die „Orthodidaktik" den defektspezifischen Ansatz demnach nicht überwinden.

- **„Didaktik der Eigenwelterweiterung" (Ernst Begemann)**

Etwa zeitgleich mit Bleidick/Heckel stellt Ernst Begemann (1970b) sein Konzept eines Unterrichts in der „Hilfsschule" vor. Ausgangspunkt ist bei ihm insbesondere die Kritik an der Vernachlässigung der Lebensumstände von Schülern/-innen mit „Lernbehinderung". Zum Verständnis der Lernschwierigkeiten dieser Kinder und Jugendlichen reiche die Feststellung der Intelligenzschwäche nicht aus. Vielmehr gehe es um Einsicht in die „soziokulturelle Benachteiligung", die zu den Schulproblemen führe (vgl. a.a.O., S. Vf.). Damit wird erstmalig in der Geschichte der Lernbehindertenpädagogik die einseitige Betonung der Intelligenzschwäche (bzw. vormals des „Schwachsinns") als individuelle Ursache des Schulversagens dieser Schülergruppe abgelehnt. Neue Begabungstheorien und die Fortschritte der schichtenspezifischen Sozialisationsforschung öffnen seinerzeit den Blick auf die soziale Verursachung von „Lernbehinderungen". Welche Folgen aber hat diese Erkenntnis nun für die „Lernbehindertendidaktik"? Begemann beantwortet diese Frage unter Rückgriff auf die phänomenologische Pädagogik. Demnach ist jeder Mensch als Handelnder in Situationen eingebettet, die zugleich *Bildungssituationen* darstellen (vgl. a.a.O., S. 60). Durch das aktive Einwirken des Kindes auf die Welt tritt diese in den *Horizont der Eigenwelt* ein. Bildung und Erziehung zielen nach Begemann deshalb letztlich auf einen „Wandel des Eigenwelterlebens" (a.a.O., S. 61) ab und tragen so zur „Eigenwelterweiterung" (a.a.O., S. 94) bei. Damit ist der entscheidende Schritt über das Problem einer reduktionistischen Didaktik hinaus getan. Der „Lebenshorizont" wird weder festgeschrieben wie bei Klauer, noch wird er über einen defektspezifischen Ansatz wieder eingeführt. Es gilt vielmehr, den „Lebenshorizont" durch Bildung und Erziehung auch bei Schülern/-innen mit „Lernbehinderung" gezielt auszudehnen und Neuland zu erschließen. Dabei spielt die *selbsttätige Erschließung und Einsichtsgewinnung* eine entscheidende Rolle, wie Begemann unter Bezug auf den Erziehungsversuch von Johannes Langermann (s. Kap. 2.3) beispielhaft erläutert. Schon bei Begemann wird somit der ausschließliche Bezug didaktischer Modell in der „Lernbehindertenpädagogik" auf die besondere Schule („Hilfsschule" bzw. „Schule für Lernbehinderte") überschritten. Ein Unterricht, der auf „Eigenwelterweiterung" abzielt, ist auch in der allgemeinen Schule denkbar.

- **„Didaktik der sinnhaften und differenzierter Realitätserschließung" (Werner Nestle)**

Kritisch mit reduktionistischen Didaktikmodellen in der Lernbehindertenpädagogik setzt sich auch WERNER NESTLE (1975; 1977) auseinander. Unter dem Einfluss der sozialwissenschaftlichen Wende in der Heil- und Sonderpädagogik ab Mitte der 1970er Jahre plädiert er sowohl auf der Seite der Schüler/-innen mit „Lernbehinderung" als auch auf der Seite der Gesellschaft für „offene Begriffe" (NESTLE 1977, S. 80). „Lernbehinderung" wird dabei nicht nur als negative Abweichung von den gängigen Anforderungen eines allgemeinen Schulsystems sichtbar. Sie entsteht vielmehr in der Relation zwischen Schülern/-innen, Schule und soziokulturellen Rahmenbedingungen (vgl. a.a.O., S. 81), kann also nicht nur individuell bedingt sondern auch Ausdruck unzureichender schulischer Lehr-Lernprozesse sowie unzureichender gesellschaftlicher Bedingungen sein. Weder die „Lernbehinderung" noch die gesellschaftliche Realität können in statischer Weise angemessen erfasst werden. Didaktik muss folglich mehr sein als eine bloße „Abbildlehre der Realität" (a.a.O., S. 84). Um die *Dynamik der gesellschaftlichen Realität* didaktisch aufschließen zu können, ist eine „Theorie der differenzierten und aspekthaften Realitätserschließung" (ebd.) erforderlich. Unterricht wird dadurch fassbar als Wechselwirkungsmodell „zwischen empirischen Erfahrungen und den Konstruktionen des Verstandes" (a.a.O., S. 88), der sowohl *induktive Wege* (von der sensomotorischen Handlung zur Abstraktion) als auch *deduktive Wege* (von der Abstraktion zur sensomotorischen Handlung) umfasst (ebd.). Als vermittelnde Instanz zwischen Alltagserfahrungen und wissenschaftlichen Erfahrungen fungieren sowohl Anschauungsmittel als auch die Lehrperson selbst. Besonders die Anschauungsmittel bzw. „Medien" sind für NESTLE zu einem bedeutsamen Forschungs- und Erprobungsgebiet geworden (vgl. NESTLE 1997). Die Bedeutung dieses didaktischen Modells liegt jedoch vornehmlich darin, dass hier erstmals in der „Lernbehindertenpädagogik" versucht wird, individuelle und gesellschaftliche Aspekte des Unterrichts bei Schülern/-innen mit „Lernbehinderung" in Einklang zu bringen.

- **„Lebensproblemzentrierter Unterricht" (Erich Westphal)**

ERICH WESTPHAL (1977) hat dieses sozialwissenschaftliche Programm didaktischer Forschung fortgesetzt und empirisch angereichert. Zum Problem gerät dabei allerdings die didaktische Aufbereitung empirischer Daten zur Lebens- und Lernsituation von Schülern/-innen mit „Lernbehinderung". WESTPHAL befragt aus diesem Grunde die Kinder und Jugendlichen mit „Lernbehinderung" über den Weg qualitativer Interviews (n=24) nach ihren „Lebensproblemen und Daseinstechniken" (a.a.O., S. 99), um von dort aus zu einer Erneuerung der didaktischen Theoriebildung in der „Lernbehindertenpädagogik" zu gelangen. Zum theoretischen Ausgangspunkt wählt er einen morphologischen Ansatz, der dazu beitragen soll, dass sich die Fülle der denkbaren Lebensprobleme und ihre Bewältigungsformen in

„Wirkungseinheiten“ (a.a.O., S. 100) zusammenfassen lassen. In der Interpretation der Interviewergebnisse zeigt sich, dass die Lebensprobleme von Schülern/-innen mit „Lernbehinderungen“ durch zahlreiche Widersprüche gekennzeichnet sind, die nicht ohne weiteres aufgelöst werden können. WESTPHAL zählt dazu

- die Suche nach Halt bei gleichzeitiger Erfahrung von Ablehnung,
- das Bedürfnis nach Entwicklung und Veränderung im Gegensatz zu einer Erziehung, die auf Willkür und Gehorsam abzielt,
- das Gefühl von Ohnmacht und Anpassung (bzw. „Mitlaufen“) mit der Folge des Ausweichens und Alleinseins,
- der Wunsch nach Ordnung bei gleichzeitiger Erfahrung von Unordnung.

Die didaktischen Konsequenzen aus diesem Einblick in die Lebensprobleme sind weitreichender, als die begrenzte Zahl der durchgeführten Interviews erwarten lässt. WESTPHAL vollzieht in der Auswertung seiner Studie den Schritt weg von einem vorab festgelegten Bildungskanon mit einem verbindlichem Katalog von Lernzielen und Lerninhalten, die auch in der „Schule für Lernbehinderte“ angeeignet werden sollen. Vielmehr werden die untersuchten Lebensprobleme der Schüler/-innen mit „Lernbehinderung“ bei ihm selbst zum Lerngegenstand. Damit ist in der „Lernbehindertendidaktik“ erstmals die Frage zum Ausdruck gebracht, wie aus Lebensproblemen Unterrichtsthemen werden können und in welchem Verhältnis Lebenssituationen und Lernsituationen zueinander stehen. PETER WACHTEL und MANFRED WITTROCK haben in mehreren Beiträgen und in Kooperation mit WESTPHAL dieses Konzept einer lebensproblemzentrierten Didaktik konkret ausgearbeitet und bis hin zu praxisnahen Unterrichtseinheiten weiterentwickelt (vgl. WACHTEL/WITTROCK 1994; 1997).

- **„Unterricht in der realitätsnahen Schule“ (Gotthilf G. Hiller)**

GOTTHILF G. HILLER (1994a; 2007) geht auf diesem Weg einen Schritt weiter. Für ihn wird die soziale Realität mit all ihren Zumutungen für Kinder und Jugendliche mit gravierenden Lernschwierigkeiten zum alleinigen Bezugspunkt seines Didaktik-Modells. Er kennzeichnet die Lebenssituation benachteiligter junger Erwachsener als sozial randständig. Sie ist geprägt durch eine wenig stabile Lebensführung, häufige Zwangskontakte zu öffentlichen Institutionen, ein Leben mit geringen wirtschaftlichen Mitteln, einer geringeren Zahl an privaten Kontakten und den Vorwurf, für diese Lage selbst verantwortlich zu sein (vgl. HILLER 1994a, S. 47ff.). Der Schule (und auch der „Schule für Lernbehinderte“) macht HILLER den Vorwurf, dass sie weiter an einem bürgerlichen Bildungsanspruch und Lebensentwurf auch für diese Schüler/-innen festhält, obwohl die Fakten über deren abweichende Lebenssituation seit langem bekannt sind. Er kritisiert beispielsweise den berufsvorbereitenden Unterricht in „Schulen für Lernbehinderte“, da dieser nach wie vor auf das Konzept der „Berufswahlreife“ abstellt, obwohl Absolventen/-innen der „Schulen für Lernbehinderte" kaum eine Chance auf dem Ausbildungs- bzw. Arbeitsmarkt haben und somit jegliche Wahlmöglichkeiten entfallen. Vielmehr sehe sich – nach HILLER – der größte Teil der Absolventen/-innen der „Schulen für Lernbehinderte" mit der Situation konfrontiert, das Leben auf der Basis von Arbeitslosengeld oder Hilfe zum Lebensunterhalt zu bewältigen. Deshalb sollte auch die „Schule für Lernbehinderte" auf diese Lebenssituation entsprechend vorbereiten. HILLER entwickelt dazu ein Unterrichtsmaterial zum Thema „Durchblick im Alltag", in dem ein Bildungskonzept für Jugendliche in riskanten Lebenslagen entfaltet wird (vgl. HILLER 2007, S. 46ff.). Zur Begründung diese didaktischen Ansatzes bezieht sich Hiller auf den kultursoziologischen Ansatz im Anschluss an PIERRE BOURDIEU (1998, s. Kap. 1.3.4). Schule – so fordert HILLER – müsse mehr als bisher auf den so entstehenden Umfang und die je spezifische Zusammensetzung des ökonomischen, kulturellen und sozialen Kapitels achten. Der Vorteil dieses Modells liegt besonders darin, dass die soziale Lage von Schülern/-innen mit „Lernbehinderungen" in vollem Umfang zur Kenntnis genommen wird, aber gleichwohl nicht nur unter dem Aspekt der Defizite in der Lebenssituation betrachtet wird. Sozial benachteiligte Kinder und Jugendliche zeigen nämlich sehr wohl selbst entwickelte Formen der Bewältigung mit prekären Lebenslagen, die durchaus als spezifische Kompetenzen gewertet werden müssen. Der Unterricht in der „Schule für Lernbehinderte" steht somit vor der Aufgabe, diese spezifischen Kompetenzen und Ressourcen aus der Lebenssituation der Schüler/-innen aufzugreifen und sie zum Unterrichtsgegenstand zu machen. Das geht durchaus so weit, dass die Schüler/-innen im Unterricht lernen sollten, wie man von Arbeitslosengeld II (bzw. Hartz-IV) leben kann.[2] Daraus werden nun bei HILLER Lehr-Lernarrangements abgeleitet, die inhaltlich sowohl zielgruppenspezifisch als auch an der Lebenssituation ausgerichtet sind. *Themenkreise* eines solches Unterrichts sind: Schule, Ausbildung, Erwerbsarbeit, Finanzen, Soziales Netz, Zivilkompetenz, Zeitmanagement, Gesundheit, Legalität, Wohnung, Selbst- und Weltverständnis (vgl. HILLER 2007, S. 46ff.). *Methodisch* unterscheidet HILLER vier Grundmuster: Trainingsprogramme (zur gezielten Aneignung von Faktenwissen), Lektionen (zum Erwerb von Urteils- und Kritikfähigkeit, Einüben (zur Erarbeitung von Routinen des Selbstmanagements) und das Projekt (zur Überprüfung der Praxistauglichkeit von Bildungsinhalten, vgl. a.a.O., S.50ff.).

Damit hat HILLER den Weg der Einbeziehung der Lebenssituation von Schülern/-innen mir gravierenden Lernschwierigkeiten in den Unterricht unter Rückbezug auf neuere soziologische Theorien zu einem umfassenden Bildungskonzept ausgearbeitet. Gleichwohl ist mit diesem Prinzip der Lebensweltorientierung nur ein Bezugspunkt in der Didaktik des Unterrichts im Förderschwerpunkt Lernen angesprochen. Der Unterricht muss in diesem Bereich ebenfalls dem Anspruch an

2 In Nordrhein-Westfalen hat sich die Fröbel-Schule (Förderschule) in Wattenscheid in dem gleichnamigen Film den Titel „Die Hartz-IV-Schule" gegeben (s. http://www.wdr.de/themen/kultur/bildung_und_erziehung/foerderschulen/070823.jhtml, zuletzt aufgerufen am 19.09.2009)

eine konsequente Individualisierung genügen. Insofern gewinnen *Ansätze zu einer entwicklungsorientierten Didaktik* eine ähnliche Bedeutung für die „Lernbehindertenpädagogik" wie situationsorientierte.

- **„Didaktik des Handelnden Unterrichts" (Barbara Rohr)**

Wenn auch das „Kindgemäße" als Prinzip in der „Hilfsschuldidaktik" stets leitend war, kommt es erst unter dem Einfluss kognitionspsychologischer Erkenntnisse zu einer umfassenden Fundierung der Entwicklungsorientierung in der „Lernbehindertenpädagogik". BARBARA ROHR (1982) liefert dazu unter Rückbezug auf die Tätigkeitspsychologie der kulturhistorischen Schule einen ersten Anstoß. Auf der Basis der materialistischen Behindertenpädagogik entwickelt ROHR nicht nur eine gesellschaftskritische Sicht der „Schule für Lernbehinderte" und ihrer gesellschaftlichen Funktion, die sie mit der Forderung nach einem Unterricht verbindet, der Schüler/-innen mit „Lernbehinderung" über ihre gesellschaftliche Situation aufklärt. Sie greift ebenso Arbeiten der russischen Psychologen LEW S. VYGOTSKIJ, ALEXEJ LEONTJEW und PJOTR J. GALPERIN auf, um Aneignungsprozesse als Basis des Lernens und der Denkentwicklung hervorzuheben (vgl. a.a.O., S. 59ff.). Damit vollzieht sie zugleich die Hinwendung zu einer kompetenzorientierten Sichtweise der Schüler/-innen mit „Lernbehinderung" und eine Abkehr von der Defizitorientierung. Der Zusammenhang zwischen Lernen und Denken ergibt sich bei GALPERIN als Stufenfolge der *Interiorisation* (Verinnerlichung) von Handlungen. Kurz gefasst entsteht im Lernprozess aus der materialisierten Handlung das begleitende Sprechen, das zum „inneren Sprechen" wird und somit zu einer Verinnerlichung der Handlung führt (vgl. auch KORNMANN/RAMISCH 1984; KOCH 2016). Dieser Prozess kann pädagogisch begleitet und angeregt werden, was sich wiederum im Konzept des handelnden Unterrichts niedergeschlagen hat. Alle Bildungsinhalte sind von daher gerade bei Schülern/-innen mit Lernschwierigkeiten durchweg auf ihre Handlungsstruktur zurückzuführen. Dabei wird zugleich deutlich, wie viele Bestandteile der gesellschaftlichen Kultur aus Handlungszusammenhängen entstanden sind. Zu einem didaktischen Modell wird dieser Ansatz zu DDR-Zeiten unter dem Leitkonzept der „sozialistischen Allgemeinbildung" von LOTHAR KLINGBERG (1982) ausgearbeitet (vgl. JANK/MEYER 1994).

- **„Entwicklungsgemäße Didaktik" (Franz B. Wember)**

Ebenfalls auf entwicklungspsychologischer Basis – allerdings mit ausdrücklichem Bezug auf den Genfer Psychologen JEAN PIAGET (1896-1980) – legt FRANZ B. WEMBER (1986) sein Konzept einer entwicklungsgemäßen Didaktik vor. PIAGET ist – unabhängig von der kulturhistorischen Schule – ebenfalls zu dem Ergebnis gekommen, dass sich die Entwicklung des kindlichen Denkens auf der Basis sensomotorischer Interaktionen mit der Umwelt vollzieht (s. Kap. 1.3.2). WEMBER kann in einer Untersuchung zeigen, dass Schüler/-innen mit „Lernbehinderung" keine eigenständige kognitive Entwicklung durchlaufen. Sie bringen allerdings bereits bei Eintritt in die Grundschule einen Entwicklungsrückstand von bis zu zwei Jahren mit. „Lernbehinderung" wird hier also als Entwicklungsverzögerung sichtbar. Die Schüler/-innen befinden sich im ersten Schuljahr der Grundschule überwiegend noch in der Phase des präoperationalen Denkens und werden in der Regel länger auf diesem Entwicklungsniveau verweilen (vgl. WEMBER 1986, S. 165f.). Für den Unterricht bedeutet dies nun, dass alle abstrakt-symbolischen Lernleistungen von der Handlung ausgehen sollten. Dem steht die gegenwärtige Schulpraxis in der allgemeinen Schule entgegen, die bereits wenige Monate nach Schulbeginn von Schülern/-innen erwartet, dass sie mit den gängigen Symbolsystemen (Zahlen, Buchstaben) umgehen können. Zu dieser abstrakten Denkleistung sind Schüler/-innen mit „Lernbehinderung" zu diesem Zeitpunkt aber durchweg noch nicht in der Lage. Vor dem Hintergrund des Modells der kognitiven Repräsentationsebenen von JEROME S. BRUNER benötigten diese Schüler/-innen zunächst einmal Lernangebote auf der *enaktiven Ebene*, um sie dann allmählich auf der Ebene der ikonischen Repräsentation vorzubereiten. In ähnlicher Weise hat HANS AEBLI (1923-1990) vorgeschlagen – ebenfalls beeinflusst von PIAGET – für den Aufbau einer kognitiven Operation (im Unterschied zur bloßen Handlung!) stets vom praktischen *Tun* auszugehen, das erst ein *Verstehen* der Operation ermöglicht. Im wiederholten *Durcharbeiten* wird die Operation der gedanklichen Bearbeitung zugänglich und kann schließlich in einen Prozess der *Verinnerlichung* bis hin zur *Automatisierung* führen (vgl. AEBLI 2003, S. 227ff.). Dazu wäre allerdings ein handlungsorientierter Unterricht (vgl. GUDJONS 2008) mit einem hohen Anteil an innerer Differenzierung erforderlich, in dem der gemeinsame Bildungsinhalt für alle Schüler/-innen gemäß ihren individuellen Lernvoraussetzungen aufbereitet wäre und auf diese Weise eine Vielfalt an Lernmöglichkeiten auf unterschiedlichen kognitiven Anspruchsniveaus zur Verfügung stünde (vgl. WEMBER 1997, S. 181ff.).

- **„Sozialkonstruktivistische Didaktik" (Rainer Benkmann)**

In Ergänzung zu dieser Orientierung an der individuellen Entwicklung betont RAINER BENKMANN besonders den sozialen Aspekt des Lernens. Er setzt im Anschluss an entwicklungspädagogische Konzeptionen (vgl. BENKMANN 1998) Lernen und Entwicklung gleich, letztlich auch Bildung und Entwicklung (vgl. BENKMANN 2007). Dabei ist er durchaus auch von PIAGETS Theorie der kognitiven Entwicklung beeinflusst, ordnet diese jedoch eher in die konstruktivistische Lerntheorie ein (s. Kap. 5.2). Demnach sind Kinder im Laufe ihrer kognitiven Entwicklung nicht nur mit der Übernahme von Operationen aus der Umwelt beschäftigt, sie konstruieren kognitive Operationen vielmehr aktiv mit, bringen sie also letztlich selbst hervor. Dabei konnte allerdings in der psychologischen Forschung gezeigt werden, dass nicht nur Erwachsene auf die kindliche Entwicklung Einfluss nehmen, sondern Gleichaltrige in mindestens gleichem Maße. Im Anschluss an JAMES

YOUNISS (1994) sprechen wir hier von *Ko-Konstruktionen*. Kinder bringen den Lerngegenstand nicht nur für sich sondern gemeinsam mit anderen hervor. Die sozialen Beziehungen der Kinder untereinander sind für erfolgreiche Lernprozesse deshalb eine wichtige Voraussetzung. Gerade in heterogenen Lerngruppen gehen von der *peer-group* entscheidende Entwicklungsanregungen aus, die sich besonders im sozial-kognitiven Bereich bemerkbar machen. Lernschwierigkeiten werden in dieser Perspektive sichtbar als Ausdruck mangelnder Entwicklungsanregungen und einer ungenügenden Passung der eigenen Konstruktionen aus dem sozialen Umfeld sozial benachteiligter Kinder mit den Anforderungen einer mittelschichtorientierten Schule. Für die Schule zieht BENKMANN aus diesen Forschungsbefunden die Konsequenz, dass der inklusive Unterricht in der allgemeinen Schule die optimale Form darstellt, weil er die entwicklungsnotwendige Heterogenität der Lerngruppe gewährleistet. Ohne eine entsprechende Qualität der sozialen Beziehungen in heterogenen Lerngruppen dürfte sich der angestrebte Lerneffekt allerdings auch nicht einstellen.

- **„Systemisch-konstruktivistische Didaktik" (Rolf Werning)**

ROLF WERNING (1996) erweitert diesen konstruktivistischen Ansatz um den Systemgedanken (vgl. WERNING/LÜTJE-KLOSE 2012). Schüler/-innen werden hier als autopoietische Systeme wahrgenommen, die ihre eigenen Strukturen entwickeln und nicht direkt von außen gesteuert werden können. Lehren heißt von daher nurmehr Anregung zum Selbstlernen (a.a.O., S. 85). Auch wenn es im Laufe des Bildungsprozesses stets zu einer Annäherung der Wirklichkeitskonstruktion z.B. in der Familie oder der Schule kommt, so folgt das Lernen des Einzelnen doch eigenen Regeln. Schüler/-innen mit Lernschwierigkeiten unterscheiden sich in ihrer Lerntätigkeit wiederum nicht von anderen, sie sind allerdings auf mehr Unterstützung und Hilfe beim Lernen angewiesen. Neben der Berücksichtigung ihrer lebensweltlichen Erfahrungen im Unterricht benötigen sie besonders einen emotionalen Rückhalt in der sozialen Beziehung zu Gleichaltrigen und der Lehrkraft. WERNING überträgt für einen solchen Unterricht das Konzept der konstruktivistischen Didaktik von KERSTEN REICH (2008) auf den Unterricht bei Schülern/-innen mit Lernschwierigkeiten und fordert dafür ebenso Lernangebote zur *Konstruktion* (als Erfindung eines Lerngegenstandes), zur *Rekonstruktion* (als Entdeckung eines Lerngegenstandes) und zur *Dekonstruktion* (als Hinterfragung eines Lerngegenstandes, vgl. a.a.O., S. 127f.). Für die Lernbehindertenpädagogik folgt daraus die Aufgabe, Lernangebote soweit wie möglich zu individualisieren und sich auf die Fähigkeiten der Schüler/-innen auszurichten, soziale Prozesse zwischen den Schülern/-innen und den Lehrkräften bewusst wahrzunehmen und zu gestalten und die Lebenswelt der Schüler/-innen außerhalb der Schule mit einzubeziehen. Praktisch umgesetzt wird dieses Konzept bei WERNING im Rahmen des entdeckenden Lernens (vgl. WERNING/LÜTJE-KLOSE 2012, S. 186), da hier das eigenständige Lernen besonders gefordert ist. WERNING liefert damit bereits einen ersten Versuch der Verbindung zwischen lebensweltorientierten und entwicklungsorientierten Ansätzen in der Didaktik des Unterrichts bei Lernschwierigkeiten. Weiterführend ist in diesem Zusammenhang das ökologische Denken.

- **Fazit: Perspektiven einer ökologischen Didaktik bei Lernschwierigkeiten**

Die hier vorgestellten didaktischen Modelle bieten aus der Tradition der Lernbehindertenpädagogik heraus jeweils unterschiedliche Antworten auf die Frage nach dem Lebenswelt- und dem Entwicklungsbezug des Unterrichts. Der Unterricht bei Schülern/-innen mit Lernschwierigkeiten steht vor dem Problem, besondere Akzentuierungen vorzunehmen, um die Schüler/-innen in ihren individuellen Entwicklungsvoraussetzungen zu erreichen und ihre lebensweltlichen Erfahrungen mit einbeziehen zu können. Lebenswelt- und Entwicklungsorientierung sind so gesehen nicht voneinander zu trennen, sondern gleichsam Ausdruck eines spezifischen Person-Umfeld-Zusammenhanges. Dafür wird hier der Begriff der Lehr-Lernsituation eingeführt, wie ihn EDUARD W. KLEBER bereits 1980 in seiner „Grundkonzeption einer Lernbehindertenpädagogik" entwickelt hat (vgl. zum Begriff der Unterrichtssituation auch: SÜNKEL 1996). Konstitutiv für den Unterricht bei Schülern/-innen mit Lernschwierigkeiten ist von daher nicht die Behinderung, sondern vielmehr das gesamte Gefüge der innerschulischen, außerschulischen und personalen (erschwerten) Lernbedingungen (a.a.O., S. 57f.).

● Auf den Punkt gebracht

Didaktik gerät so zu einer Theorie der Lehr-Lernsituationen, im Felde der „Lernbehindertenpädagogik" zu einer Theorie erschwerter Lehr-Lernsituationen, deren Aufgabe es ist, die räumlichen, zeitlichen, materiellen, personellen und sozialen Bedingungen des (erschwerten) Lernens zu analysieren und Anregungen für eine optimale Gestaltung dieser Aspekte trotz erschwerender Bedingungen zur Verfügung zu stellen.

Dabei ist insbesondere auf die sinnliche Qualität von Lehr-Lernprozessen zu achten, da erst multisensorisches Lernen das gesamte Potenzial einer Lehr-Lernsituation erschließen hilft. Für diese Zusammenschau wird hier das *Konzept einer ökologischen Didaktik* in Anspruch genommen, das im Anschluss an die ökologische Entwicklungstheorie von URIE BRONFENBRENNER (1917-2005) und die Aufnahme dieses ökologischen Denkens in die Erziehungswissenschaft (vgl. SCHULZE 1983; BAACKE 1991; KLEBER 1993) sowie die Heil- und Sonderpädagogik (vgl. SPECK 2008a; SANDER 1999; HEIMLICH 2003) für eine konsequente Person-Umfeld-Orientierung steht (s. Kap. 5.1.4). Ökologische Didaktik zielt im Rahmen einer Pädagogik bei Lernschwierigkeiten auf einen Unterricht, in dem solche Lehr-Lernsituationen konstruiert werden, die den Schülern/-innen eine aktive und damit entwicklungsförderliche Auseinandersetzung mit der jeweils vorzufindenden Umwelt ermöglichen. Den Lehrkräften stehen dabei insbesondere die Bedingungen der jeweiligen Schule zur Verfügung, während sie auf den gesellschaftliche Rahmen oder das familiäre Umfeld von Schülern/-innen mit Lernschwierigkeiten nur wenig Einfluss ausüben können. Schüler/-innen sind selbst ständig mit an der Konstruktion von Lehr-Lernsituationen beteiligt, auch wenn dabei das Curriculum der Schule oder die Lehrkraft nicht immer die Hauptrolle spielen müssen. Ein solcher Unterricht im Sinne einer ökologischen Didaktik dürfte am ehesten im Rahmen des Projektunterrichts zu erreichen sein, bei dem Lehrkräfte und Schüler/-innen gemeinsam eine problemhaltige Sachlage als Lerngegenstand aushandeln, um ihn dann aktiv und kooperativ zu erschließen (vgl. Heimlich 1999b; 2016). Bezogen auf Schüler/-innen mit Lernschwierigkeiten bedarf dieses Konzept allerdings der Adaption, da die selbstständige Aufgabenbewältigung und die Fähigkeiten zum Wechsel in den Sozialformen nicht einfach vorausgesetzt werden dürfen. Aber durch die Schaffung von Voraussetzungen für das Projektlernen (z.B. durch Vorhaben, Erkundungsgänge, Training sozialer Kompetenzen) können auch Schüler/ -innen mit gravierenden Lernschwierigkeiten „Wege zum Projektunterricht" (vgl. Heimlich 1999b, S. 119-152) eröffnet werden. Erst in diesem sozialen Konstruktionsprozess wird aus der Fülle der vorhandenen Person-Umfeld-Beziehungen ein Bildungsinhalt ausgewählt und bearbeitet. Entwicklungsorientiert ist das insofern, als sich dabei alle Schüler/-innen auf der Basis ihrer Fähigkeiten in den gemeinsamen Lernprozess einbringen sollen. Die Lebensweltorientierung soll hier durch die offene Ausgangsituation bezüglich der Bildungsinhalte erreicht werden, in der prinzipiell alle Problemstellungen und Fragen aus dem Erfahrungszusammenhang von Schülern/-innen, Lehrkräften und auch anderer Personen (z.B. Eltern) zum Lerngegenstand werden können. Ein ökologisches Didaktikmodell bedarf damit gleichwohl noch der systematischen Ausarbeitung.

3.3.3 Didaktik des inklusiven Unterrichts bei Lernschwierigkeiten

Fast 40 Jahre Integrationsentwicklung in der BRD haben zwischenzeitlich dazu geführt, dass Schüler/-innen mit Lernschwierigkeiten – wie in fast allen anderen europäischen Staaten – mehr und mehr in den allgemeinen Schulen gefördert werden. Davon konnte die Didaktik des Unterrichts bei Lernschwierigkeiten nicht unbeeinflusst bleiben. Unter dem neuen Leitbild eines inklusiven Bildungssystems (Art. 24 der UN-Konvention über die Rechte von Menschen mit Behinderungen[3]) werden sich diese Tendenzen noch weiter verstärken. Der Anteil der Schüler/-innen mit gravierenden Lernschwierigkeiten wird in der allgemeinen Schule deutlich

3 *www.bmas.de/.../uebereinkommen_ueber_die_rechte_behinderter_menschen.pdf (aufgerufen am 5.8.2009)*

ansteigen, so dass die Mehrheit dieser Schülergruppe inklusive Bildungsangebote wahrnehmen kann. Aus den zahlreichen Praxiserfahrungen heraus hat sich ein Modell des zieldifferenten inklusiven Unterrichts entwickelt, das geeignet ist diese Aufgabe zu bewältigen. Eine Differenzierung der Ziele ist hier insofern angezeigt, als Schüler/-innen mit gravierenden Lernschwierigkeiten nicht unbedingt die Ziele des jeweiligen Bildungsganges der allgemeinen Schulen erreichen können und trotzdem vom inklusiven Unterricht profitieren sollen. Das *Modell des inklusiven Unterrichts* wird nun in seinen *Prinzipien*, *Formen* und *Begründungszusammenhängen* vorgestellt. Leitend ist dabei erneut das ökologische Modell der Didaktik mit seinem deutlichen Bezug auf das Projektlernen als Mittelpunkt (vgl. HEIMLICH 2003; 2007a; 2007b).

Erschwerte Lernsituation 4

In der Integrationsklasse (Jahrgangsstufe 3) der Grundschule haben die Schüler/-innen (24 insgesamt, davon 3 mit dem Förderschwerpunkt geistige Entwicklung und eine Schülerin mit dem Förderschwerpunkt Lernen) einen Spaziergang gemacht und eine Frühlingswiese entdeckt. Es werden nun von allen Blumen und Gräser gepflückt, Insekten, Vögel und Schnecken beobachtet und alles ausführlich betastet und beschnuppert. Viele Schüler/-innen nutzen auch die Gelegenheit, um ein bisschen herumzutoben. Zurück im Klassenraum gestalten alle gemeinsam in einer großen Blumenvase einen Frühlingsstrauß und stellen diesen beim Gesprächskreis in die Mitte. Die Schüler/-innen werden von der Grundschullehrerin und dem Sonderpädagogen aufgefordert über ihre Erlebnisse auf der Frühlingswiese zu berichten. Einige können Tiere und Pflanzen schon genauer benennen, andere beschreiben das Aussehen oder den Geruch und wie sich etwas angefühlt hat. Die Lehrkräfte unterstützen den Prozess durch Bildkarten zu Pflanzen und Tieren, die sie um den Blumenstrauß herumgruppieren. Michael (10 Jahre) schafft es noch nicht, ohne Hilfe an diesem Gesprächskreis teilzunehmen. Aber er sucht die Nähe von Sven (8 Jahre), der sein Lernpate ist und im Klassenraum sonst auch immer neben ihm sitzt. Sven kann sehr streng werden, wenn Michael wieder einmal versucht, ihm die gesamte Arbeit zu überlassen. Erst hat Sven ihm immer bereitwillig alles abgenommen. Aber nun besteht er darauf, dass Michael mehr selbst macht. So findet er auch seine persönlichen Arbeitsaufgaben im folgenden Stationenbetrieb zur genauen Bestimmung von Pflanzen und Tieren auf der Frühlingswiese besser und benötigt nicht so viel Zeit, um mit der Arbeit zu beginnen.

Deutlich wird in diesem Unterrichtsbeispiel, wie wichtig der gemeinsame Lerngegenstand im inklusiven Unterricht ist und wie er so aufbereitet werden kann, dass alle Schüler/-innen (auch mit den Förderschwerpunkten geistige Entwicklung und

Lernen) einen Zugang dazu erhalten. Dazu sollte eine Vielfalt an Lernwegen und Lernmöglichkeiten bereitgehalten werden.

- **Formen des inklusiven Unterrichts**

Betrachten wir die Praxis des inklusiven Unterrichts, in der auch Schüler/-innen mit Lernschwierigkeiten teilnehmen, so werden uns als erstes die gängigen Formen des offenen Unterrichts begegnen (vgl. HEIMLICH 2003, S. 98ff.). Ein Unterrichtsvormittag beginnt häufig mit einer oder zwei Schulstunden in *Freier Arbeit*, während der die Schüler/-innen auf der Basis ihres individuellen *Wochenplans* unterschiedliche Aufgaben in einem selbst gewählten Rhythmus und in selbst gestalteten sozialen Zusammenhängen angehen. Die Lehrkräfte (der allgemeinen Schule und Sonderpädagogen/-innen) sind dabei beratend und begleitend tätig, können einzelnen Schülern/-innen direkte Lernhilfen zur Verfügung stellen oder auch beobachten. Diesen stark individualisierten Lernphasen werden meist *Gesprächskreise* (Wochenanfangs- und -abschlusskreis) gegenüber gestellt, um den sozialen Zusammenhalt in der Lerngruppe nicht aus den Augen zu verlieren. Die Zusammenkünfte können für Erzählungen über Freizeit- und Wochenenderlebnisse genutzt werden, aus denen nicht selten auch Anregungen für den inklusiven Unterricht entstehen (gleichsam als Fenster in die Lebenswelt der Schüler/-innen). Sie dienen aber ebenso der gemeinsamen Planung des weiteren Lernprozesses und der Berichterstattung über Lernergebnisse und -erfahrungen. Als gute Möglichkeit zur Einführung in offenen Formen des Unterrichts erweist sich immer wieder das *Stationenlernen*. Ein Unterrichsthema, mitunter sogar eine ganze Unterrichtseinheit wird hier auf mehrere Stationen verteilt gleichzeitig angeboten. Dabei können unterschiedliche Lernanforderungen und Lernwege berücksichtigt werden. Die Schüler/-innen durchlaufen in kleinen Gruppen mit gezielten Aufgabenstellungen die Stationen in einer selbst bestimmten Reihenfolge. Gerade für Schüler/-innen mit Lernschwierigkeiten sind häufig stark strukturierende Lernhilfen durch die Lehrkraft erforderlich (z.B. festgelegte Reihenfolge der Stationen, feste Lerngruppen, genau kontrollierter Zeitplan), bevor sie in einer wenige strukturierten Form ebenfalls die Vorteile des Stationenlernens wahrnehmen können (z.B. freie Wahl der Stationen, der Lerngruppen und der Lernzeit). Diesen mehr *schülerzentrierten Unterrichtsformen* stehen im inklusiven Unterricht ebenso *lehrerzentrierte Formen* gegenüber. Gerade Schüler/-innen mit Lernschwierigkeiten profitieren von *Lehrgängen*, die stark strukturiert und von den Lehrkräften gesteuert stattfinden, um neue Bildungsinhalte zu erarbeiten. Aber auch regelmäßige *Übungen* zur Sicherung des Gelernten bis hin zur *Einzel- und Kleingruppenförderung* sind im inklusiven Unterricht erforderlich, um spezifische Lernangebote bis hin zur individuellen Förderung machen zu können. Im *Projektunterricht* laufen diese verschiedenen Lerntätigkeiten nun insofern zusammen, als hier alle Schüler/-innen an einem gemeinsam mit den Lehrkräften ausgewählten und geplanten Thema arbeiten und dabei eine

Vielfalt an Unterrichtsformen zum Einsatz kommen. *Sonderpädagogische Förderung* kann insbesondere bei der individuellen Wochenplangestaltung, in Übungsphasen und bei der Einzel- und Kleingruppenförderung praxiswirksam werden. Im Grunde sind Sonderpädagogen/-innen jedoch bei der Gestaltung aller Formen des inklusiven Unterrichts ständig gefordert. Dazu zählt ebenfalls die Mitwirkung bei der inklusiven Gestaltung der Lernumgebung und ihrer Ausstattung mit entsprechenden Lernmaterialien. Mit den Unterrichtsformen ist gleichsam die *äußere Seite des inklusiven Unterrichts* beschrieben.

- **Prinzipien des inklusiven Unterrichts**

Hinter diesen Unterrichtsformen und durch sie repäsentiert stehen gleichsam als *innere Seite des inklusiven Unterrichts* eine Reihe von Unterrichtsprinzipien, die geeignet sind, das gemeinsame Lernen wirksam zu unterstützen (vgl. HEIMLICH 2003, S. 95ff.). Auf Seiten der *Schüler/-innen* sollten im inklusiven Unterricht die Lerngegenstände so aufbereitet sein, dass ihnen die Möglichkeit zum handelnden Umgang geboten wird (*Handlungsorientierung*). Dabei werden sie über kurz oder lang mit dem Anspruch konfrontiert, ihr Lernen stärker selbst zu planen und zu steuern (*Selbsttätigkeit*). Aufgrund der bewusst heterogenen Zusammensetzung der Lerngruppen in inklusiven Schulen ist es zusätzlich erforderlich, die Lernangebote weitgehend zu differenzieren und zu individualisieren (*Bedürfnisorientierung*). Gerade für Schüler/-innen mit Lernschwierigkeiten ist dabei die Berücksichtigung unterschiedlicher Lernwege im Sinne des multisensorischen Lernens unabdingbar (*Lernen mit allen Sinnen*). Außerdem dürfen bei aller Individualisierung Gelegenheiten für soziale Begegnung und gemeinsames Lernen nicht vernachlässigt werden (*soziales Lernen*). Auf Seiten der *Unterrichtsinhalte* ist auch im inklusiven Unterricht der Bezug zur Erfahrungswelt der Schüler/-innen mitentcheidendes Auswahlkriterium (*Situationsorientierung*). Im Zuge dieser gemeinsamen Suche nach geeigneten Unterrichtsthemen ergibt sich zwangsläufig eine Überschreitung enger Fächergrenzen (*Fächerverbindung*). Schließlich ist der gemeinsame Lerngegenstand so zu strukturieren, dass sich bei gleicher Themenstellungen unterschiedliche Lernzugänge ergeben und alle Schüler/-innen im Sinne zieldifferenter Inklusion am gemeinsamen Lerngegenstand teilhaben und etwas dazu beitragen können (*Zielorientierung*). *Sonderpädagogische Förderung* wird besonders über die Prinzipien der Handlungsorientierung, der Bedürfnisorientierung, des Lernens mit allen Sinnen und der Zielorientierung in den inklusiven Unterricht eingefügt, um über diesen Weg die Teilhabe aller Schüler/-innen zu gewährleisten.

- **Grundlagen des inklusiven Unterrichts**

Begleitend zur inklusiven Praxis sind mehrere Modelle zur Begründung des inklusiven Unterrichts entstanden. Sie stehen gleichsam für Qualitätskriterien eines idealtypischen Modells.

Den Anfang machte GEORG FEUSER (1998) mit einem an der materialistischen Behindertenpädagogik ausgerichteten Modell der integrativen Didaktik, das besonders durch die Bremer Integrationsprojekte in Kindergärten und Schulen geprägt wurde. Von ihm stammt die zentrale Formel zur Bestimmung des inklusiven Unterrichts. Nach FEUSER können wir dann vom inklusivem Unterricht sprechen, wenn „... alle Kinder und Schüler in Kooperation miteinander auf ihrem jeweiligen Entwicklungsniveau ... an und mit einem ‚Gemeinsamen Gegenstand' spielen, lernen und arbeiten ...“ (FEUSER 1995, S. 183f.). Dahinter steht erneut das Modell der „Zone der nächsten Entwicklung“ von VYGOTSKIJ und damit ein im Wesentlichen entwicklungsorientierter Ansatz. FEUSER bezieht sich aber ebenso auf das kritisch-konstruktive Modell einer allgemeinen Bildung bei KLAFKI (1996), in dem Selbstbestimmung, Mitbestimmung und Solidaritätsfähigkeit als zentrale Zielsetzung einer „Bildung für alle“ abgeleitet sind.

Demgegenüber berichtet HANS WOCKEN (1998) auf der Basis der Hamburger Integrationsprojekte von der praktischen Erfahrung, dass Schüler/-innen in Integrationsklassen nicht nur in gemeinsamen Lernsituationen angetroffen werden können. Vielmehr sei eine Vielzahl von unterschiedlichen Lernsituationen erforderlich, um das Spannungsverhältnis von Gleichheit und Verschiedenheit in heterogenen Lerngruppen auszubalancieren. Dazu zählen auch individualisierende Lernsituationen und Lernsituationen, in denen die Schüler/-innen mehr nebeneinander als miteinander arbeiten und lernen. Gleichwohl bleibt auch bei WOCKEN die kooperative Lernsituation weiterhin „Sternstunde“ des inklusiven Unterrichts.

Zusätzlich zu den kognitiven und den sozialen Aspekten des gemeinsamen Lernens sind jedoch auch emotionale und sensomotorische Aspekte zu berücksichtigen. Ein solcher multidimensionaler Lernbegriff kann besonders unter Rückgriff auf die demokratische Erziehungs- und Schultheorie des amerikanischen Reformpädagogen JOHN DEWEY (1859-1952) gewonnen werden. In seiner Vorstellung von einem demokratischen Zusammenleben hat die Qualität des sozialen Umgangs miteinander einen besonderen Stellenwert. Eine Demokratie sollte ihren Mitgliedern soziale Erfahrungen ermöglichen, an denen alle teilhaben und zu denen alle beitragen können. Auch die Schule und damit der inklusive Unterricht sollte solche Erfahrungen bereithalten. Damit ist auf dem Gebiet der inklusiven Didaktik das ökologische Modell ebenfalls weiterführend, wie es ALFRED SANDER (1999) in die inklusive Pädagogik eingeführt hat. Der Vorteil des Denkens in Person-Umfeld-Zusammenhängen liegt bezogen auf den inklusiven Unterricht zum einen in einer stärkeren Differenzierung der beteiligten Umweltebenen. Zum anderen ergibt sich durch das ökologische Denken ein deutlicher Hinweis auf die Notwendigkeit zur Gestaltung sensorisch viefältiger Lernumgebungen. Der ökologische Ansatz in der inklusiven Didaktik mündet letztlich in eine bestimmte Vorstellung von inklusive Lehr-Lernsituationen:

● Auf den Punkt gebracht

Inklusive Lehr-Lernsituationen bieten eine Vielfalt an Lernerfahrungen im kognitiven, sozialen, emotionalen und sensomotorischen Bereich an, damit alle am gemeinsamen Lernen partizipieren können und alle etwas dazu beitragen (vgl. HEIMLICH 2003, S. 102).

Damit ist zugleich ein Zusammenwirken von strukturierten *Instruktionen* und selbsttätigen *Konstruktionen* gemeint, die innerhalb neuerer (situierter) Ansätze der Lehr-Lernforschung ebenfalls die Bedeutung der Lernumgebung und deren Ausgestaltung im Sinne der vielen unterschiedlichen Lernbedürfnisse herausgestellt wird (vgl. RHEINMANN-ROTHMAIER/MANDL 2001, S. 606ff.; SCHNABEL 2001, S. 469ff.). Nun bleibt allerdings noch die Frage offen, wie dieses Modell des inklusiven bei Schülern/-innen mit Lernschwierigkeiten tatsächlich wirkt.

• Effekte des inklusiven Unterrichts

Seit der internationalen Forschungsübersicht von ADRIAN KNIEL (1979) sind die Zweifel an der Effektivität der „Schule für Lernbehinderte" nicht verstummt. Bereits zum damaligen Zeitpunkt lagen eine Reihe von empirischen Studien vor, die zeigen konnten, dass bei integrierten Schülern/-innen mit „Lernbehinderungen" eine positivere Einstellung zur Schule und positivere Verhaltensweisen vorliegen (a.a.O., S. 292). Die Schulleistungen waren mindestens gleich gut im Vergleich zu Schülern/-innen ohne Behinderung, bei denen auch die vielfach erwartete Leistungsminderung nicht eintrat. Zu Beginn der 1990er Jahre hat die INTSEP-Forschergruppe um URS HAEBERLIN (vgl. HAEBERLIN, BLESS, MOSER, KLAGHOFER 1991) in der Schweiz erneut den internationalen Forschungsstand dazu rekapituliert und um eigene Studien erweitert. Ebenfalls nach der Wirksamkeit des Gemeinsamen Unterrichts fragt GÉRARD BLESS (1995) bezogen auf das Schweizer Bildungssystem. Auch ANNE HILDESCHMIDT und ALFRED SANDER (1996) tragen die Befunde zu den Effekten des Gemeinsamen Unterrichts bei Schülern/-innen mit „Lernbehinderung" aus zahlreichen Studien erneut zusammen (vgl. auch HILDESCHMIDT 1996). Im Gesamtfazit kann festgehalten werden, dass die Vorteile des inklusiven Unterrichts für Schüler/-innen mit Lernschwierigkeiten eindeutig bestätigt werden. Ihre Schulleistungen sind mindestens gleich gut, in einigen Fächern (z.B. Mathematik) sogar besser als bei Schülern/-innen der Förderschulen. Ihr sozialer Status bleibt zwar ähnlich niedrig im Vergleich zu den Förderschulen, sie schätzen sich aber selbst besonders nach längeren Phasen des gemeinsamen Lernens als gut sozial integriert ein. Soziale Ablehnungen beziehen sich nicht so sehr auf die Lernschwierigkeiten sondern vielmehr auf Verhaltensprobleme wie Aggression, Hyperaktivität usf. Ein ungelöstes Problem des inklusiven Unterrichts stellt allerdings die Frage des Selbstkonzepts dar. Schüler/-innen mit „Lernbehinderung" schätzen ihre eigenen Fähigkeiten im Vergleich zu Mitschülern/-innen schlechter ein. Dieser realistische Blick auf die eigene Person ist in vielen Studien bestätigt worden und sicher mit dem *Erfahrungsraumkonzept* des inklusiven Unterrichts zu erklären. Schüler/-innen mit Lernschwierigkeiten sollen sich hier möglichst früh mit den eigenen Fähigkeiten und Entwicklungsperspektiven beschäftigen und nicht erst am Ende der Schulzeit die Erfahrung machen müssen, dass sie bestimmte Berufsziele nicht erreichen werden. Demgegenüber steht das *Schonraumkonzept* der Förderschulen, die bewusst die Anforderungen zu Beginn der Aufnahme von Kindern mit Lernschwierigkeiten herabsetzen, um ihre Lernmotivation positiv zu beeinflussen. Den kurzzeitigen Gewinn im Bereich des Selbstkonzepts erkaufen die Förderschulen langfristig aber mit unrealistischen Vorstellungen zum zukünftigen Lebensweg ihrer Absolventen/-innen in beruflicher und persönlicher Hinsicht. Interessanterweise führt das negative Selbstkonzept von Schülern/-innen mit Lernschwierigkeiten im inklusiven Unterricht nicht zu einem Absinken der Schulleistungen. Auch das Wohlbefinden in allgemeinen Schulen leidet nicht darunter, wie in Schülerbefragungen gezeigt werden konnte (vgl. PREUSS-LAUSITZ 1997).

Die große Gegenwartsaufgabe einer Didaktik des inklusiven Unterrichts im Förderschwerpunkt Lernen ergibt sich derzeit in Richtung der inklusiven Bildung. Wenn inklusive Bildung darauf abzielt, dass Bildungseinrichtungen entwickelt werden sollen, in denen es keine Aussonderung mehr gibt und die Heterogenität der Schüler/-innen als Basis und „Reichtum" der Einrichtung angesehen wird, dann stellt sich die Frage nach den Inhalten des inklusiven Unterrichts in radikaler Weise neu. Letztlich ist der Anspruch dann, dass ganz im Sinne des Diktums von COMENIUS alle Bildungsinhalte allen gelehrt werden sollen (vgl. Kap. 2.1). Damit wären Kerncurricula für alle Schüler/-innen zu entwickeln, in denen die basalen Anforderungen an die zu vermittelnden Bildungsinhalte formuliert sind. Aber auch die basalen Lernerfahrungen sind erneut allen Schülern/-innen zugänglich zu machen – und nicht wiederum ausschließlich (exklusiv!) den Schülern/-innen mit Lernschwierigkeiten. Die konkrete didaktisch-methodische Aufbereitung unter dem Leitbild der Inklusion wäre Aufgabe des Teams der Lehrkräfte in den inklusiven Schulen. Der Anspruch einer inklusiven Didaktik (vgl. SEITZ 2005) an die Qualität des inklusiven Unterrichts ist damit kein geringer und wird sich gerade bei Schülern/-innen mit Lernschwierigkeiten der „Nagelprobe" stellen müssen, ob es gelingt, die erforderlichen Rahmenbedingungen dafür bereitzustellen.

Offen bleibt lange Zeit noch die Fragen der Planung des inklusiven Unterrichts. Dazu ist das „Modell der inklusionsdidaktischen Netze" (vgl. HEIMLICH/ KAHLERT 2014) entwickelt worden. Am Beispiel des Sachunterrichts wird hier aufgezeigt, wie sich die unterschiedlichen fachlichen Perspektiven (wie naturwissenschaftliche, technische, geographische, historische usf.) im Sinne von *Lernbereichen* auf die *Entwicklungsbereiche* der Schüler/-innen (kognitive, sensomotorische, kommunikative, soziale und emotionale Aspekte) bezogen werden können. Zunächst werden die fachlichen Perspektiven eines Unterrichtsthemas ausdifferenziert. Sodann wird das Thema auf die Entwicklungsaspekte hin analysiert. Dies bildet den Hintergrund für eine längere Unterrichtseinheit im Umfang von mehreren Stunden. Aus der Auswahl bestimmter Lernbereiche und Entwicklungsbereiche entsteht eine netzwerkartige Struktur von möglichen Unterrichtsvorhaben, die in einer Stunde oder eine Doppelstunde des inklusiven Unterrichts praktisch umgesetzt werden kann. Erste Erfahrungen mit dem Modell zeigen, dass besonders die Erschließung sensomotorischer, sozialer und emotionaler Aspekte eines Unterrichtsthemas schwerfällt, während die kognitiven und kommunikativen Aspekte sich vielfach unmittelbar ergeben. Hintergrund des Modells ist die Annahme, dass ein inklusiver Unterricht dann offen für die Teilhabe und den Beitrag aller Schüler/-innen ist, wenn neben den vielfältigen fachlichen Perspektiven eines Themas auch die unterschiedlichen Entwicklungsaspekte möglichst umfassend berücksichtigt.

3.3.4 Curricula für die sonderpädagogische Förderung bei Lernschwierigkeiten

Traditionell ist die Arbeit in „Schulen für Lernbehinderte“ stets an den eigenständigen Lehrplan gebunden gewesen, in dem die curricularen Anforderungen des Bildungssystems auf diese Schülergruppe neu ausgerichtet wurden. In dem Maße, wie Schüler/-innen mit Lernschwierigkeiten vermehrt in der allgemeinen Schule unterrichtet werden, stellt sich allerdings die Frage nach der Neugestaltung der Curricula für den Förderschwerpunkt Lernen. In den Förderschwerpunkten Sehen, Hören, körperliche und motorische Entwicklung sowie emotionale und soziale Entwicklung werden die Förderangebote an den curricularen Anforderungen der allgemeinen Schulen ausgerichtet, die an die Förderbedürfnisse im jeweiligen Förderschwerpunkt lediglich anzupassen sind (*Adaption*). Die „Schule für Lernbehinderte“ (bzw. Schule zur Lernförderung) bezog im Gegensatz dazu stets einen gewichtigen Teil ihrer Existenzberechtigung und ihrer Identität aus der Notwendigkeit zur Entwicklung eigenständiger curricularer Anforderungen (*spezifisches Curriculum*, vgl. Bleidick 1998, S. 121; Kniel 1979, S. 29f.; Schor 2007). Da die föderale politische Struktur der BRD den Bundesländern die Kulturhoheit garantiert, existieren auch für den Förderschwerpunkt Lernen 16 unterschiedliche curriculare Vorgaben. Allerdings ist man bei der Curriculumkonstruktion für den Förderschwerpunkt Lernen mittlerweile davon abgewichen, fachspezifische Richtlinien für jedes Unterrichtsfach – wie in den 1970er Jahren noch verbreitet (vgl. z.B. die Richtlinien für die „Schule für Lernbehinderte“ in NRW) – zu erarbeiten. Demgegenüber wird eine Strukturierung in Lernbereiche bevorzugt, die auch fächerübergreifende und -verbindende Schwerpunktsetzungen enthalten. Vor dem Hintergrund der Diskussion über Bildungsstandards im Bereich sonderpädagogischer Förderung (vgl. Wember/Prändl 2008) wird derzeit ein *Kompetenzmodell* bevorzugt, wie es der Bayerische Rahmenlehrplan für den Förderschwerpunkt Lernen beispielsweise enthält (vgl. BAYERISCHES STAATSMINISTERIUM FÜR UNTERRICHT UND KULTUS 2012). In ihm sind die *Basiskompetenzen* für den Förderschwerpunkt Lernen nicht nur bezogen auf die Bildungsinhalte (*Lernbereiche*) sondern ebenfalls bezogen auf die individuelle Lernentwicklung (*Entwicklungsbereiche*) festgehalten. Bei dem Versuch, die verschiedenen Förderbedürfnisse im Förderschwerpunkt Lernen in Entwicklungsbereichen zu bündeln, fällt unmittelbar die Komplexität der sonderpädagogischen Förderaufgabe in diesem Zusammenhang auf. Schüler mit dem Förderschwerpunkt Lernen haben Förderbedürfnisse im sozialen, emotionalen, sensomotorischen, kognitiven sowie sprachlichen Bereich und zusätzlich in ihrem gesamten Lern- und Arbeitsverhalten. Zugleich sind diese Förderbedürfnisse unabhängig vom Förderort zu berücksichtigen, d.h. auch am Förderort allgemeine Schule. Insofern ist es erforderlich, dass die curricularen Anforderungen im Förderschwerpunkt Lernen ebenfalls an die *Lehrpläne der Grund- und Hauptschulen* adaptiert werden. In Bayern ist der „Rahmenlehrplan für den Förderschwerpunkt Lernen" in der Regie das „Staatsinstituts für Schulqualität und Bildungsforschung (ISB)" ein neuer Lehrplan für den Förderschwerpunkt Lernen mit folgenden Elementen in Kraft getreten: 1. Beschreibung des Förderschwerpunktes Lernen, 2. Adaption der Lehrpläne der Grund- und Hauptschulen an den Förderschwerpunkt Lernen und 3. Festlegung von Basiskompetenzen, die Schüler/-innen mit dem Förderschwerpunkt Lernen bei Verlassen der Schule erreicht haben sollen. Damit werden Vorarbeiten in einzelnen Bereichen wie z.B. für das Fach Englisch in der „Schule zur Lernförderung" oder auch der „Lehrplan für den Bereich Berufs- und Lebensorientierung (BLO)" (vgl. BAYERISCHES STAATSMINISTERIUM FÜR UNTERRICHT UND KULTUS 2003) aufgegriffen und in einem Neuentwurf gebündelt, der nicht mehr ausschließlich auf den Förderort „Schule zur Lernförderung" ausgerichtet ist. Insofern vollzieht der neue Rahmenlehrplan für den Förderschwerpunkt Lernen in Bayern einen bedeutenden Schritt auf die allgemeine Schule zu. Ein integriertes Rahmencurriculum, wie es in *Halmstad* (Schweden) mit dem *Kunskapens Träd* – in der BRD unter dem Titel „Baum der Erkenntnis" publiziert – seit 1998 praktiziert wird, dürfte gleichwohl in der BRD noch als Zukunftsmusik erscheinen (vgl. BERGER/BERGER 2004). Der „Baum der Erkenntnis" beruht auf den revidierten Kursplänen für die Grundschule, die in Schweden 9 Schuljahre für alle Schüler/-innen umfasst und dem Vorschullehrplan. Die Wurzeln und der untere Teil des Baumes enthalten die Kompetenzen, die die Kinder in der Vorschulzeit erwerben (soziale, sprachliche, intellektuelle, motorische, emotionale Entwicklung), während in der Baumkrone die Ziele der unterschiedlichen Fächer in der Grundschule wiederzufinden sind, die die Basis aller Aktivitäten in der Grundschule bilden (z.B. Bildnerisches Gestalten, Englisch, Hauswirtschaft und Verbraucherkunde, Sport und Gesundheit, Mathematik, Moderne Sprache, Muttersprache, Musik, Naturwissenschaftliche Fächer, Gesellschaftsorientierte Fächer usf.). Zentrales Leitbild ist dabei die Aufgabe von Bildungseinrichtungen, zum lebenslangen Lernen anzuregen. Individuelle Entwicklungspläne sollen in enger Kooperation mit Eltern und Schülern/-innen die Arbeit mit diesem Lehrplan ergänzen. Ausgefüllt werden muss dieses Curriculum allerdings im Team der pädagogischen Fachkräfte, die alle Kinder auf ihrem individuellen Entwicklungsweg mit Hilfe des Baumes begleiten, in dem sie die jeweils erreichten Kompetenzen dokumentieren. *Kunskapens Träd* wird vom 1. bis zum 16. Lebensjahr für alle Kinder und Jugendlichen zugrundegelegt und erfüllt damit die Anforderungen an ein inklusives Basiscurriculum.

3.4 Lerntherapie

Wenn das Lernen schwierig wird, kann es erforderlich werden, dass Lernen selbst zum Ziel der Interventionen zu machen und die Vermittlung von Bildungsinhalten zunächst zurückzustellen. Das geschieht zwar auch im Bereich der individuellen Lernförderung, wenn Lernstrategien und Lerntechniken gezielt trainiert werden. Im Rahmen der Lerntherapie tritt allerdings die umfassende Entwicklung der Persönlichkeit des Lernenden hinzu (vgl. Metzger 2001, S. 16f.). Haben sich die Lernprobleme so verfestigt, dass sie bereits weitere Entwicklungsaspekte beeinträchtigen oder gar negativ auf das Selbstkonzept von Kindern und Jugendlichen wirken bis hin zu umfassenden Verhaltensproblemen bzw. völligen Lernverweigerungen einschließlich psychosomatischer Symptome, können therapeutische Interventionen angezeigt sein. Dabei stehen Einzel- und Kleingruppeninterventionen im Vordergrund, in denen zwar auch die gravierenden Lernschwierigkeiten im Lesen, Schreiben und Rechnen behandelt werden sollen. Gleichzeitig wird jedoch in der überschaubaren Gruppengröße und erst recht in der Einzeltherapie nicht nur der Umgang mit dem Sachaspekt des Lernens sondern v.a. der Umgang mit dem Personaspekt des Lernens, also der Umgang des Lernenden mit sich selbst thematisiert (vgl. a.a.O., S. 18). Gerade die emotionalen Aspekte des Lernens kommen hier zum Tragen (vgl. a.a.O., S. 27).

Therapie ist ein Begriff aus der Medizin und der Psychologie [von griech. *therapeía* = Dienen bzw. Dienst] und bedeutet so viel wie Heilbehandlung. Therapeuten/-innen stellen sich also ganz in den Dienst eines Klienten, der um Hilfe bei Problemen nachsucht. Lerntherapie würde im Wortsinn den Anspruch der Heilung von Lernproblemen beinhalten. Von daher sind die Krankenkassen dazu übergegangen die Lerntherapie zu finanzieren, wenn zusätzlich zu den sachbezogenen Lernproblemen im Lesen, Schreiben und Rechnen weitere psychische Belastungen aufgetreten sind. In besonders gravierenden Fällen stehen auch Mittel der Eingliederungshilfe aus dem SGB II (§35a) zur Verfügung, die über die Jugendämter der Kommunen und Landkreise beantragt werden müssen. Im Rahmen der Lerntherapie werden in diesem Zusammenhang die Begriffe „Legasthenie“ und „Dyskalkulie“ bevorzugt, auch wenn damit sicher keine Krankheiten im somatischen oder psychischen Sinne gemeint sein können. ARMIN METZGER stellt zum Vorgehen innerhalb seines Konzeptes der Lerntherapie ein dreistufiges Modell vor (a.a.O., S. 34ff.). Lerntherapie bezieht sich in seinem Ansatz auf das Lerngeschehen selbst, die Persönlichkeit des Klienten und seinen Hintergrund. Auf der *Stufe I der Lerntherapie* stehen nach einer förderdiagnostischen Überprüfung die Entwicklung von Lerntechniken und Lernstrategien im Mittelpunkt. *Stufe II der Lerntherapie* umfasst zusätzlich die Förderung der Selbst-Wahrnehmung und Selbst-Kompetenz beim Lernen. Die *Stufe III der Lerntherapie* beinhaltet die Behandlung von umfassenden Lernstörungen, die exogen oder endogen verursacht sein können und auch den Klienten selbst nicht bewusst zugänglich sind, so dass eine psychotherapeutische Behandlung im engeren Sinne erforderlich werden kann. Nicht zuletzt aus diesem Grunde ist eine mehrjährige Therapieausbildung einschließlich Lehranalyse für die Lerntherapie unabdingbare Voraussetzung. Zur praktischen Umsetzung dieses Lerntherapiekonzeptes liegen mittlerweile erprobte Handreichungen zur konkreten Arbeit (Instrumente der Lerntherapie), zu kooperierenden Arbeitsfeldern und ausführliche Falldarstellungen vor (vgl. SUTTER 2003).

Lerntherapeutische Konzepte sind allerdings nicht nur tiefenpsychologisch beeinflusst. So bezeichnen DIETER BETZ und HELGA BREUNINGER (1987, S. 4) ihr Konzept als „strukturelle Lerntherapie", die zum Ziel hat, die „negative Lernstruktur in eine positive umzuwandeln." Auch dabei werden neben der Lernstörung im engeren Sinne (z.B. die Legasthenie) weitere „lernhemmende Faktoren" (a.a.O., S. 5) im Bereich des Selbstwerts und des Verhaltens allgemein berücksichtigt. Eine weitere Ausdifferenzierung der lerntherapeutischen Konzepte lässt sich bereits absehen (vgl. NOLTE 2008, S. 7: integrative Lerntherapie; RUFF 2007, S. 36f.: bewältigungsorientierte Lerntherapie). Dabei stehen allerdings durchweg die Klienten/-innen mit ihren Problemen im Mittelpunkt. Gerade unter dem Einfluss einer ökologischen Psychotherapie (vgl. WILLI 2005) könnten zukünftige Konzeptionsentwicklungen noch stärker die Wechselwirkungen zwischen der Person und ihren Lebensumständen bis hin zur Einzeltherapie berücksichtigen, da hier wichtige Ressourcen zur Behandlung der Lernprobleme aufzuspüren sind (vgl. etwa RUFF 2007, S. 69).

Insofern dürfte die Arbeit in einer vielerorts wachsenden Zahl von lerntherapeutischen Praxen zukünftig die sonderpädagogischen Lernförderung in Schule und Unterricht noch stärker flankieren als bisher. Bedenklich stimmt allerdings, dass nach wie vor nicht alle eingesetzten therapeutischen Maßnahmen einer Effektivitätsprüfung standhalten. Von daher ist es dringend erforderlich, auf die vorliegenden erprobten Interventionsansätze zur Behandlung von gravierenden Lernschwierigkeiten zurückzugreifen (vgl. LAUTH/GRÜNKE/BRUNSTEIN 2014).

Literaturempfehlungen:

BUNDSCHUH, KONRAD: Einführung in die sonderpädagogische Diagnostik. München, Basel: Reinhardt, 6. Auflage 2005

HEIMLICH, ULRICH/ LUTZ, STEPHANIE/ WILFERT DE ICAZA, KATHRIN: Ratgeber Förderdiagnostik. Feststellung des sonderpädagogischen Förderbedarfs im Förderschwerpunkt Lernen. Hamburg: Persen, 2013

HEIMLICH, ULRICH/ LUTZ, STEPHANIE/ WILFERT DE ICAZA, KATHRIN: Ratgeber Förderplanung. Individuelle Lernförderung im Förderschwerpunkt Lernen. Hamburg: Persen, 2014

HEIMLICH, ULRICH/WEMBER, FRANZ B. (Hrsg.): Didaktik des Unterrichts im Förderschwerpunkt Lernen. Ein Handbuch für Studium und Praxis. Stuttgart: Kohlhammer, 3. Auflage 2016

MATTHES, GERALD: Individuelle Lernförderung bei Lernstörungen. Verknüpfung von Diagnostik, Förderplanung und Unterstützung des Lernens. Stuttgart: Kohlhammer, 2009

MUTZECK, WOLFGANG (Hrsg.): Förderplanung. Grundlagen, Methoden, Alternativen. Weinheim: Deutscher Studienverlag, 2000

WALTER, JÜRGEN/WEMBER, FRANZ B. (Hrsg.): Sonderpädagogik des Lernens. Göttingen u.a.: Hogrefe, 2007 (Kap. VI: Schule und Unterricht, S. 353-866)

WERNING, ROLF/LÜTJE-KLOSE, BIRGIT: Einführung in die Pädagogik bei Lernbeeinträchtigungen. München, Basel: Reinhardt, 3. Auflage 2012 (Kap. 4, S. 96-202)

Übungsaufgaben Kap. 3 (Lösungen im Anhang):	
❶	Kritiker des Konzeptes der **Förderdiagnostik** behaupten immer wieder, dass eine Verbindung zwischen diagnostischen Ergebnissen (Ist-Aussagen) und Empfehlungen zur Förderung (Soll-Aussagen) logisch nicht herzustellen sei. Versuchen Sie Argumente gegen diese Kritik anzuführen!
❷	Fassen Sie das Prozessmodell der individuellen **Lernförderung** zusammen und entwickeln Sie Ansätze zur Evaluation von Fördermaßnahmen!
❸	Beschreiben Sie jeweils ein Beispiel didaktischer Modelle für den Unterricht bei Schülern/-innen mit Lernschwierigkeiten, in denen die Entwicklungsorientierung bzw. die Lebensweltorientierung besonders betont werden!
❹	Nennen Sie Prinzipien und Formen für den zieldifferenten gemeinsamen Unterricht bei Schülern/-innen mit Lernschwierigkeiten!
❺	Inwiefern unterscheiden sich Lernförderung und **Lerntherapie**?

4 Prävention, Inklusion, Rehabilitation – Arbeitsfelder der Pädagogik bei Lernschwierigkeiten

„...ist die Aufgabe der Demokratie immerfort
die Schöpfung einer freieren und humaneren Erfahrung,
eine Erfahrung, an der alle teilnehmen
und zu der alle beitragen "
(Dewey 1948, S. 6)

Zusammenfassung

Die Organisationsformen einer Pädagogik bei Lernschwierigkeiten lassen sich nicht nur im schulischen Bereich sondern ebenso vor, neben und nach der Schule nachweisen. Förderorte sonderpädagogischer Förderung bei Lernschwierigkeiten haben sich im Laufe der 1990er Jahre weiter pluralisiert und umfassen derzeit mehr und mehr die gesamte Lebensspanne der Zielgruppe. Aus diesem Grunde wird hier davon ausgegangen, dass Arbeitsfelder in der Prävention und Frühförderung, in der Inklusion und schulischen Förderung sowie in der Rehabilitation und nachschulischen Förderung aufgezeigt werden können. Diese Arbeitsfelder lösen einander allerdings nicht ab, sondern sind vielmehr ineinander verzahnt und überlappen sich gegenseitig.

Da das Problem, wer im Förderschwerpunkt Lernen gefördert wird (Zielgruppe, Kap. 1) und wie gefördert wird (Förderkonzepte, Kap. 2 und 3) bereits thematisiert wurde, bleibt nun noch die Frage nach dem *„Wo?" der sonderpädagogischen Förderung im Förderschwerpunkt Lernen*, dem Förderort also offen. Gerade auf diesem Gebiet haben sich seit Beginn der 1990er Jahre weitreichende Änderungen ergeben. Während die Schule zur Lernförderung (Förderschule) seit den 1970er Jahren eine Monopolstellung beanspruchte, wird sonderpädagogische Förderung zunehmend an unterschiedlichen Förderorten realisiert. Die Organisationsformen der sonderpädagogischen Förderung haben sich nach den KMK-Empfehlungen von 1994 zunehmend pluralisiert und aus ihren erstarrten Strukturen gelöst. Diese Dynamik des sonderpädagogischen Arbeitsfeldes war seither eine der Voraussetzungen, um die Anteile der Kinder und Jugendlichen mit dem Förderschwerpunkt Lernen in allgemeinen Bildungseinrichtungen deutlich auszuweiten. Auch die KMK-Empfehlungen gehen von dieser pluralisierten Angebotsstruktur aus und sprechen von der *Subsidiarität sonderpädagogischer Förderung*. Sonderpädagogische Förderung hat seither stets nachrangigen Charakter gegenüber dem Förderort allgemeine Schule. Daraus folgt ein „Primat der Integration" (vgl. HEIMLICH 1999a). Wenn die sonderpädagogische Förderung im Förderschwerpunkt Lernen an der allgemeinen Schule realisiert werden kann, dann hat das Vorrang vor der Förderung in der Förderschule.

Gleichwohl schreitet die Inklusionsentwicklung in der BRD nur zögernd voran. Im Jahre 2014 besuchen 173.400 Schüler/-innen mit sonderpädagogischem Förderbedarf eine allgemeine Schule, was einem Anteil von 34,1% entspricht, 75.700 (bzw. 43,6%) sind dem Förderschwerpunkt Lernen zuzurechnen (vgl. SEKRETARIAT DER STÄNDIGEN KONFERENZ DER KULTUSMINISTER DER LÄNDER IN DER BUNDESREPUBLIK DEUTSCHLAND 2016). Damit wirkt der bundesdeutsche Sonderweg des differenzierten Ausbaus eines eigenständigen Förderschulsystems, der so in keinem europäischen Nachbarland der BRD vorzufinden ist, bis in die Gegenwart nach. Schüler/-innen mit gravierenden Lernschwierigkeiten sind in nahezu allen europäischen Nachbarstaaten in der allgemeinen Schule. Den Begriff „Lernbehinderung" gibt es in dieser Form nur in der BRD (vgl. SCHRÖDER 2005, S. 43ff.). Für die BRD gilt systemisch gesprochen hingegen immer noch: Das differenzierte Förderschulsystem versucht – einmal etabliert – sich selbst möglichst zu erhalten. Diese Beharrungstendenzen sollten allerdings seit Inkrafttreten der UN-Konvention über die Rechte von Menschen mit Behinderungen der Vergangenheit angehören. Hier hat sich im Jahre 2009 die Bundesregierung durch Hinterlegung der Ratifizierungsurkunde bei den Vereinten Nationen auf das Leitbild eines inklusiven Bildungssystems verpflichtet. Seitdem steht zu hoffen, dass die Umstrukturierungstendenzen im sonderpädagogischen Fördersystem der BRD weiter verstärkt werden und sonderpädagogische Förderung auch in der BRD zum festen Bestandteil der allgemeinen Schule wird – ähnlich wie in den skandinavischen Ländern (z.B. in Finnland, vgl. ebenfalls die Datenübersicht im Nationalen Bildungsbericht 2014: AUTORENGRUPPE BILDUNGSBERICHTERSTATTUNG 2014, S. 157ff.). Angesichts dieser weiterführenden Zielsetzung der inklusiven Bildung stellt sich nun die Frage, wie gut die sonderpädagogische Förderung im Förderschwerpunkt Lernen in der BRD auf diese neue Herausforderungen einer globalisierten Bildungspolitik (vgl. ELLGER-RÜTTGARDT 2008b) vorbereitet ist. Aus diesem Blickwinkel sollen die *Arbeitsfelder der Pädagogik bei Lernschwierigkeiten* betrachtet werden. Dabei liegt eine lebenslaufbegleitende Perspektive zugrunde, die sich nicht mehr auf die Schule (oder gar die Förderschule) beschränkt. Sonderpädagogische Förderung im Förderschwerpunkt Lernen umfasst ebenso Aufgaben der *Prävention und Frühförderung* (4.1), der *Inklusion und schulischen Förderung* (4.2) sowie der *Rehabilitation und nachschulischen Förderung* (4.3). Das Arbeitsfeld einer Pädagogik bei Lernschwierigkeiten schließt also Bildungsangebote für Menschen mit Lernschwierigkeiten sowohl in der Schule als auch vor, neben und nach der Schulzeit mit ein. Das gilt ebenso für Erwachsene und alte Menschen mit Lernschwierigkeiten (4.4), auch wenn wir hier vielfach noch am Anfang der Entwicklung entsprechender Strukturen und Konzepte stehen. Die neue Herausforderung in Bezug auf das Arbeitsfeld einer Pädagogik bei Lernschwierigkeiten besteht insbesondere darin, nicht nur in institutionellen Strukturen sondern vielmehr in netzwerkartigen Strukturen zu denken und zu handeln. Aus diesem Grunde werden die einzelnen Arbeitsfelder jeweils auch graphisch als Netzwerk dargestellt.

4.1 Prävention und Frühförderung

Eigentlich müsste sonderpädagogische Förderung im Förderschwerpunkt Lernen schon vor der Geburt des Kindes bei der Schwangerschaftsberatung beginnen. In einer Zeit, in der Teenager nach wie vor trotz der Verbreitung von Verhütungsmitteln ungewollt schwanger werden und mehr als die Hälfte davon als sozial benachteiligt gilt, wäre auch über Beratungsangebote in einem Stadium vor dem Beginn der Schwangerschaft neu nachzudenken (vgl. die Studie von ProFamilia: Block/Matthiesen 2009). Schulen kommt in diesem Zusammenhang möglicherweise zukünftig die Aufgabe zu, mit entsprechenden Beratungsangeboten zu kooperieren, weil sie am ehesten einen Zugang zu den Jugendlichen anbahnen können. Prävention [lat. *praeventio* = das Zuvorkommen] bedeutet soviel wie Vorbeugung und Verhütung. Nachdem in der Gesundheitsförderung das Prinzip „Vorrang von Prävention" (vgl. § 3 SGB IX) in Verbindung mit salutogenetischen Modellen inzwischen allgemein anerkannt ist (vgl. Antonovsky 1997), sieht sich die Sonderpädagogik in wachsendem Maße der Frage nach ihren präventiven Angeboten ausgesetzt. Im (sonder-) pädagogischen Bereich erfolgte der Anstoß dazu durch die Empfehlungen des Deutschen Bildungsrates (1974, S. 44ff.), die besonders auf den Ausbau der Früherkennung und Frühförderung ausgerichtet waren. Auch sozial benachteiligte Kinder werden hier berücksichtigt (a.a.O., S. 50ff.) und neben sozialpolitischen Maßnahmen pädagogische Maßnahmen zur Prävention von schulischen Lernproblemen durch „Beratung und Anleitung der Eltern", „Betreuung der Kinder in Spielstuben" und „Kindertagesstätten und Kindergärten in entsprechenden Wohngebieten" – also v.a. in sozialen Brennpunkten gefordert. Damit ist sicher ein wichtiger Schwerpunkt der präventiven Arbeit bezogen auf Kinder und Jugendliche mit sonderpädagogischem Förderbedarf angesprochen. Prävention weist jedoch weit über die Frühförderung hinaus und findet letztlich ebenfalls in allen Lebensphasen statt. Insofern kann Frühförderung immer nur Teil der Prävention von Lernschwierigkeiten sein. Der heil- und sonderpädagogische Beitrag zur Prävention besteht v.a. in der Diagnose von Entwicklungsverzögerungen und psychosozialen Risikofaktoren, um daraus gezielte Interventionsformen zu entwickeln (vgl. Sander 2007, S. 210). Diese Aufgabe kann nur in interdisziplinärer Kooperation mit Medizinern/-innen, Psychologen/-innen, Sozialpädagogen/-innen, Therapeuten/-innen und Eltern erfüllt werden. Zugleich müssen wir konstatieren, dass sowohl das Problem der Frühförderung als auch das Problem der Prävention bei drohenden Lernschwierigkeiten in der BRD nach wie vor unzureichend gelöst ist (vgl. auch BORCHERT/HARTKE/JOGSCHIES 2008).

4.1.1 Frühförderung bei drohenden Lernschwierigkeiten

Zum Problem gerät in der Frühförderung bei drohenden Lernschwierigkeiten bereits der Zugang zur Zielgruppe der angestrebten Maßnahmen. Massive Lernprobleme werden in der Regel erst mit dem Eintritt in die Grundschule sichtbar. Andererseits ist unbestritten, dass benachteiligte Kinder gerade in den ersten Lebensjahren besonders gefährdet sind und hier entscheidende Entwicklungsanregungen möglicherweise schon verpasst werden. Mit den *Vorsorgeuntersuchungen* U1-U9 ist zwar ein gewisses medizinisches Angebot vorhanden. Allerdings besteht für Eltern grundsätzlich keine Verpflichtung, mit ihren Kindern diese Untersuchungen wahrzunehmen oder empfohlene Maßnahmen auch umzusetzen (vgl. G. KLEIN 2007c, S. 227). Aspekte der Lebenssituation werden überdies erst in den Vorsorgeuntersuchungen U8 und U9 und auch nur am Rande einbezogen. GERHARD KLEIN sieht in der *Identifizierung psychosozialer Risikofaktoren* einen möglichen Zugang zu Kindern mit drohenden Lernproblemen, da diese Kinder häufig aus deprivierenden Lebensbedingungen kommen, in denen ihre Grundbedürfnisse nicht ausreichend berücksichtigt werden (vgl. KLEIN 2002, S. 8f.). Ganz besonders gilt dieser Zusammenhang bei Familien, die in Armut leben. HANS WEISS (2000) hat gezeigt, dass der Anteil der Kinder aus Familien, die Laufende Hilfe zum Lebensunterhalt (HLU) beziehen in den ersten Lebensjahren am höchsten ist, in einem Entwicklungsabschnitt also, in dem sich die Knappheit der Ressourcen innerhalb der Familie besonders schwerwiegend auf die kindliche Entwicklung auswirkt. Gerade in diesem Lebensabschnitt ist das System der Frühförderung auch kaum in der Lage, diese Kinder zu erreichen. Wenn überhaupt, setzt das Angebot für Kinder mit psychosozialen Risiken erst ab dem dritten Lebensjahr ein, wie GERHARD KLEIN (2002, S. 48f.) für Baden-Württemberg Ende der 1980er Jahre zeigen konnte. Demnach erhalten mehr als die Hälfte der Schüler/-innen der Förderschulen gar keine Frühförderung. Bei denen, die einen Zugang zur Frühförderung haben, setzt dieses Angebot häufig verspätet ein (vgl. TROST 1991, zit. n. a.a.O., S. 48). Gerade die Hirnforschung hat gezeigt, wie bedeutsam die ersten Entwicklungsjahre für Kinder sind (s. Kap. 1.3.2). Vernachlässigung, mangelnde Anregungen im Elternhaus und zu spät oder gar nicht einsetzende Frühförderung wirken sich demnach unmittelbar auf die Entwicklung von Hirnstrukturen aus (vgl. VESTER 1996; SPITZER 2002). Die damit entstehenden Entwicklungsverzögerungen lassen sich zu Beginn der Schulzeit kaum noch kompensieren. Ein Ausbau der Frühförderung bei drohenden Lernschwierigkeiten ist damit unabdingbar. Der Ausbaustand des Systems der Frühförderung weist allerdings noch große Unterschiede aus. So können wir in Bayern, Baden-Württemberg und Hessen beispielsweise von einem *flächendeckenden Netzwerk der Frühförderung* ausgehen, während andere Bundesländer hier noch in der Phase des Aufbaus entsprechender Strukturen sind (vgl. G. KLEIN 2002, S. 43).

- **System der Frühförderung bei drohenden Lernschwierigkeiten**

Die Frühförderung ist vorgesehen für Kinder im Alter von 0-6 Jahren.

> „Frühförderung ist ein Hilfsangebot für Kinder im Säuglings-, Kleinkind- und Kindergartenalter, die behindert oder von einer Behinderung bedroht sind, und auch für Eltern und anderer Personen die Elternfunktionen wahrnehmen." (THURMAIER/NAGGL, 2000, S. 13)

Sie zielt darauf ab, Behinderungen und Entwicklungsverzögerungen rechtzeitig zu diagnostizieren (*Früherkennung*), um durch entsprechende Interventionen die Kompetenzen von Kindern zu entfalten und zu einer möglichst optimalen Entwicklung beizutragen. Die angebotenen Hilfen beziehen sich dabei auf die Lebenswelt von Kindern und Familien und sollen zur Integration beitragen. Zur Frühförderung zählen ebenfalls die Beratung von Eltern und anderen pädagogischen Institutionen sowie die enge Kooperation mit allen Beteiligten. Auch das Konzept des *case-management* (a.a.O., S. 32) wird immer häufiger als Bezugspunkt gewählt, um „frühe Hilfen" möglichst optimal zu koordinieren. In der *Schweiz* wird die Frühförderung als „heilpädagogische Früherziehung" bezeichnet und mit einem eigenen Berufsbild in Verbindung gebracht (vgl. BURGENER-WOEFFREY/JENNY-FUCHS 1995). In *Österreich* wird ebenfalls von einem „System der interdisziplinären Frühförderung und Familienbegleitung" (vgl. PRETIS 2009, S. 253) gesprochen. International ist der Begriff „*Early Childhood Intervention*" (vgl. SORIANO 1998) gebräuchlich.
Frühförderung wird in der BRD als „Komplexleistung" angeboten (§ 30 SGB IX), die sowohl die medizinischen als auch die sozialpädiatrischen, psychologischen, heilpädagogischen und psychosozialen Maßnahmen umfasst. Für die Inanspruchnahme dieser Leistung reicht folglich ein Antrag bei einem Träger von Frühfördermaßnahmen aus. Leistungen für Kinder mit „seelischen Behinderungen" werden von der Kinder- und Jugendhilfe gewährt (§ 35a, SGB VIII).
Die Arbeit der Frühförderung geht von den *interdisziplinären Frühförderstellen* aus (vgl. PETERANDER 2003, S. 686), wie sie schon im Gutachten des DEUTSCHEN BILDUNGSRATES aus dem Jahre 1974 gefordert wurden. Aufgrund ihres regionalen Förderauftrages sind sie in ein umfassendes Netzwerk eingebunden und stellen ebenfalls koordinierende Leistungen bereit.

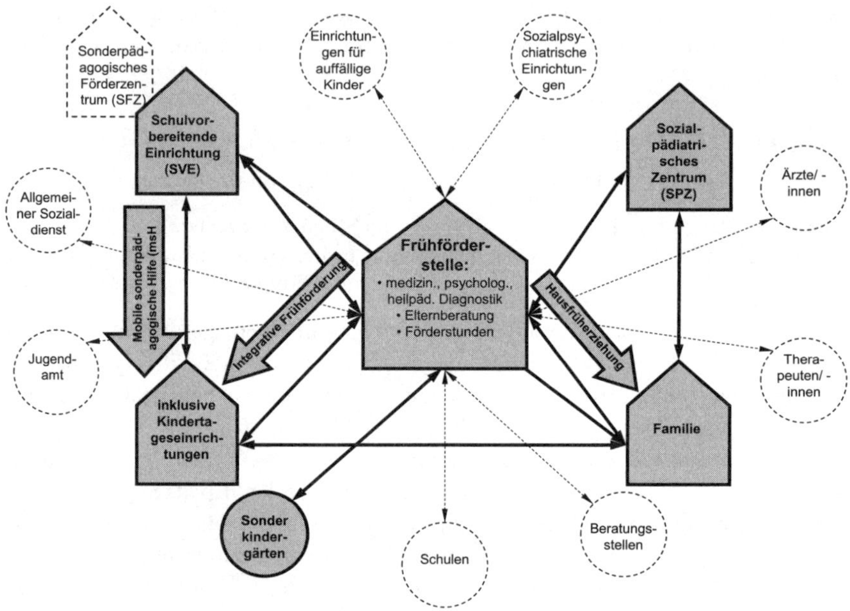

Abb. 4.1: Netzwerk präventive Förderung bei Lernschwierigkeiten

Frühförderstellen können von Trägern der freien Wohlfahrtspflege (z.B Caritas, Diakonisches Werk, Lebenshilfe usf.) aber auch von Kommunen oder Schulen eingerichtet werden. Als Anlaufstellen für Eltern und alle Beteiligten an der Frühförderung können Frühförderstellen sowohl *regional* (bezogen auf bestimmte Landkreise oder Stadtteile) als auch *überregional* (z.B. bei Sinnesbehinderungen) tätig werden. Im Vordergrund steht von daher das *mobile Förderangebot* (auch: „ambulant" [lat. *ambulare* = herumgehen]) im Vordergrund. *Stationäre Förderangebote* (lat. *stationarius* = stillstehend, am Standort bleibend] sind demgegenüber eher nachrangig. In Bezug auf sozial benachteiligte Familien stehen die Frühförderstellen gleichwohl zukünftig vor der Aufgabe, ihrem Angebot einen stärker aufsuchenden Charakter zu verleihen, da diese Familien in der Regel eine große Distanz zu öffentlichen Institutionen und damit zusammenhängenden Beratungsangeboten zeigen.
Sozialpädiatrische Zentren (SPZ) halten demgegenüber eher das medizinische Leistungsangebot vor, das mit „Frühdiagnostik" und „Frühtherapie" (vgl. SCHLACK 2000) oder auch als „Entwicklungsrehabilitation" (vgl. HELLBRÜGGE 1981) bezeichnet wird. SPZ sind überregionale Einrichtungen mit Krankenhausanbindung. Sie stellen medizinische Behandlungen für Kinder und Jugendliche bis zum 18. Lebensjahr zur Verfügung, die von niedergelassenen Ärzten/-innen oder der Frühförderstelle nicht mehr bewältigt werden können.

In der *Hausfrüherziehung* hat sich gezeigt, dass die Zusammenarbeit mit den Eltern besonders bedeutsam für den Erfolg der Frühförderung ist. Frühförder/-innen kommen in die Familien und bieten Beratung und Intervention dort an. Allerdings hat sich das Verhältnis zwischen Eltern und Frühförderung nachhaltig gewandelt. Nachdem die Eltern zunächst als Laien gänzlich außerhalb der Intervention standen, wurde in der Folge versucht, sie stärker einzubeziehen bis hin zu Aufgaben als Ko-Therapeuten/-innen. Inzwischen wird jedoch anerkannt, dass ein partnerschaftliches Modell auf der Basis der gegenseitigen Anerkennung der jeweils spezifischen Kompetenzen aller Beteiligten erfolgreicher ist (vgl. PETERANDER 2003, S. 696).
Eine wachsende Rolle als Ort der Frühförderung spielen die *inklusiven Kindertageseinrichtungen*. Frühförder/-innen kommen in Kinderkrippen und Kindergärten, um dort ihre Leistungen anzubieten. Der Vorteil der *inklusiven Frühförderung* besteht darin, dass die Kinder mit Behinderung und Entwicklungsverzögerungen im sozialen Zusammenhang der Gruppe verbleiben können. Im Mittelpunkt steht dabei die inklusive Spielförderung, die auch sozial benachteiligte Kinder mit einbeziehen kann und wirksame Förderangebote enthält (vgl. HEIMLICH 1989; 1995b). Gerade die diagnostische Kompetenz von Frühförderern/-innen ist eine willkommene Ergänzung des Kompetenzspektrums in Kindertageseinrichtungen. Als problematisch erweist sich, dass Diagnose- und Interventionsangebote der Frühförderung mit dem Gruppenalltag verzahnt werden müssen, um Ausgrenzungsprozesse und die Gefahr von sozialen Diskriminierungen aufgrund separierender Angebote zu vermeiden. Für die Frühförderung bei drohenden Lernschwierigkeiten gilt jedoch, dass gerade die Kindertageseinrichtungen noch viel intensiver als Förderorte erschlossen werden müssen. Da alle Kinder seit 1996 einen Rechtsanspruch auf einen Platz in einer Kindertageseinrichtung haben (§ 24, SGB VIII), sollte dieses Recht auch für sozial benachteiligte Kinder durch Kostenbefreiung der Familien vollständig umgesetzt werden. Das gilt ebenfalls für den anstehenden Ausbau der Versorgung mit Krippenplätzen. Gerade die inklusiven Kinderkrippen und Kindergärten bieten durch ein qualitativ hochstehendes Bildungsangebot und die Einbeziehung heil- und sonderpädagogischer Fachkompetenz die Möglichkeit, das Problem der Frühförderung bei sozial benachteiligten Kindern in einem veränderten institutionellen Kontext noch einmal neu auszurichten (vgl. HEIMLICH/BEHR 2005, 2008).
Ebenfalls in der Frühförderung tätig sind z.B. in Bayern die *Schulvorbereitenden Einrichtungen (SVE)*, die sowohl stationäre Hilfen (im Sonderpädagogischen Förderzentrum, SFZ) als auch ambulante Hilfen (in inklusiven Kindertageseinrichtungen) zur Verfügung stellen. Die *Mobile Sonderpädagogische Hilfe (MSH)* in Bayern ist ein Beispiel für ein solches Förderangebote, bei dem Heil- bzw. Sonderpädagogen/-innen aus den SFZ in inklusive Kindertageseinrichtungen kommen und dort Diagnose- und Interventionsangebote machen (vgl. SCHOR 2001, S. 16ff.). Auch in diesem Fall ist die diagnostische Kompetenz der Heil- und Sonderpädagogen/-innen eine wichtige Ergänzung des Leistungsangebotes in inklusiven Kindertages-

einrichtungen, da dies nicht zum Ausbildungsspektrum der Erzieherinnen zählt. Zum Problem wird allerdings das berufliche Selbstverständnis der Heil- und Sonderpädagogen/-innen, die die Qualität ihrer Tätigkeit in der Regel über ein separates Angebot außerhalb der Gruppe bestimmen. Inklusive Formen der Frühförderung müssen noch stärker in der Praxis entwickelt und erprobt werden. Darüber hinaus kann die Aufgabe einer interdisziplinären Frühförderung bei sozial benachteiligten Kindern nur vor dem Hintergrund eines vielschichtigen regionalen Netzwerkes bewältigt werden, in dem die Frühförderstellen (und häufig die Sonderpädagogischen Förderzentren) eine entwickelnde und koordinierende Funktion wahrnehmen. Regionale Kooperationsbeziehungen bestehen in einem gut entwickelten Netzwerk präventiver Hilfen zu Beratungsstellen, niedergelassen Ärzten/-innen und Therapeuten/-innen, Einrichtungen für psychosoziale Hilfen, Allgemeinen Sozialdiensten und Jugendämtern sowie Sonderkindergärten (bzw. Heilpädagogische Tagesstätten) und Schulen einer Region.

- **Praxis der Frühförderung und Evaluation**

Die Arbeitsweise in der Frühförderung ist stark geprägt durch das grundlegende Handlungsmodell sonderpädagogischer Förderung, auch wenn die Gefahren einer fremdbestimmten „Be-förderung“ (ähnlich wie bei der „Be-Schulung“ oder „Beratung“) immer wieder bewusst gemacht werden (vgl. THURMAIR/NAGGL 2000, S. 15). In der *Eingangsphase* der Frühförderung kommt es zur Kontaktaufnahme mit dem Ziel, zwischen Eltern und Frühförderern/-innen ein Arbeitsbündnis herzustellen (vgl. a.a.O., S. 37). Die Entwicklungsdiagnostik und vor allem das Erstgespräch mit den Eltern sowie die gemeinsame Beratung über die Ergebnisse der Diagnostik und die Abstimmung der weiteren Vorgehensweise stehen dabei im Vordergrund. Es folgt die *Phase der Förderung bzw. Therapie*, in der auf der Basis eines Förderplans und in der Verantwortung der Frühförder/-innen die Intervention in enger Kooperation mit den Eltern umgesetzt wird. Dabei ist besonders auf die rechtzeitige Bereitstellung der erforderlichen Ressourcen zu achten. In der *Abschlussphase* geht es darum, nach rechtzeitiger Ankündigung über das Ende der Förderung gemeinsame Bilanz zu ziehen und den Abschied aus der Kooperation vorzubereiten (vgl. dazu die praxisorientierte und ausführliche Darstellung bei THURMAIR/NAGGL 2000, S. 39ff. und bei PRETIS 2001). Inhaltlich ist die Arbeit der Frühförderung an den Prinzipien Ganzheitlichkeit, Familienorientierung, Regionalität, Interdisziplinarität, Vernetzung und Inklusion ausgerichtet (vgl. PETERANDER 2003, S. 691f.). Effektivitätsstudien haben gezeigt, dass sich in der Frühförderung kein spezifisches Programm oder spezielle Methoden als besonders erfolgreich im Vergleich zu anderen erwiesen haben (vgl. a.a.O., S. 698). Vielmehr können ökologisch ausgerichtete Frühförderkonzepte, die individuell auf Kinder und Familien zugeschnitten werden, die meisten Vorteile für sich verbuchen.

4.1.2 Prävention von Lernschwierigkeiten

Frühförderung bildet allerdings nur einen Teil im Rahmen der Maßnahmen zur Prävention von Lernschwierigkeiten. Präventive Aufgaben stellen sich nicht nur in der frühen Kindheit sondern ebenfalls lebenslaufbegleitend.

● Auf den Punkt gebracht

Im pädagogischen Sinne umfasst *Prävention* alle Maßnahmen, die darauf abzielen, möglichst optimale Voraussetzungen für die Entwicklung von Kindern und Jugendlichen in deren jeweiliger Lebens- und Lernsituation zu schaffen.

In der „Lernbehindertenpädagogik" bestand in der Vergangenheit stets das Problem, dass zunächst einmal ein schulischer Leistungsrückstand von zwei Jahren (vgl. die traditionelle Definition von „Lernbehinderung", s. Kap. 1.1) abgewartet werden musste, bevor Sonderpädagogen/-innen tätig werden konnten. Meist blieb ihnen dann nur noch die Feststellung der bereits entstandenen „Lernbehinderung". Das Angebot der sonderpädagogischen Förderung kam deshalb häufig zu spät. Im Rahmen einer modernen Heil- und Sonderpädagogik ist diese Vorgehensweise zunehmend in die Kritik geraten und hat inzwischen umfangreichen präventiven Konzeptionen Platz gemacht (vgl. Kretschmann 2006). Auch das RTI-Konzept entfaltet durchaus präventive Wirkungen (vgl. Hartke/ Diehl 2013, s. Kap. 3.3.1). Präventive Förderung bezieht sich in der Pädagogik bei Lernschwierigkeiten nach einem Konzept des Psychiaters Gerald Caplan (1966) auf die Ebenen der primären, sekundären und tertiären Prävention.[1]

- **Primäre Prävention von Lernschwierigkeiten**

● Auf den Punkt gebracht

Die *primäre Prävention* richtet sich noch nicht an eine bestimmte Gruppe von Kindern und Jugendlichen. Maßnahmen auf dieser Ebene beziehen sich auf alle Kinder und Jugendlichen und sollen dazu beitragen, dass erst gar keine Entwicklungsverzögerungen und Lernprobleme entstehen.

Dazu ist es erforderlich, dass Risiko- und Schutzfaktoren im Sinne des Resilienzkonzeptes bekannt sind sowie Maßnahmen ergriffen werden, die Risiken für die

1 Entstanden ist dieses präventive Modell auf Initiative der amerikanischen Präsidenten John F. Kennedy, der am 5. Februar 1963 in einer Rede vor dem Kongress eine neue Konzeption für die gemeindenahe Versorgung von Menschen mit seelischen Erkrankungen und geistiger Behinderung forderte, die sich bewusst von der stationären Versorgung abwendet und im Sinne der Integration die gesamte Gemeinde mit in die Verantwortung nehmen sollte (*community approach*, vgl. Caplan 1966, S. 18), wobei der Schwerpunkt auf der primären Prävention lag.

Entwicklung möglichst weitgehend reduzieren und alle Ressourcen zur Förderung der Entwicklung (im Kind und im Umfeld) aktiviert werden. Letztlich zielt primäre Prävention darauf ab, möglichst optimale Entwicklungsbedingungen für Kinder und Jugendliche zu schaffen. Bezogen auf Bildungseinrichtungen wie Kindertageseinrichtungen und Schulen bedeutet dies, dass ein qualitativ möglichst optimales Bildungsangebot bereitgestellt werden sollte. Damit sind weniger einzelne Maßnahmen der gezielten Förderung oder Therapie gemeint, sondern vielmehr die bestmögliche Ausstattung der Spiel- und Lernumgebungen. Beispiele von hoher pädagogischer Qualität ergeben sich z.B. in inklusiven Kindertageseinrichtungen, wie in den *Münchener Studien zur Qualitätsentwicklung in integrativen Kinderkrippen und Kindergärten* gezeigt werden konnte (vgl. HEIMLICH/BEHR 2005; 2008, BEHR 2009). Sowohl die integrativen Kindergärten als auch die integrativen Kinderkrippen der Landeshauptstadt München wiesen demnach eine deutliche höhere pädagogische Qualität im Vergleich zu nicht-integrativen Einrichtungen auf – jeweils gemessen mit international anerkannten und validen Evaluationsinstrumenten (Kindergartenskala – KES-R; Kinderkrippenskala – KRIPS-R). Diese hohe pädagogische Qualität kommt nicht nur den Kindern mit Behinderung zugute sondern allen Kindern einer Kindertageseinrichtung. Insofern sollte der Zusammenhang von Inklusion und Prävention auf dieser primären Ebene der Vorbeugung noch stärker mit einbezogen werden. Primäre Präventionsaufgaben stellen sich selbstverständlich auch in Schulen, wobei hier durch die Anwesenheit von Sonderpädagogen/-innen und durch differenzierende und individualisierende Unterrichtskonzepte ebenfalls gute Voraussetzungen für eine hohe pädagogische Qualität geboten wird. ARTHUR ENGLBRECHT und HANS WEIGERT (1991, S. 83ff.) haben für diese Problemstellung eine Reihe von praxisnahen Vorschlägen zur Berücksichtigung „lernfördernder Faktoren" in allgemeinen Schulen (z.B. Gestaltung des Klassenzimmers, offener Unterricht, innere Differenzierung, Motivationshilfen, Training von Lern- und Arbeitstechniken usf.) entwickelt. Bei dem Versuch, dieses Präventionsprogramm in die Praxis umzusetzen, wird allerdings unmittelbar deutlich, dass das finanziell schlecht ausgestattete Bildungssystem der BRD hier enge Grenzen setzt.

- **Sekundäre Prävention von Lernschwierigkeiten**

Gerade bei sozial benachteiligten Kindern können wir nicht davon ausgehen, dass Maßnahmen der primären Prävention stets wirksam sind bzw. diese Zielgruppe überhaupt erreichen. Immer wieder kommt es hier zu krisenhaften Situationen, in denen die Befriedigung von Grundbedürfnissen z.B. in den Bereichen Ernährung und Hygiene nicht gewährleistet ist oder gar Vernachlässigung droht.

● Auf den Punkt gebracht

Sekundäre Prävention richtet sich im Sinne von Krisenintervention an eine bestimmte Gruppe von Kindern und Jugendlichen, bei denen erste Anzeichen von Lern- und Entwicklungsproblemen sichtbar sind.

Besonders Erzieherinnen in Kindertageseinrichtungen sind hier aufgefordert bereits erste Anzeichen von Entwicklungsverzögerungen sensibel wahrzunehmen. Für den *Elementarbereich* liegen inzwischen erprobte und praxisnahe *Screenings* vor, wie das Brettspiel „Rudi Rennmaus“, in dem Kindergartenkinder auf einem kindgemäßen Spielplan verteilte „Auftragskarten“ würfelnd ansteuern können. Diese Aufgaben dienen der Erzieherin, die das Spiel anleitet, als Grundlage für die Beobachtung des kindlichen Entwicklungsstandes in den Bereichen „Sprache“, „Wahrnehmung“, „Kognition“, „Motorik“ und „Verhalten“ mit Hilfe eines entsprechenden Beobachtungsbogens (vgl. METZ/PROCHASKA/STAUDINGER 2009, S. 230). Damit ist zugleich eine Grundlage für die Kooperation mit der Frühförderung oder der Mobilen Sonderpädagogischen Hilfe (MSH) gegeben. Von dieser Seite aus können dann auch gezielte Förder- und Therapieangebote gemacht werden, um der Ausweitung eines Entwicklungsproblems und seiner Verfestigung so früh wie möglich entgegen zu wirken. Aus diesem Grunde ist es für sozial benachteiligte Kinder im Alter vor dem Schuleintritt unabdingbar, dass sie Gelegenheit zum Besuch einer Kindertageseinrichtung haben.

Erfolgreiche Förderkonzepte liegen ebenfalls zu den *Vorläuferfähigkeiten von Schulleistungen im Bereich Lesen, Schreiben und Rechnen* vor. In mehreren Studien konnte gezeigt werden, dass diese Vorläuferkompetenzen (z.B. zählen, Mengen schätzen, Reime erkennen, Silben klatschen) spätere Schulleistungen im Lesen, Schreiben und Rechnen wesentlich besser vorhersagen konnten als die Intelligenz (vgl. KRETSCHMANN 2007b, S. 252; MÄRZ 2007). Neben der familiären Schrift- und Lesekultur (Vorhandensein von Büchern, Vorlesen durch die Eltern, Schreibmaterial usf.) hat sich insbesondere die phonologische Bewusstheit als gut trainierbar erwiesen (vgl. das Programm „Hören, Lauschen, Lernen“ von KÜSPERT/SCHNEIDER 1999). In spielerischen Übungen trainieren Kindergartenkinder ihre Vorstellungen von der phonologischen Struktur der Sprache (z.B. durch Erkennen von Reimpaaren, Anlauten usf.) und sind daraufhin erfolgreicher beim späteren Schriftspracherwerb. Auch wenn ein isoliertes Funktionstraining möglichst vermieden werden sollte, hat sich doch gezeigt, dass das Bildungsangebot in Kindertageseinrichtungen kognitiv anspruchsvoller sein kann und stärker auf die Schule vorbereiten sollte, wie es ebenfalls in den zahlreichen Bildungs- und Erziehungsplänen für den Elementarbereich zum Ausdruck kommt (vgl. ELSCHENBROICH 2002; BAYERISCHES STAATSMINISTERIUM FÜR ARBEIT UND SOZIALORDNUNG, FAMILIE UND FRAUEN/STAATSINSTITUT FÜR FRÜHPÄDAGOGIK MÜNCHEN 2006).

Im *Primarbereich* gilt in gleicher Weise, dass die Lernentwicklung sozial benachteiligter Schüler/-innen genau beobachtet werden sollte, um bei auftretenden Lernschwierigkeiten so früh wie möglich intervenieren zu können. Lernrückstände, Leistungsversagen oder gar Lernverweigerungen sollten dabei nicht bagatellisiert oder einseitig als Probleme der Kinder dargestellt werden. Im Sinne ökologischen Denkens geht es stets um die Betrachtung der Lern- und Lebenssituation des Kindes insgesamt, bevor über mögliche Ursachen und Bedingungen von Lernschwierigkeiten nachgedacht wird. Lehrkräfte der allgemeinen Schulen sollten sich auch nicht scheuen, in Sonderpädagogischen Förderzentren um Hilfe nachzusuchen und gemeinsam mit Sonderpädagogen/-innen nach Möglichkeiten der gezielten Diagnose und Förderung zu suchen. Mobile Angebote der sonderpädagogischen Förderung können hier bereits einbezogen werden. Gerade in inklusiven Schulen ist häufig die stundenweise Anwesenheit von Sonderpädagogen/-innen gewährleistet, was Beratungsgespräche außerhalb der Klasse erleichtert. Möglicherweise können dadurch auch ergänzende Fördermaßnahmen im Rahmen der inneren Differenzierung und im Förderunterricht bereits realisiert werden (vgl. ENGLBRECHT/WEIGERT 1991, S. 49). Für die inhaltliche Ausgestaltung dieser Fördermaßnahmen steht mittlerweile bezogen auf zahlreiche Lern- und Entwicklungsbereiche (z.B. Körperbewusstsein, Wahrnehmung, Interaktionsspiele, Ruhe und Entspannung, Motivation, Angst, Konzentration, Sprachprobleme, Lese-Rechtschreibschwierigkeiten, Rechenschwierigkeiten, Linkshändigkeit) ein breites Spektrum an unterstützenden Handreichungen und praxisorientierten Materialien zur Verfügung (vgl. a.a.O., S. 117-211).

- **Tertiäre Prävention von Lernschwierigkeiten**

Unterbleiben Maßnahmen der Prävention auf der primären und sekundären Ebene kann sich eine Lernschwierigkeit soweit verfestigen, dass ein umfassender Bedarf an Förderung bzw. Therapie entstanden ist. In der Regel wird das daran erkennbar, dass nicht nur isolierte Lernprobleme Gegenstand von Fördermaßnahmen sind, sondern vielmehr komplexe Problemstellungen, die sich auf mehrere Lern- und Entwicklungsbereiche beziehen. Gerade in Verbindung mit Stigmatisierungsprozessen, Motivations- und Selbstwertproblemen und zu wenig unterstützenden Ressourcen im Umfeld können sich Lernschwierigkeiten zu „Lernbehinderungen" entwickeln. Ist der Aufwand an Förderung und Therapie erst einmal derart angewachsen, gilt es auch im Blick zu behalten, dass nicht weitere negative Folgen auftreten.

● Auf den Punkt gebracht

Tertiäre Prävention zielt darauf ab, dass sich Lernschwierigkeiten nicht auf weitere Lern- und Entwicklungsbereiche (z.B. Sprache, Verhalten) auswirken und richtet sich deshalb ausschließlich an Kinder und Jugendliche mit massiven Lernproblemen.

Bezogen auf die Pädagogik bei Lernschwierigkeiten ist damit v.a. der Bereich der schulischen Förderung angesprochen. Werden Schüler/-innen mit gravierenden Lernschwierigkeiten weiterhin in der allgemeinen Schule unterrichtet, so besteht dort ebenfalls die Aufgabe, dazu beizutragen, dass nicht zusätzlich Sprach- und Verhaltensprobleme auftreten (*Ausweitungsverhinderung*). Gerade wenn Schüler/-innen mit gravierenden Lernschwierigkeiten es geschafft haben, mit ihren Lernproblemen selbstständiger umzugehen und diese gar in Teilen erfolgreich bewältigen, besteht immer noch die Aufgabe der allgemeinen Schule dazu beizutragen, dass die überwundenen Lernschwierigkeiten nicht erneut auftreten (*Rückfallsprophylaxe*). Aber auch die Sonderpädagogischen Förderzentren und die Förderschulen haben in dieser Hinsicht präventive Aufgaben (vgl. ENGLBRECHT/WEIGERT 1991, S. 49f.). Diese sind allerdings zu unterscheiden von *kurativen Maßnahmen*, die sich direkt auf den Abbau der „Lernbehinderung" beziehen (vgl. SANDER 2007, S. 211). Dabei handelt es sich nicht um präventive Maßnahmen, da ansonsten das gesamte Arbeitsfeld sonderpädagogischer Förderung präventive Funktionen hätte und der Begriff der Prävention unbrauchbar würde.

Eine eigenständige Problematik ergibt sich durch das *Problem der ökologischen Übergänge zwischen dem Elementarbereich und dem Primarbereich* unseres Bildungssystems (vgl. KRON 2009, S. 215ff.). Während Kindertageseinrichtungen ein offenes pädagogisches Programm realisieren, in dem flexibel auf wechselnde Bedürfnisse und Interessen von Kindern eingegangen werden kann, sind die Grundschulen eher auf die Vermittlung von curricular klar definierten Bildungsinhalten verpflichtet, was sehr viel stärker strukturierte und fremdgesteuerte Lernprozesse nach sich zieht. Trotz der mittlerweile vorliegenden Bildungs- und Erziehungspläne für Kindertageseinrichtungen ergibt sich nach wie vor die Notwendigkeit der Abflachung ökologischer Übergange zur Schule. Gegenseitige Besuche, eine neu gestaltete Eingangsphase und die Einführung reformpädagogischer Unterrichtskonzepte tragen zwar dazu bei, dass der Eintritt in die Grundschule für Kindergartenkinder weniger problembehaftet ist. Nach wie vor wird in der BRD der Übergang zwischen Kindergarten und Grundschulen allerdings eher als Belastung und weniger als Entwicklungsanregung gesehen.

Sekundäre und tertiäre Prävention ragen demnach weit in die schulische Förderung hinein. Auch dabei ergeben sich enge Verbindungen zu inklusiven Bildungsangeboten, da die Anwesenheit von Heil- und Sonderpädagogen/-innen in allgemeinen Kindertageseinrichtungen und Schulen zugleich die Voraussetzungen für präventive Förderung nachhaltig verbessern. Seit nahezu 40 Jahren werden in der BRD nun Formen der integrativen Förderung erprobt und evaluiert. Kindertageseinrichtungen wie Kinderkrippen und Kindergärten sind dabei selbstverständlich mit einbezogen. Einige Bundesländer wie Bremen, Berlin, Hamburg und Hessen haben im Elementarbereich *Ansätze zu flächendeckenden inklusiven Angeboten* entwickelt. Zugleich sind Sonderkindergärten bzw. Heilpädagogische Tageseinrichtungen auf dem Rückzug und werden in inklusive Einrichtungen umgewandelt. Probleme in der Entwicklung inklusiver Bildungsangebote ergeben sich derzeit eher noch im Schulbereich. Deshalb soll das Arbeitsfeld Inklusion einer Pädagogik bei Lernschwierigkeiten nun besonders in Verbindung mit schulischen Angeboten betrachtet werden.

4.2 Inklusion und schulische Förderung

Nach vielen positiven Erfahrungen mit integrativen Förderangeboten im Elementarbereich drängen Eltern von Schülern/-innen mit dem Förderschwerpunkt Lernen seit Mitte der 1970er Jahre ebenfalls verstärkt darauf, die Integration und Inklusion in der Schule fortzusetzen. Der Deutsche Bildungsrat hat mit seiner Empfehlung von 1974 den entscheidenden Anstoß zu dieser Entwicklung gegeben (s. Kap. 2.1.6). Organisatorisch zielte das zentrale integrative Prinzip der Empfehlungen auf die Schaffung von Kooperativen Schulzentren hin, in denen in enger Kooperation zwischen allgemeinen Schulen und Schulen für Behinderte Formen der inneren Differenzierung, der Teilintegration und weitere Förderangebote (wie Pädagogisch-therapeutische Stationen und ambulante behinderungsspezifische Hilfen usf.) vorgehalten werden sollten (a.a.O., S. 79f.). Vieles an den Empfehlungen von 1974 ist bis heute Programm geblieben. Die integrativen Förderangebote in den allgemeinen Schulen sind allerdings weiter ausgebaut und auch qualitativ weiter entwickelt worden.

Integration [lat. *integratio* = Wiederherstellung eines Ganzen] meint soviel wie Herstellung einer Einheit, Einbeziehung oder auch Eingliederung. Damit geht der Integration logisch die Separation voraus, Integration setzt gleichsam voraus, dass etwas getrennt worden ist, was nun wieder zusammengebracht werden soll. Dies entsprach im Bildungssystem der BRD in den 1970er Jahren weitgehend der Realität. Lange Zeit geht der Ausbau der integrativen Förderung in der BRD nur schleppend voran. Nach wie vor wird die überwiegende Zahl von Kindern und Jugendlichen mit sonderpädagogischem Förderbedarf in Förderschulen unterrichtet. Damit entspricht das schulische Bildungssystem der BRD gegenwärtig noch nicht dem Anspruch an eine inklusive Bildung, in deren Rahmen Schüler/-innen mit sonderpädagogischem Förderbedarf überwiegend in der allgemeinen Schule unterrichtet werden sollen und es erst gar nicht zu Ausgrenzungsprozessen kommen soll. *Inklusion* [lat. *inklusio* = Einschluss, Enthaltensein] bedeutet von vornherein auf Aussonderung zu verzichten. Die Bildungspolitik in der BRD steht nach der Ratifizierung der UN-Konvention über die Rechte von Menschen mit Behinderung von daher vor der Aufgabe, die inklusiven Bildungsangebote in der allgemeinen Schulen massiv auszubauen und die Inklusionsquote deutlich zu erhöhen (vgl. zur kritischen Einschätzung: AHRBECK 2014). Unter dieser neuen bildungspolitischen Leitidee gilt es nun zu fragen, welche Organisationsformen der Inklusion derzeit für den Förderschwerpunkt Lernen zur Verfügung stehen. Abb. 4.2 fasst den gegenwärtigen Stand dazu im Überblick zusammen:

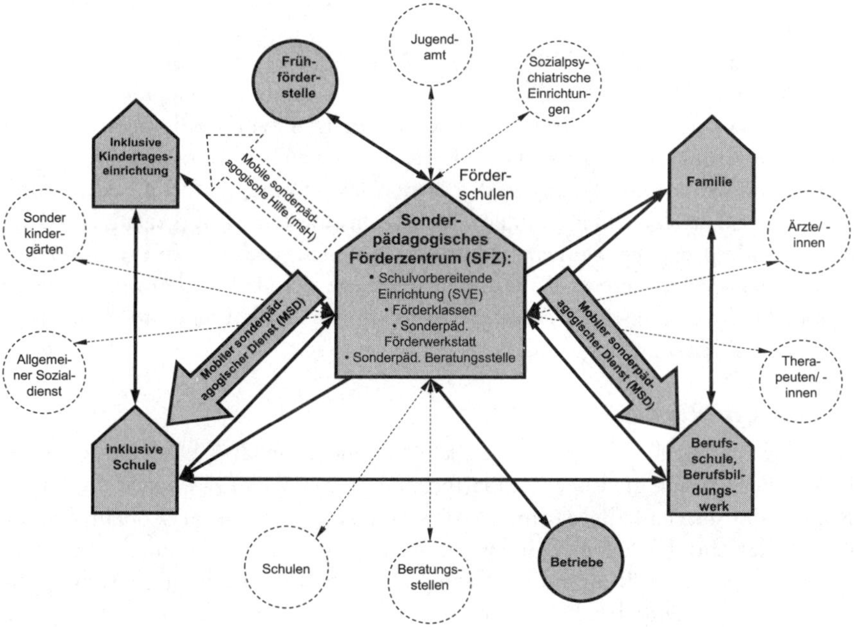

Abb. 4.2: Netzwerk schulische Inklusion bei Lernschwierigkeiten

4.2.1 Inklusion bei Lernschwierigkeiten im Primar- und Sekundarbereich

Für Schüler/-innen mit Lernschwierigkeiten stehen in allgemeinen Schulen der BRD die folgenden Organisationsformen inklusiver Bildung zur Verfügung (vgl. ausführlich dazu HEIMLICH, 2003, S. 61-67):

- **Integrationsklassen**

Optimale Voraussetzungen für die Integration in die allgemeinen Schulen ergaben sich für Schüler/-innen mit dem Förderschwerpunkt Lernen bisher in *Integrationsklassen*. Bei einer herabgesetzten Klassenfrequenz von insgesamt 22-23 Schülern/-innen (davon 2-3 mit sonderpädagogischem Förderbedarf) erfolgt der Unterricht für den gesamten Wochenstundenplan in Doppelbesetzung (Lehrkraft der allgemeinen Schule, Sonderpädagoge/-in). Dabei ist ein differenzierter und individualisierter Unterricht gut umsetzbar, in den die sonderpädagogische Förderung über Wochenpläne, Freiarbeits- und Übungsphasen und Förderstunden für die Einzel- und Kleingruppenförderung in den Gemeinsamen Unterricht einbezogen wird (vgl. HEIMLICH 2003, S. 95ff.). Die einschlägigen Evaluationsstudien zu dieser Organisationsform integrativer Förderung bestätigen durchweg positive Effekte (s. den Überblick in Kap. 3.3.3). Zum Problem geriet die Organisationsform der Integrationsklassen allerdings zunehmend durch die abnehmenden personellen Ressourcen, die für den Gemeinsamen Unterricht zur Verfügung stehen. Die Doppelbesetzung, die in der Zeit der länderspezifischen Schulversuche noch sichergestellt werden konnte, erfährt in den letzten Jahren eine deutliche Reduzierung, so dass allenfalls von einer stundenweisen Doppelbesetzung ausgegangen werden kann. Sonderpädagogen/-innen sind in der Regel nicht nur einer Integrationsklasse zugeordnet sondern mehreren. Dadurch verändert sich ihre Rolle insofern, als sie weniger Klassenlehrer- bzw. Fachlehreraufgaben erfüllen können und vielmehr als Beratungslehrer/-in gefragt sind.

- **Integrative Regelklassen**

Ausdrücklich auf die Zielgruppe der Schüler/-innen mit dem Förderschwerpunkt Lernen bezieht sich die Organisationsform der *integrativen Regelklassen* (in Bayern: Kooperationsklassen). Bei normaler Klassenfrequenz von bis zu 30 Schülern/-innen werden einzelne Schüler/-innen mit sonderpädagogischem Förderbedarf in die allgemeine Schule aufgenommen, darunter auch sozial benachteiligte Kinder und Kinder mit gravierenden Lernproblemen. Ein Schulversuch in Hamburg konnte zeigen, dass sich unter diesen Bedingungen die positiven Ergebnisse der Arbeit in den Integrationsklassen nicht in gleicher Weise einstellen (vgl. HINZ u.a. 1998). Die soziale Integration gelingt noch ohne Probleme. Die Schulleistungseffekte sind jedoch nicht so positiv wie bei den Integrationsklassen. Als Fazit kann deshalb bezogen auf diese Organisationsform festgehalten werden, dass erfolgreiche integrative Förderung im Förderschwerpunkt Lernen an entsprechende Rahmenbedingungen gebunden ist und eine vollständige Bewältigung der gravierenden Lernschwierigkeiten auch im Gemeinsamen Unterricht nicht so ohne weiteres erwartbar ist.

- **Inklusive Schulen**

Das Problem der Rahmenbedingungen stellt sich auch in Bezug auf die jüngste internationale Entwicklung hin zu einem inklusiven Bildungssystem. Ein Bestandteil dieses Bildungssystems unter dem Leitbild der Inklusion ist die inklusive Schule. Dabei handelt es sich um Schulen, die von vornherein auf jegliche Form von Aussonderung verzichten und Heterogenität der Schülerschaft als Ausgangsbedingung der pädagogischen Arbeit akzeptieren, ja sogar als Reichtum der Einrichtung betrachten. In die inklusive Schule werden alle Schüler/-innen eines Stadtteils bzw. einer Region aufgenommen, auch Schüler/-innen mit allen Formen von sonderpädagogischem Förderbedarf und Schüler/-innen mit Migrationshintergrund. Die Schüler/-innen werden in diesen Schulen nicht mehr in unterschiedliche Gruppen eingeteilt (z.B. behindert – nichtbehindert). Vielmehr ist die oberste Zielsetzung die Entwicklung eines individuellen Curriculums für alle Schüler/-innen. Sonderpädagogen/-innen sind in diesen Schulen nicht mehr nur stundenweise einzelnen Schülern/-innen zur individuellen Lernförderung zugeordnet. Sie stehen dem System als Ganzem zur Verfügung und werden so zu festen Bestandteilen der Kollegien in allgemeinen Schulen. Schüler/-innen mit dem Förderschwerpunkt Lernen sind ebenfalls selbstverständlicher Bestandteil inklusiver Schulen und erhalten die Förderung entsprechend ihrem Förderbedarf dort. Mit dem „Index für Inklusion“ von TONI BOOTH und MEL AINSCOW (2002) liegt ein Instrumentarium vor, das zur Entwicklung von inklusiven Schulen inzwischen weltweit in armen und reichen Ländern angewendet wird. Eine praxisbezogenes Instrument bietet der Leitfaden „Profilbildung inklusive Schule“, der besonders in Bayern in Schulen mit dem Profil Inklusion zum Einsatz kommt (vgl. FISCHER/ HEIMLICH/ KAHLERT/ LELGEMANN 2013). Es gilt allerdings sich bewusst zu machen, dass mit dem Leitbild der inklusiven Bildung nicht nur die Veränderung der Arbeit in einer Schulklasse gemeint ist, sondern stets eine Schulentwicklungsaufgabe, die letztlich auf eine veränderte Struktur des Bildungssystems hinausläuft (vgl. WILHELM/EGGERTSDÓTTIR/MARINÓSSON 2006). Mit der Integration wurde in der Vergangenheit versucht, Schüler/-innen mit sonderpädagogischem Förderbedarf an das System der allgemeinen Schule anzupassen, um ihnen eine Teilhabe am Gemeinsamen Unterricht zu ermöglichen. Das Programm der Inklusion hat sich ausdrücklich zum Ziel gesetzt, das System der allgemeinen Schule so zu ändern, dass alle Schüler/-innen teilhaben können. Insofern steuern wir gegenwärtig auf ein inklusives Schulsystem zu, in dem ein Netzwerk an Unterstützungsstrukturen und Settings zum Gelingen der schulischen Inklusion beiträgt (vgl. HEIMLICH/ KAHLERT/ LELGEMANN/ FISCHER 2016).

- **Inklusion im Sekundarbereich**

Während in den Grundschulen der BRD spätestens seit den 1970er Jahren ein Reformprozess eingesetzt hat (vgl. FAUST-SIEHL u.a. 1996), der günstige Voraussetzungen für den Ausbau der integrativen Förderung geschaffen hat, bereitete die Fortsetzung der Integration im Sekundarbereich ungleich größere Probleme. Die „Dreigliedrigkeit" unseres Bildungssystems (unter Einschluss der Förderschulen eigentlich „Viergliedrigkeit") setzt in der BRD in der Regel bereits nach dem 4. Jahrgangsstufe ein. Inzwischen nimmt die BRD damit innerhalb der OECD-Länder, die auch an den PISA-Studien teilgenommen haben, eine Außenseiterstellung ein. Die Aufteilung des Sekundarbereichs in Hauptschulen bzw. Mittelschulen, Realschulen und Gymnasien ist mitverantwortlich für den hohen Grad an sozialer Selektivität im Bildungssystem der BRD. Große Lerngruppen, wechselnde Fachlehrer/-innen, Dominanz der Lehrstofforientierung gegenüber der Schülerorientierung und nur geringe Anteile differenzierenden und individualisierenden Unterrichts schränken den Spielraum für integrative Förderangebote im Sekundarbereich stark ein. Sozial benachteiligte Schüler/-innen können in diesem System die Nachteile, die zu Beginn der Schulzeit bestehen, nicht mehr ausgleichen. Bei den 15jährigen Schülern/-innen in der BRD müssen wir deshalb davon ausgehen, dass eine Gruppe von 20-25% allenfalls über rudimentäre Kompetenzen in den zentralen Schulleistungsbereichen Lesen, Schreiben und Rechnen verfügen. Diese Kompetenzen werden als zentrale Voraussetzungen für eine berufliche und soziale Integration angesehen. Und in dieser Gruppe sind die Schüler/-innen mit Förderschwerpunkt Lernen nicht einmal enthalten, weil sie an den PISA-Studien gar nicht teilgenommen haben. Schulsysteme anderer Länder (wie z.B. Schweden, Finnland) mit einer gemeinsamen Schulzeit von 8-9 Schuljahren bei gleichzeitigem Verzicht auf Noten und Sitzenbleiben sind sehr wohl in der Lage im internationalen Vergleich Spitzenleistungen hervorzubringen. Eine zentrale Grundlage dieses internationalen Erfolgs ist die konsequente Einführung von Gesamtschulen und die Ganztagsschule (vgl. Kiel 2015).

Auch in der BRD bieten die Gesamtschulen insgesamt günstige Voraussetzungen für die Realisierung inklusiver Bildung bei Schülern/-innen mit Lernschwierigkeiten. Mit Hilfe von Wochenplänen kann das differenzierte und individualisierte Lernen für Schüler/-innen mit Förderschwerpunkt Lernen so organisiert werden, dass die Lernangebote an ihren Fähigkeiten anknüpfen. Eine enge Zusammenarbeit im Jahrgangsstufenteam bei mehrzügigen Schulen des Sekundarbereichs erleichtert zusätzlich die Entwicklung eines gemeinsamen pädagogischen Konzeptes und seine fortlaufende Optimierung (vgl. Heimlich/Jacobs 2001). Außerdem verfügen diese Schulen häufig über ausgebaute Schulprogramme, über die der Gedanke der Integration bzw. Inklusion im gesamten Schulsystem verankert wird (so z.B. die mehrfach ausgezeichnete Gesamtschule Bonn-Beuel in Nordrhein-Westfalen). Im Vergleich zum Primarbereich mit 76.800 inkludierten Schülern/-innen mit sonderpädagogischem Förderbedarf verteilen sich im Schuljahr 2013/ 2014 die übrigen Schüler/-innen dieser Gruppe auf die verschiedenen Schulen des Sekundarbereichs mit einem Schwerpunkt bei den Integrierten Gesamtschulen (31.6000 bzw. 18,2%, vgl. Sekretariat der Kultusministerkonferenz der BRD 2016). Aufgrund zurückgehender Schülerzahlen in ländlichen Regionen und angesichts gewachsener Bildungsaspirationen von Eltern lassen sich zwar in jüngster Zeit auch für die BRD Tendenzen hin zu einer Zusammenführung von Hauptschulen bzw. Mittelschulen und Realschulen zu „Regional- bzw. Gemeinschaftsschulen" feststellen. Eine Abkehr von einem mehrgliedrigen Schulsystem ist in der BRD gleichwohl nicht in Sicht und mit der Unterzeichnung der UN-Konvention unter dem neuen Leitbild des inklusiven Bildungssystems offenbar nicht ausdrücklich angestrebt.

4.2.2 Mobile sonderpädagogische Förderung bei Lernschwierigkeiten

Ein weiterer unverzichtbarer Bestandteil im Netzwerk der inklusiven Bildung ist die ambulante bzw. mobile *sonderpädagogische Förderung* (in Bayern: Mobiler Sonderpädagogischer Dienst, MSD). Sonderpädagogen/-innen aus den Sonderpädagogischen Förderzentren (SFZ) suchen dabei stundenweise allgemeine Schulen auf und übernehmen Aufgaben in der Beratung von Lehrkräften, Eltern und Kindern sowie in der Diagnostik (vgl. Schor 2002, S. 40ff.). In einer eigenen Befragung der sonderpädagogischen Lehrkräfte im Mobilen Sonderpädagogischen Dienst (MSD) in Bayern konnten fachrichtungsspezifische Profile nur in Ansätzen herausgearbeitet werden (vgl. Heimlich/Röbe 2005). Im Gegensatz zu den überregional arbeitenden MSD in den Förderschwerpunkten Hören, Sehen sowie körperliche und motorische Entwicklung, die einen großen Einzugsbereich und viele Schüler/-innen betreuen, arbeitet der MSD im Förderschwerpunkt Lernen eher regional mit einer begrenzten Zahl von allgemeinen Schulen zusammen. Zu den Beratungs- und Diagnostikaufgaben gesellt sich hier allerdings häufig der Anspruch, auch im Bereich der Förderung tätig zu sein. Die gängige Praxis wird dabei nach wie vor durch eine Herausnahme der Schüler/-innen mit sonderpädagogischem Förderbedarf aus dem inklusiven Unterricht und die Einzelförderung in einem separaten Raum geprägt. Im günstigsten Fall kommt es hier zu einer Förderung basaler schulischer Kompetenzen in den Bereichen Aufmerksamkeit, Konzentration, Lernstrategien, Motivation und Kognition. Eine Wiederholung des Unterrichtsstoffes im Sinne von „Nachhilfe" hat sich demgegenüber als unwirksam erwiesen. Von Vorteil wäre es insgesamt, wenn der MSD im Förderschwerpunkt Lernen noch intensiver mit der Klassenleitung der allgemeinen Schule zusammen arbeiten könnte und mehr in den inklusiven Unterricht einbezogen würde. Dazu wäre allerdings die erste Voraussetzung, dass mehr Sonderpädagogikstunden für die Förderung der Schüler/-innen mit dem Förderschwerpunkt Lernen zur Verfügung ständen und diese dann in einzelnen Klassen der allgemeinen Schule gebündelt würden. Aber auch bei der Einzelinklusion (Aufnahme einzelner Schüler/-innen in die Klasse einer allgemeinen Schule) wird eine stundenweise Unterstützung der Klassenleitung durch den MSD unumgänglich sein. Insofern ist davon auszugehen, dass mobile Anteile sonderpädagogischer Förderung in einem zukünftigen Netzwerk inklusiver Bildung zum festen Bestandteil zählen werden (vgl. Heimlich/Eckerlein/Schmid 2008).

4.2.3 Sonderpädagogische Förderzentren (SFZ)

Bereitgestellt wird die mobile sonderpädagogische Förderung durch das *Sonderpädagogische Förderzentrum* (SFZ). Im Unterschied zu den Förderschulen zeichnet sich das SFZ dadurch aus, dass es neben den stationären Angeboten am besonderen Förderort (z.B. Schulvorbereitende Einrichtungen, Förderklassen, Sonderpädagogische Beratungsstellen) auch ambulante bzw. mobile Anteile der sonderpädagogische Förderung gibt. Von daher nimmt die ursprüngliche Konzeption des SFZs in Bayern eine Sonderstellung ein. Hier werden Förderzentren durch die Zusammenführung von Förderschulen mit den Förderschwerpunkten Lernen, Sprache sowie emotionale und soziale Entwicklung gebildet (in Einzelfällen auch Förderschwerpunkt geistige Entwicklung, vgl. SCHOR 2001, S. 14ff.). Die Zusammenführung allein würde allerdings noch nicht berechtigen von Förderzentren an Stelle von Förderschulen zu sprechen, da hier lediglich der stationäre Förderauftrag erweitert würde, im übrigen jedoch der separate Förderort vollständig erhalten bliebe. Dabei wäre die Gefahr des „Etikettenschwindels" am höchsten, da lediglich das Türschild ausgetauscht würde, meist jedoch sogar die verschiedenen Schulgebäude als Standorte erhalten blieben. Bei der Umwandlung von Förderschulen in Förderzentren ist stets der entscheidende Schritt mit der Entwicklung eines regionalen Konzeptes sonderpädagogischer Förderung vollzogen worden (vgl. SCHMIDT/WACHTEL 1996). HANS WOCKEN (1999, S. 84f.) hat die Vielfalt der Förderzentren typisierend zusammengefasst. Er unterscheidet die Merkmalsdimensionen „*Fachbezug*" (disziplinspezifisch – disziplinübergreifend), „*Altersbezug*" (stufenbezogen – stufenübergreifend), „*Einzugsgebiet*" (lokal – regional – überregional), „*Klientelbezug*" (indirekt – direkt), „*Betreuungsort*" (ambulant – stationär), „*Klientelrekrutierung*" (aufspürend – aufnehmend) und „*Förderauftrag*" (zielgleich – zieldifferent). Konkrete Beispiele von Förderzentren lassen sich nun mit Hilfe dieser Merkmale genauer charakterisieren. Im Grunde sind gleichwohl nur *zwei Grundtypen von Förderzentren* voneinander abzuheben: Sonderpädagogische Förderzentren mit und ohne Schüler/-innen mit sonderpädagogischem Förderbedarf. Das *SFZ mit eigenen Schülern/-innen* und Förderklassen ist in der Regel aus einer Förderschule hervorgegangen und hat zunehmend einen regionalen Förderauftrag in den umliegenden allgemeinen Schulen wahrgenommen. Das *SFZ ohne eigene Schüler/-innen* besteht nur noch aus dem Kollegium der sonderpädagogischen Lehrkräfte und einem Ort, an dem diese Lehrkräfte im Sinne eines Kompetenzzentrums zusammen kommen. Inwieweit diese Organisationsform im Förderschwerpunkt Lernen verbreitet ist, kann derzeit nicht mit Bestimmtheit festgestellt werden. In jedem Fall spielen SFZ in einem Netzwerk inklusive Bildung bei Lernschwierigkeiten auch zukünftig eine zentrale Rolle, da von ihnen in der Regel die Bemühungen um eine regionale Vernetzung der relevanten Institutionen und Einrichtungen ausgehen. Die *Sonderpädagogischen Beratungsstellen* der SFZ unterstützen diese ambulante Ausrichtung insofern, als sie bereits im Vorfeld der Feststellung eines sonderpädagogischen Förderbedarfs im Förderschwerpunkt Lernen von Eltern oder kooperierenden Institutionen in Anspruch genommen werden können und so in der Regel Teil eines regionalen Fördernetzwerkes sind. *Sonderpädagogische Förderwerkstätten* im SFZ entstehen ebenfalls nicht nur für die stationären Angebote (Unterricht in der Förderwerkstatt), sondern bieten darüber hinaus auch förderdiagnostische Materialien und Fördermaterialien für die ambulante sonderpädagogische Förderung an. Inwieweit die SFZ von sich aus die Bereitschaft entwickeln, die sonderpädagogische Förderung der Schüler/-innen mit dem Förderschwerpunkt Lernen zunehmend in die allgemeinen Schulen zu verlagern, ist derzeit noch offen.

4.2.4 Sonderpädagogische Förderklassen

In einigen Bundesländern (z.B. Bayern, Bremen) werden Klassen der Förderschulen auch komplett in die allgemeine Schule verlegt. Solche *Sonderpädagogischen Förderklassen* (in Bayern auch Sonderpädagogische Diagnose-Förderklassen, DFK oder Außenklassen bzw. Partnerklassen, in anderen Bundesländern auch Kooperationsklassen) bleiben Klassen der Förderschulen. Sie bestehen ausschließlich aus Schülern/-innen mit sonderpädagogischem Förderbedarf und werden von einer sonderpädagogischen Lehrkraft unterrichtet. Die Diagnose-Förderklassen (DFK) in Bayern blieben trotz gegenteiliger Wünsche von Elternseite Bestandteil der Schulen zur Lernförderung (vgl. BREITENBACH 1992). Evaluationsstudien aus der Schulversuchsphase weisen allerdings darauf hin, dass die Rücküberweisungsquote an die allgemeine Schule zwischen 30 und 50% lag. Auch wenn dies aufgrund verschlechterter Rahmenbedingungen für die Arbeit in der DFK gegenwärtig nicht mehr erreicht werden kann, so haben viele Eltern dies doch als vielversprechende Chance zur Rückführung ihrer Kinder an die allgemeine Schule gesehen (vgl. BIEWER 2001). Offen bleibt angesichts dieser länderspezifischen Entwicklung allerdings die Frage, ob die DFK nicht besser am Standort der allgemeinen Schule angesiedelt wären, um die Rückführung für die Schüler/-innen weiter zu erleichtern. Bei den Kooperationsklassen (in Bayern: Partnerklassen) wird dieser Weg beschritten, um mindestens die soziale Begegnung der Schüler/-innen mit und ohne sonderpädagogischem Förderbedarf in der allgemeinen Schule (in den Pausen oder Festen und Feiern) zu unterstützen. Erfolgreichen Modellen, wie den Bremer „Nashornklassen" (vgl. VAUDLET 2001) steht allerdings die Beobachtung gegenüber, dass die Schüler/-innen mit sonderpädagogischem Förderbedarf häufig als besondere Gruppe wahrgenommen werden und der Gefahr von Ausgrenzung und Diskriminierung ausgesetzt bleiben. Problematisch erscheint vielfach ebenfalls die Realisierung von Phasen des inklusiven Unterrichts, was meist auf einzelne Fächer beschränkt bleibt (vgl. BLESS 1999). Festgehalten werden muss allerdings ebenso, dass allgemeine Schulen die Kooperationsklassen nutzen, um weitreichende Formen des inklusiven Unterrichts in allen Fächern und mit sonderpädagogischer Unterstützung zu realisieren.

4.2.5 Schulen zur Lernförderung (SzL)

In einem regionalen Netzwerk inklusiver Bildung bei Lernschwierigkeiten spielen die Förderschulen (bzw. Schulen zur Lernförderung oder Lernhilfe usf.) eine untergeordnete Rolle. Sie sind allenfalls als Ausgangspunkt der Entwicklung hin zum SFZ mit präsent und werden gegenwärtig in vielen Bundesländern durch diese abgelöst oder auch ganz geschlossen.. *Schulen zur Lernförderung (SzL)* haben allerdings an vielen Orten bereits Formen der mobilen sonderpädagogischen Förderung entwickelt, auch wenn die Umwandlung in ein SFZ keineswegs begonnen war. Aus diesem Umstrukturierungsprozess weg von der ausschließlich stationären Arbeit am besonderen Förderort und hin zur mobilen Förderung an der allgemeinen Schule spricht möglicherweise auch die Unzufriedenheit mit dem Konzept der SzL. Mit der Einrichtung der „Schulen für Lernbehinderte" (vormals „Hilfsschule") verband sich die Hoffnung, durch kleinere Gruppen mit einer homogenen Schülerschaft und sonderpädagogisch qualifizierten Lehrkräften mehr differenzierten und individualisierten Unterricht realisieren zu können. Im Förderschwerpunkt Lernen wurden dazu die curricularen Anforderungen entsprechend reduziert, um den erhöhten Bedarf an zusätzlicher Lernzeit bei den Schülern/-innen stofflich ausgleichen zu können (vgl. G. KLEIN 1980; KNIEL 1979, S. 28ff.). Die Hoffnungen in das System SfL haben sich allerdings nicht erfüllt. Wie in mehreren Studien seit den 1970er Jahren nachgewiesen wurde (vgl. HILDESCHMIDT/SANDER 1996), kann die SzL weder im Schulleistungsbereich noch im Bereich der sozialen Integration Vorteile im Vergleich mit den inklusiven Schulen für sich beanspruchen. Allenfalls im Bereich der Lernmotivation erreicht die SzL in den ersten Schuljahren durch reduzierte Lernanforderungen eine positivere Lernausgangslage. Doch auch dieser Vorteil macht sich nicht auf dem Gebiet der Schulleistungen bemerkbar. Zum Ende der Schulzeit etwa ab Jahrgangsstufe 7 sinkt die Lernmotivation bei Schülern/-innen der SzL allerdings wieder ab, da sich hier erneut die gesellschaftlichen Leistungsanforderungen bemerkbar machen. Die *Grenzen des Schonraum-Modells SzL* sind also offenkundig. Zweifel an dem Schonraum „SzL" werden ebenfalls dadurch genährt, dass die Gewalttätigkeit unter Schülern/-innen der SzL im Vergleich zu Realschulen und Gymnasien überproportional hoch ist, allerdings vergleichbar mit den Hauptschulen bzw. Mittelschulen (vgl. KUSCHE 2000). Auch die vergleichsweise häufige Überweisung von Schülern/-innen mit Migrationshintergrund kann nur schwer mit der Vorstellung eines Schonraums zur Deckung gebracht werden (vgl. KORNMANN/KLINGELE/IRIOGBE-GANNINGER 1997; KORNMANN/KORNMANN 2003).
Abschließend muss noch einmal ausdrücklich betont werden, dass sich dieser Befund auf die Effekte eines Systems bezieht – nicht auf die Arbeit der sonderpädagogischen Lehrkräfte in diesem System. Die Konsequenz aus diesem Befund sollte im bildungspolitischen Bereich die Umwandlung der SzL in das SFZ sein bei gleichzeitigem Ausbau der mobilen sonderpädagogischen Förderung. Die Arbeit der sonderpädagogischen Lehrkräfte ist also weiterhin erforderlich, allerdings weniger im stationären als vielmehr im ambulanten Bereich des SFZ.

4.3 Rehabilitation und nachschulische Förderung

In Zeiten von Finanzkrisen, Rezession und hoher Dauerarbeitslosigkeit gestaltet sich der *ökologische Übergang von der Schule in den Beruf* für Schüler/-innen mit dem Förderschwerpunkt Lernen zunehmen prekär (vgl. STEIN 2014, S. 543ff.). Der Abschluss der SzL bzw. der SFZ erweist sich dabei als kaum ausreichende Grundlage für den Start in das Berufsleben. Die Zahl der Schüler/-innen mit dem Förderschwerpunkt Lernen, die unmittelbar nach Beendigungen der Förderschulzeit in eine Berufsausbildung gehen, liegt Schätzungen zufolge bei ca. 10%, ist somit sehr gering und sinkt weiter. Nicht zuletzt durch die Verringerung der Ausbildungsplätze insgesamt verschärft sich die Randstellung dieser Jugendlichen auf dem Ausbildungsmarkt zusätzlich, weil sie bei einem knappen Ausbildungsplatzangebot nunmehr mit Absolventen/-innen von Realschulen und Gymnasien auch im Bereich industrieller Berufe konkurrieren müssen (vgl. BIERMANN 2003, S. 842f.). Gleichzeitig ist die Zahl der Ausbildungplätze mit einfachen Tätigkeiten weiter rückläufig (vgl. GRÜNKE/LEIDIG 2007, S. 845). Auch wenn das Ziel der beruflichen Rehabilitation weiterhin die Ausbildung in einem anerkannten Ausbildungsberuf bleibt, so lässt sich doch immer weniger leugnen, dass dieses Ziel von den Schülern/-innen mit dem Förderschwerpunkt Lernen kaum mehr zu erreichen ist. Da die Berufstätigkeit in einem Ausbildungsberuf allerdings auch gegenwärtig noch die entscheidende Grundlage für eine Sicherung der eigenen Existenzgrundlage darstellt, hat sich ein hochkomplexes System der beruflichen Rehabilitation in der BRD etabliert, das an dieser Stelle nur im Überblick und schwerpunktmäßig dargestellt werden kann (vgl. die ausführliche Darstellung bei BIEKER 2005).
Mit *Rehabilitation im pädagogischen Sinne* [lat. *rehabilitatio* = Wiedereinsetzung in den früheren Stand, in die früheren Rechte] sind Bildungsangebote gemeint, die auf die Wiedereingliederung in das berufliche und gesellschaftliche Leben abzielen (vgl. STEIN 2007, S. 229). Leistungen zur Teilhabe am Arbeitsleben werden im Rahmen der Arbeitsförderung durch die *Bundesagenturen für Arbeit* (SGB III, § 19) Menschen mit Behinderung gewährt, zu denen prinzipiell auch Menschen mit „Lernbehinderung" zählen, die dort explizit erwähnt sind. Leistungen zur „Rehabilitation und Teilhabe behinderter Menschen" (SGB IX, § 2) beziehen sich in der Regel auf den Personenkreis der Menschen mit schweren Behinderungen (Grad der Behinderung von wenigstens 50%). Umstritten ist allerdings nach wie vor die Zuordnung von Menschen mit „Lernbehinderung" in diesem Bereich der Eingliederungshilfe bzw. Sozialhilfe, die allenfalls als „gleichgestellte behinderte Menschen" Anspruch auf eine entsprechende Unterstützung erhalten könnten. Im Einzelfall ist eine Abstimmung der Zuständigkeiten über die Reha-Service-Stellen (www.rehaservicestellen.de) erforderlich.

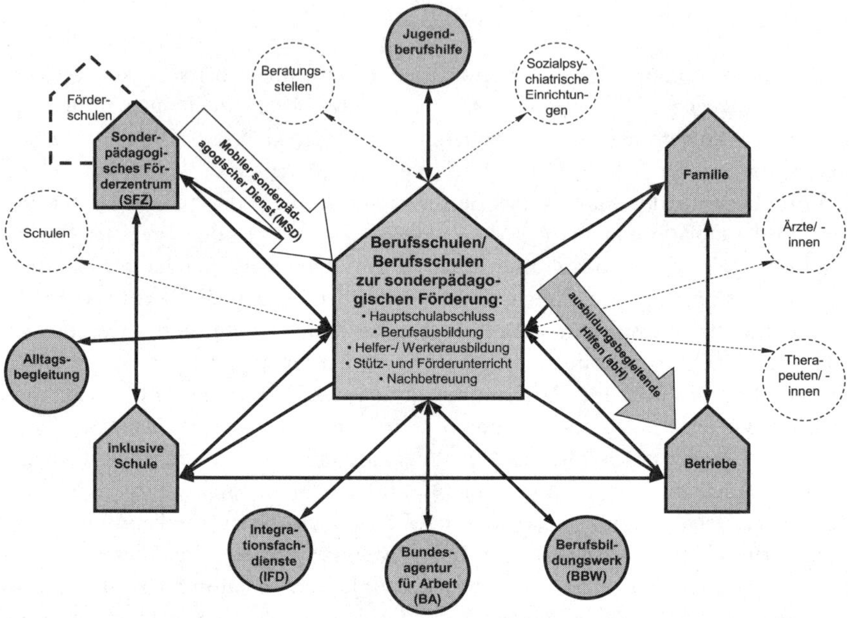

Abb. 4.3: Netzwerk rehabilitative Förderung bei Lernschwierigkeiten

Davon zu unterscheiden ist die *Benachteiligtenförderung*. Bestimmte Leistungen der Arbeitsförderung können auch von lernbeeinträchtigten und sozial benachteiligten Auszubildenden in Anspruch genommen werden, zu denen ebenfalls ausländische Auszubildende zählen (SGB III, § 242). Eine eigenständige Problematik ergibt sich in diesem Arbeitsfeld durch den hohen Kooperationsaufwand bei der Abstimmung der Leistungen (vgl. GRASER 2009, S. 16f.).

4.3.1 Berufliche Inklusion

Der Prozess der beruflichen Inklusion von Jugendlichen wird nun im Wesentlichen prozessual ausgehend vom Sonderpädagogischen Förderzentrum (SFZ) über das Angebot der Berufsausbildung sowie darauf bezogener Hilfen der Berufsschulen und Betriebe im dualen System (erste Schwelle) bis hin zur Arbeitsplatzsuche (zweite Schwelle) dargestellt (vgl. KANTER 1997, S. 260ff.; BAUDISCH 2004, S. 239ff.; BIERMANN 2015).

- **Schulische Berufsvorbereitung**

Der Prozess der beruflichen Inklusion von Jugendlichen mit Lernschwierigkeiten sollte also bereits in der Schule vorbereitet werden. Gerade dem Sonderpädagogischen Förderzentrum (SFZ) kommt dabei eine bedeutsame Rolle zu. Zunächst bietet sich der Unterricht im Lernbereich „*Arbeitslehre*“ (bzw. Arbeit, Wirtschaft, Technik) an, um grundlegende Arbeitsabläufe und handwerkliche Techniken zu erproben und zu trainieren. In diesem Zusammenhang finden häufig *Betriebserkundungen* statt, die dazu dienen sollen, Schülern/-innen mit dem Förderschwerpunkt Lernen rechtzeitig einen ersten Einblick in Arbeitsprozesse in Industrie und Handel anzubieten. Vertieft werden diese punktuellen Eindrücke durch die *Betriebspraktika* in den höheren Klassen. Durch die Einrichtung von *Sonderpädagogischen Diagnose-Werkstattklassen (SDW)* hat Bayern hier ab 2003 ein weitreichendes Modell der schulischen Berufsvorbereitung in Schulen zur Lernförderung (SzL) bzw. im SFZ bezogen auf die Vierte Förderstufe (7. bis 9. Jahrgangsstufe) geschaffen. Neben dem Unterricht im sprachlichen (einschließlich der sachkundlichen Fächer) und mathematischen Lernbereich ist der neue Lernbereich „Berufs- und Lebensorientierung (BLO)“ gebildet worden, der aus der „Gewerblich-technischen Praxis“, der „Hauswirtschaftlich-sozialen Praxis“ sowie der „BLO-Theorie“ besteht (vgl. Bayerisches Staatsministerium für Unterricht und Kultus 2003, S. 7f.) und 7 Schulstunden pro Woche umfasst. Lernziele/Lerninhalte sowie Lerntätigkeiten und Hinweise zum Unterricht sowie zu Lernverbindungen sind im gleichnamigen Lehrplan enthalten. Außerschulische Lernorte werden dabei in zunehmendem Maße einbezogen. In der *Vorbereitungsphase* (7. Jahrgangsstufe) dominiert noch der schulische Unterricht vor den Betriebserkundungen. Die *Orientierungsphase* (8. Jahrgangsstufe) bezieht einen wöchentlichen Berufsorientierungstag und drei Berufsorientierungswochen im Sinne eines Blockpraktikums mit ein. Ein wöchentlicher Berufspraktikumstag und drei Berufspraktikumswochen (als Blockpraktikum) sind für die Individualisierungsphase in der 9. Jahrgangsstufe vorgesehen (a.a.O., S. 12f.). Begleitend dazu erfolgt eine fortlaufende *Förderdiagnostik* sowie die Durchführung von *Berufswahlkonferenzen* und zahlreiche weitere Maßnahmen zur Berufsinformation und Vernetzung der vielfältigen Lernorte einschließlich der Zusammenarbeit mit der Bundesagentur für Arbeit (BA). Die Erfahrungen mit der Arbeit in den SDW nach dem BLO-Lehrplan (jetzt in den Rahmenlehrplan Förderschwerpunkt Lernen integriert, s. Kap. 3.3.4) zeigen bereits, dass Schüler/-innen mit dem Förderschwerpunkt Lernen bessere Chancen auf dem Ausbildungs- und Arbeitsmarkt haben und teilweise direkt in ein Ausbildungsverhältnis übernommen werden, auch wenn systematische Auswertungen zu diesem Modell bislang noch ausstehen (vgl. Schor/Schweiggert 2003, S. 417).

Neben den unmittelbar berufsbezogenen Inhalten bildet der Erwerb von *Schlüsselqualifikationen* gleichsam als Querverbindung zwischen den verschiedenen möglichen Berufsprofilen einen zweiten zentralen Schwerpunkt. Fähigkeiten und Fertigkeiten lassen sich hier in Absetzung von rein funktionalen Modellen in den Bereichen Sozialkompetenz, Methodenkompetenz, Selbstkompetenz und Sachkompetenz gruppieren (vgl. Vernooij 2005, S. 308). Individuelle Handlungskompetenz in beruflichen Arbeitsfeldern soll als Ergebnis des Erwerbs der genannten

Kompetenzschwerpunkte entstehen. Damit ist bereits die ausschließliche Orientierung auf die Berufsvorbereitung in den Abschlussklassen der SzL ergänzt worden. Hiller empfiehlt neben dieser Thematik zusätzlich auf alle anderen Alltagsbereiche der zukünftigen Lebenssituation der Schüler/-innen vorzubereiten und hat entsprechende Materialien entwickelt („Durchblick im Alltag", vgl. Hiller 2007). Schulorganisatorisch plädiert Hiller für die Zusammenführung von Förderschulen und Hauptschulen mit einer deutlichen Berufsorientierung im Rahmen von Stadtteilschulen, die er als „jugendtaugliche Schule" entwirft (vgl. Hiller 1994b). Aber auch in den herkömmlichen Schulformen wird die Möglichkeit der alternativen pädagogischen Projekte genutzt. So entwickeln SzL beispielsweise sog. *„Schülerfirmen"*, in denen die Schüler/-innen Produkte herstellen (z.B. Pausenbrote, Fahrradwerkstatt, Taschen) und diese zum Verkauf anbieten (z.B. in Verbindung mit einem Schulcafé). Gleichzeitig wird dieses Angebot in das Zentrum des Unterrichts in den höheren Jahrgangsstufen gestellt, um damit arbeitsrelevante Basiskompetenzen zu fördern (vgl. Meier/Menschenmoser 2009). Einen Schritt weiter in dieser Richtung gehen die *„Produktionsschulen"* in Dänemark und deren Nachfolgeprojekte in der BRD, in denen eine konsequente Verbindung von „Arbeiten" und „Lernen" gerade für Jugendliche in prekären Lebenslagen angestrebt wird. Hier ist der herkömmliche Schulbetrieb weitgehend aufgelöst. Im Vordergrund stehen eher Projekte wie „Medienwerkstatt", „Restaurant" oder die Zusammenarbeit mit einer Tischlerkooperative (vgl. Biermann 2007, S. 819).

- **Übergang Schule – Berufsausbildung (erste Schwelle)**

Gleichwohl gelingt es nur einem geringen Teil der Absolventen/-innen der SzL bzw. des SFZ direkt in ein Ausbildungsverhältnis überzugehen. In der Regel sind weitere vorbereitende Maßnahmen erforderlich, um diese „erste Schwelle" der beruflichen Inklusion erfolgreich zu überwinden. Vor dem Hintergrund des dualen Systems der Berufsausbildung in der BRD sind hier zunächst die *Berufsschulen* angesprochen, auch wenn kein Ausbildungsverhältnis vorliegt. Über das *Berufsvorbereitungsjahr* (BVJ) und das *Berufsgrundbildungsjahr* (BGJ) bieten die allgemeinen Berufsschulen die Möglichkeit, neben der Erfüllung der Schulpflicht den Hauptschulabschluss nachzuholen und gleichzeitig erste Einblicke in berufliche Arbeitsfelder zu gewinnen (vgl. Biermann 2003, S. 834ff.). In Verbindung mit dem Erwerb eines Schulabschlusses kann sicher die Gefahr einer Reduzierung dieser Maßnahmen auf die Schulpflichterfüllung vermieden werden. Ungelöst ist nach wie vor das Problem der sonderpädagogischen Förderung in diesem Bereich, obwohl sonderpädagogische Lehrkräfte seit den KMK-Empfehlungen von 1994 auch in Berufsschulen tätig sein können (vgl. Drave/Rumpler/Wachtel 2000, S. 36f.). Offenbar verfügen nach wie vor zu wenige Lehrkräfte derzeit über die Doppelqualifikation in Berufs- und Sonderpädagogik. Die mobile sonderpädagogische Förderung im berufsbildenden Bereich steht ebenfalls erst an den Anfängen.

Angesichts von regelrechten „Maßnahmenkarrieren" sieht sich die *Bundesagentur für Arbeit (BA)* allerdings im Jahre 2004 gezwungen, ihre ergänzenden Angebote zur Vorbereitung auf die Berufsausbildung im *„neuen Fachkonzept"* anders auszurichten und an die Stelle des bisherigen Systems der berufsvorbereitenden Lehrgänge (bzw. „Maßnahmen") zu setzen. Im Berufsbildungsbericht 2005 (vgl. BUNDESAGENTUR FÜR ARBEIT 2005) wird der Wandel des Leitbildes der Berufsausbildungsvorbereitung „von der Maßnahme- zur Personorientierung" erläutert. Mit dem Ziel der Vermeidung von Ausbildungs- und Arbeitslosigkeit und der Verbesserung der beruflichen Handlungsfähigkeit sollen besonders junge Menschen mit Beeinträchtigungen, Migrationshintergrund und sozial Benachteiligte gezielter gefördert werden. Dazu sollen *Eignungsanalysen* und eine kontinuierliche *Bildungsbegleitung* vor der Einmündung in ein Ausbildungsverhältnis aufgebaut werden. Die neue Förderstruktur bietet auf der Basis eines *Qualifizierungsplanes* eine *Grundstufe zur Berufsorientierung und Berufswahl* sowie eine *Förderstufe zur individuellen Förderung beruflicher Grundfertigkeiten*. In der Phase der *Übergangsqualifizierung* soll die berufliche Handlungsfähigkeit erreicht werden, die es in der *Stabilisierungsphase* weiter abzusichern gilt. Positiv zu vermerken ist an diesem Konzept, dass die BA das sonderpädagogische Diagnose-Förder-Modell auf die Berufsvorbereitung überträgt und sich um individuelle Passung im Angebot bemüht. Zweifellos werden in diesem Feld erhebliche finanzielle Mittel aufgewendet (z.B. in der Berufseinstiegsbegleitung und in den Berufsvorbereitenden Bildungsmaßnahmen bzw. bei der Einstiegsqualifizierung, vgl. BUNDESMINISTERIUM FÜR BILDUNG UND FORSCHUNG 2016, S. 89f.), um allen Jugendlichen und jungen Erwachsenen eine Berufsausbildung zu ermöglichen. Eine eingehende prozessbegleitende Evaluation der neuen Förderstruktur steht allerdings zum gegenwärtigen Zeitpunkt noch aus. Die in den jährlich erscheinenden Berufsbildungsberichten sich wiederholende Bekanntmachung der Restgruppe von jungen Menschen ohne Ausbildungsplatz spricht jedoch eher gegen einen durchschlagenden Erfolg.

Träger des Angebotes im Rahmen der Berufsvorbereitung für Jugendliche mit gravierenden Lernschwierigkeiten können auch die *Förderberufsschulen* (in Bayern: *Berufsschulen zur sonderpädagogischen Förderung*) sein. Neben dem Erwerb des Hauptschul- bzw. Mittelschulabschlusses werden im stationären Bereich in der Regel alle Berufsbilder vorgehalten (sowohl anerkannte Ausbildungsberufe nach §4 bzw. 65 des Berufsbildungsgesetzes und Berufe nach § 42b der Handwerksordnung sowie § 71 Berufsbildungsgesetz, vgl. BAYERISCHES LANDESAMT FÜR STATISTIK UND DATENVERARBEITUNG 2016, S. 6). Im ambulanten Bereich übernehmen die Förderberufsschulen auch die Zuständigkeit für die ausbildungsbegleitenden Hilfen (abH), über die junge Menschen am Ausbildungsplatz in den Betrieben begleitet und betreut werden sowie zusätzlichen Stütz- und Förderunterricht in Anspruch nehmen können. Neben den vollstationären Einrichtungen in diesem Bereich liegen inzwischen an einigen Standorten ebenfalls Erfahrungen mit wohnortnahen und vollambulanten Strukturen vor, bei denen alle betreuten jungen Menschen am Lernort „Betrieb“ tätig sind. Ein offenes Problem ergibt sich jedoch gerade im Bereich der sonderpädagogischen Förderung, da die Zahl der sonderpädagogischen Lehrkräfte in den Förderberufsschulen nach wie vor zu gering ist. Ebenfalls als Zukunftsaufgabe zu betrachten ist die Verknüpfung der unterschiedlichen pädagogischen Qualifikationen in den einzelnen Fachbereichen der Förderberufsschulen (einschließlich der sonderpädagogischen Qualifikation) und die Weiterentwicklung der berufsbezogenen Förderdiagnostik.

Eine ähnlich hohe Erfolgsquote weist auch das *Berufsbildungswerk* (BBW) auf. Mehr als zwei Drittel der Absolventen/-innen von Berufsbildungswerken wechseln in reguläre Ausbildungsverhältnisse (vgl. DINGS 2005, S. 218f.). Entstanden aus der Initiative der Bundesregierung Ende der 1960er Jahre hat sich ein bundesweites Netzwerk von 52 Berufsbildungswerken entwickelt, von denen 39 auch gezielt auf jungen Menschen mit Lernbehinderung bzw. Lernbeeinträchtigung eingehen (www.bagbbw.de). Im Unterschied zum *Berufsförderungswerk (BFW)*, das sich eher an Erwachsene richtet, soll das BBW junge Menschen auf die Berufsausbildung vorbereiten (SGB IX, § 35). Neben dem Leistungsspektrum, das auch die Förderberufsschulen vorhalten, bietet das BBW zusätzlich die internatsmäßige Unterbringung sowie medizinische, psychologische und sozialpädagogische Dienste. Trotz der über Jahre hinweg belegten Erfolge in der beruflichen Förderung von Jugendlichen mit gravierenden Lernschwierigkeiten steht das BBW aufgrund des überregionalen Einzugsbereichs in der Kritik. Die Trennung von der Lebenswelt der jungen Menschen und der betrieblichen Realität wird vielfach als Widerspruch zum Anspruch auf Wiedereingliederung in Beruf und Gesellschaft im Sinne des Grundgedankens der Rehabilitation angesehen. Auch für das BBW gilt wohl zukünftig, dass neben dem stationären Angebot das ambulante verstärkt ausgebaut werden sollte.

Für sozial benachteiligte junge Menschen und solche mit individuellen Beeinträchtigungen können ebenfalls Leistungen der Kinder- und Jugendhilfe in Anspruch genommen werden. Das SGB VIII regelt in § 13 die Jugendsozialarbeit, in deren Rahmen bei den örtlichen Trägern der Kinder- und Jugendhilfe ebenfalls Mittel für die *Jugendberufshilfe* beantragt werden können. Es handelt sich dabei um ein sozialpädagogisches Angebot, das besonders von Freien Trägern übernommen wird und das gesamte Spektrum der Berufsvorbereitung bis hin zum *Case-Management* einschließlich der darauf bezogenen Koordination der Hilfen zur Teilhabe am Arbeitsleben umfasst.

Doch auch nach dem erfolgreichen Abschluss einer Berufsausbildung, was Schätzungen zufolge etwa einem Drittel der jungen Menschen mit gravierenden Lernschwierigkeiten gelingt, besteht ein Bedarf an Begleitung und Unterstützung auf dem Weg in eine berufliche Tätigkeit auf dem ersten Arbeitsmarkt.

- **Übergang Berufsausbildung – Arbeitstätigkeit (zweite Schwelle)**

Der überwiegende Teil der Maßnahmen im Rahmen der beruflichen Rehabilitation junger Menschen mit gravierenden Lernschwierigkeiten scheint sich auf den ersten Blick im Bereich der Berufsausbildung zu konzentrieren. Allerdings leisten sowohl die Förderberufsschulen als auch das BBW eine nachgehende Betreuung bei der Überwindung der zweiten Schwelle der beruflichen Inklusion. Nicht alle jungen Menschen werden nach der Berufsausbildung in ein Arbeitsverhältnis übernommen. Ein Unterstützungsbedarf ergibt sich so ebenfalls für die Arbeitsplatzsuche. Die Rehabilitationsteams der BA übernehmen im Rahmen der individuellen *Berufswegeplanung* auch die Hilfe bei der Suche nach einem geeigneten Arbeitsplatz (vgl. Weiand 2005, S. 128f.). Die Begleitung am Arbeitsplatz nach erfolgreicher Arbeitsplatzsuche stellt jedoch auch die Rehabilitations-Teams vor eine kaum lösbare Aufgabe. Hier gewinnen Modelle der unterstützen Beschäftigung (*supported employment*), wie sie aus den USA bekannt geworden sind, zunehmend an Bedeutung (vgl. Blesinger 2005, S. 282f.). Im Rahmen der *Integrationsfachdienste (IFD)* können Maßnahmen der Arbeitsassistenz durchgeführt werden, bei der sog. *„job coaches“* ein *„training on the job“* durchführen, bis junge Menschen mit Behinderung die berufliche Tätigkeit allein bewältigen können (SGB IX, § 109). Auch für den Förderschwerpunkt Lernen ist die grundsätzliche Eignung dieses Konzeptes inzwischen insofern bestätigt worden (vgl. Grünke/Leidig 2007, S. 853f.), als im Verbund mit einem spezifischen Training kognitiver und sozialer Kompetenzen und einer engen Verzahnung von schulischen und nachschulen Angeboten der Berufsvorbereitung eine deutliche Steigerung der Übergangsquote auf den ersten Arbeitsmarkt erreicht werden konnte.

Ungelöst erscheint ebenfalls derzeit noch die Situation in den ehemaligen sog. „Jungarbeiterklassen“, in denen eine Gruppe von jungen Menschen zusammen kommt, an denen offenbar das gesamte System der beruflichen Rehabilitation vorbeigeht. Sie zählen zu jener Gruppe von „Ausgeschlossenen“, für die in dieser Gesellschaft kein Platz mehr zu sein scheint (vgl. Bude 2008; Bude/Willisch 2008). Das sind zu einem großen Teil Jugendliche ohne Schulabschluss und ohne Berufsausbildung, die häufig aus sozial benachteiligten Milieus stammen und einen Migrationshintergrund haben. Maßnahmen der beruflichen Rehabilitation sind hier offensichtlich fehlgeschlagen. Die Frage nach einem denkbaren Leben ohne berufliche Tätigkeit ließ nicht lange auf sich warten. Insofern darf gerade für junge Erwachsene mit gravierenden Lernschwierigkeiten der Blick auf ihre vielfältigen Lebensprobleme nicht verstellt werden. Auch im Alltag benötigen sie nach Beendigung der Schulzeit vielfach Hilfe.

4.3.2 Alltagsbegleitung

Gerade aus der nachgehenden Betreuung von Absolventen/-innen der Schule zur Lernförderung entwickelt Gottfried G. Hiller (1994a, S. 26 ff; 1997) sein Konzept der Alltagsbegleitung. Angeregt von der Erfahrung, dass Absolventen/-innen der SzL auch nach der Schulzeit ihre Lehrkräfte immer wieder um Rat bitten, ist hier eine neue Form der Begleitung und Unterstützung von Jugendlichen und jungen Erwachsenen in prekären Lebenslagen entstanden. Es handelt sich um eine „mittelfristige Betreuung aus der Halbdistanz" (vgl. SCHROEDER/STORZ 1994, S. 11), deren Ziel es ist, „mit den jungen Menschen (und deren Umfeld) angemessene und aufeinander abgestimmte Entwürfe für die verschiedenen Bereiche ihres Lebens zu entwickeln und zu erproben..." (a.a.O., S. 12). Diese Lebensbereiche sind „Bildung und Beschäftigung", „Finanzen", „Aufenthalt", „Beziehungen", „Freizeit", „Legalität", „Ziviles" und „Gesundheit". Alltagsbegleitung zielt darauf ab, die Karrierestränge in diesen Lebensbereichen auf der Basis der bisherigen Lebensgeschichte zu ermitteln und darauf abgestimmte Hilfen anzubieten (vgl. STEIN-SIEGELE/STORZ 1994, S. 279). Dazu ist es erforderlich, dass Alltagsbegleitung personenzentriert, am Kontext orientiert, ausdauernd und auf Erfahrungsproduktion ausgerichtet tätig wird. Es soll nicht für die Betroffenen gehandelt werden sondern mit ihnen. Konkrete Tätigkeiten von Alltagsbegleitern/-innen sind u.a.:

- gemeinsamen Pläne schmieden,
- Vorhaben durchstehen,
- vermitteln und absichern,
- Termine überwachen und koordinieren sowie
- entlasten und fürsprechen (vgl. SCHROEDER/STORZ 1994, S. 15).

Zur praktischen Umsetzung des Konzepts der Alltagsbegleitung liegt ein Leitfaden vor, in dem zu allen Lebensbereichen Checklisten und Materialien für die Hand der Alltagsbegleiter/-innen angeboten werden (vgl. STORZ/STEIN-SIEGELE 2000). Einen nachhaltigen Einblick in die schwierige Lebenssituation von jungen Menschen mit gravierenden Lernschwierigkeiten bietet auch die Arbeit der Münchener Sonderpädagogin SUSANNE KORBMACHER und ihr Projekt „Ghettokids" (vgl. KORBMACHER 2004).

Im Grunde sind die Arbeitsfelder einer „Pädagogik bei Lernschwierigkeiten" damit bereits im Erwachsenenalter angekommen. Doch auch hier stellen sich spezifische Lernprobleme ein, denen entsprechende Bildungsangebote zugeordnet werden.

4.4 Lernprobleme bei Erwachsenen

Nach KRETSCHMANN u.a. (1990) ist davon auszugehen, dass ca. 3-4% der Schulabgänger (ca. 30.000-40.000 Schüler/-innen pro Schuljahr) die Schule ohne den Erwerb der Schriftsprachkompetenz verlassen. Insgesamt ist von etwa 4 Millionen Analphabeten in der BRD die Rede (www.alphabetisierung.de). Damit sind in der Regel *sekundäre oder funktionale Analphabeten/-innen* gemeint, die zwar eine Schulbildung erhalten haben, aber den Prozess des Schriftspracherwerbs entweder nicht vollständig abgeschlossen haben oder aber das erreichte Kompetenzniveau in diesem Bereich nach der Schulzeit nicht aufrechterhalten konnten. *Primärer Analphabetismus* liegt hingegen vor, wenn von vornherein nicht die Chance auf den Erwerb der Schriftsprache durch entsprechende schulische Bildungsangebote gegeben ist. Die Vereinten Nationen versuchen in der „Weltalphabetisierungsdekade (2003-2012)" dieses Problem weltweit anzugehen. Dabei zeigt sich besonders im Ländervergleich, wie sehr der Begriff des Analphabetismus vom jeweiligen kulturellen Kontext und seinen spezifischen Anforderungen an die Schriftsprachkompetenz abhängt. Beeinflusst durch die südamerikanischen Alphabetisierungsprogramme (vgl. FREIRE 1973/1996) im Anschluss an PAULO FREIRE (1921-1997) entstehen in den 1970er Jahren zunächst vorrangig Kurse zum Erwerb der Schreib-Lesekompetenz. Unter dem Eindruck der internationalen Entwicklungen hin zu einem Konzept von *Literalität* (*literacy*), das über den Schriftspracherwerb hinausgehend auch die Bedeutung der Schriftsprache in der jeweiligen Kultur zu berücksichtigen versucht, werden jedoch bereits in diese Kursangebote mehr und mehr Erfahrungen aus der Lebenswelt der Zielgruppe mit aufgenommen. Gegenwärtig hat sich das Angebot zu einem Konzept von *Grundbildung* (*adult basic education*) erweitert, in dem neben dem Erwerb der Schriftsprachkompetenz auch allgemeine und berufsrelevante Inhalte enthalten sind. Der Umgang mit Informations- und Kommunikationstechnologien sowie Fremdsprachen zählt nun ebenso zum Angebot wie die Förderung des Selbstlernens sowie Kreativ- und Gesundheitskurse (vgl. ABRAHAM/LINDE 2009, S. 891ff.). Die *Volkshochschulen (VHS)* sind nach wie vor mit einem Anteil von 80-90% der Grundbildungskurse Hauptanbieter in der BRD, wobei nur ca. 30% aller VHS solche Kurse im Angebot haben (vgl. a.a.O., S. 893). Sie richten sich v.a. an Erwachsene ohne Schul- und Berufsabschluss mit erheblichen Lernschwierigkeiten und versuchen über die Vermittlung von Selbstlernkompetenzen (das Lernen lernen) einen erneuten Zugang zum *Prozess des lebenslangen Lernens* zu eröffnen.

Im Unterschied zur BRD sind in Großbritannien gesetzliche Grundlagen für die Weiterbildung von Menschen mit Lernschwierigkeiten im Alter von 16 bis 25 (und auch für ältere Menschen mit Lernschwierigkeiten) geschaffen worden. Eine staatliche Förderung von Kursen, die zu Bildungsabschlüssen führen, ist darin eingeschlossen (vgl. LINDMEIER/LINDMEIER/RYFFEL/SKELTON 2000, S. 151f.). In die Zielgruppe dieser Maßnahmen sind Menschen mit Lernbehinderung und mit geistiger Behinderung eingeschlossen (*learning difficulties*), unabhängig von der Ursache der jeweiligen Lernschwierigkeiten (ebd.).

Die *Förderung von Menschen mit Lernschwierigkeiten im Alter* steht in der BRD noch am Anfang. ALEXANDER SKIBA (1996, S. 77ff.) hat auf der Basis seiner heilpädagogischen Tätigkeit in unterschiedlichen Feldern der Altenhilfe (von der stationären Einrichtung über die Tagespflege bis hin zu betreuten Wohnformen) ein solches Förderprogramm für die Arbeit in Kleingruppen entwickelt und erprobt. Zu den Bildungsinhalten zählen „Körpererfahrung“, „Biographie/Geschichte“, „Gesundheit/Ernährung/Versorgung“, „Zeit/Leben“, „Glaube/Sozialerfahrung“ sowie „Geographie und Natur“. Methodisch sind die Fördermaßnahmen auf Handlungsorientierung und Gespräch ausgerichtet (a.a.O., S. 104ff.). Förderung gewinnt hier die Zieldimension der Lebensbewältigung im Sinne des *empowerment* und ist nicht auf den Erwerb von Zertifikaten angelegt. Dabei zeigt sich erneut, welche zentrale Bedeutung der Zusammenhang von Bildung und Lebenslage bei Erwachsenen mit Lernschwierigkeiten einnimmt. Letztlich ergeben sich dabei auch Verbindungen zu einem „Leben so normal wie möglich“ im Sinne des Normalisierungsprinzips (vgl. Beck 2003, S. 848f.). Eine Pädagogik bei Lernschwierigkeiten sieht sich so vor die Aufgabe gestellt, weit über die Schule hinaus Kinder, Jugendliche und Erwachsene bei der Bewältigung von Lern- und Lebensproblemen zu begleiten und zu unterstützen.

Literaturempfehlungen:

Bieker, Rudolf (Hrsg.): Teilhabe am Arbeitsleben. Wege der beruflichen Integration von Menschen mit Behinderung. Stuttgart: Kohlhammer, 2005

Biermann, Horst (Hrsg.): Inklusion im Beruf. Stuttgart: Kohlhammer, 2015

Englbrecht, Arthur/Weigert, Hans: Lernbehinderungen verhindern. Anregungen für eine förderorientierte Grundschule. Frankfurt a.M.: Diesterweg, 1991 (2. Auflage 1994)

Heimlich, Ulrich: Integrative Pädagogik. Eine Einführung. Stuttgart: Kohlhammer, 2003

Heimlich, Ulrich (Hrsg.): Sonderpädagogische Fördersysteme – auf dem Weg zur Integration. Stuttgart, Berlin, Köln: Kohlhammer, 1999

Schor, Bruno J.: Das Sonderpädagogische Förderzentrum. Von der Idee zur Realität. Donauwörth: Auer, 2001

Schor, Bruno J.: Mobile Sonderpädagogische Dienste. Ein Integrationsmodell mit Zukunft. Donauwörth: Auer, 2002

Skiba, Alexander: Fördern im Alter. Integrative Geragogik auf heilpädagogischer Grundlage. Bad Heilbrunn: Klinkhardt, 1996

Übungsaufgaben Kap. 4 (Lösungen im Anhang):	
❶	Auch **Förderschulen** haben **präventive Aufgaben**. Verorten Sie diese Aufgaben im Modell der Prävention und nennen Sie mindestens ein praktisches Beispiel!
❷	Welche besonderen Anforderungen stellen sich an Lehrkräfte, die im Rahmen der **mobilen sonderpädagogischen Förderung** Schüler/-innen mit sonderpädagogischem Förderbedarf im Förderschwerpunkt Lernen in der Allgemeinen Schule fördern?
❸	Nennen Sie einschränkende Bedingungen für den **Gemeinsamen Unterricht für Schüler/-innen mit dem Förderschwerpunkt Lernen im Sekundarbereich** und entwickeln Sie schulorganisatorische Alternativen dazu!

❹	Auch für junge Erwachsene mit Lernschwierigkeiten gewinnen Modelle der **Arbeitsassistenz** an Bedeutung. Beschreiben Sie Möglichkeiten und Grenzen dieses Modells der beruflichen Integration bezogen auf den Förderschwerpunkt Lernen!
❺	In der nachgehenden Betreuung von Absolventen/-innen der Schulen zur Lernförderung hat sich ein hoher Unterstützungsbedarf ergeben. Geben Sie einen Überblick über das Konzept der **Alltagsbegleitung** und seine Arbeitsformen im Förderschwerpunkt Lernen!

5 Theoretische Grundlagen einer Pädagogik bei Lernschwierigkeiten

„Und wenn wir sagen, dass die Erfahrung uns hilft, die Behinderung zu verstehen, haben wir das Entscheidende noch nicht gesagt, nämlich daß die Behinderung uns hilft, uns selbst zu verstehen."
(GUISEPPE PONTIGGIA 2002, S. 109)

Zusammenfassung

Die theoretische Grundlegung einer Pädagogik bei Lernschwierigkeiten erfolgt gegenwärtig über eine Vielzahl an sich ergänzenden Modellen, die von materialistischen über interaktionistische bis hin zu systemtheoretischen Ansätzen reichen. Das ökologische Denken soll hier noch einmal als umfassender Begründungszusammenhang gelten, der die Überlegungen verschiedenen Aspekte einer Pädagogik bei Lernschwierigkeiten in einem Paradigma zusammenführt. Angesichts der aktuellen Diskussion über konstruktivistische Zugangsweisen zu Lernschwierigkeiten wird abschließend für eine kritisch-pragmatistische Haltung zur sonderpädagogischen Förderung im Förderschwerpunkt Lernen plädiert.

Die Fragen nach der Zielgruppe (Wer?), den Handlungskonzepten (Wie?) und den Organisationsformen (Wo?) einer Pädagogik bei Lernschwierigkeiten beziehen sich noch konsequent auf eine Erziehungswirklichkeit als gesellschaftliche Praxis. Sie bleiben insofern dem Kriterium ihrer Relevanz für die sonderpädagogische Förderpraxis unmittelbar verbunden. Fragen wir jedoch weiter nach dem *„Warum?" der sonderpädagogischen Förderung* im Förderschwerpunkt Lernen, so betreten wir damit das Feld der Begründungszusammenhänge. Dies ist nun nicht von vornherein eine rein theoretische Frage, denn in Gesprächen mit Kindern und Jugendlichen, mit Eltern und mit Lehrkräften oder anderen pädagogischen Fachkräften, mitunter auch Vorgesetzten gibt es immer wieder die Notwendigkeit, das eigene sonderpädagogische Handeln zu legitimieren. In diesen Gesprächen greifen wir über kurz oder lang auf die theoretischen Grundlagen der eigenen sonderpädagogischen Tätigkeit zurück, die wir uns angeeignet haben, möglicherweise als „subjektive Theorien" mit einem hohen Eigenanteil entwickeln konnten, hoffentlich auch in systematischer Weise, wie es ein erziehungswissenschaftliches Studium zur Vorbereitung auf die sonderpädagogische Förderpraxis erfordert (vgl. LENZEN 1999).

Nun wird allein schon das Wort „Theorie“ in der sonderpädagogischen Praxis wie im Studium an den verschiedenen Studienstätten mit negativen Erwartungshaltungen verbunden. Mangelnde Relevanz für die sonderpädagogische Förderpraxis und eingeschränkte Nachvollziehbarkeit sind nur einige wenige Merkmale dieser überwiegend ablehnenden Haltung gegen jedwede Arbeit an Theorien. Dabei heißt Theorie im ursprünglichen Wortsinne nichts weiter als Betrachtungsweise [griech. *theōría* = das Zuschauen, die Betrachtung, Untersuchung]. Für die pädagogische und sonderpädagogische Tätigkeit ist dieses Zurücktreten aus dem unmittelbaren Handlungszusammenhang und das Anschauen aus der Distanz heraus immer wieder unverzichtbar, da erst auf diesem Weg eine kritische Reflexion über die eigene Tätigkeit möglich wird. So verstanden betreiben alle sonderpädagogisch Tätigen ständig auch Theoriearbeit im Sinne der Betrachtung und Reflexion des eigenen professionellen Tuns.

Wissenschaftlich ausgebildete Sonderpädagogen/-innen sollten dies auf eine systematische und methodisch kontrollierte Weise tun, am besten im Dialog mit anderen. Gerade in der wissenschaftlichen Herangehensweise an das Problem der Begründung und Reflexion sonderpädagogischer Förderpraxis im Förderschwerpunkt Lernen haben sich beispielhafte und im Fach anerkannte Betrachtungsweisen herausgebildet, die nebeneinander Gültigkeit beanspruchen (vgl. MOSER/ SASSE 2008). Die Heil- und Sonderpädagogik spricht in diesem Zusammenhang von „Paradigmen“. ULRICH BLEIDICK hat diesen Begriff seinerzeit in die Heil- und Sonderpädagogik eingeführt und definiert ihn wie folgt:

> „Die Paradigmen bilden Zugangsweisen zum komplexen Phänomen Behinderung (bzw. Lernschwierigkeiten, U.H.); Perspektiven, nicht auf Vollständigkeit hin angelegt, untereinander nicht klar abgegrenzt und mehrfach gebrochen, jeweils für sich einzelne Theorien mittlerer Reichweite.“ (BLEIDICK 1999, S. 24).

Wie so häufig im wissenschaftlichen Diskurs ist auch dieser Begriff nicht immer von Missbrauch verschont geblieben. Ein Perspektivenwechsel in der sonderpädagogischen Förderung bei Lernschwierigkeiten von der Defizitorientierung hin zur Kompetenzorientierung macht jedenfalls noch keinen Paradigmenwechsel aus. Deshalb ist es heilsam, sich auf den Ursprung des Paradigmenkonzeptes zu besinnen, das auf den Naturwissenschaftlicher THOMAS S. KUHN (1922-1996) zurückgeht. In seinem Werk „Die Struktur wissenschaftlicher Revolutionen“ (1976) beschäftigt er sich mit der Frage, wie sich die Wissenschaft selbst mit ihren Strukturen und Forschungsergebnissen entwickelt. Dabei kommt es nach KUHN immer wieder zu Krisen, Revolutionen gar, auf die mit neuen Theorien geantwortet wird, die selbst über einen bestimmten Zeitraum Bestand haben, um dann erneut von anderen Sichtweisen abgelöst zu werden. In diesen Zusammenhang stellt er auch den Begriff „Paradigma“. Paradigmata beinhalten „… eine Reihe sich wiederholender und gleichsam maßgebender Erläuterungen verschiedener Theorien in ihren An-

wendungen in bezug auf Begriffsbildung, Beobachtung und Apparaturen." (KUHN 1976, S. 57). Von einem *Paradigmenwechsel* kann also erst dann die Rede sein, wenn ein Begründungsansatz für eine Pädagogik bei Lernschwierigkeiten vorliegt, der sich von bisherigen Modellen deutlich unterscheidet und tatsächlich eine neue Sichtweise zur Begriffsbildung, zu den Methoden und den Forschungsergebnissen beiträgt. Insofern liegt die Krise der wissenschaftlichen Erkenntnis gleichsam in der Natur der Sache, sind gesicherte wissenschaftliche Erkenntnisse von vornherein nur mit einem begrenzten Haltbarkeitsdatum zu haben und ist der theoretische Wandel gleichsam der wissenschaftliche Normalfall. Wer sich einmal der Mühe (oder dem Vergnügen?) unterzieht, die europäische Geistesgeschichte an sich vorüberziehen zu lassen, wird eine Ahnung von den abenteuerlichen Wendungen bekommen, die sich angesichts dieser Entwicklungsdynamik immer wieder einstellen.[1] Gleichzeitig dürfte das mit einer der Gründe sein, die immer wieder vor den Mühen der Theoriearbeit im erziehungswissenschaftlichen Studium zurückschrecken lassen.
Innerhalb einer Pädagogik bei Lernschwierigkeiten stehen Paradigmata für *unterschiedliche Zugangsweisen zum Phänomen „Lernschwierigkeiten"*. Sie können dabei helfen, eine Reihe von Erklärungshypothesen für die Entstehung und den Verlauf von Lernschwierigkeiten zu liefern, aber auch Interventionsansätze systematisch zu begründen. Ein Denken in unterschiedlichen Paradigmata dient dazu, die Gefahr eingeschliffener Sichtweisen möglichst klein zu halten und die Einschränkung bestimmter Perspektiven bei sich und bei anderen besser durchschauen zu können. Zugleich erleichtert diese Fähigkeit die Bereitschaft, neue Perspektiven zu entwickeln. Auch in der Sonderpädagogik verfügt das System der gesicherten wissenschaftlichen Erkenntnisse, die in einem erziehungswissenschaftlichen Studium angeeignet werden, nur über eine begrenzte Halbwertzeit. Nach einigen Berufsjahren ist dieses fachliche Wissen nur noch die Hälfte wert, es muss ergänzt und erneuert, möglicherweise sogar auf eine völlig neue Grundlage gestellt werden. Da ist es sicher eine gute Vorbereitung, wenn man schon in Ausbildung und Studium gelernt hat, sich auf einen kontinuierlichen Prozess der Veränderung von wissenschaftlichen Erkenntnissen einzulassen. Das ist letztlich der Kern der *Reflexionskompetenz*, die neben der *Handlungskompetenz* erst die *Professionalität* von Heil- und Sonderpädagogen/-innen ausmacht. Eine Handlungskompetenz ohne die Fähigkeit zur kritischen Reflexion bleibt früher oder später in Routine stecken. Eine Reflexionskompetenz ohne die Fähigkeit das Gedachte in Handlungsabläufe einzubringen verfehlt den professionellen Auftrag gleichermaßen. Insofern sind

1 Ein guter „Reisebegleiter" ist das Heft „Geschichte der Philosophie. Von der Antike bis heute" von CHRISTOPH DELIUS, MATTHIAS GATZEMEIER, DENIZ SERTCAN, KATHLEEN WÜNSCHE (Bonn: Könnemann, 2005), in dem auf 120 Seiten in gut strukturierter und leicht lesbarer Weise mit zahlreichen meist farbigen Abbildungen fast 3.000 Jahre europäische Geistesgeschichte zusammengefasst sind. Empfehlenswert ist auch die gut lesbare Einführung in die Philosophie von RICHARD DAVID PRECHT: Wer bin ich und wenn ja, wie viele? Eine philosophische Reise (München: Goldmann, 2007).

auch in der Pädagogik bei Lernschwierigkeiten Reflektieren und Handeln stets aufeinander bezogen. Im folgenden Kapitel werden nun aktuell besonders bedeutsame Paradigmen einer Pädagogik bei Lernschwierigkeiten in ihrer Vorgeschichte, den Grundbegriffen und Grundannahmen sowie bezogen auf ihre sonderpädagogische Relevanz hin vorgestellt (5.1). Abschließend soll an den erkenntnistheoretischen Diskurs einer Pädagogik bei Lernschwierigkeiten angeknüpft werden (5.2), um anhand des neuen Theorietrends des „Konstruktivismus" als Erkenntnistheorie Begrenztheit und eingeschränkten Erklärungswert jedweder wissenschaftlichen Theoriebildung noch einmal in ihrer Bedeutung für die sonderpädagogische Förderung im Förderschwerpunkt Lernen zu veranschaulichen. Hinweise zum Praxistransfer des jeweiligen Paradigmas sollen die Bedeutung der jeweiligen Theorie für die sonderpädagogische Förderpraxis veranschaulichen.

5.1 Begründungszusammenhänge einer Pädagogik bei Lernschwierigkeiten

In der Pädagogik bei Lernschwierigkeiten lassen sich aktuell ein materialistisches, ein interaktionistisches, eine systemtheoretisches und ein ökologisches Paradigma unterscheiden. Es handelt sich dabei um unterschiedliche Betrachtungsweisen, die Lernschwierigkeiten bei Kindern, Jugendlichen und Erwachsenen in den Brennpunkt rücken und versuchen je spezifische Begründungszusammenhänge zur Diagnose und Förderung beizutragen. Im Sinne von Scheinwerfern beleuchten sie dabei allerdings nur einen je spezifischen Ausschnitt des gemeinsamen Gegenstandes. Insofern ergänzen sich diese Betrachtungsweisen. Für die Reflexion sonderpädagogischer Förderung im Förderschwerpunkt Lernen ist es deshalb erforderlich, mit Hilfe dieser Paradigmen den Wechsel des Blickwinkels systematisch zu üben (s. Abb. 5.1).

Vorausgesetzt wird dabei, dass das medizinische Paradigma für eine Pädagogik bei Lernschwierigkeiten eher eingeschränkte Bedeutung hat (vgl. STROBEL/ WARNKE 2007). Nur bei einem geringen Anteil von Schüler/-innen mit Lernschwierigkeiten kann von ausschließlich somatischen Bedingungsfaktoren ausgegangen werden, die einer medizinischen Therapie zugänglich wären. Gerade die Gleichsetzung von Behinderung und Krankheit und die damit verbundene Defizitsichtweise von Lernschwierigkeiten sind für den Zusammenhang sonderpädagogischer Förderung sogar als kontraproduktiv anzusehen. Insofern wird das medizinische Paradigma hier bewusst vernachlässigt.

5.1.1 Materialistisches Paradigma

Während die alltagssprachliche Verwendung von „materialistisch" sich eher auf Menschen bezieht, deren Interessen sich überwiegend auf Geld und damit zu erwerbende Güter konzentrieren, ist hier eine philosophische Richtung gemeint, die sich mit den materiellen Grundlagen des menschlichen Denkens und der ge-

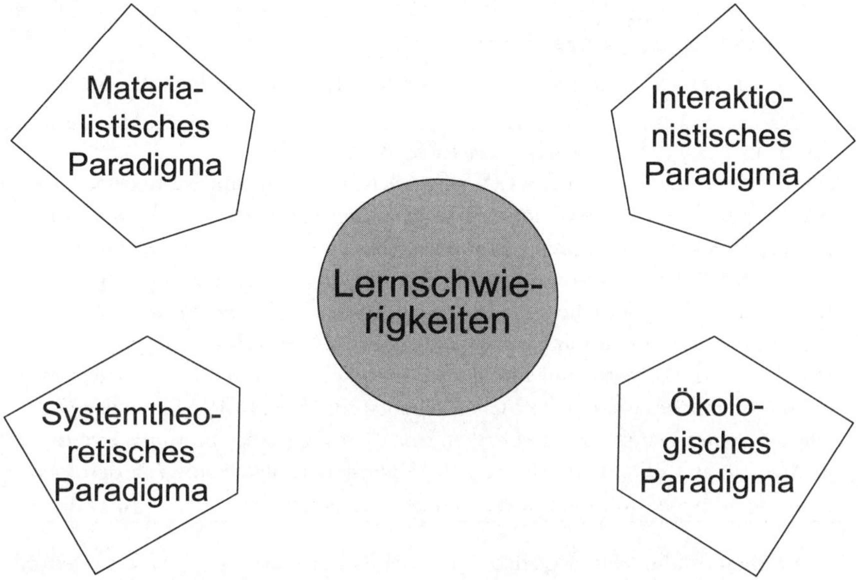

Abb. 5.1: Paradigmen der Pädagogik bei Lernschwierigkeiten

sellschaftlichen Entwicklung beschäftigt (*Materialismus*). Begründet von Ludwig Feuerbach (1804-1872) wurde der Materialismus im 19. Jahrhundert v.a. von Karl Marx (1818-1883) und Friedrich Engels (1820-1895) zu einer umfassenden Gesellschaftstheorie ausgearbeitet, die häufig mit der zentralen Aussage „Das Sein bestimmt das Bewusstsein" in Verbindung gebracht wird (dialektischer und historischer Materialismus). Mit *Dialektik* [griech. *dialektikē* = (Rhetorik) Kunst der Gesprächsführung mit Rede und Gegenrede] ist die Annahme verbunden, dass menschliches Reden, Denken und Handeln stets in Gegensätzen (These – Antithese) verläuft und aus dieser Gegensätzlichkeit seine Entwicklungsdynamik bis hin zu neuen Verbindungen im Sinne einer Aufhebung der Widersprüche (Synthese) bezieht. Marx und Engels kommt das Verdienst zu, das Prinzip der Dialektik auf die gesellschaftliche und besonders die ökonomische Entwicklung angewandt zu haben. Demnach bestimmt selbstverständlich das Bewusstsein der Menschen auch ihr gesellschaftliches Sein, und sie sind keineswegs nur willenlose Marionetten der sie umgebenden gesellschaftlichen Verhältnisse.

Im Bereich der Erziehungswissenschaft hat sich der Materialismus erst spät ausgewirkt (vgl. KRÜGER 1997, S. 101ff.). Seinen Ausgang nimmt das materialistische Denken in der Pädagogik und Sonderpädagogik nach der russischen Revolution in der Sowjetunion. Ab 1917 werden dort die Bemühungen um eine Erneuerung der Psychologie verstärkt, die als „historische Schule" bzw. Tätigkeitspsychologie bekannt geworden ist.

- **Hauptvertreter und Vorgeschichte**

Als Initiator dieser Erneuerung gilt dabei besonders der Psychologe VYGOTSKIJ.

> *Lev S. Vygotskij (1896-1934) – Leben und Werk*
> VYGOTSKIJ wurde 1896 in Orša (Weißrussland) geboren und verbrachte seine Kindheit in Gomel'. Er studierte ab 1913 an der Universität Moskau Soziologie, Psychologie, Philosophie, Linguistik, Kunst- und Literaturwissenschaften. Zwischen 1918 und 1924 war er als Lehrer in Gomel' tätig. Von 1924 an arbeitete er als wissenschaftlicher Mitarbeiter am Institut für experimentelle Psychologie in Moskau bis zu seinem frühen Tode. In dieser Zeit entwickelte er eine sehr intensive Vortrags- und Publikationstätigkeit und schaffte in kurzer Zeit ein umfangreiches wissenschaftliches Lebenswerk. Er starb 1934 kurz vor Vollendung seines Hauptwerkes „Denken und Sprechen", das posthum erschien, in Moskau an Tuberkulose. Bereits 1936 wurden seine Schriften in der Sowjetunion verboten und nicht mehr neu gedruckt (vgl. KEILER 2002, S. 17ff.).

V.a. in seinen Studien zur Begriffsbildung bei Kindern entwickelt er seine zentrale Grundannahme von der „Zone der nächsten Entwicklung (ZNE)". Er betrachtet Kinder und Jugendliche besonders unter dem Aspekt ihrer vorhandenen Fähigkeiten und ihrer weiteren Entwicklungsmöglichkeiten und entdeckt dabei, dass die Sprachentwicklung von der Handlung ausgeht und über die Stufe des inneren Sprechens Voraussetzung für die Entwicklung des Denkens ist (vgl. KEILER 2002, S. 266). Dieses Entwicklungsmodell des Denkens erinnert stark an PIAGET und DEWEY (s. Kap. 1.3.2), deren Schriften VYGOTSKIJ wohl auch bekannt sind. Es gelingt VYGOTSKIJ trotz des frühen Verbots seiner Schriften eine eingeständige psychologische Schule zu begründen (kulturhistorische Schule der Psychologie), die von seinem Schüler ALEKSEJ N. LEONT'EV (1903-1979) fortgeführt wird.

- **Grundbegriffe und Grundannahmen**

Im Mittelpunkt einer materialistischen Psychologie steht die *Tätigkeit* als Grundlage der Entwicklung. VYGOTSKIJ und besonders LEONT'EV verstehen dies als produktive Auseinandersetzung des Menschen mit seiner Umwelt, in deren Verlauf es zu einer Umgestaltung der Lebensverhältnisse des Menschen kommt. Die Tätigkeit vermittelt also zwischen Mensch und Gesellschaft (bzw. Subjekt und Objekt) und wird so auch in der individuellen Entwicklung von Kindern zur Grundlage. Im Laufe dieser tätigen Auseinandersetzung kommt es zur *Aneignung* der gesellschaftlichen Kultur, die jeder Mensch in seiner individuellen Entwicklung in seine eigenen Wissensbestände übernimmt. Dies geschieht im Wesentlichen über die Entdeckung von Bedeutungszusammenhängen, die in der Regel sprachlich-symbolisch vermittelt sind. Alle höheren Bewusstseinsstrukturen sind aus Tätigkeiten hervorgegangen und lassen sich auch in diese wieder zurückführen.

> „..., was das Kind heute in der Zusammenarbeit leisten kann, wird es morgen selbstständig können. Es erscheint deshalb wahrscheinlich, dass Unterricht und Entwicklung in der Schule sich zueinander verhalten wie die Zone der nächsten Entwicklung zum Niveau der aktuellen Entwicklung." (Vygotskij 2002, S. 331).

In modernen, arbeitsteiligen Gesellschaften sind die Menschen auf Kooperation mit anderen angewiesen. Die konkreten gesellschaftlichen Verhältnisse führen deshalb immer wieder dazu, dass der unmittelbare Bezug zwischen Mensch und Welt auseinanderbricht. In kapitalistischen Gesellschaften unterscheiden sich beispielsweise die Aneignungsmöglichkeiten zwischen der besitzenden Klasse (Bourgeoisie) und der Arbeiterklasse (Proletariat). Aufgrund ihrer sozialen Herkunft werden Menschen von Aneignungsmöglichkeiten der Kultur ausgeschlossen (*Isolation*, vgl. Titze 1994, S. 1183ff.). Die soziale Auslese im Bildungssystem der BRD bestätigt diese Tendenzen bis heute. Kinder aus Arbeiterfamilien sind im Gymnasium unterrepräsentiert und beginnen auch weniger häufig ein Studium (vgl. Hadril 1999, S. 161ff.). Fraglich ist allerdings, inwieweit die Entwicklung gegenwärtiger gesellschaftlicher Verhältnisse noch über die Aufteilung in Klassen angemessen verstanden werden kann. Die soziale Wirklichkeit erscheint derart differenziert, dass auch die soziologische Forschung zur sozialen Ungleichheit (vgl. a.a.O., S. 348) inzwischen mit Begriffen wie soziale Schicht, Milieu und Szene wesentlich kleinräumigere Analyseeinheiten wählt.

- **Erziehungswissenschaftliche Relevanz**

Eine materialistische Pädagogik wird von Hans Jochen Gamm entwickelt (vgl. Krüger 1997, S. 104ff.), der einen wichtigen Beitrag zur kritischen Analyse des Bildungssystems vor dem Hintergrund konkreter gesellschaftlicher Verhältnisse leistet. Erziehung und Bildung können seit der sozialwissenschaftlichen Wende in der Allgemeinen Pädagogik nicht mehr ohne ihre Einbettung in gesellschaftliche Verhältnisse betrachtet werden. In der Heil- und Sonderpädagogik steht besonders das Werk von Wolfgang Jantzen (1985, 1990) für einen materialistischen Ansatz. Bereits in den 1970er Jahren verweist er auf den Zusammenhang von Behinderung und Sozialisation. Demnach sind auch Behinderungen als Isolation von Aneignungsmöglichkeiten zu verstehen. Menschen mit Behinderungen werden aufgrund einer Schädigung und daraus folgenden Beeinträchtigungen sozial benachteiligt.

Dieser sozialwissenschaftliche Behinderungsbegriff führt damit weg von der individuellen Ursachenzuschreibung und hin zu einer Sichtweise, die die Randstellung von Menschen mit Behinderung in der Gesellschaft in den Mittelpunkt rückt. Aus dieser Analyse folgt unmittelbar die Forderung nach Überwindung der sozialen Isolation und allseitiger Erschließung von Aneignungsmöglichkeiten für Menschen mit Behinderung (vgl. MOSER/ SASSE 2008, S. 65ff.). Letztlich ist damit nichts anderes als das Ziel der umfassenden gesellschaftlichen Teilhabe im Sinne von Integration bzw. Inklusion gemeint (vgl. FEUSER 1995). Neben dem Hinweis auf den sozialen Aspekt von Behinderung kommt dem materialistischen Paradigma ebenfalls das Verdienst zu, die Bedeutung der Hirnforschung für Lernen und Erziehung frühzeitig erkannt zu haben.

- **Lernschwierigkeiten aus materialistischer Sicht**

Wenn Kinder und Jugendliche aufgrund ihrer sozialen Herkunft im Bildungssystem benachteiligt werden, kommt es zur Isolation von Aneignungsmöglichkeiten, die letztlich zu einer verzögerten Lernentwicklung beitragen.

● Auf den Punkt gebracht

Schwierigkeiten des Lernens zeigen sich aus der Sicht des materialistischen Paradigmas im Wesentlichen als Entwicklungsverzögerung.

Sicher sind auch die familialen Lebensbedingungen sozial benachteiligter Kinder dafür verantwortlich, dass sie bereits bei Schuleintritt einen Entwicklungsrückstand aufweisen. Es wäre allerdings Aufgabe eines Bildungssystems in demokratischen Gesellschaften rechtzeitig auf diese zu erwartenden Entwicklungsprobleme einzugehen und sozial benachteiligte Kinder besonders zu Schulbeginn entsprechend intensiv zu fördern (vgl. REICHMAN/ STRUWE/ MÜLLER 1984). Die Tatsache, dass diese Aufgabe noch immer nicht zufriedenstellend gelöst ist, stellt selbst wiederum einen Anlass für eine gesellschaftskritische Analyse des Bildungssystems einschließlich des sonderpädagogischen Fördersystems dar, wie sie von Vertretern des materialistischen Paradigmas seit den 1970er Jahren immer wieder vorgelegt wird (vgl. GRAF u.a. 1974).

Praxistransfer 1

Auf die sonderpädagogische Förderpraxis im Förderschwerpunkt Lernen angewendet wirkt sich das materialistische Paradigma zum einem im Bereich der *Förderdiagnostik* aus. Das Modell „Zone der nächsten Entwicklung (ZNE)“ von VYGOTSKIJ steht gleichsam für die förderdiagnostische Strategie, von den Kompetenzen der Kinder und Jugendlichen auszugehen und diese als Basis der sonderpädagogischen Fördermaßnahmen genau zu untersuchen. Erst diese entwicklungsorientierte Sicht schafft die Voraussetzung für förderdiagnostisches Handeln. Mit dem Ansatz der rehistorisierenden Diagnostik (vgl. JANTZEN/ LANWER-KOPPELIN 1996) ist zusätzlich ein Zugang zur individuellen Lerngeschichte möglich geworden. Zum anderen ist aus dem materialistischen Paradigma ein *Konzept des handelnden Unterrichts* entstanden. Wenn die Tätigkeit Grundlagen des Lernens und der Denkentwicklung liefert, dann sollte auch der schulische Unterricht ausführlich Gelegenheit zur tätigen Auseinandersetzung mit Lerngegenständen bieten. Gerade unter dem Handlungsaspekt erscheint der Unterricht in der Schule auch gegenwärtig noch entwicklungsfähig (s. Kap. 3.3.2).

5.1.2 Interaktionistisches Paradigma

Sehr bedeutsam ist die Einbeziehung sozialer Faktoren in das pädagogische Denken auch im interaktionistischen Ansatz. Im Mittelpunkt stehen dabei allerdings eher die zwischenmenschlichen Beziehungen, aus denen heraus die Entwicklung des Menschen in der Gesellschaft verstanden wird und weniger sozialstrukturelle Aspekte.

- **Hauptvertreter und Vorgeschichte**

Den Hintergrund bildet dabei die Theorie des symbolischen Interaktionismus, als dessen Begründer der amerikanische Soziologe GEORGE HERBERT MEAD gilt.

George Herbert Mead (1863-1931) – Leben und Werk

Als Sohn eines Pfarrers in *South Hadley* (*Massachussetts*, USA) im Jahre 1863 geboren trat MEAD 1879 in das Oberlin College in Ohio, an dem seine Eltern lehrten, als Student ein. Nach seinem Studienabschluss im Jahre 1883 arbeitete MEAD zunächst kurze Zeit als Lehrer, später als Vermessungsingenieur im Eisenbahnbau. 1887 begann er ein zweites Studium in Harvard (Philosophie, Psychologie) und nahm eine Stelle als Hauslehrer an, um sich sein Studium zu finanzieren. Durch ein Stipendium wurde ihm ein Studienaufenthalt in Berlin und Leipzig ermöglicht. Ohne Promotion wurde er 1891 Dozent an der *University of Michigan.* 1893 holte ihn JOHN DEWEY als Assistenzprofessor an die neu gegründete *University of Chicago*, wo er bis zu seinem Tode im Jahre 1931 lehrte, ab 1907 als ordentlicher Professor. Er ist Mitglied im *Hull House* von *Jane Addams*, einem sozialen Projekt zur Unterstützung von sozial benachteiligten Kindern und Jugendlichen sowie Migrationsfamilien. Sein Hauptwerk „*Mind, Self and Society*“ (Geist, Identität und Gesellschaft) beruht auf der Mitschrift seiner Vorlesung zur „Sozialpsychologie“, die MEAD nicht selbst systematisch ausgearbeitet hat und erscheint erst 1934
(vgl. JOAS 2006; http://de.wikipedia.org/wiki/George_Herbert_Mead, aufgerufen am 25.08.2009)

MEAD selbst bezeichnet seinen Theorieansatz – schon in deutlicher Abgrenzung zu den Behavioristen in der Psychologie (s. Kap. 1.3.2) – als *Sozialbehaviorismus*. Er beschäftigt sich mit der Frage, wie Menschen angesichts vielfältiger gesellschaftlicher Einflüsse eine eigenständige Persönlichkeit ausbilden könnten. Stark geprägt wird MEAD durch die amerikanischen Pragmatisten, die davon ausgehen, dass das Handeln Basis des menschlichen Denkens ist. Von CHARLES S. PEIRCE (1839-1914), der sich mit der Entstehung von Erkenntnissen aus der Verständigung über die Bedeutung von Zeichen bzw. Symbolen beschäftigt, erfährt er wesentliche Anregungen. Auch die Aussage von CHARLES H. COOLEY (1864-1929), nachdem das Selbst als Spiegelbild im sozialen Kontakt mit anderen entsteht: „Each to each a looking glass, reflects the other … (COOLEY 1964, S. 184, zit. n. BRUMLIK 1994, S. 764), bildet für MEAD einen wichtigen Anstoß. Beeinflusst ist MEAD ebenfalls von der Chikagoer Schule der Soziologie, für die besonders WILLIAM I. THOMAS (1863-1947) mit seiner „*Thomas-Theorem*" steht. Demnach haben Situationen für Menschen bereits reale Konsequenzen, wenn sie diese Situationen als real definieren. THOMAS versuchte mit dieser *Situationsdefinition* dem Zusammenhang von Mensch und Gesellschaft auf die Spur zu kommen. Ausgearbeitet wird die Theorie des symbolischen Interaktionismus schließlich von HERBERT BLUMER (1900-1987), einem amerikanischen Soziologen und Schüler MEADS.

- **Grundbegriffe und Grundannahmen**

Der symbolische Interaktionismus geht davon aus, dass Menschen aufgrund von Bedeutungen in sozialen Situationen handeln. Die dazu erforderliche Verständigung ist durch *Symbole* im Sinne von sprachlichen und nichtsprachlichen Zeichen oder Gesten möglich, über deren Bedeutung sich Menschen geeinigt haben. Für diesen Verständigungsprozess sind Menschen auf *Interaktion* angewiesen, weil nur in der sozialen Beziehung Übereinkünfte erzielt werden können. *Kommunikation* gilt demgegenüber als Spezialfall der Interaktion mit dem Akzent auf der Mitteilung über sprachliche Symbole, wobei ein Sach- und ein Beziehungsaspekt unterschieden werden können. Auch die Herausbildung des Selbst ist nur in der Interaktion möglich.

> „… wenn die Übermittlung von Gesten …so in das Verhalten des Einzelnen hereingenommen wird, daß die Haltung der anderen den Organismus beeinflussen und der Organismus mit seinen entsprechenden Gesten antworten und damit die Haltung der anderen innerhalb seines eigenen Prozesses auslösen kann, entwickelt sich Identität." (MEAD 1973, S. 210f.).

Durch die Übernahme von *Rollen* lernen Menschen, sich mit unterschiedlichen Verhaltenserwartungen auseinander zu setzen. Von zentraler Bedeutung für die Entwicklung der *Identität* ist die Ausbalancierung zwischen Selbst- und Fremdansprüchen. Würden sich Menschen nur an die Erwartungen anderer anpassen, könnten

sie keine eigenständige Persönlichkeit ausbilden. Würden Menschen hingegen nur ihre eigenständigen Erwartungshaltungen ohne Rücksicht auf andere durchsetzen, wären ihre soziale Beziehungen gefährdet. Im symbolischen Interaktionismus wird deshalb zwischen der *personalen Identität* als unverwechselbare Leistung der eigenen Person (dem *I*) und der *sozialen Identität* als Ergebnis der Fremdwahrnehmung (dem *me*) unterschieden. Wenn Menschen zwischen beiden Teilen ihrer Persönlichkeit vermitteln wollen, so sollten sie über eine Reihe von sozialen Grundqualifikationen verfügen. Sie müssen in der Lage sein, sich von übernommenen Rollen auch wieder zu lösen und einen gewissen Abstand dazu gewinnen können (*Rollendistanz*). Widersprüchliche Erwartungshaltungen anderer sollten ausgehalten werden können (*Ambiguitätstoleranz*). Dies alles setzt ebenso eine grundlegende Fähigkeit des Einfühlens in andere Menschen voraus (*Empathie*). Schließlich ist jeder Mensch gefordert, seine persönliche Unverwechselbarkeit und Einzigartigkeit nach außen angemessen zu behaupten (*Idenitätspräsentation*, vgl. BRUMLIK 1994, S. 766ff.; KRAPPMANN 1975).
Allerdings kann der Prozess der Identitätsbildung auch misslingen. Gerade Menschen, die sozial ausgegrenzt werden, reagieren darauf häufig mit Schwierigkeiten in ihrer Identitätsentwicklung. Damit verbunden sind in der Regel Abwertungen eines Menschen aufgrund von Merkmalen, die von der Norm abweichen (*Stigma*, vgl. GOFFMAN 1967).

- **Erziehungswissenschaftliche Relevanz**

Aus interaktionistischer Sicht werden die Prozesse des Lehrens und Lernens als Interaktionssituationen untersucht. *Lehrer-Schüler-Beziehungen* sowie Interaktion und Kommunikation der Schüler/-innen untereinander gewinnen dabei eine zentrale Bedeutung für Bildung und Erziehung. Letztlich basiert jegliche pädagogische Intervention auf der Möglichkeit, eine soziale Beziehung herzustellen. Eine gelungene *Identitätsbalance* kann im interaktionistischen Sinne als das bedeutsamste Ziel von Erziehung und Bildung angesehen werden. Gerade durch die Diskussion über Schlüsselqualifikationen als Ergebnis schulischer Bildungsprozesse ist die Bedeutung *kommunikativer Kompetenzen* als Basis erfolgreicher beruflicher Inklusionsprozesse nachhaltig bewusst geworden. In Bezug auf Stigmatisierungs- und Etikettierungsprozesse macht interaktionistisches Denken allerdings auch darauf aufmerksam, dass Bildungs- und Erziehungsprozesse (z.B. in Sondereinrichtungen wie Förderschulen) möglicherweise sogar selbst zu einer gestörten Identitätsentwicklung beitragen. Im Sinne des *labeling approach* müssen jedenfalls Schulen zur Lernförderung (SzL) unter dem Aspekt der *Stigmatisierung* ihrer Schülerschaft betrachtet werden. Es liegt deshalb durchaus nahe unter interaktionistischem Aspekt über inklusive Alternativen zur Förderschule nachzudenken (vgl. HOMFELDT 1996, S. 181f.). Zahlreiche Förderschulen sind allerdings auch dazu übergegangen, direkt an der Entstigmatisierung der Institution zu arbeiten und z.B. durch Feste und

Feiern sowie Tage der offenen Tür über die pädagogische Arbeit und die Leistungen der Schüler/-innen öffentlich zu berichten.

- **Lernschwierigkeiten aus interaktionistischer Sicht**

Interaktionistisch betrachtet können Lernschwierigkeiten nicht als individuelle Probleme von Kindern und Jugendlichen gelten (vgl. SCHMETZ 2007, S. 149). Sie entstehen vielmehr aus sozialen Beziehungen in unterschiedlichen Situationen.

● Auf den Punkt gebracht

Lernschwierigkeiten können aus der Sicht des interaktionistischen Paradigmas als abweichendes Verhalten im Sinne der normativen Anforderungen eines Bildungssystems angesehen werden, das durch Etikettierung und Stigmatisierung zusätzlichen Erschwernissen unterliegt.

Wenn es nicht gelingt, auf die festgestellten Lernschwierigkeiten individuell einzugehen, kommt es zu zusätzlichen Problemen durch Ausgrenzung und Etikettierung. Die Bezeichnung „Lernbehinderter" hat für sich genommen bereits Auswirkungen auf die Identitätsentwicklungen von Kindern und Jugendlichen und führt über die Ausgrenzung in eigene Lerngruppen bzw. Förderschulen zur Stigmatisierung der Betroffenen. Damit sind insgesamt eher ungünstige Voraussetzungen für optimale Lernprozesse geschaffen, müssen doch in der Regel zunächst einmal *„beschädigte Identitäten"* zum Gegenstand sonderpädagogischer Bemühungen gemacht werden, um Lernen wieder möglich zu machen und den Teufelskreis der Stigmatisierung zu durchbrechen (vgl. BENKMANN 2007b, S. 82ff.). Von daher liegt es nahe, inklusive Formen der sonderpädagogischen Förderung zu bevorzugen, um den Prozess der Stigmatisierung erst gar nicht in Gang zu setzen. Dazu ist es allerdings auch erforderlich, dass allgemeine Schulen und Kindertageseinrichtungen sich umfassend auf Kinder und Jugendliche mit Lernschwierigkeiten einstellen und deren Bildung und Erziehung als ihre Aufgabe zu begreifen.

Praxistransfer 2

In der sonderpädagogischen Förderpraxis hat sich das interaktionistische Paradigma als äußerst fruchtbare Anregung erwiesen. Die Beschäftigung mit dem symbolischen Interaktionismus hat viele sonderpädagogische Lehrkräfte in die Lage versetzt, die Bedeutung ihrer Beziehungen zu Kindern und Jugendlichen eingehender zu reflektieren (*Lehrer-Schüler-Interaktion*). Mit Hilfe von *Rollenspielen* und weiteren Angeboten zum *sozialen Lernen* kann es auch im Unterricht gelingen, soziale Fähigkeiten bei Schülern/-innen mit Lernschwierigkeiten bewusst zu machen und gezielt weiter zu entwickeln. Das führt bisweilen sogar bis zum Training *kommunikativer Kompetenzen*, deren Bedeutung im späteren Leben nicht hoch genug eingeschätzt werden kann. Besonders im inklusiven Zusammenhang ist es inzwischen gelungen, die Bedeutung der Gleichaltrigengruppe (*peer-group*) für Lernen und Entwicklung noch stärker zu berücksichtigen.

5.1.3 Systemtheoretisches Paradigma

Begründet von dem amerikanischen Soziologen TALCOTT PARSONS (1902-1979) dient die Systemtheorie zunächst vornehmlich der Analyse der bestehenden gesellschaftlichen Strukturen und ihrer Funktionsweise (*strukturfunktionalistischer Ansatz*). Allerdings durchläuft diese Theorie mehrere Entwicklungsstadien und wirkt sich ebenfalls auf dem Gebiet der Heil- und Sonderpädagogik aus (vgl. SPECK 2008a).

- **Hauptvertreter und Vorgeschichte**

Als führender Systemtheoretiker auch im globalen Zusammenhang gilt NIKLAS LUHMANN.

Niklas Luhmann (1927-1998) – Leben und Werk

LUHMANN wurde 1927 in Lüneburg geboren und verbrachte seine Schulzeit ebenfalls dort. Nach dem Zweiten Weltkrieg, den er als Luftwaffenhelfer erlebte, studierte er Rechtswissenschaft in Freiburg im Breisgau mit anschließender Referendarausbildung in Lüneburg. Ab 1954 war er als Verwaltungsbeamter tätig. Nach einem Fortbildungs-Stipendium für die Universität Harvard, wo er mit dem Werk von TALCOTT PARSONS in Kontakt kam, wendete er sich der Soziologie zu und promovierte mit der bereits 1964 erschienenen Publikation „Funktionen und Folgen formaler Organisationen" im Jahre 1966. 1968 erhielt er als erster Ordinarius der neu gegründeten Universität einen Ruf auf eine Professur für Soziologie in Bielefeld und lehrte dort bis zu seiner Emeritierung im Jahre 1993. Er starb 1998 in Oerlinghausen. Als Hauptwerk LUHMANNS gilt gemeinhin das Buch „Soziale Systeme" (vgl. LUHMANN 1987), in dem er eine allgemeine Theorie der Gesellschaft entfaltet. Sein systemtheoretisches Denken übertrug er auf zahlreiche gesellschaftliche Bereiche und legte u.a. mehrere Schriften zur Pädagogik vor (vgl. STICHWEH 2007; http://de.wikipedia.org/wiki/Niklas_Luhmann aufgerufen am 26.08.2009)

In ihren Anfängen ist die Systemtheorie bei LUHMANN stark von der *Organisationssoziologie* geprägt. Er beschäftigt sich mit einem speziellen Fall gesellschaftlicher Institutionen, den bürokratischen. LUHMANN ist fasziniert von deren Funktionsweise und den Wirkungen auf die Menschen, die in ihr tätig sind. Dabei stellt er immer wieder fest, dass öffentliche Institutionen ihren eigenen Gesetzen gehorchen und nicht selten unbeabsichtigte Nebenwirkungen erzielen, die möglicherweise sogar ihrem ursprünglichen Auftrag entgegen stehen. Diese *Paradoxien* werden zu einem entscheidenden Anstoß seiner wissenschaftlichen Tätigkeit, die vorrangig auf dem Gebiet der Entwicklung einer Theorie der Gesellschaft liegen. Der Begriff *„systemisch"* ist gerade in der Pädagogik seit geraumer Zeit in aller Munde. Ob damit stets das LUHMANNSCHE Verständnis von Systemen und ihrer Funktionsweise gemeint ist, muss allerdings bezweifelt werden. Deshalb liegt es nahe zunächst die Grundbegriffe der Systemtheorie zu klären.

- **Grundbegriffe und Grundannahmen**

Im Mittelpunkt der begrifflichen Systematik steht bei LUHMANN der Begriff des *Systems.* Damit sind soziale Einheiten gemeint, die durch Ausdifferenzierung entstehen und mit einem bestimmten Zweck verbunden sind, wodurch sie sich von der Umwelt abheben (vgl. SPECK 2008a , S. 99ff.). Ihre *Funktion* liegt vorrangig in der eigenen Bestandserhaltung und damit verbundenen Zielen und Leistungen. Moderne Gesellschaften zeichnen sich durch eine Vielzahl von sozialen Systemen und Teilsystemen aus, was letztlich zu der hohen *Komplexität* beiträgt, mit der Menschen im Zusammenleben konfrontiert werden. Damit ist die Menge an Informationen und Verflechtungen gemeint, die ein Teilsystem zu verarbeiten hat. Durch die Vielzahl der möglichen Wechselwirkungen zwischen den Systemen ergibt sich ein hoher Unsicherheitsfaktor bezogen auf zukünftige Entwicklungen (*Kontingenz*). Menschen sind deshalb immer wieder darauf angewiesen, Komplexität im sozialen Zusammenleben auf überschaubare und vertraute Bereiche zu reduzieren. Systeme haben von daher die Tendenz, sich zur Aufrechterhaltung ihrer Stabilität in Teilsysteme auszudifferenzieren, um so ihrer Funktionalität weiterhin gerecht werden zu können. Sie bleiben nach innen operativ geschlossen und entwickeln daraus ihre Eigendynamik (*Selbstreferenz*). Die Entwicklung der Systemtheorie ging aus von der funktionalen Analyse geschlossener Systeme, um über die Untersuchung offener Systeme schließlich zur Bedeutung selbstreferentieller Systeme vorzudringen.

> „Ein System kann man als selbstreferentiell bezeichnen, wenn es die Elemente, aus denen es besteht, als Funktionseinheiten selbst konstituiert." (LUHMANN 1991, S. 59).

Es ist aus diesem Grunde auch nicht ohne weiteres möglich, soziale Systeme (wie Familien) von außen zu beeinflussen (vgl. BRUNKHORST 1994, S. 1496f.).

- **Erziehungswissenschaftliche Relevanz**

Sprechen wir in der Pädagogik von „systemischen" Wirkungen oder Vorgehensweisen, so sind damit in der Regel komplexe Herangehensweisen gemeint, die eine Vielzahl von Einflussfaktoren für pädagogisches Handeln (bzw. sonderpädagogische Förderung) berücksichtigen. Verstehen wir die Systemtheorie allerdings mehr von ihren Ursprüngen als Organisationstheorie her, so liegt ihr Erklärungswert besonders in den Prozessen innerhalb pädagogischer Institutionen. So kommt es immer wieder zu unbeabsichtigten Nebenwirkungen pädagogischer Institutionen, die in Widerspruch mit ihren eigenen Zielsetzungen geraten (heimlicher Lehrplan, vgl. LUHMANN 2002, S. 79f.). Während beispielsweise Lehrkräfte der allgemeinen Schule das kooperative Lernen von Schülern/-innen intensiver fördern wollen, schafft das Notensystem und dessen Bedeutung für die Bildungsabschlüsse gleichzeitig ein konkurrenzorientiertes Klima in Schulklassen. Erst vergleichsweise spät macht sich in der Pädagogik die Erkenntnis breit, dass die Schule als Institution erzieht (vgl. BERNFELD 1994, S. 28). Im sonderpädagogischen Arbeitsfeld kann die Gründung der ersten „Hilfsschulen" Mitte des 19. Jahrhunderts als Versuch gewertet werden, durch Komplexitätsreduktion im Bildungssystem (angesichts von bis zu 100 und mehr Schülern/-innen in den Volksschulklassen) und Ausdifferenzierung eines neuen Teilsystems bessere Bedingungen zur individuellen Förderung von Schülern/-innen mit Lernschwierigkeiten zu schaffen. Diese zweifellos gute Absicht wird durch die stigmatisierende Wirkung der Sondereinrichtungen im Laufe ihrer nunmehr als 150jährigen Geschichte in ihr Gegenteil gekehrt (s. Kap. 2.2.2). Mit der Verstärkung integrativer Bildungsangebote in den allgemeinen Schule wird nun seit den 1970er Jahren in der BRD wiederum der umgekehrte Weg der Wiedereintritt von Differenz (*re-entry*) gegangen, in dem die Heterogenität der Lernvoraussetzungen (und damit auch die Komplexität) in der allgemeinen Schule wiederum eine bewusste Steigerung erfährt (vgl. HEIMLICH 1999a). Die Systemtheorie vermag so die Einsicht in die Begrenztheit des pädagogischen Handelns aufzuzeigen, da Ergebnisse sich nicht einfach vorprogrammieren lassen oder gar bewusst hergestellt werden können (sog. „Technologiedefizit", vgl. LUHMANN/ SCHORR 1988, S. 120). Inwieweit die Systemtheorie allerdings im pädagogischen Zusammenhang als Universaltheorie gelten kann (vgl. LUHMANN 1987, S. 9), muss bezweifelt werden. Eine pädagogische Theorie, die ohne den Begriff der Person auskommt, wie LUHMANN ausdrücklich betont (vgl. a.a.O., S. 51) ist nur schwer vorstellbar und wird von pädagogischer Seite nicht selten abgelehnt (vgl. SPECK 2008a, S. 116ff.). In der Übertragung auf pädagogische Systeme (vgl. LUHMANN 2002; 2004) zeigt sich die Systemtheorie normativ-ethisch in einer bemerkenswerten Weise neutral. Dies mag der Herkunft aus der Soziologie und einem überwiegend beschreibenden Erkenntnisinteresse geschuldet sein. Pädagogisches und auch sonderpädagogisches Handeln sind hingegen stets an einer Veränderung der gesellschaftlichen Wirklichkeit interessiert (vgl. KRÜGER 1997, 132f.) Die Systemtheorie zeigt sich also im pädagogischen Zusammenhang als eine soziologische Organisationstheorie, die in der Lage ist, die ungewollten Nebenwirkungen pädagogischen Handelns bewusst zu machen. Sicher reicht das für eine Begründung pädagogischen Handelns bzw. sonderpädagogischer Förderung allein nicht aus.

- **Lernschwierigkeiten aus systemtheoretischer Sicht**

In der Geschichte der „Lernbehindertenpädagogik" zeigt sich immer wieder, dass die Existenz dieser Schülergruppe eng mit schulischen Leistungsanforderungen und der eigenständigen Institution „Hilfsschule" verbunden ist.

● Auf den Punkt gebracht

Lernschwierigkeiten sind aus der Sicht des systemtheoretischen Paradigmas Ergebnis der funktionalen Differenzierung im Bildungssystem, in dem durch die Schaffung von Teilsystemen (Förderschulen) geeignete Organisationsformen für die sonderpädagogische Förderung erreicht werden sollen.

Gerade in der BRD mit ihrem differenzierten Förderschulsystem für nahezu alle Förderschwerpunkte (bzw. Behinderungsarten), mit dem sie im europäischen Vergleich bis heute eine Sonderstellung einnimmt, zeigen sich die starken Beharrungstendenzen dieses Teilsystems (vgl. Orthmann Bless 2007, S. 98f.). Möglicherweise liegt in der selbstreferentiellen Struktur des Förderschulsystems mit ein Grund für die im internationalen Vergleich nach wie vor niedrigen Inklusionsquoten im bundesdeutschen Bildungssystem. Selbst der Begriff „Lernbehinderung" wird in Bildungssystemen anderer Länder entbehrlich, wenn diese Schüler/-innen überwiegend in allgemeinen Schulen inkludiert sind. Wie stark schulorganisatorische Einflussfaktoren auf die Gruppe der Schüler/-innen mit Lernschwierigkeiten einwirken, zeigt sich immer wieder, wenn die Zahl dieser Schülergruppe zwischen verschiedenen Bundesländern bzw. verschiedenen Schulamtsbezirken verglichen und die hohe Schwankungsbreite in den Daten deutlich wird (s. Kap. 2.1.6). Dies kann nicht nur mit sozialen Unterschieden zwischen den Regionen erklärt werden, sondern ist ebenfalls funktionalen Entscheidungen im Bildungssystem der jeweiligen Region geschuldet.

Praxistransfer 3

Systemtheoretisches Denken in pädagogische Handlungsformen zu übersetzen ist ein schwieriges Unterfangen. Sonderpädagogische Förderung kann jedoch ebenfalls als pädagogisches Handeln in spezifischen, hoch regulierten Institutionen gelten. Neben Erziehung und Unterricht, Diagnose und Förderung haben sonderpädagogische Lehrkräfte auch die Aufgabe die Institution „Förderschule" bzw. „Allgemeine Schule" aktiv mitzugestalten. Gerade im Rahmen der *Schulentwicklung* kann systemtheoretisches Denken dazu beitragen, dass neben der Arbeit am Schulprogramm bzw. Schulkonzept und den gemeinsamen Zielsetzungen auch der Blick für die tatsächlichen Prozesse im schulischen Alltag nicht zu kurz kommt. Bei der Umgestaltung von Förderschulen mit vorrangig stationärem Angebot zu Sonderpädagogischen Förderzentren mit stärker ambulanten Aufgaben sollte beispielsweise die Komplexitätssteigerung im professionellen Auftrag sorgfältig analysiert und mit überschaubaren Formen der kooperativen Arbeitsteilung im Team der Lehrkräfte aufgefangen werden.

5.1.4 Ökologisches Paradigma

Ursprünglich aus der Biologie hervorgegangen und durch Ernst Haeckel (1834-1914) begründet ist mit Ökologie [von griech. *oĩkos* = Haushaltung] im naturwissenschaftlichen Sinne die Lehre von den Wechselwirkungen zwischen den Organismen und ihrer Umwelt gemeint. Es hat sich jedoch bald gezeigt, dass auch die Sozialwissenschaften von einer differenzierten Sicht der Umweltbedingungen menschlicher Entwicklung profitieren können und das Zusammenspiel der Ideen ebenfalls nur vor dem Hintergrund des jeweiligen Umweltkontextes verständlich wird (vgl. Bateson 1999, S. 15).

- **Hauptvertreter und Vorgeschichte**

Der amerikanische Psychologe Urie Bronfenbrenner überträgt das ökologische Denken in die Entwicklungspsychologie und führt es damit in die Sozialwissenschaften ein.

Urie Bronfenbrenner (1917-2005) – Leben und Werk

Die Familie Bronfenbrenner stammt aus der Sowjetunion und übersiedelte im Jahre 1923 in die USA. Urie Bronfenbrenner wurde 1917 in Moskau geboren. Er studierte an der *Cornell University* in New York Psychologie und machte 1938 dort seinen Abschluss. 1942 promovierte er in Entwicklungspsychologie. Während des Zweiten Weltkrieges war er als Psychologe in der Luftwaffe und im Geheimdienst tätig. 1946 erhielt er eine Assistenzprofessur an der *University of Michigan* und lehrte ab 1948 bis zu seiner Emeritierung an der *Cornell University* in New York. Er ist einer der ersten US-amerikanischen Wissenschaftler, die in den 1960er Jahren an einem Austauschprogramm mit der Sowjetunion teilnahmen, wo er auch mit Alexej N. Leont'ev zusammentraf (s. Kap. 5.1.1). Bronfenbrenner engagierte sich immer wieder im sozialpolitischen Bereich. So war er auch an der Entwicklung des *Head-Start-Programms* im Bereich der kompensatorischen Erziehung beteiligt. Sein Lebenswerk wurde mehrfach mit Preisen – darunter zahlreich Ehrendoktorwürden – ausgezeichnet. Sein Hauptwerk „*The Ecology of Human Development*" (deutsch: Ökologie der menschlichen Entwicklung, vgl. Bronfenbrenner 1989) beeinflusst bis heute die sozialwissenschaftliche Forschung im globalen Maßstab. Er starb im Jahre 2005 in seinem Haus in Ithaka bei New York.
(vgl. http://de.wikipedia.org/wiki/Urie_Bronfenbrenner aufgerufen am 26.08.2009)

Angeregt sind BRONFENBRENNERS Arbeiten zum einem von der Chikagoer Schule der Soziologie, allen voran WILLIAM I. THOMAS (s. Kap. 5.1.2), dessen Hinweis auf die Wahrnehmung von sozialen Situationen ihn sehr beeinflusst. In der Psychologie greift BRONFENBRENNER besonders auf KURT T. LEWIN (1890-1947) zurück, der in seiner Feldtheorie davon ausgeht, dass das menschliche Verhalten eine Funktion aus dem Zusammenwirken von Person und Umwelt sei: V = f (P,U) (vgl. BRONFENBRENNER 1989/ 1979, S. 32; HEIMLICH 1989, S. 63ff.). Die phänomenologischen Quellen des ökologischen Denkens, wie sie im Situationsansatz von BRONFENBRENNER schon anklingen, sind besonders von BERNHARD WALDENFELS (1985, S. 183ff.) herausgearbeitet worden, wenn insbesondere die leibliche Situiertheit des Menschen und seine Verortung als Basis des Denkens herausgearbeitet wird.

- **Grundbegriffe und Grundannahmen**

BRONFENBRENNERS Beitrag zur ökologischen Forschung und Theoriebildung besteht in erster Linie in einer Differenzierung unserer Vorstellung von der Umwelt. Leitend ist für ihn die Wahrnehmung sozialer *Situationen*, da dies bereits zu Handlungskonsequenzen führt und nicht nur die objektiven Eigenschaften eines bestimmten Umweltausschnittes. Entwicklung definiert er als

> „ ... dauerhafte Veränderung der Art und Weise, wie die Person die Umwelt wahrnimmt und sich mit ihr auseinandersetzt.“ (BRONFENBRENNER 1989/ 1979, S. 19).

Die räumlich-materielle Seite der Umwelt wird in der ökologischen Forschung auch als *setting* bezeichnet. Innerhalb dieser Umweltausschnitte beschäftigt sich BRONFENBRENNER nun besonders mit den Interaktionen auf unterschiedlichen Ebenen. Die sozialen Beziehungen zwischen Individuen und Umwelt bezeichnet er als *Interaktionssysteme*, weil sie regelhafte und sich wiederholende soziale Kontakte umfassen, wie sie schon bei MEAD beschrieben sind. Er orientiert sich damit zwar auch an einem Systembegriff, dieser unterscheidet sich jedoch von der Systemtheorie im Anschluss an LUHMANN in der Weise, dass BRONFENBRENNER die Vielfalt der sozialen Beziehungen um einen Menschen herum in seine Betrachtungen einbeziehen will. Er lehnt deshalb auch die Laborforschung als verkürzte Forschungsperspektive ab und fordert dazu auf, den ökologischen Kontext von Forschungsprojekten bewusst zu reflektieren und zu variieren (*ökologische Validität*). Die Interaktionen eines Menschen mit seiner unmittelbaren Umwelt (z.B. in der Familie zwischen Eltern und Kindern) bezeichnet BRONFENBRENNER als *Mikrosystem* (vgl. a.a.O., S. 38). Diese Interaktionen werden nicht nur von den objektiven Gegebenheiten einer Situation beeinflusst, sondern ebenso von der subjektiven Bedeutung, die die Situation für einen Menschen hat. Damit knüpft BRONFENBRENNER an phänomenologischen Gedanken an (vgl. a.a.O., S. 39f.), die auch für LEWIN bedeutsam gewesen sind. Die Wechselbeziehungen zwischen den wichtigsten Lebensbereichen mit unmittelbaren Interaktionen zwischen Personen (also zwischen verschiedenen Mikrosystemen wie

Familie, Schule, Nachbarschaft) nennt BRONFENBRENNER *Mesosystem* (vgl. a.a.O., S. 41). Davon zu unterscheiden ist das *Exosystem* mit den Lebensbereichen, an denen die Person in der Regel nicht mehr aktiv beteiligt ist, wie öffentliche Institutionen, Behörden oder Massenmedien (vgl. a.a.O., S. 42). Nicht zuletzt aufgrund seines intensiven sozialpolitischen Engagements plädiert BRONFENBRENNER ebenfalls dafür, die gesamtgesellschaftliche Ebene mit ihren kulturellen Maßstäben, Weltanschauungen und Ideologien (*Makrosystem*, vgl. ebd.) zu berücksichtigen. Zu einem späteren Zeitpunkt fügt er noch die Zeitebene mit ein (*Chronosystem*), da sich die jeweilige Konstellation der Umweltebenen bezogen auf eine Person im Laufe der Biographie ständig verschiebt (vgl. BRONFENBRENNER 1986, S. 732).

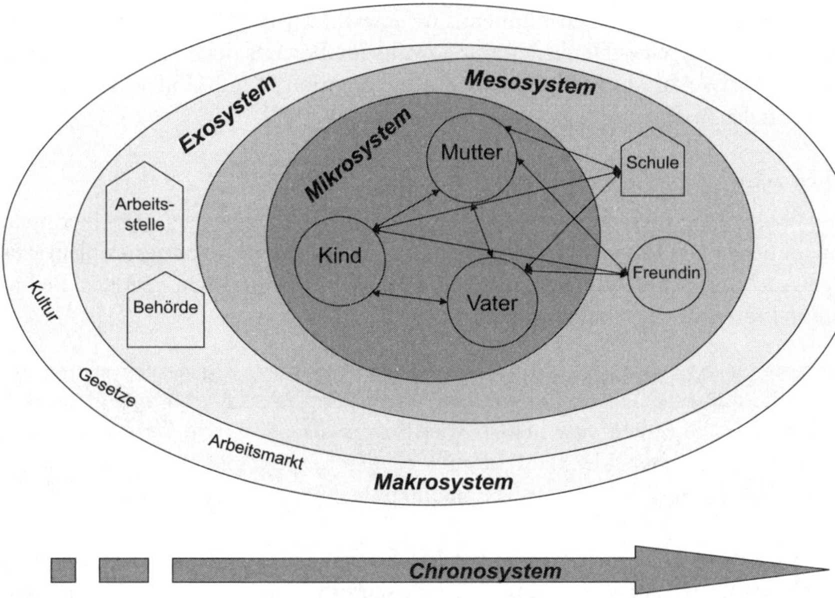

Abb. 5.2: Umweltstrukturmodell nach Bronfenbrenner

- **Erziehungswissenschaftliche Relevanz**

In der Pädagogik wird die Ökologie zunächst vorrangig als Thema von Bildungsangeboten angesehen. Mit der „Ökopädagogik“ verbindet sich deshalb vornehmlich die Erwartungshaltung, dass Umweltthemen in Schulen und Kindertageseinrichtungen aufgegriffen werden (vgl. KRÜGER 1997, S. 146). DIETER BAACKE und THEODOR SCHULZE haben jedoch dazu beigetragen, dass die Ökologie als theoretisches Beziehungssystem der Erziehungswissenschaft akzeptiert wird (a.a.O., S. 147f.). Ökologisches Denken eröffnet im pädagogischen Handlungszusammenhang den

Blick für die *Bedeutung von Orten und Räumen* in Erziehungs- und Bildungsprozessen und macht die Architektur von Gebäuden und die Raumgestaltung zu einer pädagogischen Thematik. Sollen die Wechselbeziehungen zwischen Person und Umwelt in einer umfassenden Weise in pädagogisches Handeln einbezogen werden, so ist es erforderlich die vielfältige sensomotorische Qualität von Lernerfahrungen zu berücksichtigen. Das gesamte pädagogische Handeln sollte demnach von einer konsequenten *Kind-Umfeld-Orientierung* getragen sein, die individuelle Ursachenzuschreibungen konsequent ausschließt und die Ressourcen für Bildungsangebote sowohl im Kind als auch im Umfeld sucht. Gerade Heil- und Sonderpädagogen/-innen stehen damit vor der Aufgabe, die jeweiligen Spiel- und Lernumgebungen so zu gestalten, das alle Kinder und Jugendlichen auf der Basis ihrer je spezifischen Fähigkeiten daran teilhaben können. Für eine moderne Heil- und Sonderpädagogik ist ökologisches Denken somit sowohl im Bereich der Diagnostik (Kind-Umfeld-Analyse) als auch im Bereich der Intervention (Kind-Umfeld-Förderung) von zentraler Bedeutung (vgl. Speck 2008; Sander 2009).

- **Lernschwierigkeiten aus ökologischer Sicht**

Eine ökologische Betrachtungsweise von Lernschwierigkeiten zeigt, dass hier nicht nur ein personales Entwicklungsproblem oder ein soziales Beziehungsproblem vorliegt. Auch die Schule als System ist nur einer unter zahlreichen weiteren Bedingungsfaktoren von Lernschwierigkeiten.

● Auf den Punkt gebracht

Aus ökologischer Sicht sind Lernschwierigkeiten als erschwerte Lernsituationen anzusehen, in denen die Wahrnehmungen der beteiligten Personen in unterschiedlichen Kontexten hinderliche Bedingungen für das Lernen hervorbringen.

Sonderpädagogische Förderung im Förderschwerpunkt Lernen gerät so unter ökologischem Aspekt zur Gestaltung von Lehr-Lernsituationen, in denen eine aktive Auseinandersetzung zwischen Person und Umwelt in einer vielfältig sinnlichen Weise wieder möglich wird und dafür angemessene Lernumgebungen bereitgestellt werden. Dazu zählen die räumlich-materielle Ausstattung für die erforderliche Individualisierung der Bildungsangebote und ebenso die Bereitstellung von angemessenen Formen der sozialen Unterstützung beim Lernen. Diagnose und Förderung sind an Kind-Umfeld-Zusammenhängen auszurichten und mit allen Beteiligten abzustimmen. Ökologisches Denken trägt im Rahmen einer Pädagogik bei Lernschwierigkeiten letztlich dazu bei, dass das gesamte sonderpädagogische Förderangebot stärker als Netzwerk gesehen wird.

Praxistransfer 4

Ökologisches Denken führt in der Förderung von Kindern mit Lernschwierigkeiten zu einer stärkeren Berücksichtigung der sinnlichen Qualität von Fördermaterialien. Angebote zum *Lernen mit allen Sinnen* sind zentral für die Überwindung von Lernschwierigkeiten. Im Sinne der Unterstützung selbsttätiger Lernprozesse gewinnt überdies die *Gestaltung von optimalen Lernumgebungen* eine hohe Bedeutung. Mit der *Kind-Umfeld-Analyse* steht beispielsweise ein diagnostisches Verfahren zur Verfügung, das ausdrücklich die Umfeldbedingungen erschwerter Lern- und Lebenssituationen aufgreift und damit zugleich die Grundlage für umfeldorientierte Interventionen schafft.

5.2 Zwischen Realismus und Konstruktivismus – zum erkenntnistheoretischen Diskurs in der Pädagogik bei Lernschwierigkeiten

Nachdem nun einige aktuelle Theorien der Pädagogik bei Lernschwierigkeiten exemplarisch dargestellt worden sind, bleibt noch die Frage zu klären, wie wir zu diesen Betrachtungsweisen gelangt sind. Wir stehen in der erziehungswissenschaftlichen Durchdringung von Lernschwierigkeiten nicht nur vor der Aufgabe, die Inhalte unserer dabei gewonnenen Erkenntnisse im Sinne von Begründungszusammenhängen sonderpädagogischer Förderung zu präsentieren. Wir sind auch aufgefordert, darüber Rechenschaft abzulegen, wie wir zu diesen Erkenntnissen gelangt sind. Damit begeben wir uns auf das Gebiet der Erkenntnistheorie (*Epistemologie*). Unabhängig von der jeweiligen theoretischen Betrachtungsweise der Lernschwierigkeiten lassen sich beispielsweise unterschiedliche Vorannahmen über die gesellschaftliche Wirklichkeit oder menschliches Handeln ausmachen, die in die genannten theoretischen Perspektiven eingehen. Dabei steht eine Grundfrage im Zentrum des erkenntnistheoretischen Diskurses bezogen auf eine Pädagogik bei Lernschwierigkeiten: die Entscheidung für eine realistischen oder eine konstruktivistischen Ausgangspunkt der Betrachtung. Gehen wir von einem konstruktivistischen Erkenntnismodell aus, so interessiert uns fortan nur noch diejenige Wirklichkeit, die wir selbst hervorbringen. Lernschwierigkeiten würden dann nur durch das Auge der Betrachter/-innen tatsächlich existieren. Entscheiden wir uns für einen realistischen Standpunkt, so sind Lernschwierigkeiten Teil der objektiven gesellschaftlichen Wirklichkeit und existieren auch unabhängig von unseren eigenen Wahrnehmungs- und Erkenntnismöglichkeiten als eigenständige Tatsachen. Die Entscheidung dieser Grundfrage hat also weitreichende Konsequenzen für sonderpädagogisches Handeln in der Förderpraxis und soll deshalb den Schluss der Überlegungen zur theoretischen Grundlegung einer Pädagogik bei Lernschwierigkeiten bilden.

- **Vom radikalen zum sozialen Konstruktivismus**

Konstruktivistisches Denken nimmt derzeit auch in der Heil- und Sonderpädagogik einen breiten Raum ein (vgl. MOSER/ SASSE 2008, S. 89ff.). Sowohl innerhalb des materialistischen als auch beim interaktionistischen und beim systemtheoretischen Ansatz wird versucht, konstruktivistisches Denken mit einzufügen. Zurückgehend auf die chilenischen Biologen HUMBERTO MATURANA und FRANCISCO VARELA (2009) bezeichnet der Vorgang der Konstruktion die Hervorbringung einer Welt. Menschen handeln demnach bezogen auf eine Wirklichkeit, die ihren Vorstellungen entspricht. Der radikale Konstruktivismus ging zunächst davon aus, dass die Wirklichkeit dem eigenen Erleben jedes Einzelnen entspricht (vgl. SCHMID 1991, S. 35). Dieser eher individualistische Ansatz, wonach die Konstruktionen vornehmlich mit dem Subjekt verbunden sind, ist von ROLF WERNING und BIRGIT LÜTJE-KLOSE aufgegriffen und zu einer systemisch-konstruktivistischen Sicht von Lernbeeinträchtigungen weiter entwickelt worden (vgl. WERNING/ LÜTJE-KLOSE 2012, S. 78f.). Lernen und Lernschwierigkeiten folgen demnach dem Muster der Selbsterzeugung (*Autopoiese*), sind somit nicht direkt beeinflussbar, sondern nur durch die Betroffenen selbst zu steuern. Sonderpädagogische Förderung hätte dann keine andere Möglichkeit, als die selbsttätige Auseinandersetzung mit Lernproblemen anzuregen und dafür verlässliche Unterstützungsstrukturen bereitzustellen.
Allerdings hat sich rasch die Erkenntnis breit gemacht, dass auch Konstruktionen sozial vermittelt sind:

> „Wir haben nur die Welt, die wir zusammen mit anderen hervorbringen …" (MATURANA/ VARELA 2009, S. 267).

Dieses Fazit von MATURANA und VARELA stellt noch einmal klar, dass Konstruktionen keine einsamen individuellen Akte einzelner Beobachter/-innen sind, sondern vielmehr in einer bestimmten Kultur und unter dem Einfluss anderer zustande kommen. Damit ist die Bedeutung von sozialen Beziehungen für Konstruktionen, wie sie der amerikanische Sozialpsychologe KENNETH J. GERGEN (2002, S. 66ff.) unter Rückgriff auf die europäische Geistesgeschichte ausführlich beschreibt, noch einmal deutlich herausgestellt. Für die „Lernbehindertenpädagogik" hat RAINER BENKMANN (1998, S. 88ff.) ein sozialkonstruktivistisches Verständnis von gravierenden Lernschwierigkeiten entwickelt. Er geht davon aus, dass Lernen und Entwicklung von Kindern und Jugendlichen gemeinsam hervorgebracht werden, wobei dieser soziale Konstruktionsprozess durch eine ungünstige Lebenssituation bereits negativ beeinflusst werden kann. Für eine angemessene Förderung ist deshalb laut BENKMANN die Qualität der sozialen Kontakte entscheidend. Auch er plädiert für die hohe Bedeutung selbsttätiger Lernprozesse für Schüler/-innen mit Lernschwierigkeiten, weist aber gleichzeitig auf die Entwicklungsanregungen durch den sozialen Kontext hin. Besonders im Bereich der Förderdiagnostik von Lernschwierigkeiten sind die Folgen sozialkonstruktivistischen Denkens äußerst weitreichend, weil das zentrale Testgütekriterium der Objektivität nicht erfüllt werden kann. Es kann allenfalls versucht werden, eine veränderte Form von Objektivät im Testurteil im Sinne größtmöglicher intersubjektiver Übereinstimmung zu erreichen. Dies hat dann zur Konsequenz, dass förderdiagnostische Prozesse unter sozialkonstruktivistischem Aspekt nur noch im Team von mindestens zwei Lehrkräften durchgeführt werden, da ansonsten die angestrebte Unabhängigkeit vom subjektiven Urteil des Testenden nicht mehr zu gewährleisten ist.

- **Vom Realismus zum kritischen Pragmatismus**

Demgegenüber scheint der realistische Standpunkt in der Heil- und Sonderpädagogik ganz in den Hintergrund gerückt zu sein. Der amerikanische Sprachphilosoph John R. Searle (1997, 2012) stellt sich bewusst gegen den konstruktivistischen Trend. Er hält an der Idee fest, „...daß es eine reale Welt gibt, die von unserem Denken und Sprechen unabhängig ist." (a.a.O., S. 8). Damit verbunden ist die Annahme, „...daß es eine Seinsweise gibt, die von allen menschlichen Repräsentationen logisch unabhängig ist." (a.a.O., S. 165). Als Beispiel führt Searle den *Mount Everest* an, der unabhängig von unseren Vorstellungen existiert und zeigt damit auf, dass der konstruktivistische Standpunkt die menschliche Erkenntnisfähigkeit möglicherweise überschätzt bzw. einseitig in den Mittelpunkt stellt (*Anthropozentrismus*). Unter realistischem Aspekt sind Lernschwierigkeiten eine soziale Tatsache, die wir objektiv feststellen können. Sie stellt eine reale Belastung der Betroffenen dar und existiert keineswegs nur in unseren Vorstellungen. In der Konsequenz für die sonderpädagogische Förderung geht es dann darum, die realen Bedingungen des Lernens so optimal zu gestalten, dass eine selbstständige Bewältigung von Lernschwierigkeiten wieder möglich wird. Gerade der ökologische Ansatz mit seiner realistischen Sicht auf die verschiedenen Person-Umfeld-Interaktionen und die unterschiedlichen Umweltebenen macht bewusst, dass nicht nur Vorstellungen geändert werden müssen, um zu Fördererfolgen bei Lernschwierigkeiten zu gelangen. Es geht vielmehr um konkrete Veränderungen in der Gestaltung der Lernumgebungen als sozialen Tatsachen, die erst die Voraussetzungen für effektive Interventionsstrategien schaffen.

Allerdings ist ein solcher realistischer Standpunkt seinerseits auf eine kritische Distanz zu den sozialen Tatsachen im Feld von Erziehung und Bildung angewiesen (vgl. Berger/ Luckmann 2001). Dazu ist es in einem ersten Schritt erforderlich, sonderpädagogische Förderung als Ergebnis von sozialen Interaktionen mit der Umwelt zu betrachten. Insofern schafft auch sonderpädagogische Förderung im Förderschwerpunkt Lernen stets soziale Tatsachen mit. Erst über eine kritische Analyse dieses sozialen Handlungsprozesses wird es möglich, soziale Tatsachen in ihrem

Entstehungsprozess zu analysieren und kritisch auf neue Handlungsmöglichkeiten hin zu betrachten. Der amerikanische Reformpädagoge und Erziehungsphilosoph JOHN DEWEY (s. Kap. 1.2) zeigt mit seinem kritischen Pragmatismus deshalb nach wie vor einen alternativen erkenntnistheoretischen Weg der Begründung und der Reflexion sonderpädagogischer Förderung im Förderschwerpunkt Lernen auf (vgl. FAULSTICH-WIELAND/ FAULSTICH 2008, S. 11f.). Von JOHN DEWEY stammt auch der Satz, dass Theorien „Werkzeuge" zur Erfassung der Wirklichkeit sind. Offenbar sind für eine Pädagogik bei Lernschwierigkeiten auch zukünftig viele unterschiedliche „Werkzeuge" erforderlich.

Literaturempfehlungen:

BLEIDICK, ULRICH: Behinderung als pädagogische Aufgabe. Behinderungsbegriff und behindertenpädagogische Theorie. Stuttgart, Berlin, Köln: Kohlhammer, 1999

HEIMLICH, ULRICH: Integrative Pädagogik. Eine Einführung. Stuttgart: Kohlhammer, 2003

LENZEN, DIETER: Orientierung Erziehungswissenschaft. Was sie kann, was sie will. Reinbek b. Hamburg: Rowohlt, 1999

LEONHARDT, ANNETTE/ WEMBER, FRANZ B. (Hrsg.): Grundfragen der Sonderpädagogik. Bildung, Erziehung, Behinderung. Weinheim u. Basel: Beltz, 2003 (Kap. Grundlegungsprobleme S. 12-164

MOSER, VERA/ SASSE, ADA: Theorien der Behindertenpädagogik. München: Reinhardt, 2008

WALTER, JÜRGEN/ WEMBER, FRANZ B. (Hrsg.): Sonderpädagogik des Lernens. Hb. d. Sonderpädagogik. Bd. 2. Göttingen u.a.: Hogrefe, 2007 (Teil II: Theoretische Ansätze, S. 63-142)

WERNING, ROLF/ LÜTJE-KLOSE, BIRGIT: Einführung in die Pädagogik bei Lernbeeinträchtigungen. München, Basel: Reinhardt, 3. Auflage 2012 (Kap. 3: Theorien in der Pädagogik bei Lernbeeinträchtigungen, S. 44-94)

Übungsaufgaben Kap. 5 (Lösungen im Anhang):	
❶	Entwickeln Sie ein **Förderkonzept** für Kinder mit Lernschwierigkeiten vor dem Hintergrund des **materialistischen Paradigmas!**
❷	Stellen Sie den **labeling approach im interaktionistischen Paradigma** bezogen auf Kinder mit Lernschwierigkeiten dar!
❸	Leiten Sie **Handlungskonsequenzen** aus dem **systemtheoretischen Paradigma** ab!
❹	Was bedeuten **Lernschwierigkeiten** auf der Ebene des Makrosystems im **ökologischen Paradigma?**
❺	Beschreiben Sie **Lernschwierigkeiten** aus der Sicht des **sozialen Konstruktivismus!**

Literaturverzeichnis

ABRAHAM, ELLEN/ LINDE, ANDREA: Alphabetisierung/ Grundbildung als Aufgabengebiet der Erwachsenenbildung. In: TIPPELT, RUDOLF/ HIPPEL, AIGA VON (Hrsg.): Hb. Erwachsenenbildung/ Weiterbildung. Wiesbaden: VS Verlag für Sozialwissenschaften, 3. Auflage 2009, S. 889-903

AEBLI, HANS: Zwölf Grundformen des Lehrens. Eine Allgemeine Didaktik auf psychologischer Grundlage. Medien und Inhalte didaktischer Kommunikation, der Lernzyklus. Stuttgart: Klett-Cotta, 12. Auflage 2003

AHRBECK, BERND: Tiefenpsychologische Ansätze. In: BORCHERT, JOHANN (Hrsg.): Handbuch der Sonderpädagogischen Psychologie. Göttingen u.a.: Hogrefe, 2000a, S. 135-146

AHRBECK, BERND: Verhaltensstörungen. In: BORCHERT, JOHANN (Hrsg.): Handbuch der Sonderpädagogischen Psychologie. Göttingen u.a.: Hogrefe, 2000b, S. 868-882

AHRBECK, BERND: Inklusion. Eine Kritik. Stuttgart: Kohlhammer, 2. Auflage 2014

ALTSTAEDT, INGEBORG: Lernbehinderte. Kritische Entwicklungsgeschichte eines Notstandes: Sonderpädagogik in Deutschland und Schweden. Reinbek b. Hamburg: Rowohlt, 1977

ANTONOVSKY, AARON: Salutogenese. Zur Entmystifizierung der Gesundheit. Hrsg. der Deutschen Ausgabe ALEXA FRANKE. Tübingen: Deutsche Gesellschaft für Verhaltensthrerapie, dgvt-Verlag, 1997

AUTORENGRUPPE BILDUNGSBERICHTERSTATTUNG: Bildung in Deutschland 2014. Ein indikatorengestützter Bericht mit einer Analyse zur Bildung von Menschen mit Behinderung. Bielefeld: Bertelsmann, 2014

AYRES, JEAN ANNA: Bausteine der kindlichen Entwicklung. Berlin u.a.: Springer, 2. Auflage 1992 (amerik. Originalausgabe: 1979)

BAACKE, DIETER: Die 13- bis 18jährigen. Einführung in Probleme des Jugendalters. Weinheim u. Basel: Beltz, 5. Auflage 1991

BACH, HEINZ: Grundlagen der Sonderpädagogik. Bern, Stuttgart, Wien: Haupt, 1999

BACHER, JOHANN: Einkommensarmut von Kindern und subjektives Wohlbefinden. Bestandsaufnahme und weiterführende Analysen. In: MANSEL, JÜRGEN; NEUBAUER, GEORG (Hrsg.): Armut und soziale Ungleichheit bei Kindern. Opladen: Leske+Budrich, 1998, S. 173-189

BAIER, HERWIG: Einführung in die Lernbehindertenpädagogik. Stuttgart u.a.: Kohlhammer, 1980

BATESON, GREGORY: Ökologie des Geistes. Anthropologische, psychologische, biologische und epistemologische Perspektiven. Frankfurt a.M.: Suhrkamp, 7. Auflage 1999

BAUDISCH, WINFRIED: Berufliche Rehabilitation im biografischen Kontext. In: BAUDISCH, WINFRIED/ SCHULZE, MARION/ WÜLLENWEBER, ERNST: Einführung in die Rehabilitationspädagogik. Stuttgart: Kohlhammer, 2004, S. 232-259

BAUER, KARL-OSWALD (Hrsg.): Evaluation an Schulen. Theoretischer Rahmen und Beispiele guter Evaluationspraxis. Weinheim u. München: Juventa, 2007

BAYERISCHES LANDESAMT FÜR STATISTIK UND DATENVERARBEITUNG (Hrsg.): Berufsschulen zur sonderpädagogischen Förderung in Bayern, Schuljahr 2008/ 2009. Stand: Herbst 2008. München, 2009

BAYERISCHES STAATSMINISTERIUM FÜR ARBEIT UND SOZIALORDNUNG, FAMILIE UND FRAUEN/ STAATSINSTITUT FÜR FRÜHPÄDAGOGIK MÜNCHEN: Der Bayerische Bildungs- und Erziehungsplan für Kinder in Tageseinrichtungen bis zu Einschulung. Weinheim u. Basel: 2006

BAYERISCHES STAATSMINISTERIUM FÜR UNTERRICHT UND KULTUS (Hrsg.): Lehrplan für den Lernbereich Berufs- und Lebensorientierung (BLO) für die Vierte Förderstufe der Schule zur Lernförderung und des Sonderpädagogischen Förderzentrums. München: Hintermaier, 2003

BAYERISCHES STAATSMINISTERIUM FÜR UNTERRICHT UND KULTUS (Hrsg.): Rahmenlehrplan für den Förderschwerpunkt Lernen. München 2012 (Download unter: www.isb.bayern.de)

BECK, ULRICH: Risikogesellschaft. Auf dem Weg in eine andere Moderne. Frankfurt a.M.: Suhrkamp, 1986

BECK, IRIS: Lebenslagen im Erwachsenenalter angesichts behindernder Bedingungen. In: LEONHARDT, ANNETTE/ WEMBER, FRANZ B. (Hrsg.): Grundfragen der Sonderpädagogik. Bildung, Erziehung, Behinderung. Weinheim u. Basel: Beltz, 2003, S. 848-874

BECKER, HELLMUT: Widersprüche aushalten. Aufgaben der Bildung in unserer Zeit. Hrsg. v. Frithjof Hager. München: Piper, 1992

BEDNORZ, PETER/ SCHUSTER, MICHAEL: Einführung in die Lernpsychologie. München, Basel: E. Reinhardt, 3. Auflage 2002

BEGEMANN, ERNST: Die Erziehung der soziokulturell benachteiligten Schüler. Hannover: Schroedel, 1970a

BEGEMANN, ERNST: Die Bildungsfähigkeit der Hilfsschüler. Berlin: Marhold, 3. Auflage, 1970b (Erstausgabe: 1968)

BEGEMANN, ERNST: Zum Begriff und Phänomen Lernen. Vom Lehren zum Selbstlernen. In: EBERWEIN, HANS (Hrsg.): Hb. Lernen und Lern-Behinderungen. Weinheim u. Basel: Beltz, 1996, S. 259-278

BEHR, ISABEL: Aspekte inklusiver Qualität in Kindertageseinrichtungen aus Sicht 4- bis 6-jähriger Kinder mit und ohne besondere Bedürfnisse – eine Pilotstudie. Berlin: Köster, 2009

BEISENHERZ, H. GERHARD: Kinderarmut in der Wohlfahrtsgesellschaft. Das Kainsmal der Globalisierung. Opladen: Leske+Budrich,2002

BENKMANN, RAINER: Entwicklungspädagogik und Kooperation. Sozial-konstrutivistische Perspektiven der Förderung von Kindern mit gravierenden Lernschwierigkeiten in der allgemeinen Schule. Weinheim: Deutscher Studien Verlag, 1998

BENKMANN, RAINER: Entwicklungsorientierte Didaktik. In: HEIMLICH, ULRICH/ WEMBER, FRANZ B. (Hrsg.): Didaktik des Unterrichts im Förderschwerpunkt Lernen. Ein Handbuch für Studium und Praxis. Stuttgart: Kohlhammer, 2007a, S. 56-68

BENKMANN, RAINER: Das interaktionistische Paradigma. In: In: WALTER, JÜRGEN/ WEMBER, FRANZ B. (Hrsg.): Sonderpädagogik des Lernens. Hb. d. Sonderpädagogik. Bd. 2. Göttingen u.a.: Hogrefe, 2007b, S. 81-92

BERGER, MARIANNE/ BERGER, LASSE: Der Baum der Erkenntnis für Kinder und Jugendliche im Alter von 1-16 Jahren. Bremen: Eigenverlag, zweite Ausgabe, 2004 (Bezugsadresse: Berger, Rotdornallee 89, 28717 Bremen)

BERGER, PETER L./ LUCKMANN, THOMAS: Die gesellschaftliche Konstruktion der Wirklichkeit. Frankfurt a.M.: Fischer, 18. Auflage 2001 (Erstausgabe: 1966)

BERNFELD, SIEGFRIED: Sisyphos oder die Grenzen der Erziehung. Frankfurt a.M.: Suhrkamp, 7. Auflage 1994 (Erstausgabe: 1925).

BETZ, DIETER/ BREUNINGER, HELGA: Teufelskreis Lernstörungen. Theoretische Grundlegung und Standardprogramm. Weinheim, München: Psychologie-Verlags-Union, 2. Auflage, 1987

BIEKER, RUDOLF (Hrsg.): Teilhabe am Arbeitsleben. Wege der beruflichen Integration von Menschen mit Behinderung. Stuttgart: Kohlhammer, 2005

BIERMANN, HORST: Berufliche Ausbildung und Eingliederung in das Erwerbsleben. In: LEONHARDT, ANNETTE/ WEMBER, FRANZ B. (Hrsg.): Grundfragen der Sonderpädagogik. Bildung, Erziehung, Behinderung. Weinheim u. Basel: Beltz, 2003, S. 831-847

BIERMANN, HORST: Prinzipien beruflicher Qualifizierung. In: WALTER, JÜRGEN/ WEMBER, FRANZ B. (Hrsg.): Sonderpädagogik des Lernens. Hb. d. Sonderpädagogik, Bd. 2. Göttingen u.a.: Hogrefe, 2007, S. 806-821

BIERMANN, HORST: Inklusion im Beruf. Stuttgart: Kohlhammer, 2015

BIEWER, GOTTFRIED: Diagnose-Förderklassen als Alternativmodell im Eingangsbereich heilpädagogischer Schulen. Eine kritische Bilanz der bisherigen Entwicklung in Bayern. In: Zeitschrift für Heilpädagogik 52 (2001) 4, S. 152-158

BINDING, KARL/ HOCHE, ALFRED: Die Freigabe der Vernichtung lebensunwerten Lebens, ihr Maß und ihre Form. Leipzig: Meiner, 1922

BITTNER, STEFAN: Learning by Dewey? John Dewey und die Deutsche Pädagogik 1900-2000. Bad Heilbrunn: Klinkhardt, 2001

BLEIDICK, ULRICH: Die Ausdrucksdiagnose der Intelligenzschwäche. München/ Basel: E. Reinhardt, 1966

BLEIDICK, ULRICH: Individualpsychologie, Lernbehinderungen und Verhaltensstörungen. Berlin: Marhold, 1985

BLEIDICK, ULRICH: Lernbehindertenpädagogik. In: BLEIDICK, ULRICH u.a.: Einführung in die Behindertenpädagogik. Bd. II. Stuttgart, Berlin, Köln: Kohlhammer, 5. Auflage 1998, S. 106-131

BLEIDICK, ULRICH: Behinderung als pädagogische Aufgabe. Behinderungsbegriff und behindertenpädagogische Theorie. Stuttgart, Berlin, Köln: Kohlhammer, 1999

BLEIDICK, ULRICH/ ELLGER-RÜTTGARDT, SIEGLIND: Behindertenpädagogik im vereinten Deutschland. Über die Schwierigkeiten eines Zwiegesprächs zwischen Ost und West. Weinheim: Deutscher Studien Verlag, 1994

BLEIDICK, ULRICH/ HECKEL, GERHARD: Praktisches Lehrbuch des Unterrichts in der Hilfsschule (Lernbehindertenschule). Berlin-Charlottenburg: Marhold, 2. Auflage 1970 (Erstausgabe: 1968)

BLESINGER, BERIT: Persönliche Assistenz am Arbeitsplatz. In: BIEKER, RUDOLF (Hrsg.): Teilhabe am Arbeitsleben. Wege der beruflichen Integration von Menschen mit Behinderung. Stuttgart: Kohlhammer, 2005, S. 282-295

BLESS, GÉRARD: Zur Wirksamkeit der Integration. Forschungsüberblick, praktische Umsetzung einer integrativen Schulform, Untersuchungen zum Lernfortschritt. Bern u.a.: Haupt, 1995

BLESS, GÉRARD: Förderklassen – ein Weg zur integrationsfähigen Schule? In: HEIMLICH, ULRICH (Hrsg.): Sonderpädagogische Fördersysteme – Auf dem Weg zur Integration. Stuttgart u.a.: Kohlhammer, 1999, S. 97-109

BLOCK, KARIN/ MATHIESEN, SILJA: Teenagerschwangerschaften in Deutschland. Studienergebnisse zur Risikofaktoren und Verhütungsfehlern bei Schwangerschaften minderjähriger Frauen.
(http://forum.sexualaufklaerung.de/index.php?docid=1029, aufgerufen am 11.08.2009)

BÖHM, WINFRIED: Maria Montessori (1870-1952). In: TENORTH, HEINZ-ELMAR (Hrsg.): Klassiker der Pädagogik. Bd. 2: Von John Dewey bis Paulo Freire. München: C.H. Beck, 2003b, S. 74-88

BOWLBY, JOHN: Bindung. München, Basel: Reinhardt, 2006 (engl. Originalausgabe: 1969)

BOOTH, TONI/ AINSCOW, MEL: Index for Inclusion. Developing learning and participation in schools. Bristol: Center for Studies on Inclusive Education, 2002

BORCHERT, JOHANN: Motivation. In: BORCHERT, JOHANN (Hrsg.): Handbuch der Sonderpädagogischen Psychologie. Göttingen u.a.: Hogrefe, 2000a, S. 703-717

BORCHERT, JOHANN: Verhaltenstheoretische Ansätze. In: BORCHERT, JOHANN (Hrsg.): Handbuch der Sonderpädagogischen Psychologie. Göttingen u.a.: Hogrefe, 2000b, S. 146-158

BORCHERT, JOHANN (Hrsg.): Handbuch der Sonderpädagogischen Psychologie. Göttingen u.a.: Hogrefe, 2000c

BORCHERT, JOHANN/ HARTKE, BODO/ JOGSCHIES, PETER (Hrsg.): Frühe Förderung entwicklungsauffälliger Kinder und Jugendlicher. Stuttgart: Kohlhammer, 2008

BORN, ARMIN/ OEHLER, CLAUDIA: Kinder mit Rechenschwäche erfolgreich fördern. Ein Praxishandbuch für Eltern, Lehrer und Therapeuten. Stuttgart: Kohlhammer, 2005

BORTZ, JÜRGEN/ DÖRING, NICOLA: Forschungsmethoden und Evaluation für Sozialwissenschaftler. Berlin u.a.: Springer, 4. Auflage 2006

BOURDIEU, PIERRE: Praktische Vernunft. Zur Theorie des Handelns. Frankfurt a.M.: Suhrkamp, 1998 (frz. Originalausgabe: 1994)

BRAKE, MICHAEL: Veränderungen in der englischen Jugendkultur in den achtziger Jahren. Der Kollaps des Jugendarbeitsmarktes in Großbritannien. In: FERCHHOFF, WILFRIED/ OLK, THOMAS (Hrsg.): Jugend im internationalen Vergleich. Weinheim u. München: Juventa, 1988, S. 150-170

BRAKE, MICHAEL: Der Wandel von Freizeitmustern und Kulturformen bei Jugendlichen in Großbritannien. In: BÜCHNER, PETER/ KRÜGER, HEINZ-HERMANN H./ CHISHOLM, LYNNE (Hrsg.): Kindheit und Jugend im interkulturellen Vergleich. Opladen: Leske+Budrich, 1990, S. 213-228

BREITENBACH, ERWIN: Unterricht in Diagnose- und Förderklassen. Neuropsychologische Aspekte schulischen Lernens. Bad Heilbrunn: Klinkhardt, 1992

BREITENBACH, ERWIN/ WEILAND, KATHARINA: Förderung bei Lese-Rechtschreibschwäche. Stuttgart: Kohlhammer, 2010

BREUER, HELMUT/ WEUFFEN, MARIA: Lernschwierigkeiten am Schulanfang: Schuleingangsdiagnostik zur Früherkennung und Frühförderung. Weinheim u. Basel, 5. Auflage 2004

BRONFENBRENNER, URIE: Ecology of the Family as a Context for Human Development: Research Perspectives. In: Developmental Psychology 22 (1986) 6, S. 723-742

BRONFENBRENNER, URIE: Die Ökologie der menschlichen Entwicklung. Natürliche und geplante Experimente. Frankfurt a.M.: Fischer, 1989 (amerikan. Originalausgabe: 1979)

BRÜGELMANN, HANS: Kinder auf dem Weg zur Schrift. Eine Fibel für Lehrer und Laien. Konstanz, 1983

BRUMLIK, MICHA: Interaktionismus, symbolischer. In: LENZEN, DIETER (Hrsg.): Pädagogische Grundbegriffe. Reinbek b. Hamburg: Rowohlt, 1994, S. 764-781

BRUNKHORST, HAUKE: Systemtheorie. In: LENZEN, DIETER (Hrsg.): Pädagogische Grundbegriffe. Reinbek b. Hamburg: Rowohlt, 1994, S. 1480-1509

BUBER, MARTIN: Begegnung. Autobiographische Fragemente. Heidelberg: Lambert Schneider, 1978

BUCHHOLZ, FRIEDA: Das brauchbare Hilfsschulkind – ein Normalkind. Weimar: Hermann Böhlaus Nachf., 1939

BUDE, HEINZ: Die Ausgeschlossenen. Das Ende vom Traum einer gerechten Gesellschaft. München: Hanser, 2008

BUDE, HEINZ/ WILLISCH, ANDREAS: Exklusion. Die Debatte über die »Überflüssigen«. Frankfurt a.M.: Suhrkamp,2008

BUHR, PETRA: Übergangsphase oder Teufelskreis? Dauer und Folgen von Armut bei Kindern. In: KLOCKE, ANDREAS; HURRELMANN, KLAUS (Hrsg.): Kinder und Jugendliche in Armut. Umfang, Auswirkungen und Konsequenzen. Opladen: Westdeutscher Verlag, 2. Auflage 2001, S. 78-92

BUNDESAGENTUR FÜR ARBEIT (Hrsg.): Berufsbildungsbericht 2005 (http://www.bmbf.de/de/11561.php, aufgerufen am 17.08.2009)

BUNDESMINISTERIUM FÜR ARBEIT UND SOZIALORDNUNG (BAS): Lebenslagen in Deutschland. 4. Armuts- und Reichtumsbericht der Bundesregierung. Berlin: Bundesregierung, 2005 (URL: http://www.armuts-und-reichtumsbericht.de/SharedDocs/Downloads/Berichte/vierter-armuts-und-reichtums-bericht.pdf?__blob=publicationFile&v=3, aufgerufen am 01.09.2016)

BUNDESMINISTERIUM FÜR BILDUNG UND FORSCHUNG: Berufsbildungsbericht 2016. Bonn: BMBF, 2016 (https://www.bmbf.de/pub/Berufsbildungsbericht_2016.pdf, aufgerufen am 1.9.2016)

BUNDSCHUH, KONRAD: Heilpädagogische Psychologie. München, Basel: Reinhardt, 3. Auflage, 2002 (4. Auflage 2008)

BUNDSCHUH, KONRAD: Einführung in die sonderpädagogische Diagnostik. München, Basel: Reinhardt, 6. Auflage 2005

BUNDSCHUH, KONRAD: Aggression. In: BUNDSCHUH, KONRAD/ HEIMLICH, ULRICH/ KRAWITZ, RUDI (Hrsg.): Wörterbuch Heilpädagogik. Ein Nachschlagwerk für Studium und pädagogische Praxis. Bad Heilbrunn: Klinkhardt, 2007a, S. 11-14

BUNDSCHUH, KONRAD: Diagnostik/ Förderdiagnostik. In: BUNDSCHUH, KONRAD/ HEIMLICH, ULRICH/ KRAWITZ, RUDI (Hrsg.): Wörterbuch Heilpädagogik. Ein Nachschlagwerk für Studium und pädagogische Praxis. Bad Heilbrunn: Klinkhardt, 2007b, S. 48-52

BUNDSCHUH, KONRAD: Förderdiagnostik konkret. Theoretische und praktische Impliktionen für die Förderschwerpunkte Lernen, geistige, emotionale und soziale Entwicklung. Bad Heilbrunn: Klinkhardt, 2007c

BURGENER-WOEFFREY, ANDREA/ JENNY-FUCHS, ELISABETH: Qualifikation für die Heilpädagogische Früherziehung. In: Zeitschrift für Heilpädagogik 46 (1995) 6, S. 282-287

BUSCH, CAROLA: Freie Arbeit nach Montessori an der Schule für lernbehinderte Kinder und Jugendliche – Beispiele aus der Praxis. In: REISS, GÜNTER/ EBERLE, GERHARD (Hrsg.): Offener Unterricht – Freie

Arbeit mit lernschwachen Schülerinnen und Schülern. Weinheim: Deutscher Studien Verlag, 2. Auflage 1994, S. 226-239

BUTTERWEGGE, CHRISTOPH: Kinderarmut in Deutschland. Ursachen, Erscheinungsformen und Gegenmaßnahmen. Frankfurt a.M., New York: Campus, 2. Auflage 2000

BUTTERWEGGE, CHRISTOPH et al.: Armut und Kindheit. Ein regionaler, nationaler und internationaler Vergleich. Wiesbaden: VS-Verlag für Sozialwissenschaften, 2. Auflage 2004

BUTTERWEGGE, CHRISTOPH/ KLUNDT, MICHAEL/ BELKE-ZENG, MATTHIAS: Kinderarmut in Ost- und Westdeutschland. Ein empirischer Vergleich der Lebenslagen. Wiesbaden: VS-Verlag für Sozialwissenschaften, 2. Auflage 2008

CAPLAN, GERALD: Principles of Preventive Psychiatry. London: Tavistock, 1966 (amerikan. Originalausgabe: 1964)

CHASSÉ, KARL AUGUST/ ZANDER, MARGHERITA ZANDER/ RASCH, KONSTANZE: Meine Familie ist arm. Wie Kinder im Grundschulalter Armut erleben und bewältigen. Wiesbaden: Verlag für Sozialwissenschaften, 3. Auflage 2007

CIERPKA, MANFRED: Faustlos – Wie Kinder Konflikte gewaltfrei lösen können: Das Buch für Eltern und Erziehende. Freiburg i.Br.: Herder, 2005

CLOERKES, GÜNTHER: Soziologie der Behinderten. Eine Einführung. Heidelberg: Edition Schindele, 1997

COMENIUS JOHANN AMOS: Pampaedia. Lateinischer Text und deutsche Übersetzung. Heidelberg: Quelle&Meyer, 1990

COMENIUS, JOHANN AMOS: Große Didaktik. Übersetzt und hrsg. v. Andreas Flitner. Stuttgart: Klett-Cotta , 7. Auflage 1992 (Erstausgabe: 1657)

DEPARTMENT OF EDUCATION AND SCIENCE: Special Educational Needs: Report of the Committee of Enquiry into the Education of Handicapped Children and Young People (Warnock Report). London, 1978

DEUTSCHER BILDUNGSRAT: Zur pädagogischen Förderung behinderter und von Behinderung bedrohter Kinder und Jugendlicher. Empfehlungen der Bildungskommission. Verabschiedet am 12./ 13.10.1973. Stuttgart: Klett, 1974

DEUTSCHES PISA-KONSORTIUM (Hrsg.): PISA 2000. Basiskompetenzen von Schülerinnen und Schülern im internationalen Vergleich. Opladen: Leske+Budrich, 2001

DEUTSCHES PISA-KONSORTIUM (Hrsg.): PISA 2003. Der Bildungsstand der Jugendlichen in Deutschland – Ergebnisse des zweiten internationalen Vergleichs. Münster: Waxmann, 2004

DEWEY, JOHN: Schöpferische Demokratie als Aufgabe unserer Zeit. In: Bildung und Erziehung 1 (1948) 2, S. 1-6

DEWEY, JOHN: Demokratie und Erziehung. Eine Einleitung in die philosophische Pädagogik. Hrsg. v. Jürgen Oelkers, übers. v. Erich Hylla. Weinheim u. Basel: Beltz, 1993 (amerikan. Originalausgabe: 1916)

DHAOUADI, YVONNE: Förderplanung und Förderpläne. In: ARNOLD, KARL-HEINZ/ GRAUMANN, OLGA/ RAKHKOCHKINE, ANATOLI (Hrsg.): Handbuch Förderung. Weinheim u. Basel: Beltz. 2008. S. 150-159

DIETZ, BERTHOLD: Soziologie der Armut. Eine Einführung. Frankfurt a.M., New York: Campus, 1997

DINGS, WOLFGANG: Berufsbildungs- und Berufsförderungswerke – Leistungsangebote, methodisch-didaktische Konzeptionen und Modellentwicklungen. In: BIEKER, RUDOLF (Hrsg.): Teilhabe am Arbeitsleben. Wege der beruflichen Integration von Menschen mit Behinderung. Stuttgart: Kohlhammer, 2005, S. 205-231

DRAVE, WOLFGANG/ RUMPLER, FRANZ/ WACHTEL, PETER (Hrsg.): Empfehlungen zur sonderpädagogischen Förderung. Allgemeine Grundlagen und Förderschwerpunkte (KMK) mit Kommentaren. Würzburg: edition bentheim, 2000

EBERWEIN, HANS: Fremdverstehen sozialer Randgruppen. Ethnographische Feldforschung in der Sonder- und Sozialpädagogik. Grundfragen, Methoden, Anwendungsbeispiele. Berlin: Marhold, 1987

EBERWEIN, HANS (Hrsg.): Handbuch Lernen und Lern-Behinderungen. Aneignungsprobleme – Neues Verständnis von Lernen – Integrationspädagogische Lösungsansätze. Weinheim u. Basel: Beltz, 1996

EGGERT, DIETRICH: Von der Testdiagnostik zur qualitativen Diagnose in der Sonderpädagogik. In: EBERWEIN, HANS/ KNAUER, SABINE (Hrsg.): Hb. Lernprozesse verstehen. Wege einer neuen (sonder-)pädagogischen Diagnostik. Weinheim u. Basel: Beltz, 1998, S. 16-38

EGGERT, DIETRICH: „... von den Stärken ausgehen". Individuelle Entwicklungspläne (IEP) in der Lernförderungsdiagnostik. Dortmund: borgmann, 2. Auflage 2007

EINHELLINGER, CHRISTINE/ ELLINGER, STEPHAN/ HECHLER, OLIVER/ KÖHLER, ANETTE/ ULLMANN, EDWIN (Hrsg.): Studienbuch Lernnbeeinträchtigungen. Bd. 2: Handlungsfelder und Förderansätze. Oberhausen: Athena, 2014

EINHELLINGER, CHRISTINE/ ELLINGER, STEPHAN/ HECHLER, OLIVER/ KÖHLER, ANETTE/ ULLMANN, EDWIN (Hrsg.): Studienbuch Lernnbeeinträchtigungen. Bd. 1: Grundlagen. Oberhausen: Athena, 2013

ELLGER-RÜTTGARDT, SIEGLIND: Widerstände gegen die Braunschweiger Hilfsschule. In: BLEIDICK, ULRICH (Bearb.): Heinrich Kielhorn und der Weg der Sonderschulen. Braunschweig: Verlag Braunschweig, 1981, S. 69-91

ELLGER-RÜTTGARDT, SIEGLIND: Kritiker der Hilfsschule als Vorläufer der Integrationsbewegung. In: EBERWEIN, HANS (Hrsg.): Behinderte und Nichtbehinderte lernen gemeinsam. Weinheim u. Basel: Beltz, 1990, S. 38-44

ELLGER-RÜTTGARDT, SIEGLIND: Frieda Stoppenbrink-Buchholz (1897-1993). Hilfsschulpädagogin, Anwältin der Schwachen, Soziale Demokratin. Weinheim: Deutscher Studien Verlag, 2. Auflage 1997

ELLGER-RÜTTGARDT, SIEGLIND: Frieda Stoppenbrink-Buchholz (1897-1993). In: BUCHKA, MAXIMILIAN/ GRIMM, RÜDIGER/ KLEIN, FERDINAND (Hrsg.): Lebensbilder bedeutender Heilpädagoginnen und Heilpädagogen des 20. Jahrhunderts. München: Reinhardt, 2000, S. 321-337

ELLGER-RÜTTGARDT, SIEGLIND (Hrsg.): Lernbehindertenpädagogik. Studientexte zur Geschichte der Behindertenpädagogik. Bd. 5. Weinheim, Basel, Berlin: Beltz, 2003

ELLGER-RÜTTGARDT, SIEGLIND L.: Geschichte der Sonderpädagogik. München, Basel: E. Reinhardt, 2008a

ELLGER-RÜTTGARDT, SIEGLIND: Nationale Bildungspolitik und Globalisierung. Die Herausforderung der UN-Konvention über die Rechte von Menschen mit Behinderung. Pädagogik wird international. In: Zeitschrift für Heilpädagogik 49 (2008b) 12, S. 442-450

ELLINGER, STEPHAN: Förderung bei sozialer Benachteiligung. Stuttgart: Kohlhammer, 2013

ELSCHENBROICH, DONATA: Weltwissen der Siebenjährigen. Wie Kinder die Welt entdecken können. München: Goldmann, 2002 (Erstausgabe: 2001).

ENGLBRECHT, ARTHUR/ WEIGERT, HANS: Lernbehinderungen verhindern. Anregungen für eine förderorientierte Grundschule. Frankfurt a.M.: Diesterweg, 1991 (2. Auflage 1994)

ERLINGHAGEN, KARL: Maria Montessori (1870-1952). In: SCHEUERL, HANS (Hrsg.): Klassiker der Pädagogik. Bd. II. München: C.H. Beck, 1979, S. 141-151

FAULSTICH-WIELAND, HANNELORE/ FAULSTICH, PETER (Hrsg.): Erziehungswissenschaft. Ein Grundkurs. Reinbek b. Hamburg: Rowohlt, 2008

FAUST-SIEHL, GABRIELE u.a. (Hrsg.): Die Zukunft beginnt in der Grundschule. Empfehlungen zur Neugestaltung der Primarstufe. Frankfurt a.M.: Ak Grundschule, 1996

FEUSER, GEORG: Behinderte Kinder und Jugendliche. Zwischen Aussonderung und Integration. Darmstadt: Wissenschaftliche Buchgesellschaft, 1995

FEUSER, GEORG: Gemeinsames Lernen am gemeinsamen Gegenstand. Didaktisches Fundamentum einer Allgemeinen (integrativen) Pädagogik. In: HILDESCHMIDT, ANNE/ SCHNELL, IRMTRAUD (Hrsg.): Integrationspädagogik. Auf dem Weg zu einer Schule für alle. Weinheim, München u. Weinheim: Juventa, 1998, S. 19-35

FISCHER, ERHARD/ HEIMLICH, ULRICH/ KAHLERT, JOACHIM/ LELGEMANN, REINHARD: Leitfaden Profilbildung inklusive Schule. München: Bayerisches Staatsministerium für Unterricht und Kultus, 2. Auflage 2013 (Download unter: www.km.bayern.de)

FRANCES, ALLEN: Normal. Gegen die Inflation psychiatrischer Diagnosen. Köln: Dumon, 2. Auflage 2013

FREIRE, PAULO: Pädagogik der Unterdrückten. Reinbek b. Hamburg: Rowohlt, 1996 (Deutsche Erstausgabe: 1973)

FRIEDRICH, GERD: Josef Anton Sickinger (http://www.j-a-sickinger-gs.de/J_A_Sickinger/sickinger.htm, aufgerufen am 25.09.2008)

FRITZ, ANNEMARIE/ RICKEN, GABI: Rechenschwäche. München, Basel: E. Reinhardt, 2008

FUCHS, ARNO: Schwachsinnige Kinder – ihre sittlich-religiöse, intellektuelle und wirtschaftliche Rettung. Versuch einer Hilfsschulpädagogik. Halle a.S.: Marhold, 3. Auflage 1921

GASTEIGER KLICPERA, BARBARA/ KLICPERA, CHRISTIAN: Aggression. In: BORCHERT, JOHANN (Hrsg.): Handbuch der Sonderpädagogischen Psychologie. Göttingen u.a.: Hogrefe, 2000, S. 741-755

GASTEIGER KLICPERA, BARBARA/ KLICPERA, CHRISTIAN: Lese-Rechtschreib-Schwäche. In: LAUTH, GERHARD/ GRÜNKE, MATHIAS/ BRUNSTEIN, JOACHIM C. (Hrsg.): Interventionen bei Lernstörungen. Göttingen u.a. Hogrefe, 2. Auflage 2014, S. 56-65

GEISSLER, KARLHEINZ A./ HEGE, MARIANNE: Konzepte sozialpädagogischen Handelns. Ein Leitfaden für soziale Berufe. Weinheim u. Basel: Beltz, 10. Auflage 2001

GERGEN, KENNETH J.: Konstruierte Wirklichkeiten. Eine Hinführung zum sozialen Konstuktionismus. Stuttgart: Kohlhammer, 2002

GÖHLICH, MICHAEL/ ZIRFAS, JÖRG: Lernen. Ein pädagogischer Grundbegriff. Stuttgart: Kohlhammer, 2007

GOFFMAN, ERVING: Stigma. Über Techniken der Bewältigung beschädigter Identität. Frankfurt a.M.: Suhrkamp, 1967 (amerik. Originalausgabe: 1963)

GOLD, ANDREAS: Lernschwierigkeiten. Ursachen, Diagnostik, Intervention. Stuttgart: Kohlhammer, 2011

GRAF, SUSANNE/ PROBST, HOLGER: Kritik der Sonderpädagogik. Giesen: Achenbach, Edition 2000, 2. Auflage 1974

GRASER, NINA: Kooperation in der Benachteiligtenförderung. Eine Untersuchung zu den Auswirkungen von Kooperationsbeziehungen innerhalb eines Bildungsnetzwerkes zur beruflichen Integration benachteiligter Jugendlicher. Hamburg: Kova , 2009

GRISSEMANN, HANS/ WEBER, ALFONS: Grundlagen und Praxis der Dyskalkulietherapie. Bern, 4. Auflage 2000

GRÖSCHKE, DIETER: Praxiskonzepte der Heilpädagogik. Anthropologische, ethische und pragmatische Dimensionen. München, Basel: Reinhardt, 2. Auflage 1997

GRÜNKE, MATTHIAS: Evaluation der Förderung. In: ARNOLD, KARL-HEINZ/ GRAUMANN, OLGA/ RAKHKOCHKINE, ANATOLI (Hrsg.): Handbuch Förderung. Weinheim u. Basel: Beltz. 2008. S. 170-174

GRÜNKE, MATTHIAS/ LEIDIG, TATJANA: Der Übergang Schule/ Beruf. In: WALTER, JÜRGEN/ WEMBER, FRANZ B. (Hrsg.): Sonderpädagogik des Lernens. Hb. d. Sonderpädagogik, Bd. 2. Göttingen u.a.: Hogrefe, 2007, S. 844-856

GRUNDMANN, MATTHIAS: Milieuspezifische Einflüsse familialer Sozialisation auf die kognitive Entwicklung und den Bildungserfolg. In KLOCKE, ANDREAS; HURRELMANN, KLAUS (Hrsg.): Kinder und Jugendliche in Armut. Umfang, Auswirkungen und Konsequenzen. Opladen: Westdeutscher Verlag, 2. Auflage 2001, S. 209-229

GUDJONS, HERBERT: Handlungsorientiert lehren und lernen. Schüleraktivierung, Selbsttätigkeit, Projektarbeit. Bad Heilbrunn: Klinkhardt, 6. Auflage 2008

GÜNTHER, CHRISTINA: Bindung und Lernbehinderung. Der Einfluss der Bindungsqualität auf Beziehungsgestaltung und Sozialverhalten. Münster, New York, München, Berlin: Waxmann, 2012

GULDIMANN, TITUS/ LAUTH, GERHARD, W.: Förderung von Metakognition und strategischem Lernen. In: LAUTH, GERHARD/ GRÜNKE, MATHIAS/ BRUNSTEIN, JOACHIM C. (Hrsg.): Interventionen bei Lernstörungen. Göttingen u.a. Hogrefe, 2. Auflage 2014, S. 341-352

HAEBERLIN, URS: Das Menschenbild für die Heilpädagogik. Einführung in die Heilpädagogik. Bern, Stuttgart: Haupt, 1985

HAEBERLIN, URS: Grundlagen der Heilpädagogik. Einführung in eine wertgeleitete erziehungswissenschaftliche Disziplin. Bern, Stuttgart, Wien: Haupt, 2005 (utb 2631)

HAEBERLIN, URS/ BLESS, GÉRARD/ MOSER, URS/ KLAGHOFER, RICHARD: Die Integration von Lernbehinderten. Versuche, Theorien, Forschungen, Enttäuschungen, Hoffnungen. Bern, Stuttgart: Haupt, 2. Auflage 1991

HANESCH, WALTER u.a.: Armut und Ungleichheit in Deutschland. Der neue Armutsbericht der Hans-Böckler-Stiftung, des DGB und des Paritätischen Wohlfahrtsverbands. Reinbek b. Hamburg: Rowohlt, 2000

HARTKE, BODO/ DIEHL, KIRSTEN: Schulische Prävention im Bereich Lernen. Stuttgart: Kohlhammer, 2013

HASENKAMP, ERICH: Die erste Hilfsschulklasse in Halle a.S. im Jahre 1859. In: Die Hilfsschule 20 (1927), S. 298-300

HAUSER, RICHARD; HÜBINGER, WERNER: Arme unter uns. Hrsg. v. Deutschen Caritasverband e.V. Freiburg i. Br.: Lambertus, 1993

HEESE, GERHARD: Heinrich Ernst Stötzner (1832-1910). In: STÖTZNER, HEINRICH ERNST: Schulen für schwachbefähigte Kinder. Erster Entwurf zur Begründung derselben. Vollständiger Nachdruck der Originalausgabe von 1864. Berlin-Charlottenburg: Marhold, 1963, S. 34-39

HEIMLICH, ULRICH: Soziale Benachteiligung und Spiel. Ansätze einer sozialökologischen Spieltheorie und ihre Bedeutung für die Spielforschung und Spielpädagogik bei sozial benachteiligten Kindern. Trier: Wissenschaftlicher Verlag Trier, 1989

HEIMLICH, ULRICH: Orte und Konzepte sonderpädagogischer Förderung. Ökologische Entwicklungsperspektiven der Heilpädagogik. In: Zeitschrift für Heilpädagogik 47 (1995a) 2, S. 46-54

HEIMLICH, ULRICH: Behinderte und nichtbehinderte Kinder spielen gemeinsam. Konzept und Praxis integrativer Spielförderung. Bad Heilbrunn: Klinkhardt, 1995b

HEIMLICH, ULRICH: Zwischen Aussonderung und Integration. Schülerorientierte Förderung bei Lern- und Verhaltensschwierigkeiten. Neuwied u.a.: Luchterhand, 1997

HEIMLICH, ULRICH: Sonderpädagogische Fördersysteme. Auf dem Weg zur Integration. Stuttgart, Berlin, Köln: Kohlhammer, 1999a

HEIMLICH, ULRICH: Gemeinsam lernen in Projekten. Bausteine für eine integrationsfähige Schule. Bad Heilbrunn: Klinkhardt, 1999b

HEIMLICH, ULRICH: Integrative Pädagogik. Eine Einführung. Stuttgart: Kohlhammer, 2003

HEIMLICH, ULRICH: Projektunterricht. In: HEIMLICH, ULRICH/ WEMBER, FRANZ B. (Hrsg.): Didaktik des Unterrichts im Förderschwerpunkt Lernen. Ein Handbuch für Studium und Praxis. Stuttgart: Kohlhammer, 2007a, S. 125-137 (3. Auflage 2016)

HEIMLICH, ULRICH: Didaktik des gemeinsamen Unterrichts. In: WALTER, JÜRGEN/ WEMBER, FRANZ B. (Hrsg.): Sonderpädagogik des Lernens. Göttingen u.a.: Hogrefe, 2007b, S. 357-375

HEIMLICH, ULRICH: Lernbehinderung und Lernstörung. In: TENORTH, HEINZ-ELMAR/ TIPPELT, RUDOLF (Hrsg.): Beltz Lexikon Pädagogik. Weinheim u. Basel: Beltz, 2007c, S. 474-475

HEIMLICH, ULRICH: Lernschwierigkeiten. In: BUNDSCHUH, KONRAD/ HEIMLICH, ULRICH/ KRAWITZ, RUDI (Hrsg.): Wörterbuch Heilpädagogik. Bad Heilbrunn: Klinkhardt, 3. Auflage 2007d, S. 181-184

HEIMLICH, ULRICH: Heil- und Sonderpädagogik. In: FAULSTICH-WIELAND, HANNELORE/ FAULSTICH, PETER (Hrsg.): Erziehungswissenschaft. Ein Grundkurs. Reinbek b. Hamburg: Rowohlt, 2008, S. 510-531

HEIMLICH, ULRICH: Bayerische Sonderpädagogik in der Nazi-Zeit – dargestellt am Beispiel des Münchener Hilfsschullehrers Erwin Lesch. In: Spuren 56 (2013) 3, S. 37-42

HEIMLICH, ULRICH: Erwin Lesch: Aktivist oder Mitläufer? Offene Fragen und Forschungsperspektiven. In: Spuren 57 (2014) 3, S. 44-46

HEIMLICH, ULRICH/ BEHR, ISABEL: Integrative Qualität im Dialog entwickeln. Auf dem Weg zur inklusiven Kindertageseinrichtung. Münster: Lit, 2005

Heimlich, Ulrich/ Behr, Isabel: Qualitätsstandards in integrativen Kinderkrippen (QUINK) – Ergebnisse eines Begleitforschungsprojektes. In: Vierteljahresschrift für Heilpädagogik und ihre Nachbargebiete (VHN) 77 (2008) 4, S. 301-316

Heimlich, Ulrich/ Eckerlein, Tatjana/ Schmid, Andrea C. (Hrsg.): Mobile sonderpädagogische Förderung – das Beispiel Bayern. Reihe: Integrative Förderung in Forschung und Praxis, Bd. 3, hrsg. v. Ulrich Heimlich. Münster: Lit-Verlag, 2008

Heimlich, Ulrich/ Hillenbrand, Clemens/ Wember, Franz B.: Förderschwerpunkt Lernen. In: Ministerium für Schule und Weiterbildung des Landes Nordrhein-Westfalen (Hrsg.): Sonderpädagogische Förderschwerpunkte in NRW. Ein Blick aus der Wissenschaft in die Praxis. Düsseldorf, 2016, S. 9-19

Heimlich, Ulrich/ Jacobs, Sven: Integrative Schulentwicklung. Das Beispiel der Integrierten Gesamtschule Halle/ S. Bad Heilbrunn: Klinkhardt, 2001

Heimlich, Ulrich/ Kahlert, Joachim (Hrsg.): Inklusion in Schule und Unterricht. Wege zur Bildung für alle. Stuttgart: Kohlhammer, 2. Auflage 2014

Heimlich, Ulrich/ Kahlert, Joachim/ Lelgemann, Reinhard/ Fischer, Erhard (Hrsg.): Inklusives Schulsystem. Analysen, Befunde, Empfehlungen zum bayerischen Weg. Bad Heilbrunn: Klinkhardt, 2016

Heimlich, Ulrich/ Lutz, Stephanie/ Wilfert de Icaza, Kathrin: Ratgeber Förderdiagnostik. Feststellung des sonderpädagogischen Förderbedarfs im Förderschwerpunkt Lernen. Hamburg: Persen, 2013

Heimlich, Ulrich/ Lutz, Stephanie/ Wilfert de Icaza, Kathrin: Ratgeber Förderplanung. Individuelle Lernförderung im Förderschwerpunkt Lernen. Hamburg: Persen, 2014

Heimlich, Ulrich/ Michels, Matthias: Möglichkeiten und Grenzen schülerorientierter Förderung, dargestellt am Beispiel einer Rechtschreibfördermaßnahme. In: Zeitschrift für Heilpädagogik 39 (1988) 2, S. 85-96

Heimlich, Ulrich/ Röbe, Dominik: Mobile Sonderpädagogische Dienste in Bayern – Ergebnisse einer Lehrerbefragung. In: Sonderpädagogik in Bayern 48 (2005) 3, S. 37-44

Heimlich, Ulrich/ Wember, Franz B.: Lernschwierigkeiten, Lernbeeinträchtigung, Lernbehinderung. In: Wember, Franz B./ Stein, Roland/ Heimlich, Ulrich (Hrsg.): Handlexikon Lernschwierigkeiten und Verhaltensstörungen. Stuttgart: Kohlhammer, 2014, S. 51-54

Heimlich, Ulrich/ Wember, Franz B. (Hrsg.): Didaktik des Unterrichts im Förderschwerpunkt Lernen. Ein Handbuch für Studium und Praxis. Stuttgart: Kohlhammer, 3. Auflage 2016 (Erstausgabe: 2007)

Hellbrügge, Theodor: Unser Montessori-Modell. Erfahrungen mit einem neuen Kindergarten und einer neuen Schule. München: Kindler, 2. Auflage 1977

Hellbrügge, Theodor (Hrsg.): Klinische Sozialpädiatrie. Ein Lehrbuch der Entwicklungsrehabilitation im Kindesalter. Berlin, Heidelberg, New York: Springer, 1981

Hentig, Hartmut von: Die Schule neu denken. München: Hanser, 2. Auflage 1993

Hildeschmidt, Anne: Die schulische Integration lernbehinderter Schüler und Schülerinnen – eine Utopie? Oder die Frage nach der Effizienz integrativen Unterrichts. In: Stein, Roland/ Brilling, Oskar (Hrsg.): Ökologische Perspektiven für pädagogische Handlungsfelder. Pfaffenweiler: Centaurus, 1996, S. 21-38

Hildeschmidt, Anne/ Sander, Alfred: Zur Effizienz der Beschulung sogenannter Lernbehinderter in Sonderschulen. In: Eberwein, Hans (Hrsg.): Hb. Lernen und Lern-Behinderungen. Weinheim u. Basel: Beltz, 1996, S. 115-134

Hillenbrand, Clemens: Reformpädagogik und Heilpädagogik – unter besonderer Berücksichtigung der Hilfsschule. Bad Heilbrunn: Klinkhardt, 1994

Hiller, Gottfried G.: Ausbruch aus dem Bildungskeller. Pädagogische Provokationen. Langenau-Ulm: A. Vaas, 1994a

Hiller, Gottfried G.: Jugendtauglich. Konzept für eine Sekundarschule. Langenau-Ulm: A. Vaas, 1994b

HILLER, GOTTFRIED G.: Tarik – oder wer profitiert von wem? Ein Versuch zu Methoden und Theorie der Alltagsbegleitung als einer pädagogischen Praxis. In: HEIMLICH, ULRICH (Hrsg.): Zwischen Aussonderung und Integration. Schülerorientierte Förderung bei Lern- und Verhaltensschwierigkeiten. Neuwied, Kriftel, Berlin: Luchterhand, 1997, S. 248-267

HILLER, GOTTHILF G.: Aufriss einer kultursoziologisch fundierten, zielgruppenspezifischen Didaktik – oder: Wie Lebenslagen, Lebensgeschichten und Lebenswelten zu zentralen Bezugspunkten des Lehrens und Lernens werden. In: HEIMLICH, ULRICH/ WEMBER, FRANZ B. (Hrsg.): Didaktik des Unterrichts im Förderschwerpunkt Lernen. Ein Handbuch für Studium und Praxis. Stuttgart: Kohlhammer, 2007, S. 41-55 (3. Auflage 2016)

HILLER, GOTTFRIED G./ STEIN, CHRISTINE: Durchblick im Alltag. Bd. 1 und 2. Berlin: Cornelsen, 2008 (mit CD-ROM)

HINZ, ANDREAS/ KATZENBACH, DIETER/ RAUER, WOLF/ SCHUCK, KARL DIETER/ WOCKEN, HANS/ WUDTKE, HUBERT: Die integrative Grundschule im sozialen Brennpunkt. Ergebnisse eines Hamburger Schulversuchs. Hamburg: Hamburger Buchwerkstatt, 1998

HÖCK, MANFRED. Die Hilfsschule im Dritten Reich. Berlin: Marhold, 1979

HOLOWENKO, HENRYK: Das Aufmerksamkeits-Defizit-Syndrom (ADS). Wie Zappelkindern geholfen werden kann. Weinheim u. Basel: Beltz, 4. Auflage 1999

HOLTSTIEGE, HILDEGARD: Montessori-Pädagogik. In: LENZEN, DIETER (Hrsg.): Pädagogisches Gundwissen. Bd. 1. Reinbek b. Hamburg: Rowohlt, 1989, S. 1060-1071

HOLTZ, KARL LUDWIG: Angst. In: BORCHERT, JOHANN (Hrsg.): Handbuch der Sonderpädagogischen Psychologie. Göttingen u.a.: Hogrefe, 2000, S. 771-782

HOLZ, GERDA: Lebenslagen und Chancen von Kindern in Deutschland. In: Aus Politik und Zeitgeschichte. 26 (2006), S. 3-11

HOLZKAMP, KLAUS: Lernen. Subjektwissenschaftliche Grundlegung. Frankfurt a.M./ New York: Campus, 1995

HOMFELDT, HANS GÜNTHER: Stigma und Schule. Düsseldorf: Patmos, 1974

HOMFELDT, HANS GÜNTHER: Die Schule für Lernbehinderte unter labelingtheoretischen Aspekten – Konsequenzen für schulisches Lernen. In: EBERWEIN, HANS (Hrsg.): Hb. Lernen und Lern-Behinderungen. Aneignungsprobleme, neues Verständnis von Lernen, integrationspädagogische Lösungsansätze. Weinheim u. Basel: Beltz, 1996, S. 176-191

HRADIL, STEFAN: Soziale Ungleichheit in Deutschland. Opladen: Leske+Budrich, 7. Auflage 1999

IBEN, GERD: Armut als Thema der Sonderpädagogik. In: Zeitschrift für Heilpädagogik 47 (1996) 11, S. 450-454

IBEN, GERD: Kindheit und Armut. Analysen und Projekte. Münster: Lit, 1998

INGENKAMP, KARLHEINZ/ LISSMANN, URBAN: Lehrbuch der pädagogischen Diagnostik. Weinheim u. Basel: Beltz, 5. Auflage 2005

JANK, WERNER/ MEYER, HILBERT: Didaktische Modelle. Frankfurt a.M.: Cornelsen, 3. Auflage 1994

JANTZEN, WOLFGANG: Sozialisation und Behinderung. Studien zu sozialwissenschaftlichen Grundfragen der Behindertenpädagogik. Gießen: Focus, 1974

JANTZEN, WOLFGANG: Materialistische Theorie der Behindertenpädagogik. In: BLEIDICK, ULRICH (Hrsg.): Theorie der Behindertenpädagogik. Hb. d. Sonderpädagogik, Bd. 1. Berlin: Marhold, 1985, S. 322-342

JANTZEN, WOLFGANG: Allgemeine Behindertenpädagogik. Bd. 1: Sozialwissenschaftliche und psychologische Grundlagen. Bd.2: Neurowissenschaftliche Grundlagen, Diagnostik, Pädagogik und Therapie. Weinheim u. Basel: Beltz, 1990

JANTZEN, WOLFGANG: Behinderung und Feld der Macht. Bemerkungen zur Methodologie einer Soziologie der Behinderung. In: ALBRECHT, FRIEDRICH/ HINZ, ANDREAS/ MOSER, VERA (Hrsg.): Perspektiven der Sonderpädagogik. Neuwied, Kriftel, Berlin: Luchterhand, 2000, S. 58-73

JANTZEN, WOLFGANG/ LANWER-KOPPELIN, WILLEHAD: Diagnostik als Rehistorisierung. Berlin: Edition Marhold, 1996

JEGGE, JÖRG: Dummheit ist lernbar. Erfahrungen mit «Schulversagern». Bern: Zytglogge, 25. Auflage 1994

JOAS, HANS: George Herbert Mead (1863-1931). In: KAESLER, DIRK (Hrsg.): Klassiker der Soziologie. Bd. 1: Von Auguste Comte bis Alfred Schütz. München: Beck, 5. Auflage 2006, S. 172-190

JORDAN, PETER: Die Leyenschul von 1533. Meyntz 1533 (Hrsg. v. Walter Bachmann, Giessen: Institut für Heil- und Sonderpädagogik, 1987)

KANTER GUSTAV O.: Die Schule für Lernbehinderte. In: Zeitschrift für Heilpädagogik 24 (1973) 5, S. 423-431

KANTER, GUSTAV O.: Lernbehinderungen und die Personengruppe der Lernbehinderten. In: KANTER, GUSTAV O./ SPECK, OTTO (Hrsg.): Pädagogik der Lernbehinderten. Hb. d. Sonderpädagogik, Bd. 4. Berlin: Marhold, 1977, S. 34-64

KANTER, GUSTAV O.: Lernbehinderung. In: BUNDESANSTALT FÜR ARBEIT (Hrsg.): Berufliche Rehabilitation junger Menschen. Nürnberg: Bundesanstalt für Arbeit 1997, S. 254-274

KANTER, GUSTAV O.: Lernbehinderung, Lernbehinderte, Lernbehindertenpädagogik. In: ANTOR, GEORG/ BLEIDICK, ULRICH (Hrsg.): Handlexikon der Behindertenpädagogik. Stuttgart, Berlin, Köln: Kohlhammer, 2001, S. 119-124

KEILER, PETER: Lev Vygotskij – ein Leben für die Psychologie. Weinheim u. Basel: Beltz, 2002

KIEL, EWALD (Hrsg.): Inklusion im Sekundarbereich. Stuttgart: Kohlhammer, 2015

KIELHORN, HEINRICH: Geistesschwache Kinder und deren Erziehung. Zwei Betrachtungen ... [Quelle: Pädagogische Blätter. Bd. 13 (1884), S. 113-141. In: Heinrich Kielhorn und der Weg der Sonderschulen. 100 Jahre Hilfsschule in Braunschweig. Bearbeitet von Ulrich Bleidick. Braunschweig: Verlag Braunschweig, 1981, S. 182-213]

KIELHORN, HEINRICH: Aus der Hilfsschule zu Braunschweig. In: Die Hilfsschule (1 (1908) 8, S. 88-90

KIRMSSE, M.: Peter Jordans »Leyenschul« vom Jahre 1533, zugleich die erste methodische Anweisung für den Unterricht Schwachsinniger. In: Zeitschrift für Kinderforschung 16 (1911) 8, S. 256-263

KLAFKI, WOLFGANG: Neue Studien zur Bildungstheorie und Didaktik. Zeitgemäße Allgemeinbildung und kritisch-konstruktive Didaktik. Weinheim u. Basel: Beltz, 5. Auflage 1996

KLAUER, KARL JOSEF: Lernbehindertenpädagogik. Berlin-Charlottenburg: Marhold, 2. Auflage 1967

KLAUER, KARL JOSEF/ LAUTH, GERHARD W.: Lernbehinderungen und Leistungsschwierigkeiten bei Schülern. In: WEINERT, FRANZ E. (Hrsg.): Enzyklopädie der Psychologie. Themenbereich D: Praxisgebiete. Serie I: Pädagogische Psychologie. Göttingen u.a.: Hogrefe, 1997, S. 701-738

KLAUER, KARL JOSEF: Denktraining für Kinder I. Göttingen u.a.: Hogrefe, 1989

KLEBER, EDUARD W.: Grundkonzeption einer Lernbehindertenpädagogik. München, Basel: E. Reinhardt, 1980

KLEBER, EDUARD W.: Ökologisch-phänomenologisches Paradigma. Lernbehindertenpädagogik und Bildungspolitik. In: ELLGER-RÜTTGARDT, SIEGLIND (Hrsg.): Bildungs- und Sozialpolitik für Behinderte. München, Basel: Reinhardt, 1990, S. 172-178

KLEBER, EDUARD W.: Grundzüge ökologischer Pädagogik. Eine Einführung in ökologisch-pädagogisches Denken. Weinheim u. München: Juventa, 1993

KLEIN, GERHARD: Die Schule für Lernbehinderte im Rahmen des Schulsystems. In: BAIER, HERWIG/ KLEIN, GERHARD (Hrsg.): Die Schule für Lernbehinderte. Berlin: Marhold, 1980, S. 1-24

KLEIN, GERHARD: Lernbehinderte Kinder und Jugendliche. Stuttgart u.a.: Kohlhammer, 1985

KLEIN, GERHARD: Montessori-Pädagogik in der Schule für Lernbehinderte. In: REISS, GÜNTER/ EBERLE, GERHARD (Hrsg.): Offener Unterricht – Freie Arbeit mit lernschwachen Schülerinnen und Schülern. Weinheim: Deutscher Studien Verlag, 2. Auflage 1994, S. 213-225

KLEIN, GERHARD: Soziale Benachteiligung: Zur Aktualität eines verdrängten Begriffs. In: OPP, GÜNTHER/ PETERANDER, FRANZ (Hrsg.): Focus Heilpädagogik. Projekt Zukunft. München, Basel: Reinhardt, 1996, S. 140-149

KLEIN, GERHARD: Sozialer Hintergrund und Schullaufbahn von lernbehinderten Förderschülern 1969 und 1997. In: Zeitschrift für Heilpädagogik 52 (2001), S. 51-61

KLEIN, GERHARD: Frühförderung für Kinder mit psychosozialen Risiken. Stuttgart: Kohlhammer 2002

KLEIN, GERHARD: Armut, soziale Benachteiligung, Vernachlässigung. In: Vierteljahresschrift für Heilpädagogik und ihre Nachbargebiete 76 (2007a) S. 156-158

KLEIN, GERHARD: Zur Geschichte der Didaktik im Förderschwerpunkt Lernen. HEIMLICH, ULRICH/ WEMBER, FRANZ B. (Hrsg.): Didaktik des Unterrichts im Förderschwerpunkt Lernen. Ein Handbuch für Studium und Praxis. Stuttgart: Kohlhammer, 2007b, S. 11-26 (3. Auflage 2016)

KLEIN, GERHARD: Frühe Kindheit und Vorschulalter. In: WALTER, JÜRGEN/ WEMBER, FRANZ B. (Hrsg.): Sonderpädagogik des Lernens. Hb. d. Sonderpädagogik, Bd. 2. Göttingen u.a.: Hogrefe, 2007c, S. 220-244

KLINGBERG, LOTHAR: Unterrichtsprozess und didaktische Fragestellung. Berlin: Volk und Wissen, 1982

KLINK, JOB-GÜNTER: Zur Geschichte der Sonderschule. Bad Heilbrunn: Klinkhardt, 1966

KLINKE, ERWIN: Der Jenaplan als Antwort auf die Schulprobleme unserer Zeit – aufgezeigt am Beispiel der Peter-Petersen-Schule in Köln-Höhenhaus. In: RETTER, HEIN (Hrsg.): Jenaplan-Pädagogik als Chance. Bad Heilbrunn: Klinkhardt, 1993, S. 43-56

KLIPPERT, HEINZ: Pädagogische Schulentwicklung. Planungs- und Arbeitshilfen zur Förderung einer neuen Lernkultur. Weinheim u. Basel: Beltz, 2. Auflage 2000

KLOCKE, ANDREAS; HURRELMANN, KLAUS (Hrsg.): Kinder und Jugendliche in Armut. Umfang, Auswirkungen und Konsequenzen. Opladen: Westdeutscher Verlag, 2. Auflage 2001

KNIEL, ADRIAN: Die Schule für Lernbehinderte und ihre Alternativen. Eine Analyse empirischer Untersuchungen. Rheinstetten: Schindele, 1979

KOCH, KATJA: Handlungsorientierter Unterricht. In: HEIMLICH, ULRICH/ WEMBER, FRANZ B. (Hrsg.): Didaktik des Unterrichts im Förderschwerpunkt Lernen. Ein Handbuch für Studium und Praxis. Stuttgart: Kohlhammer, 2007, S. 99-111b (3. Auflage 2016)

KOCH, KATJA: Die soziale Lage der Familien von Förderschülern - Ergebnisse einer empirischen Studie. Teil 1: Sozioökonomische Bedingungen. In: Sonderpädagogische Förderung 49 (2004) 2, S. 181-200

KOCH, KATJA: Die soziale Lage von Förderschülern - Ergebnisse einer empirischen Studie. Teil 2: Sozialisierungsbedingungen in Familien von Förderschülern. In: Sonderpädagogische Förderung 49(2004) 4, s. 411-428

KOBI, EMIL E.: Die Rehabilitation der Lernbehinderten. München, Basel: E. Reinhardt, 1975

KONRAD, FRANZ-MICHAEL: Geschichte der Schule. Von der Antike bis zur Gegenwart. München: Beck, 2007

KOSSE, WILHELM: Peter Petersen (1884-1952). In: In: SCHEUERL, HANS (Hrsg.): Klassiker der Pädagogik. Bd. II. München: C.H. Beck, 1979, S.183-195

KORBMACHER, SUSANNE: Ghettokids. Immer da sein, wo's weh tut. München: Piper, 2004

KORNMANN, REIMER/ KLINGELE, CHRISTOPH/ IRIOGBE-GANNINGER, JULIAN: Zur Überrepräsentation ausländischer Kinder und Jugendlicher in der Schule für Lernbehinderte: Der arlarmierende Trend hält an. In: Zeitschrift für Heilpädagogik 48 (1997) 5, S. 203-207

KORNMANN, REIMER/ KORNMANN, ALINE: Erneuter Anstieg der Überrepräsentation ausländischer Kinder in Schule für Lernbehinderte. In: Zeitschrift für Heilpädagogik 54 (2003) 7, S. 286-289

KORNMANN, REIMER/ MEISTER, HANS/ SCHLEE, JÖRG (Hrsg.): Förderungsdiagnostik. Konzept und Realisierungsmöglichkeiten. Heidelberg: Edition Schindele, 1983

KORNMANN, REIMER/ RAMISCH, BRIGITTE: Lernen im Abseits: Erfahrungen mit handelndem Unterricht in der Sonderschule für Lernbehinderte. Heidelberg: Schindele, 1984

KRAPP, ANDREAS: Lehren und Lernen. In: TENORTH, HEINZ-ELMAR/ TIPPELT, RUDOLF (Hrsg.): Beltz Lexikon Pädagogik. Weinheim u. Basel: Beltz, 2007, S. 454-457

KRAPPMANN, LOTHAR: Soziologische Dimensionen der Identität. Strukturelle Bedingungen der Teilhabe an Interaktionsprozessen. Stuttgart: Klett, 4. Auflage 1975

KRAWITZ, RUDI: Pädagogik statt Therapie. Vom Sinn individualpädagogischen Sehens, Denkens und Handelns. Bad Heilbrunn: Klinkhardt, 3. Auflage 1997

KRETSCHMANN, RUDOLF: Prävention und pädagogische Intervention bei Beeinträchtigungen des Lernens. In: LEONHARDT, ANNETTE/ WEMBER, FRANZ B. (Hrsg.): Grundfragen der Sonderpädagogik. Bildung, Erziehung, Behinderung. Weinheim u. Basel: Beltz, 2003, S. 465-503

KRETSCHMANN, RUDOLF: Diagnostik bei Lernbehinderungen. In: PETERMANN, ULRIKE/ PETERMANN, FRANZ (Hrsg.): Diagnostik sonderpädagogischen Förderbedarfs. Göttingen: Hogrefe, 2006, S. 139-162

KRETSCHMANN, RUDOLF: Lernschwierigkeiten, Lernstörungen und Lernbehinderung. In: WALTER, JÜRGEN/ WEMBER, FRANZ B. (Hrsg.): Sonderpädagogik des Lernens. Hb. d. Sonderpädagogik, Bd. 2. Göttingen u.a.: Hogrefe, 2007a, S. 4-32

KRETSCHMANN, RUDOLF: Schulalter. In: WALTER, JÜRGEN/ WEMBER, FRANZ B. (Hrsg.): Sonderpädagogik des Lernens. Hb. d. Sonderpädagogik, Bd. 2. Göttingen u.a.: Hogrefe, 2007b, S. 245-266

KRETSCHMANN, RUDOLF/ LINDNER-ACHENBACH, SUSANNE/ PUFFARTH, ANDREA/ MÖHLMANN, GERD/ ACHENBACH, JÖRG: Analphabetismus bei Jugendlichen. Ursachen, Erscheinungsformen, Hilfen. Stuttgart, Berlin, Köln: Kohlhammer, 1990

KRON, MARIA: Übergänge von der inklusiven Kindertageseinrichtung zur Schule – Übergänge in disparaten Landschaften der Erziehung und Bildung. In: HEIMLICH, ULRICH/ BEHR, ISABEL (Hrsg.): Inklusion in der frühen Kindheit. Internationale Perspektiven. Münster: Lit, 2009, S. 215-229

KRÜGER, HEINZ-HERMANN: Einführung in Theorien und Methoden der Erziehungswissenschaft. Opladen: Leske+Budrich, 1997

KÜHL, GERHARD: Aufmerksamkeit und Konzentration. In: BORCHERT, JOHANN (Hrsg.): Handbuch der Sonderpädagogischen Psychologie. Göttingen u.a.: Hogrefe, 2000, S. 717-727

KUHN, THOMAS S.: Die Struktur wissenschaftlicher Revolutionen. Frankfurt a. M.: Suhrkamp, 2. Auflage 1976 (amerikan. Originalausgabe: 1962)

KULTUSMINISTER DES LANDES NORDRHEIN-WESTFALEN (Hrsg.): Richtlinien für die Schule für Lernbehinderte (Sonderschule) in Nordrhein-Westfalen. Köln: Greven, 1977

KUSCHE, GERALD: Aggression und Gewalt an Schulen zur individuellen Lernförderung. Theorien und empirische Befunde zu einem aktuellen Thema. Frankfurt a.M.: Lang, 2000

KÜSPERT, PETRA/ SCHNEIDER, Wolfgang: Hören, lauschen, lernen. Sprachspiele für Kinder im Vorschulalter. Göttingen: Vandenhoeck&Ruprecht, 1999

LAKOWSKI, IRENEUS: Johann Heinrich Witte. Gegner der Hilfsschulbewegung oder Verfechter einer integrativen Pädagogik. In: Zeitschrift für Heilpädagogik 50 (1999) 7, S. 332-338

LANGERMANN, JOHANNES: Der Erziehungsstaat nach Stein-Fichteschen Grundsätzen in einer Hilfsschule durchgeführt. Berlin-Zehlendorf: Mathilde-Zimmer-Haus Verlagsabteilung, 8. Auflage 1911 (Erstausgabe: 1910)

LANGFELDT, HANS-PETER: Behinderte Kinder im Urteil ihrer Lehrkräfte. Eine Analyse der Begutachtungspraxis im Sonderschul-Aufnahmeverfahren. Heidelberg: Schindele, 1998

LAUTERBACH, WOLFGANG/ LANGE, ANDREAS: Armut im Kindesalter. Ausmaß und Folgen ungesicherter Lebensverhältnisse. In: Diskurs 9 (1999) 2, S. 88-96

LAUTH, GERHARD: Lernbehinderungen. In: BORCHERT, JOHANN (Hrsg.): Handbuch der Sonderpädagogischen Psychologie. Göttingen u.a.: Hogrefe, 2000, S. 21-31

LAUTH, GERHARD: Selbstinstruktionstraining. In: LAUTH, GERHARD/ GRÜNKE, MATHIAS/ BRUNSTEIN, JOACHIM C. (Hrsg.): Interventionen bei Lernstörungen. Göttingen u.a. Hogrefe, 2. Auflage 2014, S. 440-450

LAUTH, GERHARD/ BRUNSTEIN, JOACHIM C./ GRÜNKE, MATTHIAS: Lernstörungen im Überblick: Arten, Klassifikation, Verbreitung und Erklärungsperspektiven. In: LAUTH, GERHARD/ GRÜNKE, MATHIAS/ BRUNSTEIN, JOACHIM C. (Hrsg.): Interventionen bei Lernstörungen. Förderung, Training und Therapie in der Praxis. Göttingen u.a. Hogrefe, 2. Auflage 2014, S. 17-31

LAUTH, GERHARD/ GRÜNKE, MATTHIAS/ BRUNSTEIN, JOACHIM C.: Vermittlung von Lernstrategien und selbstreguliertem Lernen In: LAUTH, GERHARD/ GRÜNKE, MATHIAS/ BRUNSTEIN, JOACHIM C. (Hrsg.):

Interventionen bei Lernstörungen. Förderung, Training und Therapie in der Praxis. Göttingen u.a. Hogrefe, 2. Auflage 2014b, S. 262-276

LAUTH, GERHARD/ GRÜNKE, MATHIAS/ BRUNSTEIN, JOACHIM C. (Hrsg.): Interventionen bei Lernstörungen. Förderung, Training und Therapie in der Praxis. Göttingen u.a. Hogrefe, 2. Auflage 2014a

LEIBFRIED, STEFAN: Zeit der Armut. Lebensläufe im Sozialstaat. Frankfurt a.M.: Suhrkamp, 1995

LEITNER, WERNER G./ ORTNER, ALEXANDRA/ ORTNER, REINHOLD: Hb. Verhaltens- und Lernschwierigkeiten. Weinheim u. Basel: Beltz, 7. Auflage 2008

LENZEN, DIETER: Orientierung Erziehungswissenschaft. Was sie kann, was sie will. Reinbek b. Hamburg: Rowohlt, 1999

LENZEN, DIETER: Pädagogische Grundbegriffe. Reinbek b. Hamburg: Rowohlt, 1994 (Bd. 1) u. 1995 (Bd. 2)

LEONHARDT, ANNETTE/ WEMBER, FRANZ B. (Hrsg.): Grundfragen der Sonderpädagogik. Bildung, Erziehung, Behinderung. Weinheim u. Basel: Beltz, 2003

LIEDTKE, MAX: Johann Heinrich Pestalozzi (1746-1827). In: SCHEUERL, HANS (Hrsg.): Klassiker der Pädagogik. 1. Bd. München: C.H. Beck,1979, S. 170-186

LINDERKAMP, FRIEDRICH/ GRÜNKE, MATTHIAS (Hrsg.): Lern- und Verhaltensstörungen. Genese – Diagnostik – Intervention. Weinheim u. Basel: BeltzPVU, 2007

LINDMEIER, BETTINA/ LINDMEIER, CHRISTIAN/ RYFFEL, GABY/ SKELTON, RICK: Integrative Erwachsenenbildung für Menschen mit Behinderung. Praxis und Perspektiven im internationalen Vergleich. Hrsg. v. Jutta Schöler. Neuwied u.a.: Luchterhand, 2000

LORENZ, JENS HOLGER: Rechenschwäche. In: LAUTH, GERHARD/ GRÜNKE, MATHIAS/ BRUNSTEIN, JOACHIM C. (Hrsg.): Interventionen bei Lernstörungen. Göttingen u.a. Hogrefe, 2. Auflage 2014, S. 43-55

LÜCK, HELMUT E./ MILLER, RUDOLF (Hrsg.): Illustrierte Geschichte der Psychologie. Weinheim u. Basel: Beltz, 2005

LUHMANN, NIKLAS: Soziale Systeme. Grundriß einer allgemeinen Theorie. Frankfurt a.M.: Suhrkamp, 4. Auflage 1991 (Erstausgabe: 1987)

LUHMANN, NIKLAS: Das Erziehungssystem der Gesellschaft. Hrsg. v. Dieter Lenzen. Frankfurt a.M.: Suhrkamp, 2002

LUHMANN, NIKLAS: Schriften zur Pädagogik. Hrsg. v. DIETER LENZEN. Frankfurt a.M.: Suhrkamp, 2004

LUHMANN, NIKLAS/ SCHORR, KARL EBERHARD: Reflexionsprobleme im Erziehungssystem. Frankfurt a.M.: Suhrkamp, 1988 (Erstausgabe: 1979)

MÄRZ, MARTINA: Die Auswirkungen musikalischer Förderung in der frühen Kindheit auf die Entwicklung schulrelevanter Basiskompetenzen. Ein präventiver Ansatz zur Vermeidung von drohenden Lernschwierigkeiten. Hamburg: Kova , 2007

MAND, JOHANNES: Lern- und Verhaltensprobleme in der Schule. Stuttgart: Kohlhammer, 2003

MAND, JOHANNES: Lese- und Rechtschreibförderung in Kita, Schule und in der Therapie. Stuttgart: Kohlhammer, 2008

MAND, JOHANNES: Lese-/ Rechtschreibförderung für Migrantenkinder. Grundlagen, Diagnostik, Methoden. Stuttgart: Kohlhammer, 2012

MANSEL, JÜRGEN: Zukunftsperspektive und Wohlbefinden von sozial benachteiligten Jugendlichen. In: MANSEL, JÜRGEN; BRINKHOFF, KLAUS-PETER (Hrsg.): Armut im Jugendalter. Soziale Ungleichheit, Ghettoisierung und die psychosozialen Folgen. Weinheim u. München: Juventa, 1998, S. 141-157

MATTHES, GERALD: Individuelle Lernförderung bei Lernstörungen. Verknüpfung von Diagnostik, Förderplanung und Unterstützung des Lernens. Stuttgart: Kohlhammer, 2009

MATURANA, HUMBERTO R./ VARELA, FRANCISCO: Der Baum der Erkenntnis. Die biologischen Wurzeln menschlichen Erkennens. Frankfurt a.M.: Fischer, 2009 (Originalausgabe: 1984).

MEAD, GEORGE H.: Geist, Identät und Gesellschaft aus der Sicht des Sozialbehaviorismus. Frankfurt a.M.: Suhrkamp, 1973 (amerikan. Originalausgabe: 1934)

Meier, Bernd/ Menschenmoser, Helmut: Zwischen Kundenwunsch und didaktischem Kon zept. Schülerfirmen als integratives Lernarrangement arbeitsorientierter Bildung. In: Unterricht Arbeit+Technik 11(2009) 41, S. 4-5

Merz, Karl: Kinder mit Schulschwierigkeiten. Empirische Untersuchungen an Grund- und Sonderschulen. Weinheim u. Basel: Beltz, 1982

Metz, Karin/ Prochaska, Martin/ Staudinger, Gertrud: „Rudi Rennmaus" – ein im Rahmen der mobilen sonderpädagogischen Hilfe (msH) entwickeltes Beobachtungs- und Förderspiel – zur Früherkennung und Förderung von Risikokindern im Elementarbereich. In: Heimlich, Ulrich/ Behr, Isabel (Hrsg.): Inklusion in der frühen Kindheit. Internationale Perspektiven. Münster: Lit, 2009, S. 230-243

Metzger, Armin: Lerntherapie. In: Metzger, Armin (Hrsg.): Lerntherapie. Wege aus der Lernblockade – Ein Konzept. Bern, Stuttgart, Wien: Haupt, 2. Auflage 2001, S. 11-42

Milz, Ingeborg (Hrsg.): Rechenschwächen erkennen und behandeln. Dortmund., 2. Auflage 1995

Möckel, Andreas: Konzeptionen einer Didaktik in der Geschichte der Hilfsschule. In: Kanter, Gustav O./ Langenohl, Hanno (Hrsg.): Unterrichsttheorie und Unterrichtsplanung. Berlin: Marhold, 1975, S. 1-18

Möckel, Andreas: Geschichte der Heilpädagogik. Stuttgart: Klett-Cotta, 1988

Möckel, Andreas (Hrsg.): Erfolg, Niedergang, Neuanfang. 100 Jahre Verband Deutscher Sonderschulen, Fachverband für Behindertenpädagogik. München, Basel: Reinhardt, 1998

Möckel, Andreas: Jakob Muth (1927-1993). In: Buchka, Maximilian/ Grimm, Rüdiger/ Klein, Ferdinand (Hrsg.): Lebensbilder bedeutender Heilpädagoginnen und Heilpädagogen des 20. Jahrhunderts. München: Reinhardt, 2000, S. 265-275

Möckel, Andreas: Geschichte der besonderen Grund- und Hauptschule. Heidelberg: Edition Schindele, 4. Auflage, 2001

Möckel, Andreas: Geschichte der Heilpädagogik oder Macht und Ohnmacht der Erziehung. Stuttgart: Klett-Cotta, 2. Auflage 2007

Moor, Paul: Heilpädagogik. Ein pädagogisches Lerhbuch. Bern, Stuttgart: Huber, 2. Auflage 1969

Moser,Vera/ Sasse, Ada: Theorien der Behindertenpädagogik. München, Basel: Reinhardt, 2008

Muth, Jakob u.a.: Behinderte in allgemeinen Schulen. Essen: Neue Deutsche Schule, 1982

Mutzeck, Wolfgang: Kooperative Beratung. Grundlagen, Methoden, Training, Effektivität. Weinheim u. Basel: Beltz, 6. Auflage 2008

Mutzeck, Wolfgang/ Jogschies, Peter: Neue Entwicklung in der Förderdiagnostik. Weinheim u. Basel: Beltz, 2004

Myschker, Norbert: Lernbehindertenpädagogik. In: Solarová, Sv tluše (Hrsg.): Geschichte der Sonderpädagogik. Stuttgart u.a.: Kohlhammer, 1983, S. 120-166

Myschker, Norbert: Von der Gründung des Verbandes bis zum Ersten Weltkrieg. In: Möckel, Andreas (Hrsg.): Erfolg, Niedergang, Neuanfang. 100 Jahre Verband Deutscher Sonderschulen, Fachverband für Behindertenpädagogik. München, Basel: Reinhardt, 1998, S. 20-49

Naegele, Ingrid M./ Valtin, Renate (Hrsg.): LRS/ Legasthenie in den Klassen 1-10. Hb. d. Lese-Rechtschreib-Schwierigkeiten. Weinheim, 5. Auflage 2001

Nestle, Werner: Probleme und Aufgaben einer Didaktik der Schule für Lernbehinderte. In: Zeitschrift für Heilpädagogik 26 (1975) 9, S. 523-537

Nestle, Werner: Kritik der reduktiven sonderpädagogischen Didaktik. In: Kleber, Eduard W. (Hrsg.): Zur Revision sonderpädagogischer Praxis. Berlin: Marhold, 1977, S. 78-97

Nestle, Werner: Medienerziehung bei Lern- und Verhaltensschwierigkeiten. In: Heimlich, Ulrich (Hrsg.): Schülerorientierte Förderung bei Lern- und Verhaltensschwierigkeiten. Neuwied, Kriftel, Berlin: Luchterhand, 1997, S. 215-234

Nolte, Marianne (Hrsg.): Integrative Lerntherapie – Grundlagen und Praxis. Einsatzmöglichkeiten bei Kindern mit Rechenschwächen und Lese-Rechtschreibschwächen. Bad Heilbrunn: Klinkhardt, 2008

OELKERS, JÜRGEN: Reformpädagogik. Eine kritische Dogmengeschichte. Weinheim, München: Juventa, 3. Auflage 1996

OERTER, ROLF/ MONTADA, LEO (Hrsg.): Entwicklungspsychologie. Weinheim, Basel, Berlin: Beltz PVU, 5. Auflage 2002

ÖSTERREICHISCHE UNESCO-KOMMISSION (Hrsg.): Pädagogik für besondere Bedürfnisse. Die Salamanca Erklärung und der Aktionsrahmen zur Pädagogik für besondere Bedürfnisse. Wien 1996

OSTERTAG, CHRISTINA: Rechenschwierigkeiten vorbeugen. Kinder mit Lernschwierigkeiten in der Entwicklung ihrer frühen mathematischen Kompetenzen unterstützen. Frankfurt a.M. u.a.: Peter Lang, 2015

OLWEUS, DAN: Gewalt in der Schule. Was Eltern und Lehrer wissen sollten – und tun können. Bern: Huber, 4. Auflage 2006

OPP, GÜNTHER/ FINGERLE, MICHAEL/ FREYTAG, ANDREAS (Hrsg.): Was Kinder stärkt. Erziehung zwischen Risiko und Resilienz. München, Basel: Reinhardt, 1999a

OPP, GÜNTHER/ FINGERLE, MICHAEL/ FREYTAG, ANDREAS: Erziehung zwischen Risiko und Reslienz: Neue Perspektiven für die heilpädagogische Forschung und Praxis. In: OPP, GÜNTHER/ FINGERLE, MICHAEL/ FREYTAG, ANDREAS (Hrsg.): Was Kinder stärkt. Erziehung zwischen Risiko und Resilienz. München, Basel: Reinhardt, 1999b, S. 9-21

ORTHMANN, DAGMAR: Ex-Kurs. Falldarstellungen zum Phänomen Lernbehinderung. Ein Studienbuch. Bad Heilbrunn: Klinkhardt, 2004

ORTHMANN BLESS, DAGMAR: Das schulsystemische Paradigma. In: WALTER, JÜRGEN/ WEMBER, FRANZ B. (Hrsg.): Sonderpädagogik des Lernens. Hb. d. Sonderpädagogik. Bd. 2. Göttingen u.a.: Hogrefe, 2007, S. 93-103

OSTERWALDER, FRITZ: Johann Heinrich Pestalozzi (1746-1827). In: TENORTH, HEINZ-ELMAR (Hrsg.): Klassiker der Pädagogik. Bd. 1: Von Erasmus bis Helene Lange. München: Beck, 2003a, S. 101-118

QUITMANN, HELMUT: Humanistisch-psychologische Ansätze. In: BORCHERT, JOHANN (Hrsg.): Hb. D. sonderpädagogischen Psychologie. Göttingen u.a.: Hogrefe, 2000, S. 159-170

PESTALOZZI, JOHANN HEINRICH: Ausgewählte Schriften. Hrsg. v. Wilhelm Flitner. Weinheim u. Basel: Beltz, 2001

PETERANDER, FRANZ: Interdisziplinäre Frühförderung. In: LEONHARDT, ANNETTE/ WEMBER, FRANZ B. (Hrsg.): Grundfragen der Sonderpädagogik. Bildung, Erziehung, Behinderung. Weinheim u. Basel: Beltz, 2003, S. 686-701

PETERSEN, PETER: Der Kleine Jena-Plan. Weinheim u. Basel: Beltz, 1927 (52./ 53. Auflage 1972)

PIAGET, JEAN: Theorien und Methoden der modernen Erziehung. Frankfurt a.M.: Fischer, 1994 (franz. Originalausgabe: 1969)

PETRIS, MANFRED: Frühförderung planen, durchführen, evaluieren. Reihe: Beiträge zur Frühförderung interdisziplinär, Bd. 8. München, Basel: Reinhardt, 2001

PONTIGGIA, GUISEPPE: Zwei Leben. München, Wien: Hanser, 2002

POPP, KERSTIN/ MELZER, CONNY/ METHNER, ANDREAS: Förderpläne entwickeln und umsetzen. München, Basel: Reinhardt, 2011

PRETIS, MANFRED: Frühförderung zwischen gesellschaftlichen Ansprüchen und Praxis in Österreich. In: HEIMLICH, ULRICH/ BEHR, ISABEL (Hrsg.): Inklusion in der frühen Kindheit. Internationale Perspektiven. Münster: Lit, 2009, S. 253-264

PREUSS-LAUSITZ, ULF: Integration und Toleranz – Erfahrungen und Meinungen von Kindern innerhalb und außerhalb von Integrationsklassen. In: HEYER, PETER/ PREUSS-LAUSITZ, ULF/ SCHÖLER, JUTTA (Hrsg.): »Behinderte sind doch Kinder wie wir!« Berlin: Wissenschaft und Technik, 1997, S. 171-204

PROBST, HOLGER H.: Die scheinbare und wirkliche Funktion der Intelligenztests im Sonderschulüberweisungsverfahren. In: GRAF, SUSANNE u.a.: Kritik der Sonderpädagogik. Giessen: edition achenbach, 2. Auflage 1974, S. 107-183

RAUH, BERNHARD: Komorbidität von Lern- und Verhaltensstörungen. Was nutzt dieses medizinisch-psychiatrische Konzept für eine inklusive (sonder-) pädagogische Förderung? In: Sonderpädagogische Förderung heute 59(2014) 3, S. 245_259

RAUH, BERNHARD/ LAUBENSTEIN, DÉSIRÉE/ ANKEN, LARS/ AUER, HANS-LUDWIG (Hrsg.): Förderschwerpunkt Lernen – wohin? Oberhausen: Athena, 2012

REICH, KERSTEN: Konstruktivistische Didaktik. Lehr- und Studienbuch mit Methodenpool. Weinheim u. Basel: Beltz, 4. Auflage 2008

REICHMANN, ERWIN/ STRUWE, K./ MÜLLER, U.: Lernbehinderung. In: REICHMANN, ERWIN (Hrsg.): Handbuch der kritischen und materialistischen Behindertenpädagogik und ihrer Nachbarwissenschaften. Solms: Jarick, 1984, S. 407-414

REINMANN-ROTHMEIER, GABI/ MANDL, HEINZ: Unterrichten und Lernumgebungen gestalten. In: KRAPP, ANDREAS/ WEIDENMANN, BERND (Hrsg.): Pädagogische Psychologie. München: PsychologieVerlags-Union/ Beltz, 4. Auflage, 2001, S. 601-646

RETTER, HEIN: Jenaplan-Pädagogik als Chance. Kindgerechte Schulpraxis im Zeichen europäischer Verständigung. Bad Heilbrunn: Klinkhardt, 1993

RÖSSEL, FRITZ: Jenaplan und Hilfsschule. In: Die Hilfsschule 21 (1928) 2, S. 90-91

ROHR, BARBARA: Handelnder Unterricht. Versuche zur Bestimmung eines materialistisch orientierten Unterrichts bei lernbehinderten Schülern. Rheinstetten: Schindele, 2. Auflage 1982

ROTH, GERHARD: Das Gehirn und seine Wirklichkeit. Kognitive Neurobiologie und ihre philosophischen Konsequenzen. Frankfurt a.M.: Suhrkamp, 1997

RUFF, CLAUDIA: Bewältigungsorientierte Lerntherapie. Tübingen: Deutsche Gesellschaft für Verhaltenstherapie, 2007

SACHSSE, CHRISTOPH/ TENNSTEDT, FLORIAN: Geschichte der Armenfürsorge in Deutschland. Bd. 1: Vom Spätmittelalter bis zum 1. Weltkrieg. Stuttgart u.a.: Kohlhammer, 2. Auflage 1998

SANDER, ALFRED: Behinderungsbegriffe und ihre Integrationsrelevanz. In: EBERWEIN, HANS (Hrsg.): Integrationspädagogik. Weinheim u. Basel: Beltz, 7. Auflage 2009, S. 99-108

SANDER, ALFRED: Zu Theorie und Praxis individueller Förderpläne für Kinder mit sonderpädagogischem Förderbedarf. In: MUTZECK, WOLFGANG (Hrsg.): Förderplanung. Grundlagen – Methoden – Alternativen. Weinheim: Deutscher Studienverlag. 2000. S. 14-32

SANDER, ALFRED: Kind-Umfeld-Analyse: Diagnostik bei Schülern und Schülerinnen mit besonderem Förderbedarf. IN: MUTZECK, WOLFGANG (Hrsg.): Förderdiagnostik. Konzepte und Methoden. Weinheim u. Basel: Beltz, 3. Auflage 2002, S. 12-24

SANDER, ALFRED: Prävention. In: BUNDSCHUH, KONRAD/ HEIMLICH, ULRICH/ KRAWITZ, RUDI (Hrsg.): Wörterbuch Heilpädagogik. Bad Heilbrunn: Klinkhardt, 3. Auflage 2007, S. 209-212

SANDER, ELISABETH: Lernschwierigkeiten. In: BORCHERT, JOHANN (Hrsg.): Handbuch der Sonderpädagogischen Psychologie. Göttingen u.a.: Hogrefe, 2000, S. 690-703

SASSENROTH, MARTIN: Schriftspracherwerb. Entwicklungsverlauf, Diagnose, Förderung. Bern, Stuttgart, Wien, 2. Auflage 1995

SCHADE, WILHELM: Allgemeine Grundsätze der Arbeit in der Hilfsschule. Berlin-Charlottenburg: Marhold, 1962

SCHALLER, KLAUS: Die Pädagogik des J.A. Comenius. Heidelberg: Quelle&Meyer, 1962

SCHALLER, KLAUS: Johann Amos Comenius (1592-1670). In: TENORTH, HEINZ-ELMAR (Hrsg.): Klassiker der Pädagogik. Bd. 1: Von Erasmus bis Helene Lange. München: C.H. Beck, 2003a, S. 45-59

SCHEUERL, HANS: Johann Amos Comenius (1592-1670). In: SCHEUERL, HANS (Hrsg.): Klassiker der Pädagogik. 1. Bd. München: C.H. Beck,1979, S. 67-82

SCHILDMANN, ULRIKE: Das undisziplinierte Geschlecht in der Behindertenpädagogik. In: COTTMANN, A. U.A. (Hrsg.): Das undisziplinierte Geschlecht. Frauen- und Geschlechterforschung . Einblick und Ausblick. Opladen: Leske+Budrich, 2000, S. 35-50

SCHLACK, HANS G. (Hrsg.): Sozialpädiatrie. Gesundheit, Krankheit, Lebenswelten. München, Jena: Urban&Fischer, 2. Auflage 2000

SCHLEE, JÖRG: 30 Jahre Förderdiagnostik – eine kritische Bilanz. In: Zeitschrift für Heilpädagogik 59 (2008) 4, S. 122-131

SCHLEIDER, KARIN: Lese- und Rechtschreibstörungen. München, Basel: Reinhardt, 2009

SCHMETZ, DITMAR: Reflexionen zur Konzeption einer Interaktionspädagogik für erschwerte Lernsituationen. In: Zeitschrift für Heilpädagogik 37 (1986) 2, S. 73-85

SCHMETZ, DITMAR: Interaktion. In: BUNDSCHUH, KONRAD/ HEIMLICH, ULRICH/ KRAWITZ, RUDI (Hrsg.): Wörterbuch Heilpädagogik. Bad Heilbrunn: Klinkhardt, 3. Auflage 2007, S. 148-150

SCHMIDT, SIEGFRIED J.: Der Diskurs des Radikalen Konstruktivismus. Frankfurt a.M.: Suhrkamp, 4. Auflage 1991

SCHNELL, IRMTRAUD: Geschichte schulischer Integration. Gemeinsames Lernen von SchülerInnen mit und ohne Behinderung in der BRD sei 1970. Weinheim, München: Juventa, 2003

SCHNABEL, KAI: Psychologie der Lernumwelt. In: KRAPP, ANDREAS/ WEIDENMANN, BERND (Hrsg.): Pädagogische Psychologie. München: PsychologieVerlagsUnion/ Beltz, 4. Auflage, 2001, S. 467-511

SCHMIDT, HORST-FRIEDRICH/ WACHTEL, PETER (Hrsg.): Sonderpädagogische Förderzentren: Grundlegungen, Erfahrungen, Ausblicke. Würzburg: Verband Sonderpädagogik, 1996

SCHOR, BRUNO J.: Curriculare Überlegungen zum Förderschwerpunkt Lernen. In: HEIMLICH, ULRICH/ WEMBER, FRANZ B. (Hrsg.): Didaktik des Unterrichts im Förderschwerpunkt Lernen. Ein Handbuch für Studium und Praxis. Stuttgart: Kohlhammer, 2007, S. 327-338 (3. Auflage 2016)

SCHOR, BRUNO J.: Das Sonderpädagogische Förderzentrum. Von der Idee zur Realität. Donauwörth: Auer, 2001

SCHOR, BRUNO J.: Mobile Sonderpädagogische Dienste. Ein Integrationsmodell mit Zukunft. Donauwörth: Auer, 2002

SCHOR, BRUNO J./ SCHWEIGGERT, ALFONS: Eine neues Modell macht Schule. Die Sonderpädagogische Diagnose- und Werkstattklasse (SDW) in der Förderschule. In: SchulVerwaltung in Bayern. 32 (2003) 12, S. 417-422

SCHRADER, WOLFGANG/ HEIMLICH, ULRICH: Analyse der Lernausgangslage. In: HEIMLICH, ULRICH/ WEMBER, FRANZ B. (Hrsg.): Didaktik des Unterrichts im Förderschwerpunkt Lernen. Ein Handbuch für Studium und Praxis. Stuttgart: Kohlhammer, 2007, S. 339-350 (3. Auflage 2016)

SCHROEDER, JOACHIM: Pädagogik bei Beeinträchtigungen des Lernens. Stuttgart: Kohlhammer, 015

SCHROEDER, JOACHIM/ STORZ, MICHAEL: Alltagsbegleitung und nachgehende Betreuung. Umriß eines Konzeptes zur präventiven Kooperation mit jungen Menschen in erschwerten Lebenslagen. In: SCHROEDER, JOACHIM/ STORZ, MICHAEL (Hrsg.): Einmischungen. Alltagsbegleitung junger Menschen in riskanten Lebenslagen. Langenau-Ulm: A. Vaas, 1994, S. 10-19

SCHRÖDER, ULRICH: Lernbehindertenpädagogik. Grundlagen und Perspektiven sonderpädagogischer Lernhilfe. Stuttgart: Kohlhammer, 3. Auflage, 2005

SCHRÖDER, ULRICH: Metakognition. In: BORCHERT, JOHANN (Hrsg.): Handbuch der Sonderpädagogischen Psychologie. Göttingen u.a.: Hogrefe, 2000, S. 642-653

SCHRÖDER, ULRICH: Das Konzept der „learning disabilities" und seine Rezeption in der deutschen Sonderpädagogik. In: SCHRÖDER, ULRICH/ WITTROCK, MANFRED u.a. (Hrsg.): Lernbeeinträchtigung und Verhaltensstörung. Stuttgart, Berlin, Köln: Kohlhammer, 2002, S. 24-38

SCHULAUSSCHUSS DER STÄNDIGEN KONFERENZ DER KULTUSMINISTER DER LÄNDER IN DER BUNDESREPUBLIK DEUTSCHLAND: Gutachten zur Ordnung des Sonderschulwesens. Beschluss der KMK vom Februar 1960. Bonn 1960

SCHULZE, THEODOR: Situation, pädagogische. In: LENZEN, DIETER (Hrsg.): Enzyklopädie Erziehungswissenschaft. Bd. 1: Theorien und Grundbegriff der Erziehung und Bildung. Stuttgart: Klett-Cotta, 1983, S. 537-541

SEARLE, JOHN R.: Die Konstruktion der gesellschaftlichen Wirklichkeit. Zur Ontologie sozialer Tatsachen. Reinbek b. Hamburg: Rowohlt, 1997

SEARLE, JOHN R.: Wie wir die soziale Welt machen. Frankfurt a.M.: Suhrkamp, 2012

SEITZ, SIMONE: Zeit für inklusiven Sachunterricht. Hohengehren: Schneider, 2005

SEKRETARIAT DER STÄNDIGEN KONFERENZ DER KULTUSMINISTER DER LÄNDER IN DER BUNDESREPUBLIK DEUTSCHLAND (Hrsg.): Empfehlungen für den Unterricht in der Schule für Lernbehinderte. Beschluss der KMK vom 17.11.1977. Neuwied: Luchterhand, 1978

SEKRETARIAT DER STÄNDIGEN KONFERENZ DER KULTUSMINISTER DER LÄNDER IN DER BUNDESREPUBLIK DEUTSCHLAND: Sonderpädagogische Förderung in Schulen 2005 bis 2014. Bonn, Februar 2016 (http://www.kmk.org, aufgerufen am 01.09.2016)

SEKRETARIAT DER STÄNDIGEN KONFERENZ DER KULTUSMINISTER DER BRD: Sonderpädagogische Förderung in Allgemeinen Schulen (ohne Förderschulen) 2007/ 2008. Bonn, 18.03.2009b (aufgerufen am 12.08.2009)

SEN, AMARTYA: Ökonomie für den Menschen. Wege zur Gerechtigkeit und Solidarität in der Marktwirtschaft. München, Wien: Hanser, 1999

SIMON, HENDRIK/ GRÜNKE, MATTHIAS: Förderung bei Rechenschwäche. Stuttgart: Kohlhammer 2010

SKIBA, ALEXANDER: Fördern im Alter. Integrative Geragogik auf heilpädagogischer Grundlage. Bad Heilbrunn: Klinkhardt, 1996

SOMMER-STUMPENHORST, NORBERT: Lese- und Rechtschreibschwierigkeiten: vorbeugen und überwinden. Frankfurt a.M., 2. Auflage 1992

SORIANO, VICTORIA: Early Intervention in Europe. Trends in 17 European Countries. Denmark: European Agency for Development in Special Needs Education, 1998

SPECK, OTTO: Die Ökonomisierung sozialer Qualität. Zur Qualitätsdiskussion in Behindertenhilfe und sozialer Arbeit. München, Basel: E. Reinhardt, 1999a

SPECK, OTTO: Risiko und Resilienz in der Erziehung – Pädagogische Reflexionen. In: OPP, GÜNTHER/ FINGERLE, MICHAEL/ FREYTAG, ANDREAS (Hrsg.): Was Kinder stärkt. Erziehung zwischen Risiko und Resilienz. München, Basel: Reinhardt, 1999b, S. 353-368

SPECK, OTTO: System Heilpädagogik. Eine ökologisch-reflexive Grundlegung. München, Basel: E. Reinhardt, 6. Auflage 2008a

SPECK, OTTO: Hirnforschung und Erziehung. Eine pädagogische Auseinandersetzung mit neurobiologischen Erkenntnissen. München, Basel: E. Reinhardt, 2008b

SPITZER, MANFRED: Lernen. Gehirnforschung und die Schule des Lebens. Heidelberg, Berlin: Spektrum Akademischer Verlag, 2002

STADTARCHIV MANNHEIM: Der Herr Stadtschulrat – ein gestrenger gleichwohl beliebter Pädagoge. (http://www.mannheim.de/io2/browse/Webseiten/Aktuell/Archiv/November_2005/0511111338sickinger_de.xdoc v. 25.09.2008)

STÄNDIGE KONFERENZ DER KULTUSMINISTER DER LÄNDERN IN DER BUNDESREPUBLIK DEUTSCHLAND: Empfehlung zur Ordnung des Sonderschulwesens. Beschluss der KMK vom 16.03.1972. Bonn 1972 (abgedruckt in: Zeitschrift für Heilpädagogik, Beiheft 9 (1972)

STAMM, KARL: Jordan, Peter. In: Lexikon der Pädagogik, Bd. II. Freiburg i. Br.: Herder, 1953, S. 926

STATISTISCHES BUNDESAMT: Datenreport 2016. Bonn: Bundeszentrale für politische Bildung, 2016 (https://www.destatis.de/DE/Publikationen/Datenreport/Downloads/Datenreport2016.pdf?__blob=publicationFile, aufgerufen am 1.9.2016)

STEIN, ROLAND: Technische Berufsausbildung Lernbeeinträchtigter. Pädagogische Konzepte und Organisation. Bad Heilbrunn: Klinkhardt, 1997

STEIN, ROLAND: Gestaltung ökologischer Übergänge: Von der Schule in den Beruf. In: LAUTH, GERHARD W./ GRÜNKE, MATTHIAS/ BRUNSTEIN, JOACHIM C. (Hrsg.): Interventionen bei Lernstörungen. Förderung, Training und Therapie in der Praxis. Göttingen u.a.: Hogrefe, 2. Auflage 2014, S. 543-550

STEIN, ROLAND: Rehabilitation, berufliche. In: BUNDSCHUH, KONRAD/ HEIMLICH, ULRICH/ KRAWITZ, RUDI (Hrsg.): Wörterbuch Heilpädagogik. Bad Heilbrunn: Klinkhardt, 3. Auflage 2007, S. 229-231

STEIN, ROLAND: Förderung bei Ängstlichkeit und Angststörungen. Stuttgart: Kohlhammer, 2012

STEIN-SIEGELE, CHRISTINE/ STORZ, MICHAEL: Leitfaden zur Erhebung von Teilkarrieren. In: SCHROEDER, JOACHIM/ STORZ, MICHAEL (Hrsg.): Einmischungen. Alltagsbegleitung junger Menschen in riskanten Lebenslagen. Langenau-Ulm: A Vaas, 1994, S. 278-290

STERN, ELSBETH: Wissen ist der Schlüssel zum Können. In: Psychologie heute 30 (2003) 7, S. 30-35

STERN, ELSBETH/ NEUBAUER, ALJOSCHA: Intelligenz. Große Unterschiede und ihre Folgen. München: DVA, 2013

STICHWEH, RUDOLF: Niklas Luhmann (1927-1998). In: KAESLER, DIRK (Hrsg.): Klassiker der Soziologie. Bd. 2: Von Talcott Parsons bis Anthony Giddens. München: C.H. Beck, 5. Auflage 2007, S. 240-264

STÖRIG, HANS JOACHIM: Kleine Weltgeschichte der Philosophie. Frankfurt a.M.: Fischer, 2002 (Erstausgabe: 1950)

STORZ, MICHAEL/ STEIN-SIEGELE, CHRISTINE: Alltagsbegleitung konkret. Ein Leitfaden für die Praxis. Langenau-Ulm: A. Vaas, 1994

STOELLGER, NORBERT: Der Verband und die Integration behinderter Kinder und Jugendlicher. In: MÖCKEL, ANDREAS (Hrsg.): Erfolg, Niedergang, Neuanfang. 100 Jahre Verband Deutscher Sonderschulen, Fachverband Behindertenpädagogik. München, Basel: Reinhardt, 1998, S. 265-279

STÖTZNER, HEINRICH ERNST: Schulen für schwachbefähigte Kinder. Erster Entwurf zur Begründung derselben. Vollständiger Nachdruck der Original-Ausgabe von 1864. Berlin-Charlottenburg: Carl Marhold Verlagsbuchhandlung,1963

STROBEL, MARKUS/ WARNKE, ANDREAS: Das medizinische Paradigma. In: WALTER, JÜRGEN/ WEMBER, FRANZ B. (Hrsg.): Sonderpädagogik des Lernens. Hb. d. Sonderpädagogik. Bd. 2. Göttingen u.a.: Hogrefe, 2007, S. 65-80

SUCHODOLETZ, WALDEMAR VON (Hrsg.): Therapie der Lese-Rechtschreib-Störungen (LRS). Traditionelle und alternative Behandlungsmethoden im Überblick. Stuttgart: Kohlhammer, 2. Auflage 2006

SÜNKEL, WOLFGANG: Phänomenologie des Unterrichts. Grundriss der theoretischen Didaktik. Weinheim u. München: Juventa, 1996

SUTTER, RUTH: Lerntherapie in der Praxis. Bern: Haupt, 2003

SYNWOLDT, JOCHEN: Pädagogen als Gestalter des Schulwesens. 14 Lebensbilder. Berlin: Verband Deutscher Sonderschulen, 1988

TASSLER, RENÉE: Hyperkinetisches Syndrom. In: BORCHERT, JOHANN (Hrsg.): Handbuch der Sonderpädagogischen Psychologie. Göttingen u.a.: Hogrefe, 2000, S. 727-741

TENORTH, HEINZ-ELMAR: Geschichte der Erziehung. Einführung in die Grundzüge ihrer neuzeitlichen Entwicklung. Weinheim, München: Juventa, 2. Auflage 1992

TITZE, HARTMUT: Pädagogik, historisch-materialistische. In: LENZEN, DIETER (Hrsg.): Pädagogische Grundbegriffe. Bd. 2. Reinbek b. Hamburg: Rowohlt, 1994 S. 1176-1191

THEUNISSEN, GEORG: Zur Bedeutung von Stärken und Widerstandskraft. Bausteine für eine 'verstehende' Kultur des Helfens als Empowerment-Paradigma für die Arbeit mit behinderten Menschen und ihren Angehörigen. In: Zeitschrift für Heilpädagogik 50 (1999) 6, S. 278-284

THIMM, WALTER: Leben in Nachbarschaften. Hilfen für Menschen mit Behinderungen. Freiburg, Basel, Wien: Herder, 1994

THIMM, WALTER/ FUNKE, EDMUND H.: Soziologische Aspekte der Lernbehinderung. In: KANTER, GUSTAV O./ SPECK, OTTO (Hrsg.): Pädagogik bei Lernbehinderten. Hb. d. Sonderpädagogik, Bd. 4. Berlin: Marhold, 1977, S. 581-611

THURMAIR, MARTIN/ NAGGL, MONIKA: Praxis der Frühförderung. München, Basel: Reinhardt, 2000

TIPPELT, RUDOLF: Bildung und Bindung – eine ambivalente, unsicher-vermeidende oder sichere Beziehung? In: Zeitschrift für Pädagogik59 (2013) 6, S. 858967

VERNOOIJ, MONIKA A.: Erziehung und Bildung beeinträchtigter Kinder und Jugendlicher. Paderborn u.a.: Schönigh, 2005

TOPSCH, WILHELM: Grundschulversagen und Lernbehinderung. Essen: Neue Deutsche Schule, 1975

TREML, ALFRED K.: Lernen. In: KRÜGER, HEINZ-HERMANN/ GRUNERT, CATHLEEN (Hrsg.): Wörterbuch Erziehungswissenschaft. Wiesbaden: Verlag für Sozialwissenschaften, 2004, S. 292-296

UNICEF: Child poverty in rich countries. Innocenti report card No. 6. Florenz: UNICEF Innocenti Research Centre, 2005

VAUDLET, WERNER (Hrsg.): Das große Nashornbuch. München: dtv, 2001 (Erstausgabe: 1978)

VERBAND DEUTSCHER HILFSSCHULEN: Denkschrift zu dem Ausbau des heilpädagogischen Schulwesens. Hannover, 10.09.1954. In: MÖCKEL, ANDREAS (Hrsg.): Erfolg, Niedergang, Neuanfang. München, Basel: Reinhardt, 1998, S. 306-339

VERBAND SONDERPÄDAGOGIK. LANDESVERBAND NORDRHEIN-WESTFALEN E.V. (Hrsg.): Förderplanung in der sonderpädagogischen Arbeit. Meckenheim, 2004

VERNOOIJ, MONIKA A.: Erziehung und Bildung beeinträchtigter Kinder und Jugendlicher. Paderborn u.a.: Schönigh, 2005

VESTER, FREDRIC: Denken, Lernen, Vergessen. Was geht in unserem Kopf vor, wie lernt das Gehirn und wann lässt es uns im Stich? München: Deutscher Taschenbuch Verlag, 23. Auflage 1996

VOSS, STEFAN/ BLUMENTHAL, YVONNE/ MAHLAU, KATHRIN/ MARTEN, KATHARINA/ DIEHL, KIRSTEN/ SIKORA, SIMON/ HARTKE, BODO: Der Response-to-Intervention Ansatz in der Praxis. Evaluationsergebnisse zum Rügener Inklusionsmodell. Münster, New York: Waxmann, 2016

VYGOTSKIJ, LEV S.: Denken und Sprechen. Psychologische Untersuchungen. Weinheim u. Basel: Beltz, 2002 (russ. Originalausgabe: 1934)

WACHTEL, PETER/ WITTROCK, MANFRED: Zentrierung um Lebensproblem als schulisches Gestaltungsprinzip. In: SCHMETZ, DITMAR/ WACHTEL, PETER (Hrsg.): Erschwerte Lebenssituationen: Erziehung und pädagogische Begleitung. Würzburg: edition bentheim, 1994, S. 99-11

WACHTEL, PETER/ WITTROCK, MANFRED: Lebensproblemzentrierter Sachunterricht. In: HEIMLICH, ULRICH (Hrsg.): Schülerorientierte Förderung bei Lern- und Verhaltensschwierigkeiten. Neuwied, Kriftel, Berlin: Luchterhand, 1997, S. 235-247

WALDENFELS, BERNHARD: In den Netzen der Lebenswelt. Frankfurt a.M.: Suhrkamp, 1985

WALPER, SABINE: Kinder und Jugendliche in Armut. In: BIEBACK, KLAUS-JÜRGEN/ MILZ, HELGA (Hrsg.): Neue Armut. Frankfurt a.M., New York: Campus 1995, S. 181-219

WALPER, SABINE: Ökonomische Knappheit im Erleben ost- und westdeutscher Kinder und Jugendlicher: Einflüsse der Familienstruktur und Auswirkungen auf die Befindlichkeit. In: KLOCKE, ANDREAS; HURRELMANN, KLAUS (Hrsg.): Kinder und Jugendliche in Armut. Umfang, Auswirkungen und Konsequenzen. Opladen: Westdeutscher Verlag, 2. Auflage 2001, S. 169-187

WALTER, JÜRGEN/ WEMBER, FRANZ B. (Hrsg.): Sonderpädagogik des Lernens. Hb. d. Sonderpädagogik, Bd. 2. Göttingen u.a.: Hogrefe, 2007

WEGENER, HERMANN: Die Rehabilitation der Schwachbegabten. München/ Basel: E. Reinhardt, 1963

WEHLER, HANS-ULRICH: Die neue Umverteilung. Soziale Ungleichheit in Deutschland. München: C.H. Beck, 2. Auflage 2013

WEIAND, ELISABETH-CHARLOTTE: Aufgaben und Handlungsmöglichkeiten der Berufsberatung. In: BIEKER, RUDOLF (Hrsg.): Teilhabe am Arbeitsleben. Wege der beruflichen Integration von Menschen mit Behinderung. Stuttgart: Kohlhammer, 2005, S. 117-132

WEISS, HANS: Armut als gesellschaftliche Normalität: Implikationen für die kindliche Entwicklung. In: OPP, GÜNTHER/ PETERANDER, FRANZ (Hrsg.): Focus Heilpädagogik. Projekt Zukunft. München, Basel: E. Reinhardt, 1996, S. 150-162

WEISS, HANS: Frühförderung mit und Kindern und Familien in Armutslagen. Beiträge zur Frühförderung interdisziplinär, Bd. 7. München, Basel: Reinhardt, 2000

WEISS, HANS: Armut/ soziale Benachteiligung. In: BUNDSCHUH, KONRAD/ HEIMLICH, ULRICH/ KRAWITZ, RUDI (Hrsg.): Wörterbuch Heilpädagogik. Bad Heilbrunn: Klinkhardt, 3. Auflage 2007, S. 19-24

WEMBER, FRANZ B.: Piagets Bedeutung für die Lernbehindertenpädagogik. Untersuchungen zur kognitiven Entwicklung und zum schulischen Lernen bei Sonderschülern. Heidelberg: Edition Schindele, 1986

WEMBER, FRANZ B.: Förderunterricht bei Lernproblemen im Lernbereich Mathematik durch mathematische Lebens- und Umweltkunde mit Hand, Herz und Verstand. In: HEIMLICH, ULRICH (Hrsg.): Schülerorientierte Förderung bei Lern- und Verhaltensschwierigkeiten. Neuwied, Kriftel, Berlin: Luchterhand, 1997, S.174-192

WEMBER, FRANZ B.: Besser lesen mit System. Ein Rahmenkonzept zur individuellen Förderung bei Lernschwierigkeiten. Berlin u.a. 1999

WEMBER, FRANZ B./ PRÄNDL, STEFAN (Hrsg.): Standards sonderpädagogischer Förderung. München, Basel: Reinhardt, 2009

WERNER, BIRGIT: Sonderpädagogik im Spannungsfeld zwischen Ideologie und Tradition. Zur Geschichte der Sonderpädagogik unter besonderer Berücksichtigung der Hilfsschulpädagogik in der SBZ und der DDR zwischen 1945 und 1952. Hamburg: Kovač, 1999

WERNER, BIRGIT: Dyskalkulie – Rechenschwierigkeiten. Diagnose und Förderung rechenschwacher Kinder an Grund- und Sonderschulen. Stuttgart: Kohlhammer, 2009

WERNER, EMMI: Entwicklung zwischen Risiko und Resilienz. In: OPP, GÜNTHER/ FINGERLE, MICHAEL/ FREYTAG, ANDREAS (Hrsg.): Was Kinder stärkt. Erziehung zwischen Risiko und Resilienz. München, Basel: Reinhardt, 1999, S. 25-36

WERNING, ROLF: Kinder mit Lernbeeinträchtigungen. Systemisch-konstruktivistische Perspektiven für (sonder-) pädagogisches Handeln. In: VOSS, REINHARD (Hrsg.): Die Schule neu erfinden. Systemisch-konstruktivistische Annäherungen an Schule und Pädagogik. Neuwied, Kriftel, Berlin: Luchterhand, 1996, S. 250-261

WERNING, ROLF: Lernen und Behinderungen des Lernens. In: WERNING, ROLF/ BALGO, ROLF/ PALMOWSKI, WINFRIED/ SASSENROTH, MARTIN (Hrsg.): Sonderpädagogik. München, Wien: Oldenbourg, 2002, S. 129-189

WERNING, ROLF/ LÜTJE-KLOSE, BIRGIT: Einführung in die Pädagogik bei Lernbeeinträchtigungen. München, Basel: Reinhardt, 3. Auflage 2012

WESTPHAL, ERICH: Psychische Verfassung soziokulturell benachteiligter lernbehinderter Schüler – Forderungen an didaktische Theoriebildung. In: KLEBER, EDUARD W. (Hrsg.): Zur Revision sonderpädagogischer Praxis. Berlin: Marhold, 1977, S. 98-114

WILBERT, JÜRGEN: Förderung der Motivation bei Lernstörungen. Stuttgart: Kohlhammer, 2010

WILHELM, MARIANNE/ EGGERTSDÓTTIR, RÓSA/ MARINÓSSON (Hrsg.): Inklusive Schulentwicklung. Planungs- und Arbeitshilfen zur neuen Schulkultur. Weinheim u. Basel: Beltz, 2006

WILLI, JÜRG: Ökologische Psychotherapie. Wie persönliche Entwicklung und Lebenssituation sich wechselseitig beeinflussen. Reinbek bei Hamburg: Rowohlt, 2005

WOCKEN, HANS: Am Rande der Normalität. Untersuchungen zum Selbst- und Gesellschaftsbild von Sonderschülern. Heidelberg: Schindele, 1983

WOCKEN, HANS: Gemeinsame Lernsituationen. Eine Skizze zur Theorie des gemeinsamen Unterrichts. In: HILDESCHMIDT, ANNE/ SCHNELL, IRMTRAUD (Hrsg.): Integrationspädagogik. Auf dem Weg zu einer Schule für alle. Weinheim, München: Juventa, 1998, S. 37-52

WOCKEN, HANS: Ambulanzlehrerzentren – Unterstützungssystem für integrative Förderung. In: HEIMLICH, ULRICH (Hrsg.): Sonderpädagogische Fördersysteme. Auf dem Weg zur Integration. Stuttgart, Berlin, Köln: Kohlhammer, 1999, S. 79-95

WOCKEN, HANS: Leistung, Intelligenz und Soziallage von Schülern mit Lernbehinderungen – Vergleichende Untersuchungen an Förderschulen in Hamburg. In: Zeitschrift für Heilpädagogik 47 (2000), S. 492-503

WORLD VISION DEUTSCHLAND e.V. (Hrsg.): Kinder in Deutschland 2007. 1. World Vision Kinderstudie. Schriftenreihe, Bd. 680.Bonn: Bundeszentrale für politische Bildung, 2007

YOUNISS, JAMES: Soziale Konstruktion und psychische Entwicklung. Frankfurt a.M.: Suhrkamp, 1994

ZIELINSKI, WERNER: Lernschwierigkeiten. In: WEINERT, FRANZ E.: Enzyklopädie der Psychologie. Themenbereich D: Praxisgebiete. Serie I: Pädagogische Psychologie. Bd. 2: Psychologie des Lehrens und der Instruktion. Göttingen u.a.: Hogrefe, 1996, S. 369-402

ZIELINSKI, WERNER: Lernschwierigkeiten. Stuttgart, Berlin, Köln: Kohlhammer, 3. Auflage 1998

ZIMBARDO, PHILIP G./ GERRIG, RICHARD J.: Psychologie. München: Pearson, 16. Auflage 2004

ZIMMERMANN, GUNTER E.: Ansätze zur Operationalisierung von Armut und Unterversorgung im Kindes- und Jugendalter. In: BUTTERWEGGE, CHRISTOPH: Kinderarmut in Deutschland. Ursachen, Erscheinungsformen und Gegenmaßnahmen. Frankfurt a.M., New York: Campus, 2. Auflage 2000, S. 59-77
ZIRFAS, JÖRG: Die Normativität des Humanen. Zur Theorie der Behinderung aus der Sicht von pädagogischer Anthropologie und Ethik. In: Eberwein, Hans/ Sasse, Ada (Hrsg.): Behindert sein oder behindert werden? Neuwied, Kriftel, Berlin: Luchterhand, 1998, S. 96-119

Bildnachweise

S. 93: JORDAN, PETER: Die Leyenschul von 1533. Meyntz 1533 (Hrsg. v. Walter Bachmann, Giessen: Institut für Heil- und Sonderpädagogik, 1987), S. 16, 19, 21

S. 94: In: SCHEUERL, HANS (Hrsg.): Klassiker der Pädagogik. Bd. I: Von Erasmus von Rotterdam bis Herbert Spencer. München: C.H.Beck, 1979, S. 64/ 65

S. 95: In: SCHEUERL, HANS (Hrsg.): Klassiker der Pädagogik. Bd. I: Von Erasmus von Rotterdam bis Herbert Spencer. München: C.H.Beck, 1979, S. 176/ 177

S. 100: In: STÖTZNER, HEINRICH ERNST: Schulen für schwachbefähigte Kinder. Erster Entwurf zur Begründung derselben. Vollständiger Nachdruck der Original-Ausgabe von 1864. Berlin-Charlottenburg: Carl Marhold Verlagsbuchhandlung,1963, S. 32

S. 103: In: MÖCKEL, ANDREAS (Hrsg.): Erfolg, Niedergang, Neuanfang. 100 Jahre Verband Deutscher Sonderschulen, Fachverband für Behindertenpädagogik. München, Basel: Reinhardt, 1998, S. 27

S. 107: In: STADTARCHIV MANNHEIM: Der Herr Stadtschulrat – ein gestrenger gleichwohl beliebter Pädagoge (http://www.mannheim.de/io2/browse/Webseiten/Aktuell/Archiv/November_2005/05111113 38sickinger_de.xdoc v. 25.09.2008)

S. 113: In: BUCHKA, MAXIMILIAN/ GRIMM, RÜDIGER/ KLEIN, FERDINAND (Hrsg.): Lebensbilder bedeutender Heilpädagoginnen und Heilpädagogen des 20. Jahrhunderts. München: Reinhardt, 2000, S. 265

S. 117: In: LANGERMANN, JOHANNES: Der Erziehungsstaat. Berlin-Charlottenburg: C. Marhold Verlagsbuchhandlung, 1963 (Erstausgabe: 1910), S. 3

S. 118: In: ELLGER-RÜTTGARDT, SIEGLIND: Frieda Stoppenbrink-Buchholz (1897-1993). Hilfsschulpädagogin, Anwältin der Schwachen, Soziale Demokratin. Weinheim: Deutscher Studien Verlag, 2. Auflage 1997, S. 2 (Mit freundlicher Genehmigung von Frau Prof. Dr. Ellger-Rüttgardt)

S. 120: In: HEILAND, HELMUT: Maria Montessori. Reinbek b. Hamburg: Rowohlt, 3. Auflage 1993, S. 93

S. 121: In: SCHEUERL, HANS (Hrsg.): Klassiker der Pädagogik. Bd. II: Von Karl Marx bis Jean Piaget. München: C.H.Beck, 1979, S. 176/ 177

Sachregister

Lösungen zu den Übungsaufgaben

Übungsaufgaben Kap. 1:	
❶	Keine Selbststeuerung des Verhaltens möglich, positive Verstärkung durch Zuwendung der Lehrkraft, gleichzeitig struktrurierende Lernhilfen, Token-System als verhaltensmodifikatorische Maßnahme zur Verstärkung unterrichtsbezogenen Verhaltens
❷	Formel: Das Quadrat über der Hypothenuse ist im rechtwinklingen Dreieck gleich dem Quadrat über den Katheten. Zeichnung: Messblatt (z.B. als Folie) mit Quadratzentimetern Handlung: Montessori-Material zum Satz des Pythagoras
❸	Angst als Auslöser für Lernblockade, Störung des Austausches zwischen den Neuronen an den Synapsen durch Stresshormone Adrenalin und Noradrenalin
❹	Therapeutenvariablen Kongruenz, Akzeptanz und Empathie als Grundlage des Lehrerverhaltens
❺	Ermittlung von Schutzfaktoren und persönlichen Ressourcen von Kindern, Einbeziehung von Umfeldressourcen, Suche nach Kompetenzen der Kinder im Umgang mit sozialen Problemen, Förderung sozialer Kompetenzen

Übungsaufgaben Kap. 2:	
❶	Verknüpfung von Buchstabe und Bild mit Anlaut im Sinne einer Anlauttabelle, Sprechen und Schreiben
❷	Nachhilfeklassen als Teil der Volksschulen mit dem Ziel der Rückführung, Hilfsschulen aus den „Hilfsklassen" hervorgegangen, die mit dem Ziel eingerichtet wurden, sich aus den Volksschulen heraus zu einer eigen-ständigen Schulform zu entwickeln
❸	Kinderarbeit in den Armen- und Industrieschulen als Finanzierungsgrundlage, keine Vorform der Hilfsschule aufgrund des eingeschränkten Bildungskonzeptes und der Ausbeutung der Kinder
❹	Organisation im „Verband der Hilfsschulen Deutschlands (VDHD)", Hilfsschule als „billigere" Variante im Vergleich zu den Anstalten, Entlastungswunsch der Volksschulen
❺	Pädagogischer Freiraum in der Hilfsschule als Grundlage für reform-pädagogische Versuche

Übungsaufgaben Kap. 3:	
❶	Einbeziehung entwicklungspsychologischer Erkenntnisse zur Interpretation von Diagnose-Ergebnissen, Entwicklungsmodelle, Zone der aktuellen und der nächsten Entwicklung, sachstrukturelle Aspekte wie z.B. in der Mathematik (Addition vor Multiplikation)
❷	Diagnose, Intervention, Evaluation, Beratung als Elemente der individuellen Lernförderung mit unterschiedlichen Begründungszusammenhängen, Tests, Beobachtung, Gespräche als Grundlage der Evaluation
❸	Entwicklungsorientierung: entwicklungsgemäßer Unterricht nach Wember auf der Basis des Modells der kognitiven Entwicklung von Piaget, handlungsorientierter Unterricht Lebensweltorientierung: realitätsnaher Unterricht nach Hiller auf der Basis einer kritischen Analyse der Lebenssituationen der Schüler/ -innen, Projektunterricht, ikonische Texte usf.
❹	Selbsttätigkeit, Handlungsorientierung, Bedürfnisorientierung, Lernen mit allen Sinnen, soziales Lernen, Situationsorientierung, Fächerverbindung, Zielorientierung
❺	Neben den Schulleistungsproblemen im Rahmen der Lerntherapie auch persönliche Probleme und gravierende psychische Belastungen als Gegenstand der Intervention

Übungsaufgaben Kap. 4:	
❶	Schulen zur Lernförderung als Beitrag zur tertiären Prävention, Ziel: Verhinderung der Ausweitung der Lernschwierigkeiten z.B. auf Verhal-tensprobleme
❷	Zusammenarbeit mit einer Vielzahl von Personen (Lehrkräfte, Eltern, andere Fachkräfte), wenig Zeit für das einzelne Kind, keine unmittelbare Einbeziehung in den Klassenunterricht, große Erwartungen an die professionellen Fähigkeiten der Sonderpädagogen/ -innen im MSD
❸	Einschränkende Bedingungen: Zunahme das Fachunterrichts, überwiegend Frontalunterricht, kaum Klassenlehrerprinzip, große Systeme mit vielen Schülern/ -innen, Dreigliedrigkeit des Schulsystems der BRD Alternativen: Zusammenführung der Bildungsgänge in einer Schulform, Ganztagsschule, inklusive Schule
❹	Arbeitsassistenz als Möglichkeit der direkten beruflichen Integration, Unterstützung und Ausbildung am Arbeitsplatz durch job coaching, ergänzendes Training sozialer Kompetenzen erforderlich, Problem: rückläufiges Angebot an Arbeits- und Ausbildungsplätzen in wirtschaftlichen schwierigen Zeiten
❺	Begleitung von jungen Erwachsenen im Alltag durch Hilfe bei der Zeitplanung, im Umgang mit Behörden, bei der Suche nach einem Job, bei der Herstellung von privaten Kontakten, bei der Wohnungssuche usf.

Übungsaufgaben Kap. 5:	
❶	Aktivierung der Lernenden, tätige Auseinandersetzung mit einem Lerngegenstand in Kooperation mit anderen, unterschiedliche Lernwege für individuelle Lern- und Entwicklungsvoraussetzungen
❷	Etikett „Lernbehinderung" führt zu Aussonderung in eigenständige Schulform, Übernahme negativer Erwartungen aus der Umwelt in das Selbstbild, Teufelskreis Lernschwierigkeiten
❸	Veränderung von Institutionen und Organisationsformen als Aufgabe von Sonderpädagogen/ -innen (z.B. Schulentwicklung)
❹	Entstehung von Lernschwierigkeiten durch gesellschaftliche Wertmaßstäbe (z.B. hohe Bedeutung der Schriftsprachkompetenz in westlichen Industrieländern im Vergleich zu Ländern der sog. „Dritten Welt"), veränderte Bedeu-tung des Förderortes „Allgemeine Schule" durch die UN-Konvention (Art. 24: inklusives Bildungssystem)
❺	Lernschwierigkeiten als Ergebnis von Ko-Konstruktionsprozessen und mangelnder Passung zwischen Schule und Elternhaus bzw. zwischen Lebens- und Lernsituation

Anhang

Zeittafel zur Geschichte einer Pädagogik bei Lernschwierigkeiten

Zeitleiste	Institutionsgeschichte/ Konzeptionen	Personen/ Publikationen
1533	Erster Lese-Schreiblehrgang für Menschen mit Lernschwierigkeiten nach dem Prinzip der Anlauttabelle	JORDAN, Peter: Leyenschul. Wie man künstlich und behend schreyben und lesen soll lernen
1657	Konzept für einen Unterricht für alle	COMENIUS, JOHANN A.: Didactica Magna
1774	Armenanstalt (Neuhof)	PESTALOZZI, Johann H.
1801	Nachhilfeklasse (Zeitz)	
1820	Konzept für einen Unterricht bei Schülern/-innen mit Lernschwierigkeiten	WEISE, Traugott: Betrachtungen über geistesschwache Kinder …
1823	Armenfreischule (Zeitz)	
1835	Nachhilfeklasse (Chemnitz)	
ab 1859	Nachhilfeklassen (Halle, Dresden, Gera, Apolda, Elberfeld)	
1864	Konzept für die Hilfsschule	STÖTZNER, Heinrich: Schulen für schwachbefähigte Kinder …
1881	Hilfsschulklassen (Braunschweig/ Leipzig)	KIELHORN, Heinrich
ab 1883	Gründung von Hilfsschulen	
1898	Gründung des Verbandes der Hilfsschulen Deutschlands	
1899	Konzeption einer Hilfsschulpädagogik	FUCHS, Arno: Schwachsinnige Kinder …(Erste Auflage)
ab 1898	Steigende Zahl von Hilfsschulgründungen	
1901	Kritik der Hilfsschulen, Forderung nach Integration	WITTE, Johann Heinrich
1923	Jenaplan-Schule als integratives Angebot	PETERSEN, Peter: Der kleine Jenaplan (1927)
Ab 1924	Blütezeit der „Hilfsschule“	
1925		FRENZEL, Franz: Handbuch des Hilfsschulwissens (3. Auflage)

Zeitleiste	Institutionsgeschichte/ Konzeptionen	Personen/ Publikationen
1933	Hilfsschullehrer an Euthanasie beteiligt	Gesetz zur Verhütung erbkranken Nachwuchses
1960	Ausbau der Sonderschulen, Differenzierung	KMK: Gutachten zur Ordnung des Sonderschulwesens
1972	Sonderschule als einzige Organisationsform sonderpädagogischer Förderung	KMK: Empfehlungen zur Ordnung des Sonderschulwesens
1973	Forderung nach Integration	Dt. Bildungsrat: Empfehlungen zur pädagogischen Förderung von behinderten und von Behinderung bedrohten Kindern
ab 1973	Gründung erster Integrationsklassen in Berlin	
1994	Begriff „sonderpädagogischer Förderbedarf", sonderpädagogische Förderung an der Allgemeinen Schule	KMK: Empfehlungen zur sonderpädagogischen Förderung
1999	Sonderpädagogischer Förderbedarf im Förderschwerpunkt Lernen	KMK: Empfehlungen zum Förderschwerpunkt „Lernen"
2009	Inklusive Schulen, inklusiver Unterricht	UN-Konvention über die Rechte von Menschen mit Behinderung